Türkçe Konuşma Kılavuzu
터키어 회화 사전

김종일 지음

문예림

저자 김종일

〈약 력〉
- 한국외국어대학교 터키어과 졸업
- 터키국립 Istanbul University 역사학 석사
- 터키국립 Istanbul University 역사학 박사
- 前터키국립 Ankara University 교수
- 現아신대학교 중동연구원 교수
- 現한국외국어대학교 터키어과 외래교수

〈저 서〉
- 국가대표터키어완전첫걸음 (북커스베르긴刊)
- 중소기업진출가이드-터키편(중소기업청刊) (공저)
- 형제의 나라, 한국과 터키: 터키군 6·25전쟁참전사(터키어) (보훈처刊)
- 키워드로 풀어보는 터키 사회 문화 입문(근간)
- 키워드로 풀어보는 중동외교사 입문(근간)
- 키워드로 풀어보는 터키외교사 입문(근간)

〈논 문〉
- 터키 개혁에 있어서 아타튀르크 지도력 연구(터키어) (한국중동학회)
- 터키의 최근 외교정책변화 연구 (대외경제정책연구원)
- 터키 안보와 이해관계에 대한 정체성변화연구: 2002-2012 (중동문제연구소)
- 터키의 외국인 투자법 개관 연구 (한국법제연구원)
- 터키의 이슬람 종파갈등 연구 (대외경제정책연구원) 등.

터키어 회화 사전

초판 인쇄	2015년 5월 20일
초판 발행	2015년 5월 30일
초판 2쇄 발행	2023년 1월 30일
저자	김종일
발행인	서덕일
펴낸곳	도서출판 문예림
주소	경기도 파주시 회동길 366(서패동) (10881)
전화	(02)499-1281~2
팩스	(02)499-1283
홈페이지	www.moonyelim.com
이메일	info@moonyelim.com
출판등록	1962. 7. 12 제1962-1호
ISBN	978-89-7482-845-5 (13790)

* 잘못된 책은 구입하신 서점에서 교환하여 드립니다.
* 본 책은 저작권법에 의해 보호를 받는 저작물이므로 무단 전제와 복제를 금합니다.

책머리에

이제는 터키에 대한 관심이 점점 높아지면서 이미 국내에는 적지 않은 터키어 회화 책들이 발간되었다. 본서도 그 책들 중 하나이면서도 '터키어 회화 사전'이라는 책 이름이 말해주듯이 각 단원에 맞추어 상황 별로 최대한 많은 터키어 생활 회화 표현들을 정리했다는 특징을 가지고 있다.

필자는 대학에서 터키어를 전공한 후 유학의 길로 떠나 현지에서 십 수년 간을 체류하면서 하루 빨리 현지인처럼 현지 말을 사용하고 싶은 열정에 현지에서 듣고 보는 수많은 터키어 표현들을 수첩이든 컴퓨터에든 닥치는 대로 적어 모아왔다. 본서는 그 모아 놓은 것들 중 터키 일상 회화에 관련된 부분만을 선별하여 정리한 것이다.

여기에 적어 놓은 터키어 회화들은 일상 생활에서 가장 많이 사용되는 대표적인 표현들을 정리해 놓은 것이지만 생활의 모든 부분을 다 포함시킬 수는 없을 것이다. 하지만 여기에 주어진 단어와 문장들 위에 학습자가 필요한 단어들과 문장들을 직접 대치시키면서 공부한다면 수많은 생활 표현들을 스스로 만들어 낼 수 있을 것으로 확신한다.

이 회화 책을 공부하기 전에 아래와 같이 몇 가지 사항들에 대해 미리 알아두면 학습에 도움이 될 것이다.

1. 여기에 적힌 일상 회화 표현들 가운데는 가끔 터키어 문법에 전혀 맞지 않는 관용적 표현들도 적지 않음을 발견하게 될 것이다.

2. 본서에 표현된 회화 표현들은 일반적으로 반말(평칭)보다는 존칭어로 사용되었다. 물론 친해지거나 가까운 사이가 되면 이러한 존칭 표현에서 자연스럽게 평칭(반말) 문장으로 옮겨갈 수 있을 것이다.

3. 매 장에서 팁으로 제공되고 있는 **표 상자** 안에는 터키어 발음에 대해 일부러 한글 음독을 달지 않았으며 뒤의 제 9장부터는 아예 전체적으로 한글 음독을 제외시켰다. 이는 터키어를 처음으로 시작하는 분들에게 한글 음독이 꼭 필요하겠지만 어느 정도 터키어 발음의 규칙을 터득하고 난 이후에는 한글 음독이 오히려 걸림돌이 될 정도로 터키어는 규칙적인 발음을 갖고 있기 때문이다. 터키어의 발음을 만드는 핵심은 모음에 의한 음절이다. 즉 아무리 긴 단어라 할 지라도 그 단어 안에 몇 개의 모음이 있나를 보면서 읽어나가는 연습이 터키어 발음 공부의 시작이다. 아울러 우리나라 사람들에게 있어서 발음하기 가장 어려운 터키어 발음은 아마도 f, r, v, z와 같은 자음이 모음들과 함께 사용되는 경우일 것이다. 왜냐하면 우리는 그 발음들을 사용하지 않고 살아왔기 때문에 우리의 혀로는 표현할 수도 없고 그렇다고 글로 표기할 수도 없기 때문이다. 그러므로 이를 위해서 우리 나라 사람들에게 가장 가까운 발음을 찾아서 적어야 하는 어려움이 있었음을 밝혀둔다.

4. 모든 단원의 터키어 회화 표현들 각각에 한글 음독을 적어 놓았으므로 처음 터키어 회화를 시작하는 분들도 쉽게 따라 할 수 있을 것으로 여겨진다. 또한 한글로 터키어 발음을 적어 나가는 과정에서 터키 원주민들이 사용하는 발음에 가장 가깝게 적으려고 최대한 노력했으므로 적어 놓은 발음을 그대로 읽으면서 발음을 학습해 나가면 도움이 될 것이다.

5. 본문에 나오는 긴 터키어 단어나 문장에 대해서는 원래는 사용되지 않지만 중요하거나 혼동할 수 있는 부분에다가는 학습자의 편의를 위해 일부러 눈에 쉽게 보이게끔 각 어미들을 붙이는 과정에서 '-' 표시를 하였다.

6. 본서의 또 다른 특징 중 하나는 모든 단원이 끝난 맨 뒤에 자리잡고 있는 '부록' 부분이다.

부록의 제 1단원에서는 전체적인 터키어의 기본 문법을 따로 정리해 놓았으므로 터키어 학습자들은 이 부분을 가지고도 터키어 문법의 기본을 파악할 수 있을 것으로 생각된다. 아울러 문법을 정리하면서 적어 놓은 수많은 터키어 단어들도 함께 학습해 나가면 터키어 공부에 일거양득의 효과를 가져다 줄 것으로 믿는다.

제 2단원에서는 터키어의 일상 회화 사전과는 별도로 터키에서 사용되는 주요 생활 관용어들을 정리해 보았다. 사전에 나와 있는 뜻으로는 결코 이해가 안 되는 관용어들을 공부한다는 것은 분명 회화 공부 향상에 도움을 줄 것이다.

또한 제 3단원에서는 터키에서 자주 사용되는 속담 및 격언들을 소개하였으며 마지막으로 부록의 제 4단원에서는 각 전문 분야에 따른 용례 별 터키어 단어들을 모아 정리해 놓았다.

아무쪼록 본서가 이제 터키어를 처음 배우기 시작한 분들과 현지에서 새로 생활하기 시작한 분들에게 조금이나마 도움이 되기를 간절히 바란다. 끝으로 본서가 나오기까지 여러 모양으로 도움을 준 분들과 개인적인 사정으로 불가피하게 출판 예정일을 넘겼음에도 불구하고 끝까지 인내로 기다려 주시고 배려해 주신 문예림의 서덕일 사장님께 지면을 빌려 깊은 감사의 말씀을 전하는 바이다.

2015년 4월
저자 김 종 일

차례

- 책머리에   3

I 인사를 위한 표현

- 01 일상적인 인사   14
- 02 초면 인사   19
- 03 소개할 때의 인사   23
- 04 오랜만에 만났을 때 인사   32
- 05 헤어질 때의 인사   38
- 06 감사의 인사   45
- 07 사과와 사죄의 인사   50
- 08 축하와 환영의 인사   54
- 09 화장실   58

II 사귐을 위한 표현

- 01 사람을 부를 때   62
- 02 말문을 틀 때   66
- 03 질문과 설명   74
- 04 의문   80

05 응답 92
06 맞장구 98
07 되물음 103
08 이해와 확인 108
09 대화의 막힘과 재촉 112
10 대화의 시도와 화제전환 115

III 대인관계를 위한 표현

01 의견과 견해 122
02 동의와 찬반 129
03 주의와 타이름 142
04 충고와 의무 148
05 제안과 권유 153
06 부탁과 도움 156
07 지시와 명령 160
08 재촉과 여유 164
09 추측과 확신 166
10 허가와 양해 168
11 희망과 의지 172
12 가능과 불가능 175

IV 감정을 위한 표현

01	기쁨과 즐거움	178
02	걱정과 긴장	180
03	슬픔과 우울함	186
04	귀찮음과 불평	187
05	망각, 후회 그리고 실망	190
06	비난과 다툼	193
07	감탄과 칭찬	198
08	격려와 위로	201
09	좋아함과 싫어함	206

V 일정을 위한 표현

01	약속	212
02	초대	222
03	방문	228
04	식사	233
05	전화	237

개인 취미를 위한 표현

01 개인 신상 246
02 가족관계 249
03 데이트 257
04 결혼 260
05 취미와 여가 262
06 엔터테인먼트 264
07 스포츠와 레저 267
08 날씨와 계절 271

 편리한 생활을 위한 표현

01 하루의 생활 278
02 레스토랑 284
03 카페와 술집 296
04 대중교통 301
05 자동차 운전 315
06 은행 316
07 우체국 323

08 이발과 미용 326
09 세탁소와 옷 수선소 328
10 부동산 331

 긴급상황을 위한 표현

01 난처한 상황 336
02 분실과 도난 345
03 교통사고 347
04 자연 재해와 화재 350
05 병원 352
06 약국 378

 여행을 위한 표현

01 비행기 382
02 공항 404
03 숙박 411
04 길안내 421

05 관광		425
06 쇼핑		432
07 귀국		447

 비즈니스를 위한 표현

01 구인과 취직		452
02 사무실		462
03 회사 방문		468
04 회의		474
05 상담		479
06 납품과 클레임		486

 필수 관용어 모음

01 여행에서 필요한 최소한의 터키어		490
02 터키에 가면 반드시 물어 볼 질문 10가지		500
03 상황에 따라 감초처럼 사용되는 관용 표현들		508

■ 부 록   531

1 기본 문법   532
2 관용적 표현들   586
   (1) 축하 인사들
   (2) 기원의 인사들
   (3) 각종 상황 별 인사말들
   (4) 많이 사용하는 관용어들
   (5) 대화에 필요한 접속사들
   (6) 터키에서 반드시 받게 될 질문과 대답
   (7) 색이 나타내는 은유적인 표현들
   (8) 자주 사용되는 터키어 욕설
   (9) 모음과 결함시 마지막 모음이 타락되는 단어들
   (10) 마지막 모음이 탈락되는 단어들
3 일상에서 많이 사용하는 속담 · 격언   600
4 용례 별 단어   609

PART

I

🎧 인사를 위한 표현

01 일상적인 인사
02 초면 인사
03 소개할 때의 인사
04 오랜만에 만났을 때 인사
05 헤어질 때의 인사
06 감사의 인사
07 사과와 사죄의 인사
08 축하와 환영의 인사
09 화장실

01 일상적인 인사

- 안녕! (수시로 하는 가장 보편적인 인사)
▶ Merhaba!
  멜하바!

- 모두들 안녕!
▶ Herkese merhaba!
  헬케쎄   멜하바!

- 아니 이게 누구야!
▶ Vay vay vay, gözlerime inanamıyorum!
  와이 와이 와이, 괴즈레리메 이나나므요룸!

- 안녕! 잘 지내지?
▶ Merhaba! İyi misin?
  멜하바!   이이 미쎈?

- 어떻게 지내?
▶ Nasılsın?
  나쓸쓴?
▶ Ne var, ne yok?
  네 와르, 네 욕?

- 너 좋아 보인다.
▶ İyi görünüyorsun.
  이 괴뤼뉘욜쑨.

- 너 너무 좋아 보인다.
▶ Çok harika görünüyorsun.
  촉   하리카 괴뤼뉘욜쑨.

아침 · 낮 · 저녁에 만났을 때

- 안녕하세요(아침인사)
▶ Günaydın.
  귀나이든.

- 안녕하세요(항상 사용 가능)
▶ İyi günler.
  이이 귄렐.

- 안녕하세요(저녁인사)
▶ İyi akşamlar.
  이이 악샴랄.

- 안녕히 주무세요.(밤인사)
▶ İyi geceler.
  이이 게제렐.

근황을 물을 때

- 잘 지내니?
▶ İyi misin?
  이이 미씬?

- 너 아주 잘 지내지?
▶ İyisin, değil mi?
  이이씬, 데일 미?

> ▷ 'değil mi?'는 '그렇지 않니?'라는 뜻을 가지고 문법적으로 부가 의문문의 기능을 하는 말로서 평서문으로 끝나는 문장에다가 끝에 'değil mi?'를 붙이면 순식간에 평서문 전체를 받아서 그렇지 않느냐는 의문문으로 변해 버리는 신기한 말이다.
>
> - 너 학생이구나.
>   Sen öğrencisin.
> - 너 학생이지?
>   Sen öğrencisin, değil mi?
>
> - 알리는 터키인이야.
>   Ali Türk.
> - 알리 터키인이지?
>   Ali Türk, değil mi?
>
> - 너 식사 했구나.
>   Sen yemek yedin.
> - 너 식사 했지?
>   Sen yemek yedin, değil mi?
>
> - 엔긴은 터키에서 왔어.
>   Engin Türkiye'den geldi.
> - 엔긴 터키에서 왔지?
>   Engin Türkiye'den geldi, değil mi?

- 잘 지내시죠?
▶ İyisiniz, değil mi?
  이이씨니쓰, 데일 미?

- 요즘 새로운 것 좀 뭐 있어?
▶ Ne var, ne yok?
  네 왈, 네 욕?

- 요즘 어때?
▶ Ne haber?
  네 하벨?

- 일 잘 되가니?
▶ Her şey yolunda mı?
  헬 쉐이 욜룬다 므?

- 잘 지냅니다. 감사해요. 그런데, 당신은 요?
▶ Sağolun. Ben iyiyim. Ya siz?
  싸올룬 벤 이임. 야 씨쓰?

- 건강은 어때요?
▶ Sağlığınız nasıl?
  싸을르으느쓰 나쓸?
▶ Sağlığınız yerinde mi?
  싸을르으느쓰 예린데 미?

- 매우 건강합니다. 감사해요. 당신은 요?
▶ Ben çok iyiyim. Teşekkür ederim. Ya siz?
  벤 촉 이임. 테쉐뀰 에데림. 야 씨쓰?

- 최근에 바쁘셨죠?
▶ Son günlerde işleriniz yoğundu, değil mi?
  쏜 귄렐데 이쉬레리니쓰 요윤두, 데일 미?

- 요즘 무슨 일에 그렇게 빠져있었어요?
▶ Bugünlerde ne işle meşguldunuz?
  부귄렐데 네 이쉴레 메쉬굴두누쓰?

- 무슨 일 하세요?
▶ Hangi işlerle meşgulsunuz?
  한기 이쉬렐레 메슈굴쑤누쓰?

- 이스탄불의 생활은 좋습니까?
▶ İstanbul'daki hayatınız güzel mi?
  이스탄불'다키 하야트느쓰 귀젤 미?

- 네! 아주 좋아요.
▶ Evet! Çok iyi.
  에벳! 촉 이이!

- 런던에서의 여름휴가는 좋았습니까?
▶ Londra'daki tatiliniz güzel miydi?
  론드라'다키 타틸리니쓰 귀젤 미이디?

- 네! 좋습니다.
▶ Evet! güzel.
  에벳! 귀젤.

안색을 살필 때

- 좋은 날씨입니다.
▶ Bugün hava güzel.
  부귄 하와 귀젤!

- 날씨 좋네요.
▶ Hava ne güzel.
  하와 네 귀젤!

- 건강하시죠?
▶ İyisiniz, değil mi?
  이이씨니쓰, 데일 미?

- 아주 좋습니다. 감사합니다.
▶ Çok iyiyim, teşekkür ederim.
  촉 이임, 테쉐뀔 에데림.

- 오늘 기분이 언짢아 보이시네요.
▶ Bugün iyi görünmüyorsunuz.
  부귄 이이 괴륀뮈욜쑤누쓰.

- 기운이 없어 보이네요.
▶ Halsiz görünüyorsunuz.
  할씨쓰 괴뤼뉘욜쑤누쓰.

- 우울해 보이시네요.
▶ Moraliniz bozuk görünüyor.
  모랄리니쓰 보죽 괴뤼뉘욜.

I. 인사를 위한 표현 17

- 아주 좋아 보이시네요.
▶ Çok harika görünüyorsunuz.
  촉   하리카   괴뤼뉘욜쓰누쓰.

- 아니오, 아닙니다. 오늘 컨디션이 좋지 않아서 그래요.
▶ Yok, yok. Bugün kendimi iyi hissetmiyorum.
  욕,   욕.   부귄   켄디미   이이 히쎗미요룸.

- 무슨 일 있었니?
▶ Ne oldu?
  네 올두?

- 너 무슨 일 있어?
▶ Neyin var?
  네인   와르?

- 무슨 일 있으세요?
▶ Neyiniz var?
  네이니쓰 왈?

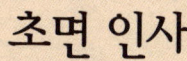

초면 인사

처음 만났을 때

• 만나서 반가워요.
▶ Görüştüğümüze memnun oldum.
  괴뤼슈튜유뮤제   멤눈   올둠.

• 처음 뵙겠습니다.
▶ Tanıştığımıza memnun oldum.
  타느슈트으므자 멤눈   올둠.

• 당신을 알게 되어 무척 기쁩니다.
▶ Tanıştığımıza çok memnun oldum.
  타느슈트으므자 촉 멤눈   올둠.

• 만나 뵙게 돼서 반갑습니다.
▶ Buluştuğumuza memnun oldum.
  불루슈투우무자   멤눈   올둠.

• 당신을 알게 되어 영광입니다.
▶ Sizinle tanışmaktan şeref duydum.
  씨진레 타느쉬막탄   쉐렙 두이둠.

• 인사드리게 되어 매우 영광입니다.
▶ Sizinle tanışmaktan büyük şeref duydum.
  씨진레 타느쉬막탄   뷔육 쉐렙 두이둠.

• 제가 더 영광이죠.
▶ O şeref bana ait.
  오 쉐렙 바나 아잇.

• 마침내, 당신을 알게 되어 너무 기쁩니다.
▶ Nihayet, sizinle görüştüğümüz için çok memnun oldum.
  니하옛,   씨진레 괴뤼슈튜우위쓰 이친 촉 멤눈   올둠.

• 당신에 대해 많이 들었습니다.
▶ Sizin hakkınızda çok şey duydum.
  씨진 하크느쓰다 촉 쉐이 두이둠.

- 사람들이 선생님 얘기 많이 했습니다.
▶ Sizin hakkınızda çok şey söylediler.
씨진 하크느쓰다 촉 쉐이 쇠일레디렐.

- 어디서 오셨습니까?
▶ Nereden geldiniz?
네레덴 겔디니쓰?

- 어디서 왔어요? [=어디 출신이에요?]
▶ Nerelisiniz?
네렐리씨니쓰?

- 대한민국에서 왔습니다. [=출신입니다]
▶ Kore'den geldim.
코레덴 겔딤.

- 저는 대한민국 사람이에요.
▶ Ben Koreliyim.
벤 코렐리임.

- 여기에 어떤 일로 왔니?
▶ Buraya ne iş için geldin?
부라야 네 이쉬 이친 겔딘?

- 여기에 어떤 일로 오셨습니까?
▶ Buraya ne iş için geldiniz?
부라야 네 이쉬 이친 겔디니쓰?

- 여행으로 여기에 왔습니다.
▶ Buraya gezmek için geldim.
부라야 게즈멕 이친 겔딤.

- 얼마 동안 여행 하실 거예요?
▶ Ne kadar gezeceksiniz?
네 카달 게제젝씨니쓰?

- 일주일 동안 이스탄불을 구경할 것입니다.
▶ Bir hafta kadar İstanbul'u gezeceğim.
빌 합타 카달 이스탄불루 게제제임.

- 어디를 방문했습니까?
▶ Nereleri ziyaret ettiniz?
네레레리 지야렛 에띠니쓰?

- 역사박물관을 방문했었습니다.
▶ Tarihi müzeleri ziyaret ettim.
  타리히 뮈제레리 지야렛 에띰.

이름과 명함을 주고받을 때

- 성함이 어떻게 되시죠?
▶ Adınız ne?
  아드느쓰 네?

- 제 이름은 ~입니다.
▶ Adım ~.
  아듬 ~.

- 선생님 성함이 혹시 어떻게 되세요?
▶ Sizin adınız ne, acaba?
  씨진 아드니쓰 네, 아자바?

> ▷ 터키어에서 'Acaba'라는 단어는 '혹시'라는 뜻을 가지고 있으며, 상대방에게 무엇인가를 물어보거나 양해를 구하는 문장 안에서 거의 함께 사용된다. 'Acaba'의 위치는 사용되는 문장의 맨 앞 혹은 맨 뒤에 온다.

- 성함 좀 혹시 알 수 있을까요?
▶ Adınızı alabilir miyim, acaba?
  아드느쓰 알라빌맄 미임, 아자바?

- 댁(선생님) 성함이 혹시 뭐죠?
▶ İsminiz ne, acaba?
  이쓰미니쓰 네, 아자바?

- 댁(선생님)의 성(姓)은 요?
▶ Soyadınız ne, acaba?
  쏘야드느쓰 네, 아자바?

- 댁(선생님)의 이름을 물어봐도 될까요?
▶ Adınızı öğrenebilir miyim, acaba?
  아드느쓰 외레네빌맄 미임, 아자바?

- 제게 명함을 주실 수 있습니까?
▶ Kartvizitinizi verebilir misiniz, acaba?
카릇비지티니지 웨레빌릴 미씨니쓰, 아자바?

- 자, 제 명함입니다.
▶ Buyurun, benim kartım.
부유룬, 베님 카르틈.

전에 이야기를 들었을 때

- 너에 대한 이야기는 많이 들었어.
▶ Senin hakkında çok şey duydum.
쎄닌 하크다 촉 쉐이 두이둠.

- 드디어, 널 만나게 되었구나!
▶ Nihayet, seninle tanıştık!
니하옛, 쎄닌레 타느쉬특.

- 오래 전부터 널 만나고 싶었었어.
▶ Uzun zamandan beri seninle görüşmek istiyordum.
우준 자만단 베리 쎄닌레 괴뤼슈멕 이스티욜둠.

- 개인적으로 정말로 널 만나고 싶었어!
▶ Şahsen gerçekten seni görmek istedim!
샤흐쎈 게르첵텐 쎄니 괴뤼멕 이스테딤.

- 난 정말로 널 만나고 싶었어!
▶ Gerçekten seninle görüşmek istedim!
게르첵텐 쎄닌레 괴뤼슈멕 이스테딤.

- 사람들이 내게 너에 대해 많은 이야기를 해줬어!
▶ Arkadaşlar senin hakkında çok şey söylediler.
아르카다쉴랄 쎄닌 하크다 촉 쉐이 쉐일레디렐.

소개할 때의 인사

자기소개의 기본 표현

- 저는 순미라고 합니다.
▶ Ben Sunmi.
  벤   순미.

- 제 이름은 순미입니다.
▶ Benim adım Sunmi.
  베님   아듬 순미.

- 저를 소개해도 되겠습니까?
▶ Kendimi tanıtabilir miyim?
  켄디미   타느타빌릴 미임?

- 저는 한국어과 신입생입니다.
▶ Ben Kore Dili Bölümü birinci sınıf öğrencisiyim.
  벤 코레 딜리 뵈류위 비린지 스늡 외렌지씨임.

- 정중하게 여러분께 인사드립니다.
▶ Saygılarla sizi selamlıyorum.
  싸이그랄라   씨지 쎌람르요룸.

- 이 기회에 정중하게 인사드리고자 합니다.
▶ Bu fırsatı değerlendirerek saygılarla sizi selamlıyorum.
  부 프르싸트 데엘렌디레렉   싸이그랄라 씨지 쎌람르요룸.

자신에 대해 소개할 때

- 저는 한국 사람입니다.
▶ Ben Koreliyim.
  벤   코리레임.

- 제 소개를 하겠습니다.
▶ Kendimi tanıtmak istiyorum.
  켄디미   타느트막   이스티요룸.

- 저는 터키어를 잘하지 못합니다.
▶ Ben Türkçe'yi iyi konuşamıyorum.
  벤 튀륵체이 이이 코누샤므요룸.

- 저는 영어를 조금 합니다.
▶ Ben İngilizce'yi az konuşabiliyorum.
  벤 인길리쯔제이 아쓰 코누샤빌리요룸.

- 제 소개를 좀 해도 될까요? 저는 순미에요.
▶ Kendimi tanıtabilir miyim? Adım Sunmi.
  켄디미 타느타빌리르 미임? 아듬 순미.

- 간단히 제 소개를 하겠습니다.
▶ Kendimi kısaca tanıtacağım.
  켄디미 크사자 타느타자음.

- 허락하신다면, 제 소개를 하겠습니다.
▶ İzin verirseniz, kendimi tanıtmak istiyorum.
  이진 베리르쎄니쓰, 켄디미 타느트막 이스티요룸.

- 제 소개를 하겠습니다.
▶ Kendimi tanıtmak istiyorum.
  켄디미 타느트막 이스티요룸.

- 전에 우리 본적이 없는 것 같은 데요.
▶ Daha önce tanışmadık galiba.
  다하 왼제 타느쉬마득 갈리바.

- 안녕하세요. 이 선생님 맞으시죠?
▶ Merhaba. Siz Bay Lee'siniz, değil mi?
  멜하바. 씨즈 바이 리씨니쓰, 데일 미?

- 저는 이 반 담임선생인 Mahir입니다.
▶ Ben bu sınıfın öğretmeni Mahir.
  벤 부 스느픈 외레트메니 마힐.

다른 사람을 소개할 때

- 제 아내를 소개하겠습니다.
▶ Eşimi tanıştırmak istiyorum.
  에쉬미 타느쉬트르막 이스티요룸.

- 이쪽은 알리이고, 이쪽은 무스타파입니다.
▶ Bu Ali, bu da Mustafa.
  부 알리, 부 다 무스타파.

- 하칸 씨, 이 분이 마히르 교수님입니다.
▶ Hakan bey, bu profesör Mahir hoca.
　하칸　　베이, 부 프로페쇨　마히르 호자.

- 선생님께서 하칸 씨와 인사하시길 바랍니다.
▶ Hakan bey ile tanışmanızı istiyorum.
　하칸　　베이 일레 타느쉬마느즈 이스티요룸.

- 제 친구 외메르를 소개해드려도 될까요?
▶ Arkadaşım Ömer'i tanıtabilir miyim?
　아르카다쉼　외메리　　타느타빌리르 미임?

- 선생님께 박 사장님을 소개하게 되어 영광입니다.
▶ Size Bay Park'ı tanıtmaktan onur duyuyorum.
　씨제 바이 파르크 타느트막탄　　오눌 두유요룸.

- 전에 안면들이 있으신가요?
▶ Sizler daha önce tanışmış mıydınız?
　씨즈렐 다하　왼제　타느쉬므쉬 므이드느쓰?

친구를 소개할 때

- 제 친구입니다.
▶ Bu benim arkadaşım.
　부 베님　　아르카다쉼.

- 너 김 선생님 아니?
▶ Sen Kim Hocayı tanıyor musun?
　쎈　킴　호자이으 타느욜　무쑨?

> ▷ 터키어에서는 "~을 아느냐?"라는 질문에서 물어보는 것이 사람일 때는 'tanımak' 동사를, 사물일 때는 'bilmek' 동사를 사용하므로 주의할 필요가 있다.
>
> - 알리를 아세요?　　　　　　　• 터키어를 아세요?
>   Ali'yi tanıyor musunuz?　　　Türkçe'yi biliyor musunuz?

- 너한테 오누르를 소개할게.
▶ Sana Onur'u tanıtmak istiyorum.
  싸나 오누루 타느트막 이스티요룸.

- 이 친구가 귤벤이야.
▶ Bu Gülben.
  부 귈벤.

- 여기는 귤벤이고, 여기는 아이쉐야.
▶ Bu Gülben, bu da Ayşe.
  부 귈벤, 부 다 아이쉐.

- 아이쉐를 아니?
▶ Ayşe'yi tanıyor musun?
  아이쉐이 타느욜 무쑨?

- 내 친구 아이쉐를 소개하고 싶어.
▶ Sana arkadaşım Ayşe'yi tanıtmak istiyorum.
  싸나 아르카다쉼 아이쉐이 타느트막 이스티요룸.

- 괵셀과 악수해라!
▶ Göksel'le el sıkışsana!
  괵쎌레 엘 스크쉬싸나!

- 여러분께 친구 야우즈를 소개하게 되어 영광입니다.
▶ Size arkadaşım Yavuz'u tanıtmaktan şeref duyuyorum.
  씨제 아르카다쉼 야우주 타느트막탄 쉐렙 두유요룸.

- 이쪽은 회사 동료 하칸이야.
▶ Bu meslektaşım Hakan.
  부 메스렉타쉼 하칸.

- 이쪽은 내 대학 친구야.
▶ Bu benim üniversite arkadaşım.
  부 베님 위니웨르씨테 아르카다쉼.

▷ 가족 친지 단어들

- 부모(1)   ebeveyn
- 부모(2)   anne baba
- 가족   aile
- 친척   akraba
- 할아버지(1)   büyük baba
- 할아버지(2)   dede
- 할머니(1)   büyük anne
- 할머니(2)   nine
- 친할머니   baba anne
- 외할머니   anne anne
- 아버지   baba
- 어머니   anne
- 장인   kayın peder
- 장모   kaynana
- 삼촌   amca
- 외삼촌   dayı
- 이모   teyze
- 고모   hala
- 아저씨(1)   amca
- 아저씨(2)/외삼촌   dayı
- 아주머니   teyze
- 형   ağabey
- 누나   abla
- 동생   küçük kardeş
- 형제   kardeş
- 아내   karı
- 아들   oğul
- 딸   kız
- 손자   torun
- 친구   arkadaş

상대를 알기 위한 질문

- 성함이 어떻게 되세요?
▶ Adınız ne, acaba?
아드느쓰 네, 아자바?

- 성함을 부탁합니다.
▶ Adınız, lütfen.
아드느쓰, 륏펜.

- 당신의 이름은 요?
▶ Sizin adınız ne, acaba?
씨진 아드느쓰 네, 아자바?

- 당신의 성(姓)은 요?
▶ Sizin soyadınız ne, acaba?
씨진 소이아드느쓰 네, 아자바?

- 당신의 성함은 요?
▶ Sizin tam adınız ne, acaba?
씨진 탐 아드느쓰 네, 아자바?

- 제가 성함을 여쭤봐도 되겠습니까?
▶ Adınızı sorabilir miyim, acaba?
아드느쓰 쏘라빌릴 미임, 아자바?

- 전에 우리 서로 본 적이 없는 것 같습니다.
▶ Daha önce biz tanışmadık galiba.
다하 왼제 비쓰 타느쉬마득 갈리바.

- 누구시죠?
▶ Kimsiniz acaba?
킴씨니쓰 아자바?

- 당신이 유르다잔 씨입니까?
▶ Siz Yurdacan Bey misiniz?
씨쓰 유르다잔 베이 미씨니쓰?

- 제 이름은 귤입니다.
▶ Adım Gül.
아듬 귈.

- 저는 지한입니다.
▶ Ben Cihan.
벤 지한.

- 제 성(姓)은 박입니다.
▶ Soyadım Park.
쏘이아듬   박.

- 저를 이보라고 불러주세요.
▶ Bana İbo diyebilirsiniz.
바나   이보 디예빌릴씨니쓰.

- 어디에서 오셨어요?
▶ Siz nereden geldiniz?
씨쓰 네레덴   겔딜니쓰?

- 고향이 어디세요?
▶ Memleketiniz neresi, acaba?
멤레켓티니쓰   네레씨, 아자바?

- 무슨 일 하세요? (1)
▶ Ne işle muşgulsunuz, acaba?
네 이쉴레 메쉬굴쑤누쓰,   아자바?

- 무슨 일 하세요? (2)
▶ Ne iş yapıyorsunuz, acaba?
네 이쉬 야프욜쑤누쓰,   아자바?

- 무슨 일 하세요? (3)
▶ Ne işle uğraşıyorsunuz, acaba?
네 이쉴레 우라쉬욜쑤누쓰,   아자바?

- 직업(하는 일)이 어떻게 되시죠?
▶ Mesleğiniz ne, acaba?
메쓰레이니쓰 네,   아자바?

- 어디서 일하세요?
▶ Nerede çalışıyorsunuz?
네레데   찰르쉬욜쑤누쓰?

- 어디서 공부하세요?
▶ Nerede okuyorsunuz?
네레데   오쿠욜쑤누쓰?

- 대학에서 무엇을 공부하세요?
▶ Üniversitede ne okuyorsunuz?
위니웨르씨테데   네 오쿠욜쑤누쓰?

- 어디 사세요?
▶ Nerede oturuyorsunuz?
  네레데 오투루율쑤누쓰?

- 언제부터 여기에 계셨어요?
▶ Ne zamandan beri buradasınız?
  네 자만단 베리 부라다쓰느쓰?

- 한국에 얼마나 머무르실 건가요?
▶ Kore'de ne kadar kalacaksınız?
  코레데 네 카달 칼라작쓰느쓰?

- 한국에 이전에 오신 적이 있습니까?
▶ Daha önce Kore'ye gelmiş miydiniz?
  다하 왼제 코레예 겔미쉬 미이디니쓰?

- 이번이 처음입니다.
▶ Bu benim için ilk oldu.
  부 베님 이친 일크 올두.

- 한국에 온지 3일 되었습니다.
▶ Kore'ye geleli 3 gün oldu.
  코레예 겔렐리 위치 권 올두.

- 어디에서 머물고 계십니까?
▶ Nerede kalıyorsunuz?
  네레데 칼르욜쑤누쓰?

- 저는 힐톤 호텔에 머물고 있습니다.
▶ Hilton Otelinde kalıyorum.
  힐톤   오텔린데 칼르요룸.

- 여기가 마음에 드세요?
▶ Burayı beğendiniz mi?
  브라이으 베엔디니쓰 미?

- 서울 사는 것에 적응하셨어요?
▶ Seul'de yaşamaya alıştınız mı?
  세울데 야샤마야   알르쉬트느쓰 므?

- 이곳의 기후에 적응하셨어요?
▶ Buranın havasına alıştınız mı?
  부라는   하와쓰나   알르쉬트느쓰 므?

- 여가 시간에는 뭐하세요?
▶ Boş zamanlarınızda ne yapıyorsunuz?
　보쉬 자만라르느쓰다　　네 야프욜쑤누쓰?

- 어떤 스포츠를 가장 좋아하세요?
▶ Sporlardan en çok hangisini seviyorsunuz?
　스포르랄단　　엔 촉　한기씨니　세비욜쑤누쓰?

- 일 때문에 여기에 계시나요?
▶ İşten dolayı mı buradasınız?
　이쉬텐 돌라이으 므 부라다쓰느쓰?

- (당신의) 일은 어떠세요?
▶ İşiniz nasıl gidiyor?
　이쉬니쓰 나쓸 기디욜?

04 오랜만에 만났을 때 인사

오랜만에 만났을 때

• 이게 얼마만이야!
▶ Uzun zamandır görüşemedik!
  우준 자만들 괴뤼쉐메딕!

• 이게 누구야!
▶ Vay vay vay, kimleri görüyorum!
  와이 와이 와이, 킴레리 괴뤼요룸!

• 와! 얼마나 살이 빠진 거야!
▶ Vay canına! Ne kadar zayıflamışsın!
  와이 자느나! 네 카달 자이윺라므쉬쓴!

• 너 하나도 안변했다!
▶ Sen hiç değişmemişsin!
  쎈 히치 데이쉬메미쉬씬!

• 너 못 본지가 여러 해 되었네!
▶ Seni görmeyeli yıllar oldu!
  쎄니 괴르메옐리 이을랄 올두.

• 우리가 못 본지 얼마나 되었지?
▶ Görüşmeyeli ne kadar oldu?
  괴뤼쉬메옐리 네 카달 올두?

• 안녕! 너 못 본지 꽤 되었네!
▶ Selam! Seni görmeyeli epey oldu!
  쎌람! 쎄니 괴르메옐리 에페이 올두!

• 다시 널 보게 되어 기쁘다.
▶ Seninle tekrar görüştüğümüze memnun oldum.
  세닌레 테프랄 괴뤼쉬튜우뮤제 멤눈 올둠.

• 건강한 모습을 뵙게 되어 무척 기쁩니다.
▶ Sağlıklı olduğunuza çok memnun oldum.
  싸으륵르 올두우누싸 촉 멤눈 올둠.

- 말해봐라, 어떻게 지내고 있는 거야?
▶ Anlatsana ne var, ne yok?
  안랏싸나 네 와르, 네 욕?

- 지금은 뭐하고 지내?
▶ Şu an ne yapıyorsunuz?
  슈 안 네 야프욜쑤누쓰?

- 아직도 같은 회사에서 계속 근무하고 있어?
▶ Hala aynı şirkette misin?
  할라 아이느 쉬르켓떼 미씬?

- 아직도 전화번호가 똑같은가?
▶ Telefon numaran hala aynı mı?
  텔레폰 누마란 할라 아이느 므?

- 애들은 모두 잘 있지?
▶ Çocukların hepsi iyiler mi?
  초죽라른 헵씨 이이렐 미?

우연히 만났을 때

- 실례합니다[=저기요].
▶ Bakar mısınız?
  바칼 므쓰느쓰?

- 당신을 여기서 보게 되다니 놀랐어요!
▶ Sizi burada görmem benim için sürpriz oldu.
  씨지 부라다 괴르멤 베님 이친 슐프리쓰 올두.

- 너무 놀랍다! 얼마만이야!
▶ Ne sürpriz! Görüşmeyeli ne kadar oldu?
  네 슐프리쓰! 괴뤼쉬메옐리 네 카달 올두?

- 널 여기서 보게 되다니 너무 좋다!
▶ Seni burada görmem benim için harika bir şey!
  쎄니 부라다 괴르멤 베님 이친 하리카 비 쉐이!

- 널 보게 되어 너무 좋다.
▶ Seni gördüğüme çok sevindim.
  쎄니 괴르뒤우메 촉 쎄빈딤.

I. 인사를 위한 표현 33

- 네가 여기에 있다니! 난 믿을 수가 없어!
▶ Senin burada olmana inanamıyorum.
  쎄닌 부라다 올마나 이나나므요룸.

- 당신을 여기서 보리라고는 상상도 못했어요.
▶ Sizi burada göreceğimi hayal bile edemezdim.
  씨지 부라다 괴레제이미 하얄 빌레 에데메쓰딤.

- 당신을 여기서 보게 되어 너무 기뻐요!
▶ Sizi burada gördüğümden dolayı çok sevindim!
  씨지 부라다 괴르뒤움덴 돌라이으 촉 쎄빈딤!

- 이 도시에서 뭐하고 있는 거예요?
▶ Bu şehirde ne yapıyorsunuz?
  부 쉐힐데 네 야프율쑤누쓰?

- 근래에 어디에 (푹)빠져있었던 거야?
▶ Bugünlerde ne tür işlerle uğraşıyorsun?
  부귄렐데 네 튤 이쉴렐레 우라쉬욜쑨?

- 뭐에 바쁜 거야?
▶ Ne ile meşgulsun?
  네 일레 메쉬굴쑨?

- 학교에 있어야 하는 거 아니었나?
▶ Senin okulda olman gerekmiyor mu?
  쎄닌 오쿨다 올만 게렉미욜 무?

- 이 시간에 회사에서 일하고 있는 거 아니었나요?
▶ Bu saatte şirkette çalışman gerekmiyor muydu?
  부 쌋떼 쉬르켓떼 찰르쉬만 게렉미욜 무이두?

상대방의 안부를 물을 때

- 잘 있지?
▶ İyisin, değil mi?
  이이씬, 데일 미?

- 안녕하시죠?
▶ İyisiniz, değil mi?
  이이씨니쓰, 데일 미?

- 잘 지내죠?
▶ Her şeyiniz yolunda mı?
헬 쉐이니쓰 욜룬다 므?

- 건강하시죠?
▶ Sağlığınız yerinde, değil mi?
싸을르으느쓰 예린데, 데일 미?

- 좀 좋아지셨어요?
▶ Biraz iyileştiniz mi?
비라쓰 이이레쉬티니쓰 미?

- 아주 좋아요!
▶ Çok iyiyim!
촉 이임!

- 너무 좋아요!
▶ Bomba gibiyim!
봄바 기비임!

- 좋아요!
▶ İyiyim!
이임.

- 그저 그래요!(1)
▶ Şöyle böyle.
쇠일레 뵈일레.

- 그저 그래요!(2)
▶ Eh işte, idare ediyorum!
에 이쉬테, 이다레 에디요룸

- 그저 그래요!(3) (=뭐 별일 있겠어요?)
▶ Ne olsun!
네 올쑨!

- 특별한 일이 없어요.
▶ Özel bir şey yok.
외젤 비 쉐이 욕.

- 안 좋아요!
▶ İyi değilim!
이 데일림!

Ⅰ. 인사를 위한 표현

- 아주 안 좋아요!
▶ Hiç iyi değilim!
히치 이이 데일림!

- 좋아지고 있습니다.
▶ İyileşiyorum.
이이레쉬요룸.

- 더 좋을 수는 없습니다.
▶ Daha iyi olamaz.
다하 이이 올라마쓰.

- 평상시와 다를 바 없어요.
▶ Aynı.
아이느.

- 해야 할 일이 많아요.
▶ Yapılacak işlerim çok.
야플라작 이쉬레림 촉.

- 해야 할 많은 것들이 있어요.
▶ Yapılacak çok işim var.
야플라작 촉 이쉼 왈.

- 너무 바빴어요.
▶ Çok meşguldum.
촉 메쉬굴둠.

- 숨 쉴 시간도 없어요.
▶ Hiç boş zamanım yok.
히치 보쉬 자만늠 욕.

- 너무 걱정이 많아요.
▶ Endişelerim çok fazla.
엔디쉐레림 촉 파쓸라.

타인의 안부를 물을 때

- 부인께서는 안녕하시지요?
▶ Hanımınız iyi mi?
하느므느쓰 이이 미?

- 네, 매우 좋으세요.
▶ Evet, çok iyi.
　에벳, 촉　이이.

- 남편께서는 안녕하시지요?
▶ Kocanız iyi mi?
　코자느쓰　이이 미?

- 제가 건강이 좋지 못합니다.
▶ Sağlığım iyi değil.
　싸을르음　이이 데일.

- 가족은 안녕하지요?
▶ Aileniz iyi mi?
　아일레니쓰 이이 미?

- 모두 건강합니다.
▶ Hepsi iyiler.
　헵씨　이이렐.

05 헤어질 때의 인사

헤어질 때

- 안녕히 가세요!
▶ Güle güle gidin!
  귈레 귈레 기딘!

- 안녕히 계세요!(1)
▶ Allahaısmarladık!
  알라하으스말라득!

- 안녕히 계세요!(2)
▶ Hoşçakalın!
  호쉬차칼른!

- 잘 가!
▶ Güle güle!
  귈레 귈레!

▷ 원래 'güle güle'라는 말은 '웃다' 동사 gülmek에서 나온 말로써 여격 어미 -e를 붙인 후 반복해서 사용된 말이다. 즉, 이 말은 원래 '웃으면서'(gül-erek)라는 뜻으로 '잘 가!'라는 인사말로 굳어진 형태이다. 그러므로 '잘 ~해!'라는 뜻으로 'güle güle'를 사용하여 일상생활에서 많이 사용하는 몇 가지 관용적인 인사말들을 알아두면 매우 편리하다.

- 잘 가!　　　　　　　　　　Güle güle git!
- 잘 사용해!　　　　　　　　Güle güle kullan!
- 잘 살아라!(집들이)　　　　Güle güle otur!
- 잘 소모해라!(돈을 주며)　　Güle güle harca!
- 잘 입어라!(새 옷 입었을 때)　Güle güle giy!

- 또 보자!
▶ Yine görüşürüz!
이네 괴뤼슈뤼쓰!

- 우리 곧 보자!
▶ Yakında görüşürüz!
야큰다 괴뤼슈뤼쓰!

- 내일 보자!
▶ Yarın görüşmek üzere!
야른 괴뤼쉬멕 위제레!

- 수요일에 보자!
▶ Çarşamba günü görüşürüz!
차르참바 귀뉘 괴뤼슈뤼쓰!

▷ '요일'(Günler)

• 일요일	Pazar	günü
• 월요일	Pazartesi	günü
• 화요일	Salı	günü
• 수요일	Çarşamba	günü
• 목요일	Perşembe	günü
• 금요일	Cuma	günü
• 토요일	Cumartesi	günü

* 일상 회화에서는 '요일'의 뜻을 가진 'Günü'를 생략하기도 한다.

- 조심해서 가!
▶ Yolun açık olsun!
욜룬 아측 올쑨!

- 몸조심해라!
▶ Kendine iyi bak!
켄디네 이이 박!

- 투바에게 인사(안부) 전해 줘!
▶ Tuğba'ya selam söyle!
투바야 쎌람 쐐일레!

I. 인사를 위한 표현 39

- 이제 작별 인사할 때가 되었습니다.
▶ Artık ayrılma zamanı.
  아르특 아이를마 자마느.

- 떠나자니 너무 섭섭합니다.
▶ Buradan ayrılmam çok üzücü
  부라단 아이를맘 촉 위쥐쥐.

- 난 우리가 작별인사를 말할 시간이라는 것이 싫다.
▶ Ben ayrılma zamanı geldi demekten nefret ediyorum.
  벤 아이를마 자마느 겔디 데멕텐 네프렛 에디요룸.

- 제 부모님께서 선생님께 대신 안부전하라고 하셨어요.
▶ Annemle babam size selam söyledi.
  안넴레 바밤 씨제 쎌람 쐐일레디.

밤에 헤어질 때

- 너무 늦었다. 이제 우리 가자고!
▶ Çok geç kaldık. Artık gidelim!
  촉 게치 칼득. 아르특 기델림.

- 조심해서 가!
▶ Yolunuz açık olsun!
  욜루누쓰 아측 올쑨.

- 미안합니다. 벌써 시간이 되었군요.
▶ Özür dilerim. Artık ayrılma zamanı geldi.
  외쥘 딜레림. 아르특 아이를마 자마느 겔디.

- 실례합니다. 이제 우리 가야 합니다.
▶ Affedersiniz. Artık biz gitmeliyiz.
  아페델씨니쓰. 아르특 비쓰 기뜨멜리이쓰.

> ▷ '미안'하다는 표현들
>
> - Özür dilerim.
> - Affedersiniz.
> - Pardon.
> - Kusura bakmayın.

다시 만날 것을 기대하며 헤어질 때

- 우리 또 봐요!
▶ Tekrar görüşmek üzere!
  테크랄 괴뤼쉬멕 위제레!

- 나중에 봐!
▶ Sonra görüşürüz!
  쏜라 괴뤼쉬뤼쓰!

- 그때 가서 봐!
▶ O zaman görüşürüz!
  오 자만 괴뤼쉬뤼쓰!

- 곧 보자!
▶ Az sonra görüşelim!
  아쓰 쏜라 괴뤼쉘림!

- 아주 빨리 보자!
▶ Çok yakında görüşelim!
  촉 야큰다 괴뤼쉘림!

- 좋은 하루 보내!
▶ İyi günler!
  이이 권렐!

- 우리 곧 봐요!
▶ Az sonra görüşürüz!
  아쓰 쏜라 괴뤼쉬뤼쓰!

- 우리 나중에 봐요!
▶ Sonra görüşeceğiz!
  쏜라 괴뤼쉐제이쓰!

연락을 바라며 헤어질 때

- 전화해!
▶ Bana telefon et!
  바나 텔레폰 엣!

- 내게 편지하는 것 기억해라!
▶ Bana mektup göndermeyi unutma!
  바나 멕툽 괸델메이 우느뜨마!

- 우리 서로 계속 연락하자고요!
▶ Haberleşmeye devam edelim!
하베르레쉬메예   데밤   에데림!

- 집에 도착할 때 전화 드릴게요.
▶ Eve varınca telefon edeceğim.
에베 와르자 텔레폰 에데제임.

- 제게 편지하는 것 잊지 마세요.
▶ Bana mektup yazmayı unutmayın, lütfen.
바나 멕툽   야쓰마이으 우누뜨마이은, 륏펜.

- 시간 있을 때 제게 오세요.
▶ Boş zamanlarda gelin, lütfen.
보쉬 자만랄다   겔린, 륏펜.

안부를 전할 때

- 네 형에게 안부 전해 줘.
▶ Ağabeyine selam söyle.
아아베이네   쎌람   쇠일레.

- 제 이름으로 안부 전해주세요.
▶ Adıma selamlarımı iletin, lütfen.
아드마 쎌람라르므   일레틴, 륏펜.

- 진심으로 안부를 전합니다.
▶ İçtenlikle selamımı iletiyorum.
이치텐릭레 쎌라므므   이레티요룸.

- 애정(이 담긴) 안부   Sevgi dolu selamlama.
- 존경의 인사[안부]   Saygılı selamlama.
- 공식 인사[안부]   Resmi selamlama.

- 자네의 부모님께, 내 대신 안부 전해 주게.
▶ Anne babana selamlarımı ilet, lütfen.
안네 바바나   쎌람라르므   일렛, 륏펜.

- 나 대신 알리에게 안부 전해줘!
▶ Ali'ye selamımı ilet, lütfen!
알리예 쎌람므므   일렛, 륏펜.

- 제 부모님께서 대신 안부 전하라 하셨습니다.
▶ Anne babamın selamları var.
　안네　바바믄　쎌람라르　왈.

전송할 때

- 좋은 여행되세요!
▶ İyi yolculuklar!
　이이 욜주룩랄!

- 안녕히(잘) 가세요!
▶ Güle güle gidin!
　귈레 귈레 기딘!

- 잘 가!
▶ Güle güle!
　귈레 귈레!

- 여행 맘껏 즐겨요!
▶ İyi geziler!
　이이 게지렐!

- 즐겁게 보내세요!
▶ İyi eğlenceler!
　이이 에엘렌제렐!

▷ 영어의 good과 같은 뜻을 가진 터키어의 İyi(좋은, 즐거운)라는 형용사 단어와 명사 복수 형태를 함께 사용해서 간단하면서도 매우 많이 쓰이는 터키의 일상 인사말들이 된다.

"즐거운(좋은) ~이 되기 바랍니다."
"İyi 명사+ler/lar!"

좋은 날이 되세요!	İyi gün-ler!
즐거운 방학(휴가) 보내세요!	İyi tatil-ler!
즐거운 성탄절이 되세요!	İyi Noel-ler!
즐거운 새해를 기원합니다!	İyi yıl-lar!
즐거운 명절을 기원합니다!	İyi Bayram-lar!
즐거운 여행이 되기 바랍니다!	İyi yolculuk-lar!
수업 잘 받으세요!	İyi ders-ler!
시험 잘 보세요!	İyi sınav-lar!

- 행운이 함께 하기를!
▶ Bol şanslar!
   볼 쑌쓰랄!

- 신(하나님, 주님)이 함께 하시기를!
▶ Tanrı (Allah, Rab) seninle olsun!
   탄르 (알라, 랍) 쎄닌레 올쑨!

- 공항까지 나와 주셔서 대단히 감사합니다.
▶ Havalimanına geldiğiniz için çok teşekkür ederim.
   하와리마느나 겔디이니쓰 이친 촉 텍쉐뀔 에데림.

- 저 이만 가겠습니다.(1)
▶ Artık gitmeliyim.
   아르특 기뜨멜리임.

- 저 이만 가겠습니다.(2)
▶ Artık bana müsade.
   아르특 바나 뮈싸데.

06 감사의 인사

고마울 때

- 대단히 고맙습니다.
▶ Çok teşekkür ederim.
  촉   테쉐뀰   에데림.

- 정말로 좋습니다. 감사합니다.
▶ Gerçekten iyiyim. Teşekkür ederim.
  겔첵텐   이임.   테쉐뀰   에데림.

- 감사합니다. 아주 좋습니다.
▶ Teşekkür ederim. Çok iyiyim.
  테쉐뀰   에데림.   촉   이임.

- 매우 감사합니다. 더 좋을 수는 없습니다.
▶ Çok teşekkür ederim. Daha iyi olamaz.
  촉   테쉐뀰   에데림.   다하   이이 올라마쓰.

- 좋아지고 있습니다. 감사합니다.
▶ İyileşiyorum. Teşekkür ederim.
  이이레쉬요룸.   테쉐뀰   에데림.

친절과 수고에 대해 감사할 때

- 당신께 경의를 표합니다.
▶ Size saygılarımı sunuyorum.
  씨제   싸이그라르므   수누요룸.

- 친절함에 감사드립니다.
▶ Gösterdiğiniz ilgi için teşekkür ederim.
  괴스텔디이니쓰   일기 이친 테쉐뀰   에데림.

- 도움에 감사드립니다.
▶ Gösterdiğiniz yardımlar için teşekkür ederim.
  괴스텔디이니쓰   야르듬랄   이친 테쉐뀰   에데림.

- 환영해주셔서 감사합니다.
▶ Gösterdiğiniz sıcak karşılama için teşekkür ederim.
괴스텔디이니쓰 스작 카르쉴라마 이친 테쉐뀰 에데림.

- 여러모로 감사합니다.
▶ Her şey için teşekkür ederim.
헤르 쉐이 이친 테쉐뀰 에데림.

- 정말 즐거웠습니다.
▶ Gerçekten eğlenceliydi.
게르첵텐 에렌젤리이디.

- 며칠 동안 정말 즐거웠습니다.
▶ Bir kaç gündür gerçekten memnun kaldım.
비 카츠 귄뒬 게르첵텐 멤눈 칼듬.

- 베풀어주신 호의 잊지 않겠습니다.
▶ Gösterdiğiniz sıcak ilgiyi unutmayacağım.
괴스텔디이니쓰 스작 일기이 우눗마야자음.

- 베풀어주신 따듯한 관심에 감사합니다.
▶ Gösterdiğiniz sıcak ilgi için minnettarım.
괴스텔디이니쓰 스작 일기 이친 민네타름.

도움이나 행위에 대해 감사할 때

- 고마워! (1)
▶ Sağol!
싸올!

- 고마워! (2)
▶ Teşekkür ederim.
테쉐뀰 에데림.

- 도와줘서 고마워!
▶ Yardımların için sağol.
야르듬라른 이친 싸올!

- 너무 친절하시네요.
▶ Çok naziksiniz!
촉 나직씨니쓰!

- 네가 그것을 하다니, 고맙다.
▶ Bunu yaptığından dolayı teşekkür ederim.
부누 얍뜨은단 돌라이으 테쉐뀔 에데림.

- 당신에 협력에 감사드려요.
▶ Göstermiş olduğunuz yardım için teşekkür ederim.
괴스텔미쉬 올두우누쓰 야르듬 이친 테쉐뀔 에데림.

- 호의에 감사 드려요.
▶ İyilikleriniz için teşekkürler.
이이릭레리니쓰 이친 테쉐뀔렐.

> '~에 감사합니다.' 표현들
[~ için teşekkürler]

- 당신의 말씀에 ~   Sözünüz için ~
- 당신의 친절에 ~   Nezaketiniz için ~
- 당신의 요청에 ~   Dilekçeniz için ~
- 사랑 넘치는 편지에~   Sevgi dolu mektubunuz için ~
- 당신의 호의에 ~   İyiliğiniz için ~
- 격려에 ~   Teşvikiniz için ~
- 시간 할애에 ~   Vaktiniz için ~
- 당신의 초청에 ~   Davetiniz için ~
- 당신의 축하에 ~   Tebriğiniz için ~

- 귀하의 호의에 대단히 감사드립니다.
▶ İyiliğiniz için çok teşekkürler.
이이리이니쓰 이친 촉 테쉐뀔렐.

- 친절하신 협력에 감사드립니다.
▶ Cana yakın yardımlarınız için teşekkürler.
자나 야큰 야르듬라르느쓰 이친 테쉐뀔렐.

- 저희 요청서에 대해 신속히 회답 주셔서 감사합니다.
▶ Dilekçemize hızla cevap verdiğiniz için teşekkürler.
딜렉체미제 흐즐라 제밥 베르디이니쓰 이친 테쉐뀔렐.

- 저희 제의에 긍정적 회답 주셔서 감사드립니다.
▶ Önerimize olumlu cevap verdiğiniz için teşekkürler.
외네리미제 올룸루 제밥 웨르디이니쓰 이친 테쉐뀔렐.

Ⅰ. 인사를 위한 표현 47

감사의 선물을 줄 때

- 네게 줄 작은 거 하나 샀다.
▶ Sana vermek için küçük bir şey aldım.
싸나 웨르멕 이친 퀴츅 비 쉐이 알듬.

- 네게 줄 작은 선물 하나 가져왔다.
▶ Sana vermek için küçük bir hediye getirdim.
싸나 웨르벡 이친 퀴츅 비 헤디예 게틸딤.

- 너를 위한 깜짝 선물이다.
▶ Senin için sürpriz bir hediye.
쎄닌 이친 쉬르프리쓰 비 헤디예.

- 네가 좋아하면 좋겠다.
▶ Bunu beğenirsen sevinirim.
부누 베에닐쎈 쎄비니림.

- 단지 기념품일 뿐이야.
▶ Sadece bir hediyelik eşya, o kadar.
싸데제 비 헤디옐릭 에쉬야, 오 카달.

- 네게 유용하길 바란다.(남의 것에 대해서)
▶ Hayırlı olsun.
하이으를르 올쑨.

- 네게 유용하길 바란다.(내 것을 선물하면서)
▶ Güle güle kullan.
귤레 귤레 쿨란.

- 네게 도움이 되길 바란다.(내 것을 선물하면서)
▶ Umarım işine yarar.
우마름 이쉬네 야랄.

- 날 잊지 말라고 주는 거야.
▶ Beni unutmasın diye veriyorum.
베니 우눗마쓴 디예 웨리요룸.

감사의 선물을 받았을 때

- 전 깜짝 선물이 너무 좋아요.
▶ Ben sürpriz hediyelere bayılırım.
벤 슈르프리쓰 헤디예레레 바이을르름.

- 열어 볼 수 있을까요?
▶ Açabilir miyim?
아차빌리르 미임?

- 너무 예쁘다. 고맙습니다.
▶ Çok güzel. Teşekkür ederim.
촉 귀젤! 테쉐뀰 에데림.

- 봐봐! 내가 원했었던 바로 그거야.
▶ Buna bak. Tam istediğim şey bu.
부나 박! 탐 이스테디임 쉐이 부.

- 당신의 선물에 감사합니다.
▶ Hediyeniz için teşekkür ederim.
헤디예니쓰 이친 테쉐뀰 에데림.

- 보내주신 선물에 감사합니다.
▶ Gönderdiğiniz hediye için teşekkür ederim.
괸델디이니쓰 헤디예 이친 테쉐뀰 에데림.

- 멋진 선물에 대해 진심으로 감사드립니다.
▶ Harika hediyeniz için içtenlikle teşekkür ederim.
하리카 헤디예니쓰 이친 이치텐릭레 테쉐뀰 에데림.

- 보내주신 훌륭한 선물에 대단히 감사 드립니다.
▶ Gönderdiğiniz harika hediye için teşekkür ederim.
괸델디이니쓰 하리카 헤디예 이친 테쉐뀰 에데림.

- 어떻게 감사드려야 할지 모르겠어요.
▶ Nasıl teşekkür edeceğimi bilemiyorum.
나쓸 테쉐뀰 에데제이미 빌레미요룸.

감사에 대해 응답할 때

- 별말씀을 [천만에](1).
▶ Bir şey değil.
비 쉐이 데일.

- 별말씀을 [천만에](2).
▶ Rica ederim.
리자 에데림.

- 제가 즐거웠습니다.
▶ O zevk bana ait.
오 제북 바나 아잇.

07 사과와 사죄의 인사

미안함을 표시할 때

- 죄송합니다.
▶ Özür dilerim.
외쥘 딜레림.

- 양해 바랍니다.
▶ Kusura bakmayın.
쿠스라 바크마이은.

- 미안합니다.
▶ Pardon.
파르돈.

- 실례합니다.
▶ Affedersiniz.
아페델씨니쓰.

- 제 잘못입니다.
▶ Benim hatam.
베님 하탐.

- 무슨 말을 해야 할지 모르겠다.
▶ Ne söyleyeceğimi bilemiyorum.
네 쇠일레제이미 빌레미요룸.

- 고의가 아니었습니다.
▶ Kasten yapmadım.
카스텐 야프마듬.

- 악한 의도는 없었어.
▶ Kötü bir niyetim yoktu.
쾨튀 비 니예팀 욕뚜.

- 악의로 그것을 하지 않았어.
▶ Onu kötü bir niyetle yapmadım.
오누 쾨튀 비 니옛레 야프마듬.

- 알리는 나쁜 생각을 가지고 하지 않았어.
▶ Ali kötü bir düşünce ile yapmadı.
　알리 쾨튀 비 듀슌제　일레 야프마드.

- 모든 것이 제 잘못입니다.
▶ Her şey benim hatam.
　헬 쉐이 베님　하탐.

- 네게 내 실수의 용서를 구한다.
▶ Hatalarımdan dolayı senden af diliyorum.
　하타라름단　돌라이으 쎈덴　압 딜리요룸.

- 나를 용서해 줘, 부탁이다.
▶ Beni bağışla, lütfen.
　베니 바으쉴라, 륏펜.

- 네 마음을 상하게 하고 싶지 않았어.
▶ Seni incitmek istemedim.
　쎄니 인지트멕 이스테메딤.

- 네게 맹세할게, 다시는 그것을 하지 않는다고.
▶ Sana yemin ederim ki, onu bir daha yapmayacağım.
　싸나 예민 에데림 키, 오누 비 다하 야프마야자음.

- 사실은 내가 잘못했어. 용서해 줘!
▶ Aslında hata bende. Beni bağışla!
　아쓸른다 하타 벤데.　베니 바으쉴라!

실례를 구할 때

- 실례했습니다.
▶ Özür dilerim.
　외쥐르 딜레림.

- 실례합니다(1).
▶ Kusura bakmayın.
　쿠수라　바크마이은.

- 실례합니다(2).
▶ Affedersiniz.
　아페데르씨니쓰.

- 실례합니다(3).
▶ Pardon.
파르돈.

- 실례하지만, 창문을 열어도 될까요?
▶ Pardon, pencereyi açabilir miyim?
파르돈, 펜제레이 아차빌릴 미임?

> ▷ "실례합니다, ~ 좀 해도 될까요?"
>   실례합니다, 좀 [동사]해도 되나요? [Pardon, -abilir(-ebilir) miyim?]
>
> 터키어 회화에서 영어의 'May I ~'에 해당하는 용법으로 일상생활에서 제일 많이 사용하는 형태이므로 반드시 알아두어야 한다.
>
> - 실례합니다. 좀 만져 봐도 되나요?   Pardon, dokun-abilir miyim?
> - 실례합니다. 좀 봐도 되나요?   Pardon, bak-abilir miyim?
> - 실례합니다. 좀 지나가도 되나요?   Pardon, geç-ebilir miyim?
> - 실례합니다. 좀 사용해도 되나요?   Pardon, kullan-abilir miyim?

- 실례하지만, 담배를 피워도 될까요?
▶ Affedersiniz, sigara içebilir miyim?
아페데르씨니쓰, 씨가라 이체빌리르 미임?

- 실례하지만, 여기에 앉아도 될까요?
▶ Pardon, buraya oturabilir miyim?
파르돈, 부라야 오투라빌리르 미임?

- 잠깐 기다려 주세요.
▶ Biraz bekleyin, lütfen.
비라쓰 베크레인, 륏펜.

사과·사죄의 말에 응답할 때

- 괜찮아요.
▶ Önemi yok.
외네미 욕.

- 마음에 두지 마세요.
▶ Aldırmayın, lütfen.
알드르마이은, 륏펜.

- 걱정하지 마세요.
▶ Üzülmeyin, lütfen.
  위쥘메인,   륏펜.

- 중요하지 않아요.
▶ Önemli değil.
  외넴리   데일.

- 별일 아니에요(1).
▶ Bir şey değil.
  비 쉐이 데일.

- 별일 아니에요(2).
▶ Sorun değil.
  쏘룬   데일.

- 문제없어요.
▶ Sorun yok.
  쏘룬   욕.

- 이제 잊어버려.
▶ Artık boş ver.
  아르특 보쉬 웨르.

- 이제 잊어버렸어.
▶ Artık unuttum.
  아르특 우눗뚬.

08 축하와 환영의 인사

축하할 때

- 축하해!
▶ Tebrikler!
  테브릭렐!

- 축하합니다.
▶ Tebrik ederim.
  테브릭 에데림.

- 축하합니다.
▶ Kutlu olsun.
  쿳툴루 올쑨.

- 생일 축하합니다.
▶ Doğum gününüz kutlu olsun.
  도움 귀뉘뉘쓰 쿳툴루 올쑨.

- 새해를 축하합니다.
▶ Yeni Yılınız kutlu olsun.
  예니 이을르느쓰 쿳툴루 올쑨.

- 명절을 축하합니다.
▶ Bayramınız kutlu olsun.
  바이라므느쓰 쿳툴루 올쑨.

▷ [뜻 깊은 (즐거운) ~가 되시기를 바랍니다!]
  İyi (Mutlu)   ~ler(lar)!

- 메리 크리스마스!   İyi (= Mutlu) Noel-ler!
- 즐거운 새해 되세요!   İyi (= Mutlu) Yıl-lar!
- 즐거운 명절 되세요!   İyi (= Mutlu) Bayram-lar!

- 네게 축하를 보낸다.
▶ Buradan sana tebriklerimi gönderiyorum.
　부라단　싸나　테브릭레리미　괸데리요룸.

- 온 마음으로 네게 축하를 보낸다.
▶ Seni içtenlikle tebrik ediyorum.
　쎄니　이치텐릭레　테브릭 에디요룸.

축복을 기원할 때

- ~하길 바란다.
▶ ~ olsun istiyorum.
　올쑨　이스티요룸.

- 하나님께서 도와주시길 바란다.
▶ Allah yardımcın olsun.
　알라　야르듬즌　올쑨.

- ~하길 바란다.
▶ ~ olmasını diliyorum.
　올마쓰느　딜리요룸.

- 성공하길 바란다.
▶ Başarılı olmanı diliyorum.
　바쌰를르　올마느　딜리요룸.

- 행운을 빈다!
▶ İyi şanslar!
　이이 쌴쓰랄!

- 너에게 행운이 가득하기를 바란다!
▶ Sana bol şanslar!
　싸나　볼　쌴쓰랄!

- 네게 행운이 가득하기를 바란다!
▶ Sana bol şanslar dilerim!
　싸나　볼　쌴쓰랄　딜레림!

- 네게 행운이 있길!
▶ Şans seninle olsun!
　쌴쓰　쎄닌레　올쑨!

Ⅰ. 인사를 위한 표현 55

- 운이 많이 따르길 바란다!
▶ Bol şans diliyorum.
볼 샨스 딜리요룸!

- 행복하고 번창하는 새해를 기원합니다.
▶ Sağlık, mutluluk ve güzelliklerle dolu yeni bir yıl dileriz.
싸으륵, 뭇뚜룩 웨 귀젤릭렐레 돌루 예니 비 이을 딜레리쓰.

- 네가 행복한 기념일을 보내길 바란다.
▶ Sana mutlu yıl dönümleri dilerim.
싸나 뭇뚤루 이을 되뉨레리 딜레림.

- 네게 행복한 새해가 되길 바래!
▶ Sana mutlu yıllar dilerim!
싸니 뭇뚤루 이을랄 딜렐림!

- 행운이 너와 함께 하기를!
▶ Şans seninle olsun!
샨쓰 쎄닌레 올쑨!

환영할 때

- 환영합니다!
▶ Hoş geldiniz!
호쉬 겔디니쓰!

▷ ~에 오신 것을 환영합니다.
 [장소 + -e/-a hoş geldiniz.]

• 대한민국에	Kore'-ye	hoş geldiniz.
• 터키에	Türkiye'-ye	hoş geldiniz.
• 제 집에	Evim-e	hoş geldiniz.
• 제 사무실에	Ofisim-e	hoş geldiniz.
• 리셉션에	Resepsiyon-a	hoş geldiniz.
• 저희 학교에	Okulumuz-a	hoş geldiniz.
• 저희 회사에	Şirketimiz-e	hoş geldiniz.

- 환영합니다(개인에게)!
▶ Hoş geldin!
　호쉬 겔딘!

- 환영합니다(단체에게)!
▶ Hoş geldiniz!
　호쉬 겔디니쓰!

- 여러분께 환영인사를 드립니다!
▶ Sizlere hoş geldiniz diyoruz!
　씨쓰레레 호쉬 겔디니쓰 디요루쓰!

- 제가 대표로 여러분께 환영인사를 보냅니다!
▶ Hepinize kurumumuzun adına hoş geldiniz diyorum!
　헤피니제 쿠루무무준 아드나 호쉬 겔디니쓰 디요룸.

09 화장실

위치를 물을 때

- 화장실이 어디에 있나요?
▶ Acaba, tuvalet nerede?
  아자바 투와렛 네레데?

- 이 음식점 안에 화장실이 있나요?
▶ Acaba, bu lokantada tuvalet var mı?
  아자바 부 로칸타다 투와렛 와르 므?

- 화장실 문이 어떤 거죠?
▶ Acaba, tuvalet kapısı hangisi?
  아자바 투와렛 카프쓰 한기씨?

- 이 근처에 공중 화장실이 없습니까?
▶ Acaba, buralarda umumi tuvalet yok mu?
  아자바 부라랄다 우무미 투와렛 욕 무?

- 몇 층에 화장실이 있습니까?
▶ Tuvalet kaçıncı katta acaba?
  투와렛 카츤즈 캇따 아자바?

화장실에 가고자 할 때

- 잠시만 기다려 주세요.
▶ Biraz bekleyin, lütfen.
  비라쓰 베크레인, 륏펜.

- 잠시만 손을 좀 씻으러 갈게요.
▶ Bir saniye elimi yıkamak istiyorum.
  비 싸니예 엘리미 이으카막 이스티요룸.

- 조그만 기다려, 화장실 좀 갈게.
▶ Biraz bekle, tuvalete gideceğim.
  비라쓰 베클레, 투와렛테 기데제임.

- 화장실을 가고 싶습니다.
▶ Tuvalete gitmek istiyorum.
  투와렛테 기뜨멕   이스티요룸.

- 화장실 좀 사용해도 되겠습니까?
▶ Acaba, tuvaleti kullanabilir miyim?
  아자바 투와렛티 쿨라나빌리르 미임?

화장실에서 문제가 있을 때

- 화장실이 너무 지저분하네요.
▶ Tuvalet çok pis.
  투와렛 촉 피쓰.

- 화장실에 휴지가 없습니다.
▶ Tuvalette tuvalet kağıdı yok.
  투와렛떼 투와렛 카으드 욕.

- 변기가 고장인 것 같네요.
▶ Tuvalet arzalı galiba.
  투와렛 아르잘르 갈리바.

- 화장실 물이 막힌 것 같네요 물이 안 내려가요.
▶ Tuvalet tıkanmış galiba, su gitmiyor.
  투와렛   트칸므쉬 갈리바, 수 기뜨미욜.

PART II

사귐을 위한 표현

01 사람을 부를 때
02 말문을 틀 때
03 질문과 설명
04 의문
05 응답
06 맞장구
07 되물음
08 이해와 확인
09 대화의 막힘과 재촉
10 대화의 시도와 화제전환

 # 사람을 부를 때

인사를 하여 부를 때

• 안녕하세요! (혼자일 때)
▶ Merhaba!
멜하바!

• 안녕하세요! (여러 사람일 때)
▶ Merhaba-lar!
멜하바랄!

• 여기 사세요?
▶ Burada mı otur-uyor-sunuz?
부라다   므 오투루욜쓰누쓰?

> ▷ 터키어에서 의문 어미의 위치에 따라 달라지는 문맥
>
> 터키어에서는 동일한 문장일지라도 '의문 어미'(-mı, -mi, -mu, -mü)가 어디에 위치하느냐에 따라서 뜻이 달라지기도 한다. 바로 위 문장에서는 의문 의미 'mı'가 Burada 바로 뒤에 와서, "사시는 것이 여기인가요?"의 뜻을 가지게 되지만, 이와는 달리 의문어미가 "Burada oturuyor mu-sunuz?"에서 처럼 동사 'oturuyor' 뒤에 오게 되면 이 뉴앙스는 윗 문장의 뜻과는 달리, 버스나 공원 등의 한 빈 의자를 가리키면서 "여기 의자에 앉을 것인가요?" 혹은 "이 의자 앉지 않을 것이라면 내가 좀 사용해도 되나요?"의 뜻이 훨씬 강하게 풍기게 된다.
>
> 그러나 "여기에 사세요?"의 뜻으로서 "Burada oturuyor mu-sunuz?"라는 질문도 당연히 가능한데 그 경우에는 이 문장 뒤로 "~ yoksa tatilde misiniz?" (여기에 사세요? 아니면 휴가로 오셨어요?)라는 문장이 뒤로 와야지만 확실한 문맥이 성립될 수 있을 것이다.

- 여기 사세요?
▶ Burada oturuyor musunuz?
  부라다 오투루욜 무쑤누쓰?

- 여기 사세요?
▶ Burada mı otur-uyor-sunuz?
  부라다   오투루욜 무쑤누쓰?

- 여기 출신이니?
▶ Buralı mı-sınız?
  부랄르 므쓰느쓰?

모르는 사람을 부를 때

- 여기 좀 잠깐 봐 주실래요?
▶ Bakar mısınız?
  바칼 므쓰느쓰?

- 저기요… (남자일 때)
▶ Pardon, Bey-efendi.
  파르돈, 베이에펜디.

- 저기요… (여자일 때)
▶ Pardon, hanım-efendi.
  파르돈, 하늠에펜디.

- 저기요… (아주머니일 때)
▶ Pardon, teyze.
  파르돈, 테이제.

- 저기요… (아저씨일 때)
▶ Pardon, amca.
  파르돈, 암자.

- 저기요… (잘 모르는 또래일 때)
▶ Pardon, ağabey.
  파르돈, 아아베이.

- 저기요… (잘 모르는 또래 여성일 때)
▶ Pardon, bayan.
  파르돈, 바얀.

• 저기… (어린애들일 때)
▶ Pardon, çocuk-lar.
파르돈, 초축랄.

• 저기요… (경찰을 포함한 공무원 남성일 때)
▶ Pardon, memur bey.
파르돈, 메물 베이.

• 저기요… (경찰을 포함한 공무원 여성일 때)
▶ Pardon, memur hanım.
파르돈, 메물 하늠.

• 안녕하세요?
▶ Nasılsınız?
나쓸쓰느쓰?

• 저, 실례합니다.
▶ Pardon, aferder-siniz.
파르돈, 아페델씨니쓰.

• 죄송합니다, 실은 제가 여기 출신이 아닙니다.
▶ Pardon, aslında ben buralı değilim.
파르돈, 아슬른다 벤 부랄르 데일림.

• 제게 …에 대해서 좀 말씀해 주실 수 있나요?
▶ Bana … hakkında bir şeyler söyleyebilir misiniz?
바나 … 하큰다 비 쉐이렐 쇄일레예빌릴 미씨니쓰?

호칭을 부를 때

• 안녕하세요. 알리 씨.
▶ Merhaba, Ali bey.
멜하바, 알리 베이.

• 안녕하세요, 아이쉐 여사.
▶ Merhaba, Ayşe hanım.
멜하바, 아이쉐 하늠.

• 안녕하세요, 신사숙녀 여러분.
▶ Merhaba, Baylar ve Bayanlar.
멜하바, 바일랄 웨 바얀랄.

- 반갑습니다, 아이든 박사님.
▶ Memnun oldum, Doktor Aydın Bey.
　멤눈　　올둠,　　독톨　아이든 베이.

- 잘 가, 케말.
▶ Güle güle, Kemal.
　귤레　귤레, 케말.

- 잘 있어요, 투바.
▶ Hoşçakal, Tuğba.
　호쉬차칼,　투바.

- 잘 있어요, 이젯.
▶ Allahaısmarladık, İzzet.
　알라하으스말라득,　　이젯.

 말문을 틀 때

말을 걸 때

• 날씨가 추워요!
▶ Hava soğuk!
　하와　쏘욱

▷ 터키어의 날씨 형용사들

일반적으로 "오늘 날씨가 ~하다." 식으로 표현한다.
"Bugün hava ~."

• 좋은	İyi
• 나쁜	Kötü
• 더운	Sıcak
• 추운	Soğuk
• 선선한	Serin
• 바람이 부는	Rüzgârlı
• 건조한	Kuru
• 습한	Nemli
• 비가 오는	Yağmurlu
• 우박이 내리는	Dolu yağışı
• 안개가 낀	Sisli
• 구름이 낀	Bulutlu
• 무지개가 뜬	Gökkuşaklı
• 번개가 치는	Yıldırımlı
• 벼락이 떨어진	Şimşekli
• 천둥이 치는	Gökgürültülü

- 비가 올 것 같죠?
▶ Yağmur yağacak gibi, değil mi?
  야물   야아작   기비, 데일   미?

- 물 한 잔 좀 마셔도 괜찮겠습니까?
▶ Bir bardak su içebilir miyim?
  비 바르닥   수유 이체빌릴 미임?

- 담배를 좀 펴도 괜찮겠습니까?
▶ Sigara içebilir miyim?
  씨가라   이체빌릴 미임?

▷ 물(음료수 포함) 마시다, 약 먹다, 담배 피우다, 커피/차 마시다, 맹세하다 등에는 전부 동일하게 'iç-mek' 동사를 사용한다.

• 물마시다.	Su içmek
• 약 먹다.	İlaç içmek
• 담배 피우다.	Sigara içmek
• 커피/차 마시다.	Kahve/Çay içmek
• 맹세하다.	Ant içmek

- (담배) 불 좀 있으세요?
▶ Ateşiniz var mı?
  아테쉬니쯔 왈   므?

- 죄송한데 지금 몇 시죠?
▶ Pardon, şimdi saat kaç?
  파르돈,   쉼디   싸앗 카츠?

- 몇 시에요? (원래 "시계 있어요?"에서 나옴)
▶ Saatiniz var mı?
  싸앗티니쓰 왈   므?

- 터키에 대해 뭐 좀 아세요? [사물일 때]
▶ Türkiye hakkında bir şey biliyor musunuz?
  튀르키예 하크다   빌리욜 무쑤누쓰?

- 알리를 아세요? [사람일 때]
▶ Ali'yi tanıyor musunuz?
  알리이 탄느욜 무쑤누쓰?

> "~를 아세요?"라는 같은 말이라도, 터키어에서는 사물과 사람일 때 각각 다른 동사를 사용하므로 혼동하지 말아야 한다.
>
> - 사물일 때   bilmek   biliyor musunuz?
> - 사람일 때   tanımak   tanıyor musunuz?

- 무엇인지 아세요?
▶ **Ne olduğunun farkında mısınız?**
네 올두우눈 파르큰다 므쓰느쓰?

- 넌 그것을 믿을 수 없을 거야.
▶ **Ona inanamazsın.**
오나 이나나마쓰쓴.

- 믿기 정말 어려워요!
▶ **İnanması çok güç!**
이난마쓰 촉 귀츠!

- 무슨 일이 있었는지 들었어?
▶ **Ne olduğunu duydun mu?**
네 올두우누 두이둔 무?

- 알리가 내게 말한 것을 넌 믿지 못할 거야.
▶ **Ali'nın bana söylediğine inanmazsın.**
알리닌 바나 쐐일레디이네 이나나마쓰쓴.

- 내가 무엇을 봤는지 맞춰봐.
▶ **Ne gördüğümü tahmin et bakalım.**
네 괴르뒤우무 타흐민 엣 바칼름.

- 넌 내가 들은 것을 상상할 수 없을 거야.
▶ **Ne duyduğumu hayal bile edemezsin.**
네 두이두움무 하얄 빌레 에데메쓰씬.

- 너 놀라운 소식 들었니?
▶ **Şaşırtıcı haberi duydun mu?**
샤쉬르트즈 하베리 두이둔 무?

- 누가 네게 그것을 말했니?
▶ **Sana kim söyledi?**
싸나 킴 쐐일레디?

대화 도중에 말을 걸 때

- 잠시만, 죄송합니다.
▶ Bir dakika, affedersiniz.
 비 다키카, 아페델씨니쓰.

- 잠시만 여기 좀 봐 주실래요?
▶ Bir dakika, buraya bakar mısınız?
 비 다키카, 부라야 바칼 므쓰느쓰?

- 말씀 중에 실례해도 될까요?
▶ Affedersiniz, sözünüzü kesiyorum ama.
 아페델씨니쓰, 쇠쥐뉘쥐 케씨요룸 아마.

- 죄송합니다만, 제가 대화에 끼어도 될까요?
▶ Affedersiniz, konuşmanıza katılabilir miyim?
 아페델씨니쓰, 코누쉬마느자 카틀라빌릴 미임?

- Ali 씨, 저와 이야기 좀 할 수 있을까요?
▶ Ali bey, benimle konuşabilir misiniz?
 알리 베이, 베님레 코누샤빌릴 미씨니쓰?

▷ "~ 해 주실 수 있으세요?"
 "-ebilir / -abilir misiniz, lütfen?"

영어에서 "Can you ~?" 문형에 해당하는 위 문형은 터키어 문형에서도 무엇인가를 부탁할 때 광범위하게 사용된다. 아울러 문장의 맨 앞 혹은 맨 뒤에 영어 'please'에 해당하는 터키어 'lütfen'과 함께 사용하는 것이 일반적이다.

• 좀 도와주실래요?	Yardım edebilir misiniz, lütfen?
• 좀 와 주실래요?	Gelebilir misiniz, lütfen?
• 좀 해 주실래요?	Yapabilir misiniz, lütfen?
• 좀 가리켜 주실래요?	Gösterebilir misiniz, lütfen?
• 좀 가르쳐 주실래요?	Öğretebilir misiniz, lütfen?
• 좀 봐 주실래요?	Bakabilir misiniz, lütfen?

대화에 동참시킬 때

- 시간 있니?
▶ Vaktin var mı?
  왁띤 왈 므?

- 우리 잠깐 이야기할 수 있나요?
▶ Bir dakika konuşabilir miyiz?
  비 다키카 코누샤빌릴 미이쓰?

- 이 문제에 관해 당신과 얘기 좀 할 수 있을까요?
▶ Bu konu hakkında sizinle konuşabilir miyim?
  부 코누 하큰다 씨진레 코누샤빌릴 미임?

- 대화를 위한 좋은 곳을 생각해 봅시다.
▶ Konuşmak için uygun bir yer düşünelim.
  코누쉬막 이친 우이군 비 옐 뒤쉬넬림.

- 흥미로운 주제인가요? 맞죠?
▶ İlginç bir konu mu? Doğru değil mi?
  일긴치 비 코누 무? 도루 데일 미?

- 우리 얘기하자고요.
▶ Biz bir konuşalım.
  비쓰 비 코누샬름.

▷ " ~합시다! / ~하자!"
  "동사어근 + -elim/alım."

영어의 'Let's~'에 해당하는 터키어는 "동사어근 + -elim/alım." 형태로 사용하며 매우 간단하면서도 일상생활에서 광범위하게 사용되는 문장이므로 자주 사용하는 동사들을 활용해서 충분히 연습해 두어야 한다.

• 합시다.	Yap-alım.
• 갑시다.	Gid-elim.
• 먹읍시다.	Yi-y-elim.
• 마십시다.	İç-elim.
• 조용히 합시다.	Sessiz ol-alım.
• 줍시다.	Ver-elim.
• 두고 봅시다.	Bak-alım.
• 앉읍시다.	Otur-alım.
• 일어납시다.	Kalk-alım.
• 읽읍시다.	Oku-y-alım.
• 보냅시다.	Gönder-elim.
• 가져옵시다.	Getir-elim.

* 위에서 보이는 -y- 어미는 모음충돌을 방지하는 매개자음이다. 터키어에서는 이렇게 어미를 붙이는 과정에서 모음 다음에 또 다른 모음이 오는 것을 방지하기 위해서 상황에 따라서 n, s, ş, y 중에서 하나를 매개자음을 사용하고 있다.

• 우리 대화에 함께 하겠어요?

▶ **Konuşmamıza katılmak ister misiniz?**
  코누쉬마므자   카틀막   이스텔 미씨니쓰?

• 당신과 얘기 좀 할 수 있을까요?

▶ **Acaba, sizinle konuşabilir miyim?**
  아자바,   씨진레 코누샤빌릴   미임?

• 넌 우리와 이 문제에 대해서 얘기하는데 관심 있니?

▶ **Bu konu hakkında bizimle konuşmak ister misin?**
  부 코누 하크다   비짐레   코누쉬막   이스텔 미씬?

Ⅱ. 사귐을 위한 표현

용건을 물을 때

- 제가 도와드릴 것이 있습니까?
▶ Yardım edeceğim bir şey var mı acaba?
야르듬 에데제임 비 쉐이 왈 므 아자바?

- 저한테 뭔가 이야기하고 싶으세요?
▶ Benimle bir şey hakkında konuşmak mı istiyousunuz?
베님레 비 쉐이 하큰다 코누쉬막 므 이스티욜수누쓰?

- 무슨 말을 하고 싶은 신거죠?
▶ Ne söylemeye çalışıyorsunuz?
네 쇄일레메예 찰르쉬욜쑤누쓰?

- 난처하신 것 같은데, 제가 도와드릴까요?
▶ Galiba zor durumdasınız, yardım edeyim mi?
갈리바 졸 두룸다쓰느쓰, 야르듬 에데임 미?

모르는 사람에게 말을 걸 때

- 실례합니다!
▶ Affedersiniz!
아페델씨니쓰!

- 부탁인데요…
▶ Şey, bir ricam vardı da…
쉐이, 비 리잠 왈드 다…

- 어이!, 여보세요! (전화 '여보세요' 로도 사용)
▶ Alo!
알로

- 여기 좀 봐 주실래요?
▶ Bakar mısınız?
바칼 므쓰느쓰?

- 어이, 너!
▶ Baksana!
박싸나!

- 이봐! (나 좀 봐! : 좀 거친 표현)
▶ Bana bak!
바나 박!

- 여기 처음이신가요?
▶ Buraya ilk defa mı geliyorsunuz?
　부라야　일크 데파　므 겔리욜쑤누쓰?

- 한국어[터키어, 영어]로 말할 수 있나요?
▶ Korece [Türkçe, İngilizce] ile söyleyebilir misiniz?
　코레제　　[튀륵체, 인길리쓰제]　일레 쇠일레예빌릴 미씨니쓰?

- 한국어[터키어, 영어]로 말해 주실래요?
▶ Korece [Türkçe, İngilizce] ile söyler misiniz?
　코레제　　[튀륵체, 인길리쓰제]　일레 쇠일렐 미씨니쓰?

- 신문 읽으시겠어요?
▶ Gazete okumak ister misiniz?
　가쩨테　오쿠막　이스텔 미씨니쓰?

- 날씨가 좋죠. 안 그런가요?
▶ Hava güzel, değil mi?
　하와　귀젤,　데일　미?

03 질문과 설명

질문할 때

- 이것은 무엇입니까?
▶ Bu ne?
부 네?

- 이것은 무엇을 의미하나요?
▶ Bu ne demek?
부 네 데멕?

- 한국어[터키어, 영어]로 이것을 뭐라고 그래요?
▶ Korece'de [Türkçe'de, İngilizce'de] buna ne denir?
코레제데 [튀륵체데, 인길리쓰제데] 부나 네 데닐?

- 이 머리글자들은 무엇을 의미합니까?
▶ Bu baş harf-ler ne demek acaba?
부 바쉬 할프렐 네 데멕 아자바?

- 질문이 있습니다.
▶ Bir sorum var.
비 쏘룸 왈.

- 질문 하나 해도 될까요?
▶ Bir soru sorabilir miyim?
비 쏘루 쏘라빌릴 미임?

- 구체적인 질문을 몇 개 더 하고자 합니다.
▶ Bir kaç tane daha ayrıntılı sorular soracağım.
비 카츠 타네 다하 아일른틀르 쏘루랄 쏘라자음.

- 질문을 잘 들으세요!
▶ Soruyu iyice dinleyin, lütfen!
쏘루유 이이제 딘레인, 륏펜!

- 제 질문에 대답하세요!
▶ Soruma cevap verin, lütfen!
쏘루마 제밥 웨린, 륏펜!

- 누가 질문하고 싶습니까?
▶ Kim soru sormak ister acaba?
킴 쏘루 쏘루막 이스텔 아자바?

- 질문하고 싶은 사람 있습니까?
▶ Sormak isteyen var mı acaba?
쏘루막 이스테옌 왈 므 아자바?

질문 받을 때

- 질문 없습니까?
▶ Sorusu olan yok mu?
쏘루쑤 올란 욕 무?

- 질문 있습니까?
▶ Sorusu olan var mı?
쏘루쑤 올란 왈 므?

- 다른 질문 없습니까?
▶ Başka sorusu olan yok mu?
바쉬카 쏘루쑤 올란 욕 무?

- 다른 질문 있습니까?
▶ Başka sorusu olan var mı?
바쉬카 쏘루쑤 올란 왈 므?

- 다른 질문 있으면 하세요.
▶ Başka sorusu olan sorsun.
바쉬카 쏘루쑤 올란 쏘루쑨.

- 질문 있으면, 손을 드세요.
▶ Sorusu olan el kaldırsın.
쏘루쑤 올란 엘 칼득씀.

- 여기까지 질문 있습니까?
▶ Buraya kadar sorusu olan var mı?
부라야 카달 쏘루쑤 올란 왈 므?

질문에 답변할 때

- 매우 좋은 질문입니다.
▶ Çok güzel bir soru.
촉 귀젤 비 쏘루.

- 더 이상 묻지 마세요.
▶ Daha fazla sormayın, lütfen.
다하 파즐라 쏠마이은, 륏펜.

- 더 답변하고 싶지 않습니다.
▶ Daha fazla cevap vermek istemiyorum.
다하 파즐라 제밥 웨르멕 이스테미요룸.

- 뭐라고 대답해야 좋을지 모르겠습니다.
▶ Nasıl cevap vereceğimi bilemiyorum.
나쓸 제밥 웨레제이미 빌레미요룸.

- 말하지 않겠습니다.
▶ Söylemeyeceğim.
쐐일레메예제임.

- 곧 알게 될 것입니다.
▶ Yakında öğreneceksiniz.
야큰다 외레네젝씨니쓰.

- 가능하면 빨리 답변하도록 하겠습니다.
▶ Mümkün olduğunca çabucak cevap vermeye çalışacağım.
뮴큔 올두운자 차부작 제밥 웨르메예 찰르샤자음.

- 이유를 말씀드릴 수 없습니다.
▶ Nedenini söylemeyeceğim.
네디니 쐐일레메예제임.

설명을 요구할 때

- …에 대해 좀 더 설명해 주시겠습니까?
▶ … hakkında biraz daha anlatır mısınız, lütfen?
… 하큰다 비라쓰 다하 안라틀 므쓰느쓰, 륏펜?

- 이유를 설명해 주실 수 있습니까?
▶ Nedenini anlatabilir misiniz, lütfen?
네데니니 안라타빌릴 미씨니쓰, 륏펜?

- 간단히 설명해 보세요.
▶ Kısaca anlatın, lütfen.
크싸자 안라튼, 륏펜.

- 더 자세히 말씀해 주세요.
▶ Biraz daha ayrıntılı anlatın, lütfen.
  비라쓰 다하 아이른틀르 안라튼, 륏펜.

- 더 자세히 풀어서 말씀해 주세요.
▶ Konuyu biraz daha açar mısınız, lütfen.
  코누유   비라쓰 다하 아찰 므쓰느쓰, 륏펜.

- 요점에서 벗어났습니다.
▶ Konudan çıktınız.
  코누단   측뜨느쓰.

- 요점에서 벗어나지 마세요.
▶ Konudan sapmayın, lütfen.
  코누단   쌉마이은,   륏펜.

- 요점을 말하세요!
▶ Konuyu söyleyin, lütfen!
  코누유   쐐일레인, 륏펜.

- 어찌된 것이죠? 말해주세요.
▶ Ne oldu? Anlatın, lütfen!
  네 올두? 안라튼,   륏펜.

- 이것을 다시 한 번 설명해 주시겠어요?
▶ Bunu bir daha anlatır mısınız, lütfen?
  부누 비 다하   안라틀 므쓰느쓰, 륏펜?

- 더 쉬운 말로 다시 말씀해 주시겠어요?
▶ Daha kolay sözlerle anlatır mısınız, lütfen?
  다하   콜라이 쐬쓰렐레 안라틀 므쓰느쓰, 륏펜?

설명할 때

- 이해 하셨나요?
▶ Anladınız mı?
  안라드느쓰 므?

- 제가 제대로 설명했나요? ('이해 하셨나요?'의 겸양)
▶ Anlatabildim mi, acaba?
  안라타빌딤   미, 아자바?

- 말로는 다 설명할 수 없습니다.
▶ Sözle hepsini anlatamıyoruz.
쇠쓰레 헵씨니   안라타므요루쓰.

- 말로는 표현하기 힘들어요.
▶ Sözle anlatmam çok güç.
쇠쓰레 안라트맘   촉   귀츠.

- 어떻게 설명해야 할지 모르겠습니다.
▶ Sana nasıl anlatacağımı bilemiyorum.
싸나 나쓸 아라타자으므   빌레미요룸.

- 그밖에 달리 설명할 방법이 없어요.
▶ Onun dışında söyleyecek başka yöntem yok.
오눈   드쉰다   쇠일레예젝   바쉬카   욘테   욕.

- 맞아요, 그래서 그런 겁니다.
▶ Evet, ondan dolayı öyle.
에벳, 온단   돌라이으 외일레.

- 말하자면 길어요.
▶ Anlatırsam uzun sürer.
안라틀쌈   우준   수렐.

집중을 요구할 때

- 사실은...
▶ Gerçek şu ki ...
게르첵   슈 키...

- 문제는 말야...
▶ Sorun şu ki ...
쏘룬   슈 키...

- 솔직히 말하자면...
▶ Açıkçası şu ki ...
아측차쓰   슈 키...

- 여기요, 제 말이 들리세요?
▶ Bakar mısınız, sesim geliyor mu?
바칼   므쓰느쓰, 쎄씸   겔리욜   무?

- 봐라!
▶ Bak!
박!

- 이것 봐라!
▶ Buna bak!
부나 박!

- 그것을 잘 봐!
▶ Ona iyice bak!
오나 이이제 박!

- 조용히!
▶ Sus!
쑤쓰!

- 조용히 하세요!
▶ Sessiz olun!
쎄씨쓰 올룬!

- 여기 좀 봐주실래요?
▶ Buraya bakar mısınız?
부라야 바칼 므쓰느쓰?

- 지금 제게 귀 기울이세요!
▶ Şimdi bana kulak verin, lütfen!
쉼디 바나 쿨락 웨린, 륏펜!

- 넌 (내 말을) 듣고 있는 거니?
▶ Beni dinliyor musun?
베니 딘리욜 무쑨?

- 주의해서 알아들었니?
▶ Dikkat ettin mi?
디캇 에띤 미?

- 이것에 집중하세요.
▶ Buna konsantre olun.
부나 콘싸트레 올룬.

- 잠시 내 말을 들어 줄 수 있니?
▶ Bir dakika bana kulak verebilir misiniz, lütfen?
비 다키카 바나 쿨락 웨레빌릴 미씨니쓰, 륏펜?

II. 사귐을 위한 표현 79

04 의문

의문사 및 관계사[When]

- 언제?
▶ Ne zaman?
　네 자만?

- 넌 새 차를 언제 살거니?
▶ Ne zaman yeni araba alacaksın?
　네 자만 예니 아라바 알라작쓴?

- 난 그에게 언제 갈지 물어보았다.
▶ Ona ne zaman gideceğini sordum.
　오나 네 자만 기데제이니 쏠둠.

- ~때
▶ ~dığı zaman (직설법 현재)
　~드으 자만

- ~라면
▶ ~se (접속법 현재)
　~쎄

- 해가 날 때, 난 해변에 간다.
▶ Güneşli olduğu zaman, deniz kıyısına giderim.
　귀네쉴리 올두우 자만, 데니쓰 크이으쓰나 기데림.

- 졸리면, 잘 거다.
▶ Uykum gelirse, uyurum.
　우이쿰 겔리르쎄, 우유룸.

▷ 6하 원칙의 의문사들과 그 외 주요 의문사들

- 언제? Ne zaman?
- 어디에서? Nerede?
- 누가? Kim?
- 무엇을? Neyi?
- 어떻게? Nasıl?
- 왜? Niçin? Neden?
- 얼마나? Ne kadar?
- 어느? Hangi?
- 몇? Kaç?
- 몇 개? Kaç tane?
- 몇 시? Saat kaç?
- 몇 시간? Kaç saat?
- 몇 명? Kaç kişi?

의문사 및 관계사[Where]

- 어디(에서)?
▶ Nere(de)?
  네레(데)?

- 너 어디에 있니?
▶ Neredesin?
  네레데씬?

- 너 어디로 가니?
▶ Nereye gidiyorsun?
  네레예   기디욜쑨?

- 넌 어디에서 왔니[출신이니]?
▶ Nereden geliyorsun? [Nerelisin?]
  네레덴   겔리욜쑨?   [네렐리씬?]

- 버스는 어디에서 출발합니까?
▶ Otobüs nereden kalkıyor, acaba?
  오토뷔쓰 네레덴   칼크욜,   아자바?

- 난 내가 원하는 곳으로 갈 것이다.
▶ Kendi istediğim yere gideceğim.
  켄디 이스테디임 예레 기데제임.

- 그 집은 우리 아버지가 태어나신 집이다.
▶ O ev babamın doğduğu evdir.
  오 에브 바바믄 도우두우 에브딜.

의문사 및 관계사[Who]

- 누구?
▶ Kim?
  킴?

- 누구를[에게]?
▶ Kimi? [Kime?]
  키미? [키메?]

- 누가 네게 그것을 말했니?
▶ Sana onu kim söyledi?
  싸나 오누 킴 쇄일레디?

- 어떤 사람들이 파티에 오니?
▶ Şenliğe kimler geliyor?
  쇈리에 킴렐 겔리욜?

- 넌 누구를 봤니?
▶ Kimi gördün?
  키미 괴르뒨?

- 그녀가 누구에 대해 이야기했니?
▶ O bayan kimin hakkında konuştu?
  오 바얀 키민 하큰다 코누쉬투?

- 어제 여기에 있던 사람.
▶ Dün burada olan adam.
  뒨 부라다 올란 아담.

- 내가 봤던 사람.
▶ Benim gördüğüm adam.
  베님 괴르듀움 아담.

- 그가 만났던 여자들.
▶ Onun görüştüğü kadınlar.
　오눈　괴뤼쉬튜우　카든랄.

- 내가 생각했던 여배우.
▶ Benim düşündüğüm bayan oyuncu.
　베님　뒤쉰듀움　바안　오윤주.

- 내가 원하는 사람만 들어갈 수 있다.
▶ Sadece istediğim kişi girebilir.
　싸데제　이스테디임　키쉬　기레빌릴.

- 네가 원하는 사람만 들어갈 수 있다.
▶ Sadece istediğin kişi girebilir.
　싸데제　이스테디인　키쉬　기레빌릴.

- 그가 원하는 사람만 들어갈 수 있다.
▶ Sadece istediği kişi girebilir.
　싸데제　이스테디이　키쉬　기레빌릴.

- 우리가 원하는 사람만 들어갈 수 있다.
▶ Sadece istediğimiz kişi girebilir.
　싸데제　이스테디이미쓰　키쉬　기레빌릴.

- 당신들이 원하는 사람만 들어갈 수 있다.
▶ Sadece istediğiniz kişi girebilir.
　싸데제　이스테디이니쓰　키쉬　기레빌릴.

- 그들이 원하는 사람만 들어갈 수 있다.
▶ Sadece istedikleri kişi girebilir.
　싸데제　이스테디딕레리　키쉬　기레빌릴.

- 일찍 도착한 사람들은 상을 받게 될 것이다.
▶ Erken varanlar ödül alacaklar.
　에르켄　와란랄　외뒬　알라작랄.

의문사 및 관계사 [What]

- 무엇?
▶ Ne?
　네?

- 무슨 일이야?
▶ Ne oldu?
  네 올두?

- 넌 무엇을 원하니?
▶ Ne istiyorsun?
  네 이스티욜쑨?

- 넌 무엇을 생각하니?
▶ Ne düşünüyorsun?
  네 뒤쉬뉘욜쑨?

- 넌 무엇을 꿈꿨니?
▶ Ne hayal kurdun?
  네 하얄 쿠르둔?

- 넌 무엇을 잃어버릴까봐 가장 겁내니?
▶ En çok neyi kaybetmekten korkuyorsun?
  엔 촉 네이 카이베뜨멕뗀 코르쿠욜쑨?

- 넌 뭘 가장 그리워하니?
▶ En çok neyi özlüyorsun?
  엔 촉 네이 외즈뤼욜쑨?

- 다른 것 뭐가 있죠? [추가 주문 할 때]?
▶ Başka ne var?
  바쉬카 네 왈?

- 이것은 무엇입니까?
▶ Bu ne?
  부 네?

▷ 지시 대명사

• 이것(이 사람)	Bu
• 저것(저 사람)	Şu
• 그것(그 사람)	O
• 이것들(이들)	Bu-n-lar
• 저것들(저들)	Şu-n-lar
• 그것들(그들)	O-n-lar

* 복수어미를 붙일 때 **-n-**은 모음충돌이 아니지만 발음을 편하게 하기 위한 관용적인 매개자음으로 본다.

- 그들은 직업이 뭐죠?
▶ Onların mesleği ne?
  온라른 메스레이 네?

- 재료가 뭐죠?
▶ Bunun malzemesi ne?
  부눈 말제메씨 네?

- 네 이름은 뭐니?
▶ Senin adın ne?
  쎄닌 아든 네?

- 이것의 이름은 뭐니?
▶ Bunun adı ne?
  부눈 아드 네?

- 넌 무슨 일이 일어났는지 아니?
▶ Ne olduğunu biliyor musun?
  네 올두우누 빌리욜 무쑨?

- 너의 주소는 어떻게 되지?
▶ Senin adresin ne?
  쎄닌 아드레씬 네?

- 네가 가장 좋아하는 영화는 뭐니?
▶ En sevdiğin film ne?
  엔 쎄브디인 필름 네?

- 몇 시?
▶ Saat kaç?
  싸앗 카츠?

- 몇 시입니까?(1)
▶ Saat kaç acaba?
  싸앗 카츠 아자바?

- 몇 시입니까?(2)
▶ Saatiniz var mı acaba?
  싸앗티니쓰 와르 므 아자바?

- 몇 시에 가세요?
▶ Saat kaçta gidiyorsunuz?
  싸앗 카츠타 기디욜쑤누쓰?

- 몇 시간?
▶ Kaç saat?
카츠 싸앗?

- 몇 시간 걸려요?
▶ Kaç saat sürer?
카츠 싸앗 수렐?

- 이스탄불에서 앙카라까지 몇 시간 걸려요?
▶ İstanbul'dan Ankara'ya kadar kaç saat sürer?
이스탄불단   앙카라야   카달   카츠 싸앗 수렐?

- 날씨 어때요?
▶ Hava nasıl?
하와   나쓸?

- 오늘은 날씨가 어떻습니까?
▶ Bugün hava nasıl?
부귄   하와   나쓸?

- 그것은 내가 원하는 것이 아니다.
▶ O (benim) iste-diğ-im şey değil.
오 (베님)   이스테디임   쉐이 데일.

▷ ~ 하는 것: 동사어근 + -dik + 명사수식어미.

- 내가 원하는 것   -dik   İste-diğ-im   şey
- 네가 원하는 것   -dik   İste-diğ-in   şey
- 그가 원하는 것   -dik   İste-diğ-i   şey
- 우리가 원하는 것   İste-diğ-imiz   şey
- 너희가 원하는 것   İste-diğ-iniz   şey
- 그들이 원하는 것   İste-dik-leri   şey

- 내가 가장 원하는 것은 장기놀이이다.
▶ Benim iste-diğ-im şey satranç oyunudur.
베님   이스테디임   쉐이 싸트란츠 오유누둘.

의문사 및 관계사[Which]

- 어떤 ~? [형용사적으로 사용]
▶ Hangi ~?
한기 ~?

- 무슨 신문을 원하십니까?
▶ Hangi gazeteyi istiyorsunuz?
한기   가쓰테이   이스율쑤누쓰?

- 무슨 신발을 샀니?
▶ Hangi ayakkabıyı aldın?
한기   아약카브이으   알든?

- 어떤 것?
▶ Hangisi?
한기씨?

- 넌 뭘 원하니?
▶ Hangisini istiyorsun?
한기씨니   이스티욜쑨?

- 넌 뭐를 팔았니?
▶ Hangisini sattın?
한기씨니   싸뜬?

- 새를 죽인 고양이는 내 고양이이다.
▶ Kuşu öldüren kedi benim.
쿠슈   욀뒤렌   케디 베님.

- 그녀가 운전하는 차는 한국 제이다.
▶ O bayanın kullandığı araba Kore yapımıdır.
오 바야는   쿨란드으   아라바 코레   야프므들.

- 내가 생각했었던 비전은 그것이다.
▶ Benim düşündüğüm hayal odur.
베님   뒤쉰듀움   하얄   오둘.

- 그녀는 그녀의 숙모 댁을 방문했고, 그것은 그녀에게 좋았다.
▶ O bayan teyzesini ziyaret etmiş, o onun için güzeldi.
오 바얀   테이제씨니 지야렛   엣미쉬, 오 오눈   이친 귀젤디.

II. 사귐을 위한 표현 87

의문사 및 관계사[Why]

• 왜?
▶ Niçin? [Neden?]
   니친? [네덴?]

• 넌 왜 그것을 했니?
▶ Niçin bunu yaptın?
   니친 부누 얍뜬?

• 그가 왜 갔는지 모르겠다.
▶ Niçin git-tiğin-i bil-e-me-y-eceğim.
   니친 기띠이니 빌레메예제임.

• 내가 네게 돈을 지불할 수 없는 이유가 그것이다.
▶ Sana parayı öde-y-e-me-y-eceğ-im-in sebebi odur.
   싸나 파라이으 외데예메예제이민 쎄베비 오둘.

의문사 및 관계사[How]

• 어떻게?
▶ Nasıl?
   나쓸?

• 잘 지내십니까?
▶ İyi misiniz?
   이이 미씨니쓰?

• 어떻게 지내?(1)
▶ Nasılsın?
   나쓸쓴?

• 어떻게 지내?(2)
▶ Ne var, ne yok?
   네 와르, 네 욕?

• 어떻게 지내?(3)
▶ Ne haber?
   네 하벨?

• 요즘 어때?
▶ İşler nasıl gidiyor?
   이쉴렐 나쓸 기디욜?

- 'help'를 터키어로 뭐라 합니까?
▶ Türkçe'de 'help'e ne denir?
  튀르체데   헬페   네 데닐?

- 그것을 어떻게 써야 하죠?
▶ O nasıl yazılır?
  오 나쓸   야즐를?

- 그 집은 얼마나 크나요?
▶ O ev ne kadar büyük?
  오 에브 네 카달   뷔육?

- 치수가 어떻게 되죠?
▶ Ölçüsü ne kadar?
  욀취수   네 카달?

- 여기서 부산은 얼마나 멀죠?
▶ Busan, buradan ne kadar uzak?
  부산,   부라단   네 카달   우작?

- 차가 얼마나 빨리 달릴 수 있죠?
▶ Arabalar ne kadar hızla gidebilir?
  아라바랄   네 카달   흐즐라 기데빌맆?

- 그 상자는 얼마나 무겁죠?
▶ O kutunun ağırlığı ne kadar?
  오 쿠투눈   아으르르으 네 카달?

- 그 옷장의 높이는 얼마나 되나요?
▶ O dolabın yüksekliği ne kadar acaba?
  오 돌라븐   육섹리이   네 카달   아자바?

- 그 복도는 얼마나 길죠?
▶ O koridorun uzunluğu ne kadar acaba?
  오 코리도룬   우준루우   네 카달   아자바?

- 그 영화는 얼마나 길죠?
▶ O filmin süresi ne kadar acaba?
  오 필르민 수레씨 네 카달   아자바?

- 그들은 이스탄불에서 얼마나 살았죠?
▶ Onlar İstanbul'da ne kadar yaşadılar?
  온랄   이스탄불다   네 카달   야샤드랄?

Ⅱ. 사귐을 위한 표현 89

- 여기에서 산지 얼마나 되었니?
▶ Burada oturalı ne kadar oldu?
 부라다 오투랄르 네 카달 올두?

- 얼마죠?(1)
▶ Ne kadar?
 네 카달?

- 얼마죠?(2)
▶ Kaça?
 카츠?

- 아이는 몇 킬로입니까?
▶ Çocuk kaç kilo, acaba?
 초죽 카츠 킬로 아자바?

- 그것을 얼마나 샀니?
▶ Onu ne kadar aldın?
 오누 네 카달 알든?

- 그것을 얼마에 샀니?
▶ Onu kaça aldın?
 오누 카차 알든?

- 몇 마리의 말이 달리니?
▶ Kaç tane at koşuyor?
 카츠 타네 앗 코슈욜?

- 얼마나 자주 그에게 가보니?
▶ Ne kadar zamanda bir ona gidiyorsun?
 네 카달 자만다 비 오나 기디욜쑨?

▷ 터키어에서는 '형용사'에 '추상명사 어미'를 붙여서 단위가 만들어 진다.

형용사 + -lik / -lık / -luk / -lük

- 긴-길이	uzun	uzun-luk
- 넓은-넓이	geniş	geniş-lik
- 높은-높이	yüksek	yüksek-lik
- 깊은-깊이	derin	derin-lik
- 무거운-무게	ağır	ağır-lık
- 밀집한-밀도	yoğun	yoğun-luk
- 퍼진-부피	hacimli	hacim

- 넌 몇 살이니?
▶ Kaç yaşındasın?
  카츠 야쉰다쓴?

- 그를 얼마나 잘 아니?
▶ Onu ne kadar tanıyorsun?
  오누 네 카달 타느욜쑨?

- 강의 폭이 얼마나 되니?
▶ Nehrin eni ne kadar?
  네흐린 에니 네 카달?

PART II 질문과 설명

II. 사귐을 위한 표현

05 응답

긍정적으로 대답할 때

- 네!
▶ Evet!
에벳!

- 알겠습니다!
▶ Anlaşılıyor!
안라쉴르욜!

- 이해됩니다!
▶ Anlaşıldı!
안라쉴드!

- 그것을 이해합니다!
▶ Onu anlıyorum!
오누 안르요룸!

- 내 생각에는 맞습니다.
▶ Bence doğru.
벤제 도루.

- 문제없어요!
▶ Sorun yok!
쏘룬 욕!

- 네가 말한 것을 이해했다.
▶ Dediğini anladım.
데디이니 안라듬.

- 모두 이해했습니다.
▶ Hepsini anladım.
헵씨니 안라듬.

- 잘 이해되네요.
▶ İyi anlaşılıyor.
이이 안라쉴르욜.

대화의 경청함을 표시할 때

• 나 듣고 있어.
▶ Dinliyorum.
딘리요룸.

• 나는 확실하게 듣고 있습니다.
▶ Dikkatlice dinlemekteyim.
디캇리제 딘레멕떼임.

• 잘 들었어요.
▶ İyice dinledim.
이이제 딘레딤.

• 여전히 듣고 있습니다.
▶ Hala dinlemekteyim.
할라 딘레멕떼임.

• 네가 말하는 것에 신경 쓰고 있다.
▶ Dediğinle ilgilenmekteyim.
데디인레 인길렌멕떼임.

• 네가 말하는 것에 주의를 기울이고 있다.
▶ Dediğine dikkat kesildim.
데디이네 디캇 케씰딤.

• 네, 모든 것을 이해했습니다.
▶ Evet, hepsini anladım.
에벳, 헵씨니 안라듬.

• 원하고 있는 것처럼 완전히 이해했습니다.
▶ İstediğiniz gibi tamamen anladım.
이스테디이니쓰 기비 타마멘 안라듬.

부정적으로 대답할 때

• 아뇨!
▶ Yok!
욕!

• 뭐야!
▶ Ne var!
네 왈!

- 아주 안 좋아요!
▶ Çok kötü!
촉 쾨튜!

- 터무니없어요!
▶ Olamaz!
올라마쓰!

- 불가능해요!
▶ Mümkün değil!
뮴큔 데일!

- 말도 마라!
▶ Sorma!
쏘르마!

- 원하지 않아요.
▶ İstemiyorum.
이스테미요룸!

- 제겐 좋지 않아요.
▶ Benim için iyi değil.
베님 이친 이이 데일.

- 가능성이 없어요!
▶ İmkânı yok!
임캬느 욕!

- 그렇게 생각할 수조차 없죠.
▶ Düşünmesi bile mümkün degil!
뒤쉰메씨 빌레 뮴큔 데일!

- 절대 아닙니다!
▶ Kesinlikle olamaz!
케씬릭레 올라마쓰!

- 절대 안 됩니다!
▶ Kesinlikle olmaz!
케씬릭레 올마쓰!

- 분명히 아닙니다!
▶ Kesinlikle değil.
케씬릭레 데일.

- 전 반대입니다.
▶ Ben ona karşıyım.
벤 오나 카르쉬이음.

- 당신과 동의하지 않습니다.
▶ Size katılmıyorum.
씨제 카틀므요룸.

- 전 절대 반대입니다.
▶ Ben kesinlikle karşıyım.
벤 켄씬릭레 카르쉬이음.

- 당신의 의견을 지지할 수 없습니다.
▶ Sizin fikrinize katılamıyorum.
씨진 피크리니제 카틀라므요룸.

불확실하게 대답할 때

- 그럴 수 있어요.
▶ Mümkün.
뮴큔.

- 그럴지도 모르겠어요.
▶ Olabilir.
올라빌릴.

- 아마도(1)
▶ Galiba.
갈리바

- 아마도(2)
▶ Her halde.
헬 할데

- 아마도(3)
▶ Belki.
벨키

- 그랬다면 좋았을 걸.
▶ Keşke öyle olsaydı.
케쉬케 외일레 올싸이드.

- 그건 경우에 따라 다릅니다.
▶ Duruma göre farklı.
두루마 괴레 파륵클르.

- 누가 알겠습니까? (아무도 모른다는 말)
▶ Kim bilir?
킴 빌릴?

의심을 갖고 대답할 때

- 믿을 수 없다.
▶ İnanamıyorum.
이나나므요룸.

- 정말로?(1)
▶ Gerçekten mi?
게르쳌텐 미?

- 정말로?(2)
▶ Ciddi mi?
짓띠 미?

- 정말로?(3)
▶ Sahi mi?
싸히 미?

- 믿기 어려운데.
▶ İnanması zor.
이난마쓰 쏘르.

- 난 그것이 이상하게 보여요.
▶ Onda bir gariplik var.
온다 비 가립릭 와르.

- 난 그것을 이상하다고 보지 않아요.
▶ Onda bir gariplik göremiyorum.
온다 비 가립릭 괴레미요룸.

- 내 생각에는 이상하다.
▶ Bence bir gariplik var.
벤제 비 가립릭 와르.

- 농담이지?
▶ Bu şaka, değil mi?
  부 샤카, 데일 미?

- 농담하고 있지?
▶ Şaka yapıyorsun, değil mi?
  샤카 야프요르쑨, 데일 미?

- 너 지금 진지하게 말하는 거야? 맞아?
▶ Sen ciddi mi söylüyorsun? Doğru mu?
  쎈 짓띠 미 쐐일류요르쑨? 도루 무?

06 맞장구

확실하게 맞장구칠 때

- 그거야!
▶ Haklısın!
학클르쓴!

- 왜 안 되겠어!
▶ Neden olmasın!
네덴 올마쓴!

- 정확해!
▶ Tam doğru!
탐 도루!

- 정확히 그렇지!
▶ Tamamen haklı.
타마멘 하클르.

- 네게 동의한다.
▶ Sana katılıyorum.
싸나 칼틀르요룸.

- 조금의 의심할 바가 없다.
▶ Hiç kuşkum yok.
히츠 쿠쉬쿰 욕.

애매하게 맞장구칠 때

- 아마도(1)
▶ Herhalde.
헬할데.

- 아마도(2)
▶ Galiba.
갈리바.

- 아마도(3)
▶ Sanırım.
싸느름.
▶ Belki.
벨키.

- 그럴지도 모르겠어.
▶ Olabilir.
올라빌릴.

- 그러기를 바랍니다.
▶ Umarım.
우마름.

- 네가 말하는 것은 이해했어, 하지만…
▶ Seni anladım, ama…
쎄니 안라듬, 아마…

- 어느 정도까지는 동의한다.
▶ Bir yere kadar katılıyorum.
비 예레 카달 칼특르요룸.

- 난 정말 원했지만, 하지만…
▶ Ben gerçekten istedim, ama…
벤 게르첵텐 이스테딤, 아마…

긍정의 맞장구

- 그래요?
▶ Öyle mi?
외일레 미?

- 당신이 옳아요!
▶ Haklısınız!
학클르쓰느쓰!

- 동의합니다.
▶ Katılıyorum.
카틀르요룸

- 나도 같은 의견을 가지고 있어.
▶ Ben de aynı fikirdeyim.
벤 데 아이느 피킬데임.

부정의 맞장구

- 분명히 아니다.
▶ **Kesinlikle hayır.**
케씬릭레 하이을.

- 절대 아니지!
▶ **Kesinlikle olamaz.**
케씬릭레 올라마쓰.

- 그렇게 생각하지 않아요.
▶ **Öyle düşünmüyorum.**
외엘레 뒤쉰뮈요룸.

- 그래요? 저도 좋아하지 않습니다.
▶ **Öyle mi? Ben de sevmiyorum.**
외엘리 미? 벤 데 쎄브미요룸.

- 잘 모르겠네요.
▶ **Tam bilemeyeceğim.**
탐 빌레메예제임.

- 정확하게 모르겠네요.
▶ **Tam olarak bilemiyorum.**
탐 올라락 빌레미요룸.

- 가능하지 않아요.
▶ **İmkânı yok.**
임캬느 욕.

이해의 맞장구

- 맞아요.
▶ **Doğru.**
도루.

- 완전해요.
▶ **Kusursuz.**
쿠술쑤쓰.

- 네가 옳아.
▶ **Haklısın.**
하클르쓴.

- 바로 그것입니다.
▶ İşte tam o.
　이쉬테 탐 오.

- 내 말이 그 말이야.
▶ Yani.
　야니.

- 흥미로운 것 같아요.
▶ İlginç görünüyor.
　일긴츠 괴뤼뉘욜.

- 거의 그러네요.
▶ Hemen hemen öyle.
　헤멘 헤멘 외일레.

- 나도 같은 생각을 한다.
▶ Ben de aynı fikirdeyim.
　벤 데 아이느 피킬데임.

- 나도 같은 것을 생각한다.
▶ Ben de aynı şeyi düşünüyorum.
　벤 데 아이느 쉐이 뒤쉰뉘요룸.

- 내가 말하고자 하는 것도 같다.
▶ Benim söylemek istediğim şey de aynı.
　벤님 쇠일레멕 이스테디임 쉐이 데 아이느.

잠시 생각할 때

- 글쎄.
▶ Bilmem.
　빌멤.

- 어디 보자!
▶ Bakalım!
　바칼름!

- 거 뭐랄까?
▶ Nasıl desem?
　나쓸 데쎔?

- 뭐라 말해야 할지?
▶ **Nasıl söylesem bilmiyorum.**
나쓸 쇠일레쎔 빌미요룸?

- 말하자면.(1)
▶ **Diyelim ki.**
디옐림 키.

- 말하자면.(2)
▶ **Diyorum ki.**
디요룸 키.

07 되물음

잘 알아듣지 못했을 때

- 다시 한 번만 더요!
▶ Bir daha, lütfen!
  비 다하 륏펜!

- 그것을 다시 한 번만 더 부탁해.
▶ Onu bir daha tekrarla, lütfen.
  오누 비 다하 테크랄라, 륏펜.

- 그것을 다시 부탁합니다.
▶ Onu bir daha rica ediyorum, lütfen.
  오누 비 다하 리자 에디요룸, 륏펜.

- 좀 천천히 말해 주십시오.
▶ Biraz yavaş konuşun, lütfen.
  비라쓰 야바쉬 코누쉰, 륏펜.

- 여기에 써주세요.
▶ Buraya yazın, lütfen?
  부라야 야쓴, 륏펜.

- 이것은 무슨 뜻입니까?
▶ Bu ne demek?
  부 네 데멕?

- 이것은 무엇입니까?
▶ Bu ne?
  부 네?

- 무슨 말인지 잘 모르겠습니다.
▶ Tam anlayamadım.
  탐 안라야마듬.

- 조금 더 천천히 말씀해주실래요?
▶ Biraz daha yavaş konuşur musunuz, lütfen?
  비라쓰 다하 야바쉬 코누슐 무쑤누쓰, 륏펜?

Ⅱ. 사귐을 위한 표현 103

- 그리고 다음은?
▶ Ve ondan sonra?
베 온단 쏜라?

- 네가 말하려는 것이 뭐야?
▶ Ne söylemeye çalışıyorsun?
네 쐐일레메예 찰르쉬욜쑨?

- 넌 내게 뭘 얘기하고 싶은 거야?
▶ Ne demek istiyorsun?
네 데멕 이스티욜쑨?

- 요점이 뭐야?
▶ Özeti ne?
외제티 네?

- 짧게 이야기 할래?(=요점만 말할래?)
▶ Kısa keser misin?
크사 케쎌 미씬?

- 문제의 핵심이 뭔데?
▶ Konunun özü ne?
코누눈 외쥬 네?

- 우리 주요 문제점들로 넘어가 보자.
▶ Ana sorunlara girelim.
아나 쏘룬라라 기렐림.

- 나쁜 (=잘못된) 점을 짚어 볼게.
▶ Kötü (=Yanlış) noktaları sayacağım.
쾨튀 (=얀르쉬) 녹타라르 싸야자음.

- 이제 핵심으로 들어가 볼까?
▶ Artık konunun özüne girelim mi?
아르특 코누눈 외쥐네 기렐림 미?

- 넌 뭘 생각하고 있는 거야?
▶ Sen ne düşünüyorsun?
쎈 네 뒤쉰뉘욜쑨?

- 우리 결론을 이야기해보자.
▶ Sonuç hakkında konuşalım.
쏘누츠 하큰다 코누샬름.

상대가 이해하지 못할 때

• 천천히 내 말을 다시 들어봐!
▶ Dikkatlice beni bir daha dinle bakalım!
디캇리제 베니 비 다하 딘레 바칼름!

• 네가 이해하도록 내가 몇 번이나 말해야 하니?
▶ Anlaman için kaç kere söylemem gerek?
안라만 이친 카츠 케레 쇄일레멤 게렉?

• 내 의견을 다시 말할게.
▶ Fikrimi bir daha söyleyeyim.
피크리미 비 다하 쇄일레예임.

되물을 때

• 뭐요?
▶ Efendim?
에펜딤?

• 실례합니다만, 다시 한 번 부탁입니다.
▶ Affedersiniz, bir daha rica ediyorum.
아페델씨니쓰, 비 다하 리자 에디요룸.

• 그것을 다시 반복해 주실 수 있나요?
▶ Bir daha tekrarlar mısınız, lütfen?
비 다하 테크랄랄 므쓰느쓰, 륏펜?

• 그것을 다시 말해주실 수 있나요?
▶ Bir daha söyler misiniz, lütfen?
비 다하 쇄일렐 미씨니쓰, 륏펜?

• 뭐라고 말했죠?
▶ Ne dediniz?
네 데디니쓰?

• 죄송합니다, 제가 잘 못 들었습니다.
▶ Özür dilerim, iyi duyamadım.
외쥘 딜레림, 이이 두야마듬.

같은 말을 반복할 때

- 넌 또 같은 것을 말하고 있구나.
▶ Sen gene aynı şeyi söylüyorsun.
쎈 게네 아이느 쉐이 쇄일류욜쑨.

- 난 이미 이전에 그것을 말했다.
▶ Zaten daha önce onu söyledim.
자텐 다하 왼제 오누 쇄일레딤.

- 이 문제와 관련이 없어.
▶ Bu konu ile ilgisi yok.
부 코누 일레 일기씨 욕.

- 넌 이것을 신경 써야 하지 않니?
▶ Bununla ilgilenmen lazım, değil mi?
부눈라 일기렌멘 라즘, 데일 미?

- 이미 우리는 이해했었다고.
▶ Zaten biz anlamıştık.
자텐 비즈 안라무쉬특.

- 이미 우리는 너에 대해 들었다.
▶ Zaten senin hakkında bir şeyler duymuştuk.
자텐 쎄닌 하큰다 비 쉐이렐 두이무쉬툭.

- 다른 주제로 옮겨갈 수 없겠어?
▶ Başka konuya geçelim mi?
바쉬카 코누야 게첼림 미?

다시 한 번 말해달라고 할 때

- 다시 한 번 말씀해 주세요.
▶ Bir daha söyleyin, lütfen.
비 다하 쇄일레인, 륏펜.

- 그것을 반복해 주시겠어요? 부탁합니다.
▶ Onu tekrarlar mısınız, lütfen? Rica ediyorum.
오누 테크랄랄 므쓰느쓰, 륏펜? 리자 에디요룸.

- 다시 한 번 그것을 말해주실 수 있습니까?
▶ Onu bir daha söyleyebilir misiniz, lütfen?
오누 비 다하 쇄일레예빌릴 미씨니쓰, 륏펜?

- 실례합니다, 무엇을 말씀하셨죠?
▶ Affedersiniz, ne söylediniz acaba?
  아페델씨니쓰, 네 쇄일레디니쓰 아자바?

- 당신은 그것으로 무엇을 말하려 합니까?
▶ Onunla ne söylemeye çalışıyorsunuz?
  오눈라 네 쇄일레메예 찰르쉬율쑤누쓰?

- 그것을 잘 이해할 수 없습니다.
▶ Onu pek iyi anlayamıyorum.
  오누 펙 이이 안라야므요룸.

- 좀 더 천천히 말씀해 주시겠습니까?
▶ Biraz daha yavaş söyler misiniz, lütfen?
  비라쓰 다하 야와쉬 쇄일렐 미씨니쓰, 륏펜?

08 이해와 확인

이해를 확인할 때

- 맞아요?
▶ Bu doğru mu?
  부 도루 무?

- 확실하죠?
▶ Bu kesin mi?
  부 케씬 미?

- 너 확실하지?
▶ Sen emin misin?
  쎈 에민 미씬?

- 이해되니?
▶ Anlaşılıyor mu?
  안라쉴르욜 무?

- 너 알겠니?
▶ Anlıyor musun?
  안르욜 무쑨?

- 내가 무엇을 말하고 있는지 알겠니?
▶ Ne dediğimin farkında mısın?
  네 데디이민 팔큰다 므쓴?

- 내가 무엇을 설명하는지 알겠니?
▶ Ne anlattığımın farkında mısın?
  네 안라뜨으므 팔큰다 므쓴?

- 내가 더 설명 해줘야겠니?
▶ Daha anlatmam gerekiyor mu acaba?
  다하 안라뜨맘 게레키욜 무 아자바?

- 질문 있습니까?
▶ Soru var mı?
쏘루 왈 므?

- 이해 됐습니까?
▶ Anlaşıldı mı?
안라쉴드 므?

- 만약 이해 안 되면, 내게 물어봐.
▶ Eğer anlaşılmıyorsa, bana sor.
에엘 안라쉴므욜싸, 바나 쏠.

- 아무것도 모르겠니?
▶ Hiç mi anlamıyorsun?
히츠 미 안라므욜쑨?

- 상황이 이해 안 되니?
▶ Durumu anlamıyor musun?
두루무 안라므욜 무쑨?

- 넌 뭘 모르겠다는 것이니?
▶ Neyi anlamıyorsun?
네이 안라므욜쑨?

- 왜 그렇게 멍청하게 굴었냐?
▶ Neden o kadar aptalca davrandın?
네덴 오 카달 압탈자 다브란든?

- 넌 남쪽과 북쪽을 구분 못하는 구나.
▶ Sen kuzeyle güneyi karıştırıyorsun.
쎈 쿠제일레 귀네이이 카르쉬트르욜쑨.

▷ 방향

• 동	Doğu
• 서	Batı
• 남	Güney
• 북	Kuzey

- 문제를 가볍게 여기지 마라!
▶ Konuyu hafife alma!
코누유 하피페 알마!

이해를 했을 때

- 네!
▶ Tamam!
  타맘!

- 이해해요.
▶ Anlıyorum.
  안르요룸.

- 알겠어요.
▶ Anladım.
  안라듬.

- 확신합니다.
▶ Eminim.
  에미님.

이해를 못했을 때

- 아뇨!
▶ Yok!
  욕!

- 이해 안 돼요!
▶ Anlamıyorum!
  안라므요룸!

- 모르겠어요.
▶ Bilemiyorum.
  빌레미요룸.

- 확실치 않아요.
▶ Emin değilim.
  에민 데일림.

- 헷갈려요!
▶ Kafam karışık!
  카팜 카르쉭!

- 분명하게 이해가 안 돼요!
▶ Tam olarak anlayamıyorum!
  탐 올라락 안라야므요룸!

- 확실하게 이해가 안 돼요!
▶ Net anlayamıyorum!
넷 안라야므요룸!

- 완전하게 이해가 안 돼요!
▶ Tam anlamıyorum!
탐 안라므요룸!

- 절대로 아닙니다!
▶ Kesinlikle olmaz!
케씬릭레 올마쓰!

- 그것은 무슨 의미죠?
▶ O ne demek oluyor?
오 네 데멕 올루욜?

- 진지하게 그것을 말씀하시는 건가요?
▶ Siz ciddi mi söylüyorsunuz?
씨쓰 짓띠 미 쇄일류욜쑤누쓰?

- 무엇을 해야 할지 모르겠어요.
▶ Ne yapacağımı bilemiyorum.
네 야파자으므 빌레미요룸.

- 넌 문제가 무엇인지 모르고 있다.
▶ Sorunun ne olduğunun farkında değilsin.
쏘루눈 네 올두우눈 파르큰다 데일씬.

09 대화의 막힘과 재촉

말이 막힐 때

- 음...
▶ Şey...
쉐이....

- 글쎄, 어디 생각해 봅시다.
▶ Dur, bir bakayım.
두루, 비 바카이음.

- 글쎄요, 어디 봅시다.
▶ Bir bakayım.
비 바카이음.

- 거 뭐라 할까...
▶ Şey var ya...
쉐이 왈 야...

- 어, 그게 뭐였지?
▶ Ah, o neydi?
아, 오 네이디?

- 어떻게 네게 그것을 말해야 할지?
▶ Onu sana nasıl söylesem acaba?
오누 싸나 나쓸 쇄일레쎔 아자바?

말을 꺼내거나 주저할 때

- 너도 알다시피...
▶ Bildiğin gibi...
빌디인 기비...

- 사람들이 말하는데...
▶ Diyorlar ki...
디욜랄 키...

- 어제 사람들이 내게 말했는데...
▶ Dün bana dediler ki...
된 바나 데디렐 키...

- 사실은...
▶ İşin gerçeği şu ki...
이쉰 게르체이 슈 키...

- 아, 아, 내 생각에는...
▶ Ah, bence...
아, 벤제...

- 내 생각을 말하자면...
▶ Bana kalırsa...
바나 칼르르싸...

- 네게 뭘 좀 하나 말하고 싶어.
▶ Sana bir şey söylemek istiyorum.
싸나 비 쉐이 쇄일레멕 이스티요룸.

적당한 말이 생각나지 않을 때

- 기억이 안나요.
▶ Hatırlamıyorum.
하틀라므요룸.

- 아, 그게 뭐더라!
▶ O nedir acaba?
오 네딜 아자바?

- 잊어버렸습니다.
▶ Unuttum.
우누뚬.

- 그것을 기억할 수 없습니다.
▶ Onu aklıma getiremiyorum.
오누 아클르마 게티레미요룸.

- 딱 맞는 말을 찾을 수가 없다.
▶ Tam uygun kelimeyi bulamıyorum.
탐 우이군 켈리메이 불라므요룸.

Ⅱ. 사귐을 위한 표현 113

- 혀끝에서 말이 맴돈다.
▶ Dilim dönmüyor.
딜림 된뮈욜.

- 죄송합니다만, 뭐라고 말씀하셨죠?
▶ Pardon, ne dediniz?
파르돈, 네 데디니쓰?

- 한번만 더 말씀해주시겠습니까?
▶ Bir daha söyler misiniz, lütfen?
비 다하 쇄일렐 미씨니쓰, 륏펜?

말하면서 생각할 때

- 제가 그것을 좀 생각하게 해주시죠.
▶ Onu düşünmeme izin verin, lütfen.
오누 뒤쉰메메 이진 웨린, 륏펜.

- 잠시만.
▶ Bir saniye, lütfen.
비 싸니예, 륏펜.

- 확실하지는 않지만,
▶ Kesin değil ama...
케씬 데일 아마...

말을 재촉할 때

- 말씀을 끊어 죄송합니다. 계속 하시죠.
▶ Sözünüzü kestim, lütfen devam edin.
쇄쥐뉘쥬 케스팀, 륏펜 데밤 에딘.

대화의 시도와 화제전환

대화를 시도할 때

- 내가 그것을 밝히게 해줘.
▶ Bana izin ver ki, onu açıklayayım.
  바나 이진 웰 키, 오누 아측라야이음.

- 우리 …관해 이야기 좀 하자.
▶ ... hakkında biraz konuşalım.
  ... 하크다 비라쓰 코누샬름.

- 네게 …를 말해 주고 싶다.
▶ Sana ... yi söylemek istiyorum.
  싸나 ... 이 쇠일레멕 이스티요룸.

- 전부터 너와 이야기를 하고 싶었어.
▶ Daha önceden seninle konuşmak istedim.
  다하 왠제덴 쎄닌레 코누쉬막 이스테딤.

- 제가 당신께 … 대해서 이야기하고 싶습니다.
▶ Sizinle ... hakkında konuşmak istiyorum.
  씨진레 ... 하크다   코누쉬막 이스티요룸.

- 절 기억하지 못하시겠지만, 저는 …입니다.
▶ Beni iyi hatırlayamıyorsunuz, ama ben …im.
  베니 이이 하틀라야므욜쑤누쓰, 아마 벤 ...임.

화제를 바꿀 때

- 아, 다른 것은 …
▶ Ah, başka bir şey ...
  아, 바쉬카 비 쉐이 ...

- 미안한데 하지만 …
▶ Özür dilerim ama ...
  외쥘 딜레림 아마 ...

- 아무튼 … 본론을 말하자면
▶ Neyse … özeti şu ki
  네이쎄 … 외제티 슈 키

- 말을 끊어 미안한데, 하지만 …
▶ Sözünü kestim ama …
  쇠쥐뉘 케스팀 아마 …

- 주제를 바꾸는 것이 어떨까?
▶ Konuyu değiştirmeye ne dersin?
  코누유 데이쉬티르메예 네 데르씬?

- 미안한데 그것에 관해서는 더 이상 듣고 싶지 않네.
▶ Özür dilerim ama onun hakkında daha fazla bir şey duymak istemiyorum.
  외쥘 딜레림 아마 오눈 하큰다 다하 파쓸라 비 쉐이 두이막 이스테미요룸.

- 난 같은 것에 대해 계속 말하고 싶지는 않네.
▶ Ben aynı konuya devam etmek istemiyorum.
  벤 아이느 코누야 데밤   에뜨멕 이스테미요룸.

대화 도중에 쓸 수 있는 표현

- 그래?
▶ Öyle mi?
  외일레 미?

- 됐어요?
▶ Tamam mı?
  타맘 므?

- 좋아요?
▶ İyi mi?
  이이 미?

- 괜찮아요?
▶ Güzel mi?
  귀젤 미?

- 그 이후에는?
▶ Ondan sonra?
  온단 쏜라?

- 확실하게요?
▶ Kesinlikle mi?
  케씬릭레 미?

- 그래, 하지만 ...
▶ Evet, ama ...
  에벳, 아마 ...

- 너 …에 대해서 알지, 그렇지?
▶ … hakkında bir şeyler biliyorsun, değil mi?
  ... 하큰다   비 쉐일렐 빌리욜쑨,   데일 미?

- 내 말 이해하겠지?
▶ Dediğimi anladın, değil mi?
  데디이미 안라든,   데일 미?

- 가능하면...
▶ Mümkünse...
  뮴큔쎄...

- 솔직해 질 수 있지?
▶ Dürüst olabilirsin, değil mi?
  듀류스트 올라빌맆씬, 데일 미?

- 네게 진실을 말할게.
▶ Sana gerçeği söyleyeyim.
  싸나   게르체이 쇄일레예임.

- 우리 솔직히 말해보자.
▶ Açık konuşalım.
  아측 코누샬름.

간단히 말할 때

- 내가 간단히 말할게.
▶ Kısaca anlatayım.
  크사자 안라타이음.

- 우리 말 돌려서 하지 말자.
▶ Öz konuşalım.
  외즈 코누샬름.

대화를 마칠 때

- 이제 너무 늦었군요.
▶ Artık çok geç oldu.
  아르특 촉 게츠 올두.

- 와! 시간 좀 봐! 너무 지나갔잖아!
▶ Vay canına! Saate bak! Epey geçmiş!
  와이 자느나! 싸아테 박! 에페이 게치미쉬!

- 늦었어요. 전 가봐야 합니다.
▶ Geç kaldım. Gitmeliyim.
  게츠 칼듬. 기뜨멜리임.

- 자, 가야할 시점이 왔네요.
▶ Artık gitme zamanı geldi.
  아르특 기뜨메 자마느 겔디.

- 당신을 만난 것이 너무 기뻤습니다.
▶ Tanıştığımıza çok sevindim.
  타느쉬트으므자 촉 쎄빈딤.

- 당신과 대화한 것이 너무 좋았습니다.
▶ Konuştuğumuza çok sevindim.
  코누쉬투우무자 촉 쎄빈딤.

- 당신을 다시 뵙기 원합니다.
▶ Tekrar görüşmek istiyorum.
  테크랄 괴뤼쉬멕 이스티요룸.

- 당신을 곧 뵙기를 원합니다.
▶ Yakında görüşmek istiyorum.
  야큰다 괴뤼쉬멕 이스티요룸.

- 가능하다면 저를 보러 와주세요.
▶ Mümkünse beni ziyaret edin, lütfen.
  뮴퀸쎄 베니 지야렛 에딘, 륏펜.

- 다시 한 번 함께 식사해요!
▶ Bir daha birlikte yemek yiyelim!
  비 다하 비르릭떼 예멕 이예림!

- 언제 하루 우리 (얼굴)보기 위해 약속 잡죠.
▶ Bir gün görüşmek için gün seçelim.
  비 귄 괴뤼쉬멕 이친 귄 쎄첼림.

- 언제 하루 우리 얘기하기 위해 약속 잡아보죠.
▶ Bir gün konuşmak için gün ayarlayalım.
비 권 코누쉬막 이친 권 아얄라얄름.

전화상의 대화를 마칠 때

- 누군가 문에 있습니다. 나중에 제가 전화 드릴게요.
▶ Kapıda biri var. Sonra sizi ararım.
카프다 비리 왈. 쏜라 씨지 아라름.

- (전화)신호대기가 되고 있습니다. 다음에 통화할 수 있죠?
▶ Şu an bir telefon öbür hatta. Sonra konuşmamız mümkün mü?
슈 안 비 텔레폰 외뷜 핫따. 쏜라 코누쉬마므쓰 뮴큔 뮤?

- 전 일을 다시 해야만 합니다.
▶ Ben işe dönmeliyim.
벤 이쉐 된멜리임.

- 죄송합니다, 전화가 왔네요.
▶ Özür dilerim, telefon geldi.
외쥘 딜레림, 텔레폰 겔디.

- 전화 끊어야 합니다. 다시 통화해요.
▶ Telefonu kapatmalıyım. Yine telefonlaşırız.
텔레포누 카파뜨말르이음. 이네 텔레폰라씨르므쓰.

- 해야 할 일이 있어요. 조금 뒤에 바로 전화 드릴게요.
▶ Yapacağım bir iş var. Az sonra sizi ararım.
야파자음 비 이쉬 왈. 아쓰 쏜라 씨지 아라름.

PART

🎧 대인관계를 위한 표현

01 의견과 견해
02 동의와 찬반
03 주의와 타이름
04 충고와 의무
05 제안과 권유
06 부탁과 도움
07 지시와 명령
08 재촉과 여유
09 추측과 확신
10 허가와 양해
11 희망과 의지
12 가능과 불가능

01 의견과 견해

자신의 의견과 견해를 말하고자 할 때

- 제가 믿기로는...
▶ İnandığıma göre ...
  인난드으마 괴뢰 ...

- 제 생각에는...
▶ Bence ...
  벤제 ...

- 제 생각으로는...
▶ Bana göre ...
  바나 괴뢰 ...

- 제 생각을 묻는다면...
▶ Bana kalırsa ...
  바나 칼르싸 ...

- 내가 보기에는...
▶ Gördüğüm kadarı ile ...
  괴르뒤움 카다르 일레 ...

- 내 의견은...
▶ Benim fikrimse ...
  베님 피크림쎄...

- 사실은...
▶ Doğrusu şu ki ...
  도루수 슈 키 ...
▶ İşin gerçeği şu ki ...
  이쉰 게르체이 슈 키 ...
▶ Açık söylemem gerekirse ...
  아측 쇠일레멤 게렉킬쎄 ...
▶ Aslında ...
  아쓸른다 ...

122 터키어 회화 사전

- 내게 인상적이었던 것은...
▶ Beni ilgilendiren şey ...
베니 일기렌디렌 쉐이 ...

- 내 생각에는...
▶ Bana göre ...
바나 괴레 ...

- 내 판단에는...
▶ Benim kararıma göre ...
베님 카라르마 괴레 ...

- 내가 보기에는...
▶ Benim izlenimime göre ...
베님 이즐레니미메 괴레 ...

- 내 관점에서는...
▶ Benim kanaatime göre ...
베님 카나아티메 괴레 ...

- 내가 이해하고 있는 것에 따르자면...
▶ Benim anladığım kadarı ile ...
베님 안라드음 카다르 일레 ...

- 내가 말하고자 하는 것은...
▶ Benim söylemek istediğim şey ...
베님 쇄일레멕 이스테디임 쉐이 ...

의견과 견해를 물을 때

- 어떻게 생각해?
▶ Ne düşünüyorsun?
네 뒤쉰뉴욜쑨?

- 어떤 의견이 있니?
▶ Fikrin var mı?
피크린 왈 므?

- 너희의 다른 의견은?
▶ Başka fikriniz?
바쉬카 피크리니쓰?

Ⅲ. 대인관계를 위한 표현 123

- 너희의 다른 제안은?
▶ Başka öneriniz?
  바쉬카 외네리니쓰?

- 다른 의견을 가지고 있나요?
▶ Başka öneriler var mı?
  바쉬카 외네리렐 왈 므?

- 어떤 다른 의견을 가지고 있나요?
▶ Ne gibi başka öneriler var?
  네 기비 바쉬카 외네리렐 왈?

- 제 말을 이해하시나요?
▶ Beni anlıyor musunuz?
  베니 안르욜 무쑤누쓰?

- 제가 했던 말을 이해했죠?
▶ Beni anladınız mı?
  베니 안라드느쓰 므?

- 제가 제대로 설명했나요?
▶ Alatabildim mi?
  안라타빌딤 미?

- 네 의견은 뭐였지?
▶ Önerin neydi?
  외네린 네이디?

- 너의 의견은 어떤 것이니?
▶ Önerin hangisi?
  외네린 한기씨?

- 너는 어떤 의견을 가지고 있니?
▶ Sen hangi fikre sahipsin?
  쎈 한기 피크레 싸힙씬?

- 넌 그것에 대해 어떻게 생각해?
▶ Onun hakkında ne düşünüyorsun?
  오눈 하큰다 네 뒤쉬뉘욜쑨?

- 넌 그것을 어떻게 보니?
▶ Onu nasıl görüyorsun?
  오누 나쓸 괴뤼욜쑨?

- 이 문제를 어떻게 보니?
▶ Bu konuyu nasıl görüyorsun?
  부 코누유 나쓸 괴뤼욜쑨?

- 네 관점은 뭐니?
▶ Senin görüşün ne?
  쎄닌 괴뤼슌 네?

- 그것에 대해 그에게 뭐라고 해줄 말 있니?
▶ Onun hakkında ona ne söylersin?
  오눈 하큰다 오나 네 쇄일렐씬?

- 네가 내 입장이라면 어떻게 하겠니?
▶ Yerimde olsaydın ne yapardın?
  예림데 올싸이든 네 야파르든?

의견을 이해할 때

- 네.
▶ Evet.
  에벳.

- 이해할 수 있습니다.
▶ Anlayabiliyorum.
  안라야빌리요룸.

- 그것을 이해합니다.
▶ Onu anlıyorum.
  오누 안르요룸.

- 들어 봤습니다.
▶ Duydum.
  두이둠.

- 그것을 압니다.
▶ Onu biliyorum.
  오누 빌리요룸.

- 문제없습니다.
▶ Sorun yok.
  쏘룬 욕.

- 당신이 말한 것을 이해했습니다.
▶ Söylediğini anladım.
쇄일레디이니 안라듬.

- 네가 무엇을 말하는지 알겠어.
▶ Ne söylediğini anladım.
네 쇄일레디이니 안라듬.

- 그것을 이해할 수 있습니다.
▶ Onu anlıyorum.
오누 안르요룸.

- 이해했습니다.
▶ Anladım.
안라듬.

- 완전히 이해했습니다.
▶ Tamamen anladım.
타마멘 안라듬.

- 분명하게 이해했습니다.
▶ Net olarak anladım.
넷 올라락 안라듬.

- 확실히 이해했습니다.
▶ Kesin olarak anladım.
케씬 올라락 안라듬.

- 잘 이해했습니다.
▶ İyice anladım.
이이제 안라듬.

- 그것 모두를 이해합니다.
▶ Herşeyi anlıyorum.
헬쉐이 안르요룸.

의견에 대해 긍정할 때

- 네! 이해합니다.
▶ Evet! Anlıyorum.
에벳! 안르요룸.

- 네! 이번 것은 이해합니다.
▶ Evet! Bu defa anlıyorum.
에벳! 부 데파 안르요룸.

의견에 대해 부정할 때

- 바보같은 소리군!
▶ Ne aptalca bir söz!
네 앞탈자 비 쇄쓰!

- 헛소리군!
▶ Ne boş bir söz!
네 보쉬 비 쇄쓰!

- 불가능해!
▶ Mümkün değil!
뮴퀸 데일!

- 믿을 수 없어!
▶ İnanamıyorum!
이나나므요룸.

- 어떻게 가능하지?
▶ Nasıl olabilir acaba?
나쓸 올라빌릴 아자바?

- 상상할 수도 없을거야!
▶ Hayal bile edemezsin!
하얄 빌레 에데메즈씬!

- 엉터리로 말하지 마라!
▶ Boş konuşma!
보쉬 코누쉬마!

Ⅲ. 대인관계를 위한 표현 127

- 완전히 엉터리군!
▶ Tamamen boş ve mantıksız!
　타마멘　보쉬 웨　만특쓰쓰!

- 그것은 될 수 없는 거야!
▶ O olamaz!
　오 올라마쓰!

- 내게 그것을 말하지 마라!
▶ Onu bana söyleme!
　오누 바나　쇄일레메!

- 전 완전히 반대입니다!
▶ Ben tamamen karşıyım!
　벤　타마멘　카르쉬이음!

- 입에서 나온다고 모두 말하지는 마!
▶ Ağzın açık diye herşeyi konuşamazsın!
　아아즌 아측 디예　헬쉐이　코누샤마쓰쓴!

- 내 생각에는 네가 틀린 것 같은데.
▶ Bence sen yanlışsın.
　벤제　쎈　얀르쉬쓴.

- 미안한데, 난 그것을 인정할 수 없어.
▶ Kusura bakma, onu kabul edemem.
　쿠수라　바크마,　오누 카불　에데멤.

의견을 칭찬할 때

- 좋은 생각입니다!
▶ İyi fikir!
　이이 피킬!

- 멋진 제안입니다!
▶ Harika fikir!
　하리카　피킬!

- 멋진 생각입니다!
▶ Güzel bir düşünce!
　귀젤　비 뒤슌제!

02 동의와 찬반

동의를 구할 때

- 확실한가요?
▶ Emin misiniz?
  에민 미씨니쓰?

- 분명한거 맞죠?
▶ Eminsiniz, değil mi?
  에민씨니쓰, 데일 미?

- 이해하니?
▶ Anlıyor musun?
  안르욜 무쑨?

- 제가 하는 말을 이해하겠습니까?
▶ Anlatabiliyor muyum?
  안라타빌리욜 무윰?

- 동의하시나요?
▶ Katılıyor musunuz?
  카틀르욜 무쑤누쓰?

- 제게 동의하십니까?
▶ Bana katılıyor musunuz?
  바나 카틀르욜 무쑤누쓰?

- 너도 같은 생각을 가지고 있니?
▶ Sen de aynı fikirde misin?
  쎈 데 아이느 피킬데 미씬?

- 너는 그렇게 생각하지 않니?
▶ Öyle düşünmüyor musun?
  외일레 뒤쉰뮤욜 무쑨?

- 너 동의하지, 그렇지?
▶ Bana katılıyorsun, değil mi?
  바나 카틀르욜쑨, 데일 미?

Ⅲ. 대인관계를 위한 표현 129

- 역시 너도 그렇게 생각하지, 아니니?
▶ Sen de öyle düşünüyorsun, değil mi?
  쎈 데 왜일레 뒤쉬뉘욜쑨, 데일 미?

- 내 의견에 동의하니, 그렇지?
▶ Benim fikrime katılıyorsun, değil mi?
  베님 피크리메 카틀르욜쑨, 데일 미?

- 너도 내 생각과 같지, 아니니?
▶ Sen de benimle aynı fikirdesin, değil mi?
  쎈 데 베님레 아이느 피킬데쎈, 데일 미?

- 넌 내가 그것을 잘 했다고 믿니?
▶ Sence ben iyi mi yaptım?
  쎈제 벤 이이 미 얍뜸?

- 내가 그것을 못하지는 않았지, 아니니?
▶ Ben yine de o işi becerebildim, değil mi?
  벤 이네 데 오 이쉬 베제레빌딤, 데일 미?

- 내가 헷갈리지 않았죠, 그렇죠?
▶ Karıştırmadım, değil mi?
  카르쉬트르마듬, 데일 미?

- 내가 표현하고 싶은 것이 무엇인지 알겠니?
▶ Benim anlatmak istediğimi anlıyor musun?
  베님 안라트막 이스테디이미 안르욜 무쑨?

- 의문가는 것이 있니?
▶ Soru var mı, acaba?
  쏘루 왈 므, 아자바?

- 너 이해했지?
▶ Anladın, değil mi?
  안라든, 데일 미?

- 감 잡았지?
▶ Çaktın köfteyi, değil mi?
  착뜬 쾨프테이, 데일 미?

- 이해하지 못한다면 제게 질문하세요.
▶ Eğer anlamıyorsanız, bana sorun, lütfen.
  에엘 안라므욜싸느쓰, 바나 쏘룬, 륏펜.

- 뭘 하려했는지 이해하니?
▶ Ne yapılacağını anlıyor musun?
　네 야플라자으느　안르욜　무쑨?

- 내가 말한 것을 알겠죠?
▶ Ne söylediğimi anladınız mı?
　네 쇄일레디이미　안라드느쓰 므?

- 제가 더 설명을 해야 하나요?
▶ Ben daha anlatmalı mıyım?
　벤　다하　안라트말르 므이음?

동의할 때

- 네! 이해합니다.
▶ Evet, anlaşıldı.
　에벳，안라쉴드.

- 좋습니다!
▶ Tamam!
　타맘!
▶ Peki!
　페키!

- 문제 없습니다.
▶ Sorun yok.
　쏘룬　욕.

- 동의합니다.
▶ Katılıyorum.
　카틀르요룸.

- 아주 좋습니다!
▶ Çok iyi.
　촉　이이.
▶ Çok harika!
　촉　하리카!
▶ Mükemmel!
　뮤켐멜!

- 좋은 생각이네요!
▶ İyi fikir!
　이이 피킬!

Ⅲ. 대인관계를 위한 표현　131

• 네가 옳다!
▶ Haklısın!
하클르쓴!

• 확실해요!
▶ Yüzde yüz!
유쓰데 유쓰!

• 완벽해요!
▶ Kusursuz!
쿠술쑤쓰!

• 완전히 적중했어요!
▶ Tam isabet!
탐 이사벳!

• 의심할 여지가 없네요.
▶ Şüphesiz.
슈페씨쓰.

• 100% 동의합니다.
▶ Yüzde yüz katılıyorum.
유쓰데 유쓰 카틀르요룸.

• 나는 동의합니다.
▶ Ben aynı fikirdeyim.
벤 아이느 피킬데임.

부분적으로 동의할 때

• 네, 조금은 당신을 이해합니다.
▶ Evet, sizi biraz anlıyorum.
에벳, 씨지 비라쓰 안르요룸.

• 약간.
▶ Biraz.
비라쓰.

• 나는 부분적으로 동의합니다.
▶ Ben kısmen katılıyorum.
벤 크스멘 카틀르요룸.

동감할 때

• 사실이에요.
▶ Bu bir gerçek.
부 비 게르첵.

• 좋아요!
▶ Doğru!
도루!

• 동의해요.
▶ Katılıyorum.
카틀르요룸.

• 네! 당신과 동의합니다.
▶ Evet! Size katılıyorum.
에벳! 씨제 카틀르요룸.

• 확실히 맞아요!
▶ Kesinlikle haklı!
케씬릭레 하클르!

• 바로 그것입니다!
▶ İşte o!
이쉬테 오!

• 나는 그것을(그 사람을) 믿습니다!
▶ Ona inanıyorum.
오나 이나느요룸.

• 의심할 바 없습니다.
▶ Şüphe edeceğim hiçbir şey yok.
쉬페 에데제임 히츠비 쉐이 욕.

• 저도 똑같이 생각합니다.
▶ Ben de aynı şeyi düşünüyorum.
벤 데 아이느 쉐이 뒤쉬뉘요룸

• 전적으로 네게 동의한다.
▶ Tamamen sana katılıyorum.
타마멘 싸나 카틀르요룸.

• 전적으로 그에게 동의합니다.
▶ Tamamen ona katılıyorum.
타마멘 오나 카틀르요룸.

Ⅲ. 대인관계를 위한 표현 133

- 우리는 이것에 있어서는 같은 의견을 가지고 있다.
▶ Bana kalırsa biz aynı fikirdeyiz.
바나 칼르르싸 비쓰 아이느 피킬데이쓰.

- 난 모든 부분에 있어서 네 생각과 동감이다.
▶ Ben her konuda seninle aynı fikirdeyim.
벤 헬 코누다 쎄닌레 아이느 피킬데임.

- 전 당신이 옳다고 믿습니다.
▶ Ben senin haklı oluğuna inanıyorum.
벤 쎄닌 하클르 올두우나 이나느요룸.

- 그것이 바로 제가 생각하는 겁니다.
▶ İşte o benim düşündüğüm şey.
이쉬테 오 베님 뒤쉰뒤움 쉐이.

- 우리는 같은 유형에 속해.
▶ Biz aynı kategorideyiz.
비쓰 아이느 카테고리데이쓰.

- 우리는 매우 닮았어.
▶ Biz birbirimize çok benziyoruz.
비쓰 빌비리미제 촉 벤지요루쓰.

- 우리는 같은 목표를 가졌다.
▶ Biz aynı hedefe sahibiz.
비쓰 아이느 헤데페 싸히비쓰.

- 너는 너의 형을 닮았다.
▶ Sen ağabeyine benziyorsun.
쎈 아아베이네 벤지욜쑨.

- 우리는 유사한 의견을 가졌어.
▶ Biz benzer fikre sahibiz.
비쓰 벤젤 피크레 싸히비쓰.

- 우리가 소통을 위해 같은 주제를 찾는 것은 쉬운 일이다.
▶ Anlasabilmemiz için aynı konuları bulmak kolay.
안라샤빌메미쓰 이친 아이느 코누라르 불막 콜라이.

- 우리는 동일 샘플(예)을 가지고 일해왔다.
▶ Biz aynı örnekle çalışıyorduk.
비쓰 아이느 왜르넥레 찰르쉬욜둑.

상대방이 옳고 자신이 틀렸다고 할 때

- 네가 옳다.
▶ Sen haklısın.
  쎈 하클르쓴.

- 내 생각으로는 네가 옳다고 본다.
▶ Bence sen haklısın.
  벤제 쎈 하클르쓴.

상대방이 틀리고 자신이 옳다고 할 때

- (그것은) 다른 것이잖아요.
▶ (O) farklı.
  (오) 파르클르.

- 그것은 완전히 다른 이야기야.
▶ O apayrı bir hikâye.
  오 아파이르 비 히캬예.
▶ O bambaşka bir hikâye.
  오 밤바쉬카 비 히캬예.

- 넌 주제와 멀어지고 있다.
▶ Sen konudan uzaklaşıyorsun.
  쎈 코누단   우작라쉬욜쑨.

- 그것은 우리 주제와 관련이 없음이 확실합니다.
▶ Konumuzla alâkası olmadığı kesin.
  코누무쓰라 알랴카쓰 올마드으 케씬.

- 그것은 우리 주제가 아니다.
▶ O, konumuz değil.
  오, 코누므쓰 데일.

- 관련 없어요.
▶ İlgisi yok.
  일기씨 욕.
▶ Alâkası yok.
  알랴카쓰 욕.

- 주제와는 너무 멀다.
▶ Konudan çok uzak.
  코누단 촉 우작.

- 주제와 너는 빗나가고 있다.
▶ Konudan sapıyorsun.
  코누단 싸프욜쑨.

- 우리 본론으로 돌아가자.
▶ Konuya dönelim.
  코누야 되넬림.

찬성할 때

- 좋습니다!
▶ Güzel!
  귀젤!

- 아주 좋습니다!
▶ Çok güzel!
  촉 귀젤!

- 멋집니다!
▶ Harika!
  하리카!

- 기발하다!
▶ Olağanüstü!
  올라아뉘스튜!

- 그거 이상적이다!
▶ Çok ideal!
  촉 이데알!

- 완벽해!
▶ Kusursuz!
  쿠쑬쑤스!

- 좋게 들린다.
▶ Kulağa iyi geliyor.
  쿨라아 이이 겔리욜.

- 난 그리 멋진 것을 본 적이 없다.
▶ O kadar güzel bir şeyi hiç görmedim.
　오 카달　귀젤　비 쉐이　히츠 괴르메딤.

- 그것이 내가 원하던 것이다.
▶ O istediğim şeydi.
　오 이스테디임 쉐이디.

- 내가 원했던 바야!
▶ Tam istediğim şey!
　탐　이스테디임 쉐이!

- 이것보다 더 좋은 것은 없다.
▶ Bundan daha iyisi yok.
　분단　　다하　이이씨 욕!

- 난 네게 별을 4개 준다.
▶ Sana 4 yıldız veriyorum.
　싸나　되륏 이을드쓰 베리요룸.

- 이것은 완벽해요.
▶ Bu kusursuz.
　부 쿠술쑤쓰.

- 이것이 1순위이다.
▶ Bu birinci önceliğimiz.
　부　비린지 왠제리이미스.

반대할 때

- 아니요!
▶ Hayır!
　하이으르!

- 절대로 아닙니다!
▶ Kesinlikle hayır!
　케씬릭레　하이으르!

- 분명히 아닙니다.
▶ Kesinlikle değil.
　케씬릭레　데일.

- 헷갈리시는 겁니다!
▶ Karıştırıyorsunuz!
카르쉬트르율쑤누스!

- 완전히 혼동했네요.
▶ Tamamen karıştırdım.
타마멘 카르쉬트르듬.

- 실수입니다.
▶ Benim hatam!
베님 하탐!

- 불가능해요.
▶ Mümkün değil.
뮴퀸 데일.

- 좋지 않아요!
▶ İyi değil!
이이 데일!

- 전 반대입니다.
▶ Ben karşıyım.
벤 카르쉬이음.

- 믿을 수 없어요.
▶ Ona inanamıyorum.
오나 이나나므요룸.

- 나는 그 건에 대해 반대합니다.
▶ Ben o konuda size katılmıyorum.
벤 오 코누다 시제 카틀므요룸.

- 그것을 그렇게 보지 않습니다.
▶ Onu o şekilde görmüyorum.
오누 오 쉐킬데 괴르뮤요룸.

- 아주 나쁜 생각이에요!
▶ O çok kötü bir düşünce!
오 촉 쾨튜 비 듀슌제!

- 아니요. 전혀 이해 못합니다.
▶ Yok. Hiç anlamıyorum.
욕. 히츠 안라므요룸.

- 어떻게 가능하죠?
▶ Bu nasıl olur?
  부 나쓸 올룰?

- 상상할 수 없어요!
▶ Hayal bile edemiyorum!
  하얄 빌레 에데미요룸.

- 말도 안 돼요!
▶ Olamaz!
  올라마쓰.

- (안타깝게도) 당신 편을 들 수가 없네요.
▶ (Maalesef) Sizin tarafınızı tutamıyorum.
  (마알레쎕) 씨진 타라프느쓰 투타므요룸.
▶ (Üzgünüm) Tarafınıza katılamıyorum.
  (위즈귀늄) 타라프느자 카틀라므요룸.

- 전 당신 의견을 지지할 수 없습니다.
▶ Fikrinizi tutamıyorum.
  피크리니지 투타므요룸.

- 전 이 생각에 반대합니다.
▶ Bu düşünceye karşıyım.
  부 뒤쉰제예 카르쉬이음.

- 농담이군!
▶ Bu bir şaka!
  부 비 샤카!

- 바보짓이에요.
▶ Bu aptalca.
  부 앞탈자.

- 모든 것이 바보 소리야!
▶ Bu lafların hepsi aptalca!
  부 라프라른 헵씨 압탈자!

- 저는 외국인이라 전혀 이해하지 못합니다.
▶ Ben bir yabancı olduğum için hiç anlayamıyorum.
  벤 비 야반즈 올두움 이친 히츠 안라야므요룸.

PART III

동의와 찬반

III. 대인관계를 위한 표현

참을 수 없을 때

- 그것을 생각할 수도 없죠!
▶ Düşünmem bile zor!
뒤쉰멤 빌레 쏘르!

- 절대로 안돼요!
▶ Kesinlikle olamaz!
케씬릭레 올라마쓰!

- 역겹다!
▶ İğrenç!
이렌츠!

- 날 역겹게 한다.
▶ Beni çok rahatsız ediyor.
베니 촉 라핫쓰쓰 에디욜.

- 끔찍해!
▶ Korkunç!
코르쿤츠!

- 안 좋아!
▶ İyi değil!
이이 데일.

- 불쾌하다!
▶ Çok rahatsız edici!
촉 라핫쓰쓰 에디지!

- 헛소리야!
▶ Boş laflar!
보쉬 라프랄!

- 난 그것이 너무 싫어!
▶ Ondan nefret ediyorum!
온단 네프렛 에디요룸!

- 더는 안 돼!
▶ Daha olmaz!
다하 올마쓰!

- 너 미쳤구나!
▶ Sen çıldırmış olmalısın!
쎈 츨드르므쉬 올말르쓴!

불확실하게 대답할 때

- 잘 모르겠습니다. 그러나...
▶ Bilemiyorum. Ama ...
　빌레미요룸.　　아마...

- 제 생각에는 요...
▶ Bana göre ...
　바나　괴레 ...

- 제가 아는 한...
▶ Bildiğim kadarıyla.
　빌디임　카다르일라.

- 제게 똑같은 것을 주세요.
▶ Bana da aynı olsun, lütfen.
　바나　다　아이느 올쑨, 륏펜.

▶ Bana da aynı şeyden, lütfen.
　바나　다　아이느 쉐이덴, 륏펜.

- 너와 같은 것으로.
▶ Seninle aynı şey olsun.
　쎄닌레　아이느 쉐이 올쑨.

- 전 아무렇지 않습니다.
▶ Benim için fark etmez.
　베님　이친 파르크 에뜨메쓰.

- 저도 다르지 않습니다.
▶ Ben de farklı değilim.
　벤　데 파륵클르 데일림.

- 전 의견이 없습니다.
▶ Fikrim yok.
　피크림　욕.

- 그것은 저와 아무 관계가 없습니다.
▶ Benimle hiçbir ilgisi yok.
　베님레　히츠비 일기씨 욕.

- 그것은 내 일이 아닙니다.
▶ O benim işim değil.
　오 베님　이쉼 데일.

- 그것은 내게 중요하지 않습니다.
▶ O benim için önemli değil.
　오 베님　이친 왜넴리 데일.

Ⅲ. 대인관계를 위한 표현　141

03 주의와 타이름

주의를 줄 때

- 네가 옳지 않다.
▶ Sen haklı değilsin.
쎈 하클르 데일씬.

- 넌 완전히 혼동했구나.
▶ Sen tamamen karıştırdın.
쎈 타마멘 카르쉬트르든.

- 넌 일을 명확하게 하지 않았다.
▶ Sen işleri tam yapmadın.
쎈 이쉬레리 탐 야프마든.

- 무엇인가를 씹을 때는 입을 다물어라.
▶ Ağzında bir şey varken ağzını kapat.
아즌다 비 쉐이 왈켄 아즈느 카팟.

- 입에 하나 가득 넣은 채로 말하지 마라.
▶ Ağzın doluyken konuşma.
아으즌 돌루이켄 코누쉬마.

- 밥 먹을 때 비스듬히 앉지 마라.
▶ Yemekteyken eğri oturmayacaksın.
예멕테이켄 에이리 오투르마야작쓴.

- 숙제가 끝날 때까지 TV를 볼 수 없다.
▶ Ödev bitinceye kadar televizyon izlemek yok.
왜데브 비틴제예 카달 텔레비쓰욘 이즈레멕 욕.

- 모르는 사람에게 문을 열어주지 마라.
▶ Tanımadığın insanlara kapıyı açma.
탄느마드은 인산라라 카프이으 아츠마.

- 모르는 사람이 네게 준 음료수를 조심해라.
▶ Yabancılar tarafından verilen içeceklere dikkat edeceksin.
야반즈랄 타라픈단 웨릴렌 이체젝레레 디캇 에데젝씬.

- 길을 건너기 전에 오른쪽, 왼쪽을 살펴야 한다.
▶ Karşıya geçmeden önce sağına ve soluna bakmalısın.
카르쉬야 게치메덴 왠제 싸으나 외 쏠루나 바크말르쓴.

꾸짖을 때

- 넌 '죄송하다'고 말해야 한다.
▶ Senin "Özür dilerim" diye söylemen gerek.
쎄닌 "왜쥘 딜레림" 디예 쇄일레멘 게렉.

- 넌 '감사하다'고 말해야 한다.
▶ Sen "Teşekkürler" diye söylemelisin.
쎈 "테쉐뀰렐" 디예 쇄일레멜리씬.

- 넌 '천만에요'라고 말해야 한다.
▶ Senin "Bir şey değil" diye söylemen lazım.
쎄닌 "비 쉐이 데일" 디예 쇄일레멘 라즘.

- 넌 '부탁합니다'라고 말해야 한다.
▶ Sen "Rica ederim" diye söyleyeceksin.
쎈 "리자 에데림" 디예 쇄일레예젝씬.

- 넌 상식이 없구나!
▶ Senin mantığın yok galiba!
쎄닌 만트은 욕 갈라바!

- 너 동생을 놀리지 마라!
▶ Kardeşinle alay etme!
카르데쉰레 알라이 에뜨메!

- 이제는 네 잘못을 알겠니?
▶ Artık senin hatan olduğunu anladın mı?
아르특 쎄닌 하탄 올두우누 안라든 므?

- 넌 내가 네게 말했던 것을 잘 알아들었냐?
▶ Sana söylediğimi iyice anladın mı?
싸나 쇄일레디임이 이이제 안라든 므?

- 넌 일이 명확해질 때까지 말하지 마라.
▶ İşler kesinleşinceye kadar susacaksın.
이쉴렐 케씬레쉰제예 카달 수싸작쓴.

Ⅲ. 대인관계를 위한 표현

- 넌 일의 근원을 다시 보여주어야 한다.
▶ İşin özünü bir daha göstermelisin.
이쉰 왜쥐뉴 비 다하 괴스텔멜리씬.

- 문을 열어 두었던 사람이 너지?
▶ Kapıyı açık bırakan kişi sensin, değil mi?
카프이으 아측 브라칸 키쉬 쎈씬, 데일 미?

- 내 자전거를 가져갔던 사람이 너지?
▶ Bisikletimi götüren kişi sensin, değil mi?
비씩레티미 괴튀렌 키씨 쎈씬, 데일 미?

- 이 소식을 폭로한 사람이 그 사람이지?
▶ Bu haberi açığa çıkaran kişi o kişi, değil mi?
부 하베리 아츠아 츠카란 키쉬 오 키씨, 데일 미?

- 우리 비밀을 폭로했던 사람이 그녀지?
▶ Sırrımızı açığa çıkaran kişi o kadın, değil mi?
스르므즈 아츠아 츠카란 키쉬 오 카든, 데일 미?

- 내가 늦게 도착한 것은 너 때문이야.
▶ Benim geç kalma sebebim sensin.
베님 게츠 칼마 쎄베빔 쎈씬.

타이를 때

- 말조심해라!
▶ Sözüne dikkat edeceksin!
쇄쥐네 디캇 에데젝씬!

- 네 몸가짐에 주의해라!
▶ Davranışına dikkat edeceksin!
다브라느쉬나 디캇 에데젝씬!

- 행동 잘해!
▶ Hareketlerine dikkat edeceksin!
하레켓레리네 디캇 에데젝씬!

- 난 네가 규칙대로 행동하리라고 희망한다.
▶ Umarım kurallara göre davranırsın.
우마름 쿠랄라라 괴레 다브라느쁜.

- 아가씨처럼[답게] 행동해라!
▶ Hanımefendi gibi davranacaksın!
하느메펜디 기비 다브라나작쓴!

- 신사처럼   beyefendi gibi
- 학생처럼   öğrenci gibi
- 선생님처럼   öğretmen gibi
- 부모님처럼   anne baba gibi
- 어른처럼   yetişkin gibi
- 아이처럼   çocuk gibi
- 배운 사람처럼   okumuş olan bir insan gibi
- 성숙한 사람처럼   olgun insan gibi
- 신을 믿는 사람처럼   Allah'a inanan bir insan gibi
- 주인처럼   sahibi gibi
- 손님처럼   konuk gibi
- 한국인처럼   Koreli gibi

- 네 방을 청소해라!
▶ Odanı temizle!
오다느 테미즐레!

- 네 방을 정리해라!
▶ Odanı toparla!
오다느 토팔라!

- 네 침대를 정돈해라!
▶ Yatağını topla!
야타으느 토플라!

- 네 장난감을 정리해라!
▶ Oyuncaklarını topla!
오윤작라르느 토플라!

- 너 손 닦아라!
▶ Elini yıka!
엘리니 이으카!

- 너 이 닦아라!
▶ Dişini fırçala!
디쉬니 프르찰라!

- 머리를 빗어라!
▶ Saçını tara!
싸츠느 타라!

- 똑바로 앉아라!
▶ Doğru otur!
도루 오툴!

- 서 있어!
▶ Ayakta dur!
아약따 둘!

- 폭식하지 마라!
▶ Birdenbire fazla yeme!
비르덴비레 파즐라 예메!

- 야채를 더 먹어라!
▶ Sebzeyi daha çok ye!
쎄브제이 다하 촉 예!

- 편식하지 마라!
▶ Yemekleri seçmeden ye!
예멕레리 쎄츠메덴 예!

- 그렇게 단 것을 먹지 마라!
▶ O kadar fazla tatlı şey yeme!
오 카달 파즐라 타틀르 쉐이 예메!

- 걸을 때 머리를 들고, 가슴은 펴라.
▶ Yolda yürürken başını kaldır ve dik dur.
욜다 유류르켄 바쉬느 칼들 웨 딕 둘.

- 너는 창문을 열어 놓아서는 안 된다.
▶ Pencereyi açık bırakma.
펜제레이 아측 브락마.

- 모든 것을 그에게 말하지 말았어야 한다.
▶ Herşeyi ona söylememeliydin.
헬쉐이 오나 쐬일레메멜리이딘.

변명을 듣고 싶지 않을 때

- 너 지금 농담하고 있는 거야!
▶ Şaka yapıyor olmalısın!
샤카 야프욜 올말르쓴!

- 결론이 없다.
▶ Sonuçsuz.
쏘누츠쑤쓰.

- 너의 결론은 근거가 없다.
▶ Temelsiz bir sonuca vardığını düşünüyorum.
테멜씨쓰 비 쏘눈자 왈드으느 듀슈뉴요룸.

- 난 그것에 관심이 없다.
▶ Ona ilgim yok.
오나 일김 욕.

- 제게는 다른 것이 없습니다.
▶ Başka bir şeyim yok.
바쉬카 비 쉐임 욕.

- 그것은 다른 일이다.
▶ O ayrı bir şey.
오 아이르 비 쉐이.

- 그것은 상관없는 일이다.
▶ Onunla bir ilgisi yok.
오눈라 비 일기씨 욕.

- 넌 내가 시킨 것을 해라!
▶ Sen dediğimi yap!
쎈 데디이미 얍!

04 충고와 의무

충고할 때

- 네게 해줄 말은…
▶ Sana söylemek istediğim şey …
싸나 쇄일레멕 이스테디임 쉐이 …

- 네게 그것을 하지 말라고 몇 번을 말했니?
▶ Sana "Onu yapma" diye kaç kez söyledim?
싸나 "오누 야프마" 디예 카츠 케쓰 쇄일레딤?

- 내가 네게 그것을 몇 번 말해야 하니?
▶ Sana bunu kaç kez söylemem lazım?
싸나 부누 카츠 케쓰 쇄일레멤 라즘?

- 난 네게 한번이 아니라, 천 번은 얘기했다.
▶ Sana bir kez değil, bin kez söyledim.
싸나 비 케쓰 데일, 빈 케쓰 쇄일레딤.

- 너는 왜 규칙대로 하지 않니?
▶ Sen niçin kurallara göre davranmıyorsun?
쎈 니친 쿠랄라라 괴레 다브란므욜쑨?

- 너는 언제 규칙대로 할 수 있겠니?
▶ Sen ne zaman kurallara göre davranacaksın?
쎈 네 자만 쿠랄라라 괴레 다브라나작쓴?

조언할 때

- 네게 말하고자 했던 것은…
▶ Sana söylemek istediğim şey …
싸나 쇄일레멕 이스테디임 쉐이 …

- 내가 너였다면…
▶ Yerinde olsaydım …
예린데 올싸이듬 …

- 내가 너였다면, 그것을 하지 않을 거야.
▶ Yerinde olsaydım, onu yapmazdım.
예린데 올사이듬, 오누 야프마쓰듬.

- 네가 나였다면 ...
▶ Yerimde olsaydın ...
예림데 올싸이든 ...

- 네가 나였다면, 어떻게 했겠니?
▶ Yerimde olsaydın, ne yapardın?
예림데 올싸이든, 네 야파르든?

- 내가 당신이었다면, 그것을 다른 방식으로 했을 것입니다.
▶ Yerinizde olsaydım, onu o şekilde yapmazdım.
예리니쓰데 올싸이듬, 오누 오 쉐킬데 야프마쓰듬.

- 말만하지 말고, 행동해라!
▶ Sözde değil, özde olsun!
쇄쓰데 데일, 왜쓰데 올쑨!

- 서둘러야 한다.
▶ Acele etmelisin.
아젤레 에뜨멜리씬.

- 우리 그 일에 손을 대야만 한다.
▶ Bizim o işle ilgilenmemiz lazım.
비짐 오 이쉴레 일기렌메미쓰 라즘.

- (나는) 그것을 해야만 한다.
   (Ben) Onu yap-malı-y-ım.
 = (Ben) Onu yap-mam lazım.
 = (Ben) Onu yap-mam gerek.
 = (Ben) Onu yap-mak zorunda-y-ım.

- (너는) 이것을 해야만 한다.
   (Sen) Bunu yap-malısın.
 = (Sen) Bunu yap-man lazım.
 = (Sen) Bunu yap-man gerek.
 = (Sen) Bunu yap-mak zorunda-sın.

- 우리 그 일을 시작합시다.

▶ Biz o işe başlayalım.
비쓰 오 이쉐 바쉴라얄름.

- 좋은 기회다.

▶ Bu iyi bir fırsat.
부 이이 비 프르쌋.

- 아무것도 안 하면서 거기에 있고 싶니?

▶ Hiçbir şey yapmadan orada durmak mı istiyorsun?
히츠비 쉐이 야프마단   오라다 두르막   므 이스티욜쑨?

- 팔짱만 끼고 있지 마라!

▶ Öyle boş durma!
왜일레 보쉬 두루마!

- 넌 인생을 낭비하고 있다.

▶ Sen hayatını boşuna harcıyorsun.
쎈   하야트느 보쉬나   하르즈욜쑨.

의무·당연을 나타낼 때

- 넌 공부를 열심히 해야 한다.

▶ Sen derslerine gayret göstermelisin.
쎈   델쓰레리네   가이렛   괴스텔멜리씬.

- 넌 우리 이야기를 절대 해서는 안 된다.

▶ Konuşmamızdan sakın kimseye bahsetme.
코뉘쉬마므쓰단   싸큰   킴세예   바흐쎄뜨메.

- 도서관에서는 조용히 해야 한다.

▶ Kütüphanede sessiz olunmalıdır.
퀴튑하네데   쎄씨쓰 올룬말르들.

- 역 내에서는 금연이다.

▶ İstasyonda sigara içilmez.
이스타스욘다 씨가라 이칠메쓰.

- 학교 부근에서는 차를 천천히 몰아야 한다.

▶ Okul civarında araçlar yavaş sürülmelidir.
오쿨   지와른다   아라츨랄 야바쉬 슈륄멜리딜.

비밀 준수

- 비밀이다.
▶ Bu sırrımız olsun.
  부 스르므쓰 올쑨.

- 우리는 비밀을 간직한 친한 사이이다.
▶ Biz sırdaşız.
  비쓰 스르다쉬으쓰.

- 우리끼리 사이에 비밀이야.
▶ Aramızda kalsın.
  아라므쓰다 칼쓴.

- 단지 너만 알아야 한다!
▶ Bunu sadece sen bilmelisin!
  부누 싸데제 쎈 빌멜리씬!

- 난 아무에게도 말하지 않을게.
▶ Ben kimseye bahsetmeyeceğim.
  벤 킴세예 바흐쎗메예제임.

- 난 비밀을 지킬 것이다.
▶ Ben sırrını tutacağım.
  벤 스르느 투타자음.

- 난 입을 다물고 있을게.
▶ Ağzım kapalı olacak.
  아아즘 카팔르 올라작.

- 이 점에 대해서는 조용히 있는 것이 더 좋을 거야.
▶ Bu konu hakkında sessiz kalmak daha iyi olacak.
  부 코누 하큰다 쎄씨쓰 칼막 다하 이이 올라작.

- 넌 그것을 누구에게도 말하지 마라.
▶ Onu kimseye söylemeyeceksin.
  오누 킴세예 쇄일레메예젝씬.

- 내가 네게 말한 것을 아무에게도 말하지 마라.
▶ Dedigimden kimseye bahsetmeyeceksin.
  데디임덴 킴세예 바흐쎗메예젝씬.

- 무슨 일이 있더라도 아무에게도 말하지 않을게.
▶ Ne olursa olsun, kimseye bahsetmeyeceğim.
  네 올루르싸 올쑨, 킴세예 바흐쎗메예제임.

- 우리 사이의 비밀이다.
▶ Bu sır aramızda kalacak.
  부 슬 아라므쓰다 칼라작.

- 난 그것을 무덤까지 가져갈 것이다.
▶ Onu mezara kadar götüreceğim.
  오누 메자라 카달 괴튀레제임.

- 한마디 말도 하지 마라.
▶ Tek söz bile etme.
  텍 쇄쓰 빌레 에뜨메.

- 입 다물어라!
▶ Sus!
  수쓰!

- 내게 입 꼭 다물고 있겠다고 약속해!
▶ Bana susacağına dair söz ver.
  바나 수싸자으나 다이르 쇄쓰 웰.

- 난 이 방에서 나가는 것을 허락하지 않을 것이다.
▶ Ben bu odadan çıkmana izin vermeyeceğim.
  벤 부 오다단 츠크마나 이진 웨르메예제임.

05 제안과 권유

제안할 때

- 네게 권(추천) 하고자 하는 것은…
▶ Sana tavsiye etmek istediğim şey …
  싸나 타브시예 에뜨멕 이스테디임 쉐이…

- 음료수 한 잔 드릴까요?
▶ Bir bardak içecek vereyim mi?
  비 바르닥 이체젝 웨레임 미?

- 실례합니다, 무엇을 좀 드시겠습니까?
▶ Pardon, içecek birşey ister misiniz?
  파르돈, 이체젝 비쉐이 이스텔 미씨니쓰?

제안·권유를 거절할 때

- 안 해!
▶ Yapmam!
  야프맘!

- 가능하지 않아!
▶ Mümkün değil!
  뮴퀸   데일!

- 절대로 안 해!
▶ Katiyen yapmam!
  카티옌 야프맘!

- 죄송합니다.
▶ Kusura bakmayın.
  쿠수라   바크마이은.

▶ Kusurumu bağışlayın.
  쿠수루무   바으쉬라이은.

Ⅲ. 대인관계를 위한 표현 153

- 꿈도 꾸지 마!
▶ Sakın aklına bile getirme!
  싸큰 아크르나 빌레 게티르메!

- 너 꿈꾸고 있지!
▶ Sen ona ümit bağladın, değil mi!
  쎈 오나 위밋 바알라든, 데일 미!

- 차라리 날 죽여라!
▶ Beni öldür, daha iyi!
  베니 왤뒬, 다하 이이!

- 넌 기회를 잃었어.
▶ Fırsatını kaybettin.
  플싸트느 카이베띤.

- 쓸데없는 말 하지 마라.
▶ Gereksiz laf etme.
  게렉씨쓰 라프 에뜨메.

- 잊어 버려라!
▶ Boş ver!
  보쉬 웰!
▶ Unut gitsin!
  우눗 깃씬!

- 난 다른 계획들이 있어.
▶ Bende başka planlar var.
  벤데 바쉬카 플란랄 왈.

- 나 스케줄이 꽉 차 있어.
▶ Benim programım dolu.
  베님 프로그라믐 돌루.

- 난 관심 없어.
▶ Beni ilgilendirmez.
  베니 일긴렌딜메쓰.

- 내게 관심거리가 아니야.
▶ Beni ilgilendiren bir şey değil.
  베니 일긴렌디렌 비 쉐이 데일.

- 머리가 아프네.
▶ Başım ağırıyor.
  바쉼 아으르욜.

- 절대 불가능한 일이야.
▶ İmkânsız bir şey.
  임캬쓰쓰 비 쉐이.

- 돈으로도 안돼!
▶ Para çok da olsa olmaz!
  파라 촉 다 올싸 올라마쓰!

- 단지 너만 원할 뿐이다.
▶ Sadece seni istiyorum.
  싸데제 쎄니 이스티요룸.

06 부탁과 도움

부탁할 때

- 저도 도와주세요.
▶ Bana da yardım edin, lütfen!
  바나 다 야르듬 에딘, 륏펜!

- 큰 소리로 말씀해 주세요.
▶ Yüksek sesle söyleyin, lütfen.
  육쎅 쎄쓸레 쇄일레인, 륏펜.

• 작게	Alçak sesle
• 명료하게	Anlaşılır biçimde
• 터키어[영어]로	Türkçe (İngilizce) ile
• 간단명료하게	Kısa ve anlaşılır biçimde
• 명쾌하게	Açıkça
• 생동감 있게	Canlı bir şekilde
• 더 천천히	Daha yavaş
• 더 빠르게	Daha çabuk

- ...에 대한 부탁을 들어주실 수 있습니까?
▶ ... hakkındaki ricamı kabul edebilir misiniz? ...
  ... 하큰다 리자므 카불 에데빌릴 미씨니쓰?

- 도와주세요, 제발!
▶ Yardım edin, lütfen!
  야르듬 에딘, 륏펜!

- 실례합니다만, 소금 좀 건네 줄 수 있습니까?
▶ Affedersiniz, bana tuzu uzatabilir misiniz, lütfen?
  아페델씨니쓰, 바나 투쑤 우자타빌릴 미씨니쓰, 륏펜?

- 포크 하나 제게 가져다주실 수 있습니까?
▶ Pardon, bana çatalı getirebilir misiniz, lütfen?
  파르돈, 바나 차탈르 게티레빌릴 미씨니스, 륏펜?

- 스프 먹을 수 있게 숟가락 하나 주실 수 있습니까?
▶ Çorba için bir kaşık getirebilir misiniz, lütfen?
  초르바 이친 비 카쉭 게티레빌릴 미씨니쓰, 륏펜?

구체적으로 부탁할 때

- 도와줘요!
▶ Yardım edin, lütfen!
  야르듬 에딘, 륏펜!

- 살려줘요!
▶ İmdat!
  임닷!

- 미안한데, 문 좀 닫아 줄래요.
▶ Pardon, kapıyı kapatır mısınız, lütfen?
  파르돈, 카프이으 카파트를 므쓰느쓰, 륏펜?

- 죄송한데, 가방을 선반에 올리는 것을 도와주실 수 있나요?
▶ Affedersiniz, bu çantayı rafa koymama yardım eder misiniz?
  아페델씨니쓰, 부 찬타이으 라파 코이마마 야르듬 에델 미씨니쓰?

- 이 양식을 채우는 것을 도와주실 수 있습니까?
▶ Bu formu doldurmama yardım eder misiniz, lütfen?
  부 포르무 돌두르마마 야드듬 에델 미씨니쓰, 륏펜?

- 제가 길을 잃은 것 같은데 도와주실 수 있나요?
▶ Ben yolumu kaybettim, yardım edebilir misiniz, lütfen?
  벤 욜루무 카이베띰, 야르듬 에데빌릴 미니씨쓰, 륏펜?

- 부탁드리기 죄송합니다만, 잠시 핸드폰을 빌려주실래요?
▶ Kusura bakmayın, cep telefonunuzu kullanabilir miyim, lütfen?
  쿠수라 박크마이은, 젭 텔레폰누누쓰 쿨라나빌릴 미임, 륏펜?

- 실례합니다, 제 편지가 있는지 없는지 알고 싶습니다.
▶ Affedersiniz, mektuplarımın olup olmadığını öğrenmek istiyorum.
  아페델씨니쓰, 멕툽라르믄 올룹 올마드으느 외렌멕 이스티요룸.

가벼운 명령 투로 부탁할 때

- 미안한데, TV 볼륨을 조금 낮춰 줄래요?
▶ Özür dilerim, televizyonun sesini biraz kısar mısınız, lütfen?
왜쥘 딜레림, 텔레비쓰요눈 쎄씨니 비라쓰 크쌀 므쓰느쓰, 륏펜?

- 이보세요, 댁의 개를 다른 쪽으로 데려 갈 수 있습니까?
▶ Bakar mısınız, köpeğinizi diğer tarafa götürür müsünüz, lütfen?
바칼 므쓰느쓰, 쾌페이니지 디엘 타라파 괴튀륄 뮤슈뉴쓰, 륏펜?

- 이보세요, 댁의 개가 사람들을 불편하게 하네요.
▶ Bakar mısınız, köpeğiniz insanları rahatsız ediyor.
바칼 므쓰느쓰, 쾌페이니쓰 인산라르 라핫쓰쓰 에디욜.

부탁을 들어줄 때

- 문제 없어요. 뭘 알기 원하시죠?
▶ Sorun yok. Ne istiyorsunuz?
쏘룬 욕. 네 이스티욜쑤누쓰?

- 기꺼이 (그렇게 하죠).
▶ Seve seve (yaparım).
쎄베 쎄베 (야파름).
▶ Hay hay.
하이 하이.
▶ Başüstüne.
바슈쓰튀네.

부탁을 거절할 때

- 너를 도와줄 수 없어 미안해.
▶ Sana yardım edemediğimden dolayı özür dilerim.
싸나 야르듬 에데메디임덴 돌라이으 왜쥘 딜레림.

- 죄송합니다. 전 도와드릴 능력이 되지 않습니다.
▶ Özür dilerim. Ben yardım edecek kadar yetenekli değilim.
왜쥘 딜레림. 벤 야르듬 에데젝 카달 예테넥리 데일림.

- 죄송합니다. 안타깝게도 어떠한 정보도 드릴 수 없습니다.
▶ Özür dilerim, maalesef herhangi bir bilgi veremiyorum.
왜쥘 딜레림, 마아레쎞 헬한기 비 빌기 베레미요룸.

완곡하게 거절할 때

• 난 널 도와줄 수 없다.

▶ Ben sana yardım edemem.
  벤   싸나 야르듬 에데멤.

• 난 절대로 널 도와주지 못하겠다.

▶ Katiyen, sana yardım edemem.
  카티엔,   싸나 야드름   에데멤.

도움을 주고받을 때

• 내가 널 도와줄 수 있는데.

▶ Ben de sana yardım edebilirim.
  벤   데 싸나 야르듬   에데빌리림.

• 너 도움이 필요하니?

▶ Acaba, yardıma ihtiyacın var mı?
  아자바 야르드마 이티야즌 왈 므?

• 당신을 돕기 위해 가능한 모든 것을 하겠습니다.

▶ Size yardım etmek için mümkünse herşeyi deneyeceğim.
  씨제 야르듬 에뜨멕 이친 뮴퀸쎄   헬쉐이 데네예제임.

• 내게 도움이 필요한지 알려줘.

▶ Bana yardımıma ihtiyacın olup olmadığını söyle.
  바나 야르드므마   이티야즌 올룹 올마드으느 쇄일레.

• 난 항상 여기에 있다.

▶ Ben her zaman buradayım.
  벤   헬   자만   부라다이음.

07 지시와 명령

지시할 때

- 왼쪽으로!
▶ Sola!
  쏠라!

- 오른쪽으로!
▶ Sağa!
  싸아!

- 앞으로 계속!
▶ İleriye devam!
  일레리예 데밤!

- 이 길로 계속 가세요. 그리고 오른쪽으로 회전하세요.
▶ Bu yoldan devam edin. Ondan sonra sağa dönün.
  부 욜단 데밤 에딘. 온단 쏜라 싸아 돼뉜.

- 그렇게 속력 내지마!
▶ Fazla hız yapma!
  파즐라 흐쓰 야프마!

- 이제 가자!
▶ Artık gidelim!
  아르특 기델림!

- 내말 좀 들어!
▶ Sözümü dinle!
  쇄쥐뮤 딘레!

- 빨리!
▶ Çabuk!
  차북!

- 서두르지마!
▶ Acele etme!
  아젤레 에뜨메!

- 침착하세요!
▶ Sakin olun, lütfen!
 싸킨 올룬, 륏펜!

- 이 소포들을 우체국으로 가져가세요.
▶ Bu paketleri postaneye götürün, lütfen.
 부 파켓레리 포스타네예 괴튀륀, 륏펜.

- 계약서 사본을 3부 만들어 주세요.
▶ Kontrat fotokopisini 3(üç) adet çekin, lütfen.
 콘트랏 포토코피씨니 위츠 아뎃 체킨, 륏펜.

- 알리씨, 무스타파씨의 전화번호 좀 주세요.
▶ Ali Bey, Mustafa Beyin telefon numarasını verin, lütfen.
 알리 베이, 무스타파 베인 텔레폰 누마라쓰느 웨린, 륏펜.

- 케말 사장과의 수요일 오전으로 약속을 잡아주세요.
▶ Kemal Bey ile Çarşamba öğleden önceki saatlere randevu alın.
 케말 베이 일레 차르샴바 왜일레덴 왠제키 싸앗레레 란데뷰 알른.

명령, 권유할 때

- 더 높이!
▶ Daha yüksek!
 다하 육쎅!

- 더 낮게!	Daha alçak!
- 더 깊이!	Daha derin!
- 더 넓게!	Daha geniş!
- 더 좁게!	Daha dar!
- 더 길게!	Daha uzun!
- 더 짧게!	Daha kısa!
- 더 무겁게!	Daha ağır!
- 더 가볍게!	Daha hafif!

- 목소리 더 크게!
▶ Daha yüksek sesle!
 다하 육쎅 쎄쓰레!

- 밥 먹자!
▶ **Yemek yiyelim!**
예멕   이옐림!

- 밥 먹을까?
▶ **Yemek yiyelim mi?**
예멕   이옐림   미?

- 나가세요!
▶ **Buradan çıkın, lütfen!**
부라단   츠큰, 륏펜!

- 면허증 좀 제시하세요!
▶ **Ehliyetiniz, lütfen!**
에흐리예티니쓰, 륏펜!

- 좀 더 참고 기다리세요!
▶ **Biraz daha dayanın, lütfen!**
비라쓰 다하   다야는,   륏펜!

- 내가 말하면 잘 들어라!
▶ **Dediğim zaman, dikkatlice dinle!**
데디임   자만,   디캇리제   딘레!

금지할 때

- 늦게 오지 마라!
▶ **Geç kalma!**
게츠 칼마!

- 움직이지 마!
▶ **Kımıldama!**
크믈다마!

- 겁먹지 마!
▶ **Korkma!**
코르크마!

경고할 때

- 넌 너무 바빠.
▶ Sen fazla meşgulsün.
 쎈 파즐라 메쉬굴쑨.

- 뛰지 마라!
▶ Koşma!
 코쉬마!

- (나는) 하루 종일 정신없이 일해요.
▶ Bütün gün durmadan çalışıyorum.
 뷰튄 귄 두르마단 찰르쉬요룸.

- 넌 너무 많은 것에 관여하고 있다.
▶ Sen işlerle fazla ilgileniyorsun.
 쎈 이쉴렐레 파즐라 일기레니욜쑨.

- 넌 모든 사람들을 만족시킬 수 없다.
▶ Sen herkesi memnun edemezsin.
 쎈 헤르케씨 멤눈 에데메쓰씬.

08 재촉과 여유

재촉할 때

- 빨리 해라!
▶ Acele et!
  아젤레 엣!

- 왜 시작 안 하는 거야?
▶ Niçin başlamıyorsun?
  니친 바쉴라므율쑨?

- 이제 난 더 참을 수 없다.
▶ Artık daha fazla dayanamıyorum.
  아르특 다하 파쓸라 다야나므요룸.

여유를 가지라고 할 때

- 진정해라!
▶ Sakin ol!
  싸킨 올!
▶ Kendine gel!
  켄디네 겔

- 안심해라!
▶ Artık rahat ol!
  아르특 라핫 올!

- 침착함을 유지해라!
▶ Sakinliğini koruyacaksın!
  싸킨리이니 코루야작쓴!

- 평상심을 잃지 마라!
▶ Soğukkanlılığını kaybetme.
  쏘욱칸르르으느 카이베뜨메!

- 화내지 마라!
▶ Kızma!
크쓰마!

- 소리지르지 마라!
▶ Bağırma!
바으르마!

- 자신을 조절할 수 있겠니?
▶ Kendinizi kontrol edebilir misiniz?
켄디니지 콘트롤 에데빌릴 미씨니쓰?

- 격분하지 마라!
▶ Öfkelenme!
왜프케렌메!

- 한 걸음, 한 걸음.
▶ Adım, adım.
아듬, 아듬.

- 조금씩, 조금씩
▶ Azar, azar.
아자르, 아자르.

- 천천히, 천천히.
▶ Yavaş, yavaş.
야바쉬, 야바쉬.

- 서두르지 마라!
▶ Acele etme!
아젤레 에뜨메!

- 걱정하지 마라!
▶ Kaygılanma!
카이그란마!

- 난 모든 것이 잘 될 것이라 믿는다.
▶ Herşeyin iyi olacağına inanıyorum.
헬쉐인 이이 올라자으나 이나느요룸.

- 그 일을 제 시간에 마쳐라!
▶ O işi zamanında hallet!
오 이쉬 자만는다 할렛!

- 얻고자 한다면 얻을 수 있다.
▶ İstersen onu alırsın.
이스텔쎈 오누 알르르쓴.

09 추측과 확신

확신을 물을 때

- 맞아요?
▶ Doğru mu?
  도루 무?

- 분명해요?
▶ Kesin mi?
  케씬 미?

- 확실합니까?
▶ Emin misiniz?
  에민 미씨니쓰?

- 전적으로 확신하니?
▶ Tamamen emin misin?
  타마멘 에민 미씬?

확신할 때

- 분명히 맞습니다.
▶ Kesinlikle doğru.
  케씬릭레 도루.

- 분명합니다.
▶ Eminim.
  에미님.

- 의심 없어요.
▶ Kuşkum yok.
  쿠쉬쿰 욕.

확신하지 못할 때

• 제가 좀 의심이 되네요.
▶ Bir kuşkum var.
비 쿠쉬쿰 왈.

• 아마도 아닐 거에요.
▶ Herhalde değil.
헬할데   데일.

• 확실히 아니다.
▶ Kesinlikle değil.
케씬릭레   데일.

• 제가 의심했습니다.
▶ Şüphe ettim.
슈페   에띰.

• 이유가 조금 억지 아니니?
▶ Bu biraz abartılı, değil mi?
부 비라쓰 아바르틀르, 데일 미?

• 거의 믿을 수가 없어요.
▶ Neredeyse inanılmaz.
네레데이쎄   이나늘마쓰.

10 허가와 양해

허가나 허락을 구할 때

- 부탁 하나 들어 줄 수 있니?
▶ Sana bir ricada bulunabilir miyim?
 싸나 비 리자다 불루나빌맄 미임?

- 부탁 하나 할 수 있을까?
▶ Senden bir şey rica edebilir miyim?
 쎈덴 비 쉐이 리자 에데빌맄 미임?

- 내게 도움의 손길을 줄 수 없겠니?
▶ Bana yardımcı olamaz mısın?
 바나 야르듬즈 올라마쓰 므쓴?

- 네 차를 빌릴 수 있을지 모르겠다.
▶ Arabanı ödünç alabilir miyim bilmiyorum.
 아라바느 왜뒨츠 알라빌리르 미임 빌미요룸.

양해를 구할 때

- 기다려 주세요.
▶ Bekleyin, lütfen!
 베클레인, 륏펜!

- 잠시만 기다려라!
▶ Biraz bekle!
 비라쓰 베클레!

- 참고 기다려라!
▶ Sabret ve bekle!
 싸브렛 웨 베클레!

- 곧 돌아오겠습니다.
▶ Hemen geliyorum.
 헤멘 겔리요룸.

- 담배를 피울 수 있을까요?
▶ Sigara içebilir miyim?
씨가라 이체빌릴 미임?

- 담배를 피워도 괜찮을까요?
▶ Sigara içmem mümkün mü acaba?
씨가라 이치멤 뮴퀸 뮤 아자바?

- 안으로 들어갈 수 있을까요?
▶ İçeriye girebilir miyim acaba?
이체리예 기레빌릴 미임 아자바?

▷ (제가) ~해도 되나요?
　동사어근 + -ebilir/-abilir　miyim?

• 앉아도 되나요?	Otur-abilir miyim?
• 나가도 되나요?	Çık-abilir miyim?
• 좀 봐도 되나요?	Bak-abilir miyim?
• 사용해도 되나요?	Kullan-abilir miyim?
• 마셔도 되나요?	İç-ebilir miyim?
• 좀 물어봐도 되나요?	Soru sor-abilir miyim?

- 이제 좀 지나갈 수 있을까요?
▶ Artık geçebilir miyim?
아르특 게체빌릴 미임?

- 지금 네게 가도 되니?
▶ Şimdi sana gelebilir miyim?
쉼디　싸나　겔레빌릴 미임?

- 화장실 좀 사용할 수 있을까요?
▶ Tuvaleti kullanabilir miyim?
투와레티　쿨라나빌릴　미임?

- 전화 좀 사용할 수 있을까요?
▶ Telefonu kullanabilir miyim?
텔레포누　쿨라나빌릴　미임?

- 이것 좀 볼 수 있을까요?
▶ Buna bakabilir miyim?
부나　바카빌릴　미임?

- 당신들과 함께 갈 수 있을까요?
▶ Sizinle birlikte gidebilir miyim?
  씨진레 비르릭떼 기데빌릴 미임?

- 잠시 나가려 합니다, 괜찮을까요?
▶ Bir dakika çıkmak istiyorum, mümkün mü acaba?
  비 다키카 측크막 이스티요룸, 뮴퀸 뮤 아자바?

- 터키어를 조금밖에 알지 못해 죄송합니다.
▶ Türkçeyi pek bilmediğim için özür dilierim.
  튀륵체이 퍽 빌메디임 이친 왜쥘 딜레림.

- 조금 더 천천히 말을 해줄 수 있어요?
▶ Biraz daha yavaş konuşabilir misiniz, lütfen?
  비라쓰 다하 야바쉬 코뉘샤빌릴 미씨니쓰, 륏펜?

▷ 실례지만, [동사] 좀 해 주실 수 있으세요?
  Pardon, ... -ebilir/-abilir misiniz, lütfen?

- 길 좀 가리켜 주실 수 있으세요?
  Yolu gösterebilir misiniz, lütfen?

- 좀 도와 주실 수 있으세요?
  Yardım edebilir misiniz, lütfen?

- 좀 써 주실 수 있으세요?
  Yazabilir misiniz, lütfen?

- 이것 좀 해 주실 수 있으세요?
  Bunu yapabilir misiniz, lütfen?

- 터키어 좀 가르쳐 주실 수 있으세요?
  Türkçeyi öğretebilir misiniz, lütfen?

- 집에 좀 와 주실 수 있으세요?
  Eve gelebilir misiniz, lütfen?

- 돈 좀 빌려 주실 수 있으세요?
  Biraz borç para verebilir misiniz, lütfen?

- 기차를 놓친 것은 바로 저입니다.
▶ Treni kaçıran benim.
  트레니 카츠란 베님.

- 내가 기차를 놓친 것은 그(사람) 때문이다.
▶ Treni kaçırmış olmam onun yüzünden oldu.
  트레니 카츠르므쉬 올맘 오눈 유쥔덴 올두.

희망과 의지

희망을 말할 때

- 그녀가 빨리 오기를 바래요.
▶ O kadının çabuk gelmesini umuyorum.
  오 카드느 차북 겔메씨니 우무요룸.

- 난 인기 가수가 되고 싶다.
▶ Ben popüler bir şarkıcı olmak istiyorum.
  벤 포퓨렐 비 샬크즈 올막 이스티요룸.

- 이제 비가 그만 왔으면 좋겠다!
▶ Artık yağmur dursun istiyorum.
  아르특 야무르 두르쑨 이스티요룸.

- 언제가 아름다운 정원이 있는 별장을 갖고 싶어요.
▶ Bir gün güzel bahçeli bir villaya sahip olmak istiyorum.
  비 균 귀젤 바흐첼리 비 빌라야 싸힙 올막 이스티요룸.

- 지금 네가 얼마나 보고 싶은지!
▶ Şu an seni o kadar özledim ki!
  슈 안 쎄니 오 카달 왜즈레딤 키!

- 언제가 내가 로또 당첨될 지 알겠냐?
▶ Bir gün lotodan para çıkacak kim bilir?
  비 균 로토단 파라 츠카작 킴 빌릴?

- 난 항상 달나라 여행을 꿈꿨었다.
▶ Ben her zaman rüyada aya gittiğimi görüyorum.
  벤 헬 자만 류야다 아야 기띠이미 괴류요룸.

- 내가 하버드대에서 공부할 수 있다면 얼마나 좋겠냐!
▶ Harvard Üniversitesinde okuyabilsem ne güzel olacak!
  하르버드 유니웨르씨테씬데 오쿠야빌쎔 네 귀젤 올라작!

- 크리스마스 선물로 핸드폰을 받았으면 좋겠다.
▶ Noel hediyesi olarak cep telefonu istiyorum.
  노엘 헤디예씨 올라락 젭 텔레폰누 이스티요룸.

의향을 물을 때

• 이것을 어떻게 생각하니?
▶ Buna ne dersin?
부나 네 데르씬?

• 그것에 대해 어떻게 생각하니?
▶ Bunun hakkında ne düşünüyorsun?
부눈 하큰다 네 뒤슈뉘욜쑨?

• 넌 어떤 의견이니?
▶ Sen buna ne diyorsun?
쎈 부나 네 디욜쑨?

• 넌 그것을 어떻게 생각하니?
▶ Sen onu nasıl buldun?
쎈 오누 나쓸 불둔?

• 너의 관점은 뭐니?
▶ Senin görüşün ne?
쎄닌 괴뤼쉰 네?

• 네 의견은 뭐지?
▶ Senin fikrin ne?
쎄닌 피크린 네?

• 그것에 대해 너는 뭐라 조언해줄래?
▶ Onun hakkında tavsiyen ne olacak?
오눈 하큰다 타브씨옌 네 올라작?

• 네가 내 입장이라면 무엇을 하겠니?
▶ Yerimde olsaydın ne yapardın?
예림데 올싸이든 네 야파르든?

기대감을 표할 때

• 조심해서 해라!
▶ Onu dikkatlice yap!
오누 디캇리제 얖!

• 네 인생을 걸고 그것을 할 것이라 믿는다.
▶ Hayatını riske atmayı göze alarak onu yapacağına inanıyorum.
하야트느 리스케 앗마이으 괴제 알라락 오누 야파자으나 이나느요룸.

- 난 그것을 학수고대하고 있다.
▶ Ben onu dört gözle bekliyorum.
벤 오누 돼룻 괴쓰레 베클리요룸.

- 네가 성공하기 바란다.
▶ Sana başarılar dilerim.
싸나 바샤르랄 딜레림.

▷ 즐거운(행복한) ~ 이(가) 되기 바랍니다.
　　　　İyi ~ dilerim.

- 즐거운 새해가 ~　　　İyi yıl-lar dilerim.
- 즐거운 날들이 ~　　　İyi gün-ler dilerim.
- 즐거운 명절이 ~　　　İyi bayram-lar dilerim.
- 즐거운 성탄절이~　　İyi Noel-ler dilerim.
- 즐거운 휴일이 ~　　　İyi tatil-ler dilerim.

- 네가 시험에 통과할 것이라 믿는다.
▶ Sınavı geçeceğine inanıyorum.
스나브 게체제이네 이나느요룸.

- 아무 탈 없이 그것을 되돌려 줘라!
▶ Kazasız belasız onu geri ver!
카자쓰스 벨라쓰스 오누 게리 붴!

- 이것을 조심해라.
▶ Buna dikkat et.
부나 디캇 엣.

12 가능과 불가능

가능하다고 말할 때

- 가능하다.(1)
▶ Olur.
  올루르.

- 가능하다.(2)
▶ Mümkün.
  뮴퀸.

- 될 수 있어요.
▶ Olabilir.
  올라빌릴.

- 아마도.(1)
▶ Herhalde.
  헬할데.

- 아마도.(2)
▶ Galiba.
  갈리바.

- 아마도.(3)
▶ Belki.
  벨키.

불가능하다고 말할 때

- 불가능합니다.(1)
▶ İmkânsız.
  임칸쓰스.

- 불가능합니다.(2)
▶ İmkânı yok.
  임카느 욕.

- 믿을 수 없어요.
▶ İnanamıyorum.
이나나므요룸.

- 제 눈을 믿을 수가 없습니다.
▶ Gözlerime inanamıyorum.
괴쓰레리메   이나나므요룸.

- 제 귀를 믿을 수가 없습니다.
▶ Kulaklarıma inanamıyorum.
쿨락라르마   이나나므요룸.

- 이제는 방법이 없다.
▶ Artık başka çaremiz yok.
아르특 바쉬카 차레미쓰   욕.

- 우리에게 다른 방법이 없어요.
▶ Çaresiz kaldık.
차레씨쓰 칼득.

- 오직 신만이 어떻게 될 지 안다.
▶ Ne olacağını ancak Allah bilir.
네 올라자으느 안작   알라   빌릴.

PART IV

감정을 위한 표현

01 기쁨과 즐거움
02 걱정과 긴장
03 슬픔과 우울함
04 귀찮음과 불평
05 망각, 후회 그리고 실망
06 비난과 다툼
07 감탄과 칭찬
08 격려와 위로
09 좋아함과 싫어함

기쁨과 즐거움

기쁠 때

- 너무 좋다.
▶ Çok güzel!
  촉 귀젤!

- 넌 내게 큰 기쁨을 줬다.
▶ Sen bana büyük bir sevinç verdin.
  쎈 바나 뷔육 비 쎄빈츠 웨르딘.

- 넌 내 기쁨의 근원이야.
▶ Sen sevincimin kaynağısın.
  쎈 쎄빈지민 카이나으쓴.

- 너희는 내 행복의 근원이야.
▶ Sizler mutluluğumun kaynağısınız.
  씨즈렐 무뚤루우문 카이나으쓰느쓰.

- 난 널 만나 너무 기쁘다.
▶ Seninle görüştüğümüz için çok mutluyum.
  쎄닌레 괴뤼쉬튀유뮈쓰 이친 촉 무뚤루윰.

- 난 널 다시 보게 되어 너무 기쁘다.
▶ Seninle tekrar görüştüğümüz için çok mutluyum.
  쎄닌레 테크랄 괴쉬쉬튀유뮈쓰 이친 촉 무뚤루윰.

- 난 네가 잘 있다는 것이 너무 기쁘다.
▶ Senin iyi olduğundan dolayı çok mutluyum.
  쎄닌 이이 올두운단 돌라이으 촉 무뚤루윰.

즐거울 때

- 너무 멋지다!
▶ Çok harika!
  촉 하리카!

178 터키어 회화 사전

- 네가 좋았다니 너무 좋다!
▶ Senin iyileşmiş olduğuna çok sevindim!
쎄닌 이이레쉬미쉬 올두우나 촉 쎄빈딤.

- 모든 결과가 잘 나와서 너무 좋다!
▶ Tüm sonuçlarının iyi çıktığına çok sevindim!
튬 쏘누츠라르는 이이 측뜨으나 촉 쎄빈딤.

- 너무 만족스러워 너무 기쁘다.
▶ Çok tatmin olduğumdan dolayı memnun oldum.
촉 타트민 올두움단 돌라이으 멤눈 올둠.

재미있을 때

- 난 ...가 좋다.
▶ Ben ...dan/den hoşlanırım.
벤 ...단 /덴 호쉬라느름.

- 난 클래식 음악이 좋다.
▶ Ben klasik müzikten hoşlanırım.
벤 클라식 뮈직텐 호쉬라느름.

- 난 영화 보는 것을 좋아한다.
▶ Ben film izlemekten hoşlanırım.
벤 필름 이즈레멕뗀 호쉬라느름.

행복할 때

- 너무 행복하다.
▶ Çok mutluyum.
촉 무뚤루윰.

- 신혼부부는 행복하다.
▶ Yeni evli çift gayet mutlu.
예니 에브리 칲트 가옛 무뚤루.

- 내 인생에서 이렇게 행복한 적은 없었어.
▶ Hayatımda hiç bu kadar mutlu olmamıştım.
하야틈단 히츠 부 카달 무뚤루 올마므쉬틈.

Ⅳ. 감정을 위한 표현 179

걱정과 긴장

걱정을 물을 때

- 왜 그렇게 작은 일 때문에 걱정하니?
▶ Niçin o kadar küçük işlerden endişleniyorsun?
 니친 오 카달 큐축 이쉬레르덴 엔디쉐레니욜쑨?

- 참을 수 있지?
▶ Dayanabilir misin?
 다야나빌릴 미씬?

- 민감해 하지 마라!
▶ Fazla hassas olma!
 파쓸라 하싸쓰 올마!

- 화내지마!
▶ Kızma!
 크즈마!

- 나쁜 의도는 없다.
▶ Kötü bir niyetim yok.
 쾨튀 비 니예팀 욕.

- 그렇게 호들갑을 떨 필요가 뭐가 있니?
▶ O kadar telaşa ne gerek var?
 오 카달 텔라샤 네 게렉 왈?

걱정스러울 때

- 난 네가 올 수 없다는 것이 느껴진다.
▶ Senin gelemeyeceğini hissediyorum.
 쎄닌 겔레메예제이니 히쎄디요룸.

- 난 문제 앞에 봉착했다.
▶ Sorunlarla başım dertte.
쏘룬라를라 바쉼 데르떼.

- 난 큰 문제와 맞닿았다.
▶ Ben büyük sorunlarla baş-ba-şa kaldım.
벤 뷔육 쏘룬라를라 바쉬바샤 칼듬.

- 난 위험에 처했다.
▶ Ben tehlikeye düştüm.
벤 테흐리케예 듀슈튬.

- 급박한 위기이다.
▶ Acil bir durum.
아질 비 두룸.

- 나의 실수로 난 위험에 빠질 것이다.
▶ Hatamdan dolayı tehlikeye düşeceğim.
하탐단 돌라이으 테흐리케예 듀쉐제임.

- 난 예상하지 못한 문제에 맞닿았다.
▶ Beklemediğim bir sorunla baş ba-şa kaldım.
베클레메디임 비 쏘룬라 바쉬 바샤 칼듬.

- 난 빚더미에 있다.
▶ Artık borçlar gırtlağa dayandı.
알특 볼추랄 글트라아 다얀드.

- 난 파산직전이야.
▶ Artık alacaklılar kapıda bekliyor.
알특 알라작르랄 카프다 베클리욜.

- 난 갚아야 할 빚이 많아요.
▶ Ben büyük borçların içindeyim.
벤 뷔육 볼츠라른 이친데임.

- 난 채무(債務)의 책임이 있다.
▶ Ödemem gereken borçlar var.
왜데멤 게레켄 볼츠랄 왈.

- 난 큰 걱정거리가 있다.
▶ Ben büyük sıkıntıların içindeyim.
벤 뷔육 스큰트라른 이친데임.

Ⅳ. 감정을 위한 표현 181

걱정하지 말라고 할 때

• 걱정하지 마라!
▶ Üzülme!
위쥘메!
▶ Canın sağ olsun!
자는 싸 올쑨!

▷ 터키어 can [잔: 마음]을 사용한 관용적 표현

터키어에서는 내가 배가 고파도, "나는 뭘 좀 먹고 싶다."라고 직접 1인 층을 사용해서 표현하기 보다는 "내 마음이 뭘 먹고 싶다"는 식으로 3인 층으로 표현하는 경우가 많다. 예를 들면 아래와 같이 많이 사용하는 관용적인 표현들을 기억해 두면 좋다.

• 나 뭐 좀 먹고 싶어.
=내 마음이 뭐 좀 먹고 싶어.
Canım bir şey yemek istiyor.

• 나 이스탄불에 가고 싶어.
=내 마음이 이스탄불에 가고 싶어.
Canım İstanbul'a gitmek istiyor.

• 나 오늘은 집에서 쉬고 싶어.
=내 마음이 오늘은 집에서 쉬고 싶어.
Canım bugün evde dinlenmek istiyor.

• 나 죽고 싶어.
=내 마음이 죽고 싶어.
Canım ölmek istiyor.

• 가슴에 담아 놓지 마라.
▶ Kafana takma.
카파나 타크마.

• 이제 너무 신경 쓰지 마.
▶ Artık aldırma.
알특 알드르마.

- 너를 향한 내 감정들이 아직 남아 있다.
▶ Sana karşı olan duygularım hala sürüyor.
싸나 카르씨으 올란 두이구라름 할라 슈류욜.

- 큰 문제는 아니다.
▶ Büyük bir sorun sayılmaz.
뷔육 비 쏘룬 싸이을마쓰.

- 항상 해결 방안은 있다.
▶ Her zaman bir çözüm yolu vardır.
헬 자만 비 쵸쥼 욜류 왈드.

- 진정해라, 모든 것이 잘 될 것이다.
▶ Sakin ol, her şey yoluna girecek.
싸킨 올, 헬 쉐이 욜루나 기레젝.

- 진정하고 흥분하지 마라.
▶ Kendine gel sinirli olma.
켄디네 겔 씨닐리 올마.

긴장과 초조할 때

- 나는 긴장된다.
▶ Ben heyecanlıyım.
벤 헤예잔르이음.
▶ Ben gerginim.
벤 게르기님.

- 난 극도로 긴장된다.
▶ Ben son derece heyecanlıyım.
벤 쏜 데레제 헤예잔르이음.

- 난 긴장돼서 미칠 것 같다.
▶ Ben heyecandan öleceğim.
벤 헤예잔단 왤레제임.

- 너 너무 흥분한 것 같다.
▶ Sen kendinden geçmiş gibisin.
쎈 켄딘덴 게츠미쉬 기비씬.

- 나 미칠 것 같아요.
▶ Ben çıldıracağım galiba.
벤 츌드라자음 갈리바.

- 나 이성을 잃을 것 같아요.
▶ Ben akli dengemi kaybediyorum.
  벤 아클리 덴게미 카이베디요룸.

- 나 미칠 것 같아요.
▶ Ben aklımı kaybedeceğim.
  벤 아클르므 카이베데제임.

- 나 술에 취해 쓰러질 것 같아.
▶ Sanırım, kendimden geçeceğim.
  싸느름, 켄딤덴   게체제임.

- 머리가 터질 것이다.
▶ Başım çatlayacak gibi.
  바쉬음 차틀라야작 기비.

- 난 더 할 수 없다.
▶ Daha fazla yapamam.
  다하 파쓸라 야파맘.

- 난 너무 불안하다.
▶ Ben çok huzursuzum.
  벤 촉 후쑤르쑤쑴.

- 난 엄청나게 긴장된다.
▶ Çok fazla heyecanlıyım.
  촉 파즐라 헤예잔르이음.

- 난 파산 직전에 있다.
▶ Ben iflas durumundayım.
  벤 이프라쓰 두루문다이음.

- 난 빚 때문에 무너지고 있다.
▶ Bu borçlar beni çökertti.
  부 볼추랄   베니 최켈띠.

- 난 빚더미에 있다.
▶ Bu borçlar benim boynumu büktü.
  부 볼추랄   베님   보이누무 븍튜.

- 나 너 때문에 골치 아파죽겠어.
▶ Seninle başım dertte.
  쎄닌레 바쉼 델떼.

184 터키어 회화 사전

긴장과 초조함을 진정시킬 때

- 진정해라!
▶ Sakin olsana!
  싸킨 올싸나!

- 평정심을 유지하세요!
▶ Huzurunuzu bozmayın, lütfen!
  후주루누주 보즈마이은, 륏펜.

- 차분히 그것을 해봐라!
▶ Biraz sakinleş, sonra tekrar dene!
  비라쓰 싸킨레쉬, 쏜라 테크랄 데네!

- 그렇게 걱정하지 마라!
▶ Fazla kaygılanma!
  파즐라 카이그란마!

슬픔과 우울함

슬플 때

- 슬퍼하지 마라.
▶ Üzül-me.
  위췰메.

- 난 울고 싶다.
▶ Ben ağlamak istiyorum.
  벤 아을라막 이스티요룸.

- 지금의 내 상황이 날 슬프게 한다.
▶ Şu anki halimden dolayı üzüntü-lü-yüm.
  슈 안키 할림덴 돌라이으 위쥔튀뤼윰.

- 그녀는 아버지의 죽음에 통곡한다.
▶ O kadın babası öldüğü için ağıt yakıyor.
  오 카든 바바쓰 욀듀유 이친 아읏 야크욜.

- 난 내 자신의 신세에 통곡했다.
▶ Ben kendi halime ağıt yaktım.
  벤 켄디 할리메 아읏 약뜸.

우울할 때

- 비는 나를 우울하게 한다.
▶ Yağmurlar moralimi bozuyor.
  야무르랄 모랄리미 보주욜.

- 눈물을 참을 수 있을지 난 자신이 없다.
▶ Göz yaşlarımı tutabilir miyim emin değilim.
  괴쓰 야쉬라르므 투타빌릴 미임 에민 데일림.

귀찮음과 불평

짜증날 때

- 구실 찾지 마라.
▶ Bahane uydurma.
바하네 우이둘마.

- 바보짓 하지 마라.
▶ Aptallık yapma.
앞탈륵 야프마.

- 나 화났다.
▶ Ben kızgınım.
벤 크즈그늠.

- 네가 한 그 짓을 봐라.
▶ Şu yaptığına bak.
슈 야쁘으나 박.

- 난 화가 나서 죽을 것 같다.
▶ Kızgınlıktan ölecek gibiyim.
크즈그륵탄 왤레젝 기비임.

불평할 때

- 더 이상 참을 수 없다.
▶ Sabrım kalmadı.
싸브름 칼마드.
▶ Sabrım tükendi.
싸브름 튀켄디.

- 신경질이 난다.
▶ Sinirime dokunuyor.
씨니리메 도쿠누욜.

- 나를 신경질 나게 한다.
▶ Beni sinirlendiriyor.
  베니 씨닐렌디리욜.

- 난 더 이상 기다릴 수 없다.
▶ Ben artık daha fazla bekleyemem.
  벤 아르특 다하 파즐라 베클레예멤.

- 동시에 너무 많은 일을 맡았다.
▶ Aynı anda çok fazla işi üstlendim.
  아이느 안다 촉 파즐라 이쉬 위스트렌딤.

- 난 너무 많은 일을 하고 싶지 않다.
▶ Ben çok fazla işle uğraşmak istemiyorum.
  벤 촉 파즐라 이쉴레 우라쉬막 이스테미요룸.

- 겨우 숨 쉴 시간만 있다.
▶ Nefes almaktan başka hiçbir şey yapamıyorum.
  네페쓰 알막탄 바쉬카 히츠비 쉐이 야파므요룸.

불만을 나타낼 때

- 가치가 없다.
▶ Kıymeti yok!
  크이메티 욕!

- 논리에 안 맞아!
▶ Mantığı yok!
  만트으 욕!

- 헛일이 될 거야!
▶ Boşuna yapıyorsun!
  보슈나 야프율쑨!

- 전혀 근거 없는 것이에요.
▶ Tamamen asılsız bir şey.
  타마멘 아쓸쓰쓰 비 쉐이.

- 네가 무슨 일을 해도 내 욕구를 채울 수 없어.
▶ Ne yaparsan yap, beni memnun edemezsin.
  네 야팔싼 얍, 베니 멤눈 에데메쓰씬.

- 바보짓 하지 마라!
▶ Aptallık etme!
　앞탈륵　에뜨메!

- 똑똑하게 행동해라!
▶ Akıllı ol!
　아클르 올!

- 모든 것이 헛것이야!
▶ Herşey boş!
　헬쉐이　보쉬!

망각, 후회 그리고 실망

망각할 때

• 내가 뭐라고 말했죠?
▶ Ben ne dedim acaba?
　벤　네 데딤　아자바?

• 어디까지죠?
▶ Nereye kadar acaba?
　네레예　카달　아자바?

• 언제까지죠?
▶ Ne zamana kadar acaba?
　네 자마나　카달　아자바?

• 기억이 나지 않네요.
▶ Hatırlamıyorum.
　하틀라므요룸.
▶ Aklıma gelmiyor.
　아클르마 겔미욜.

• 너 뭐라고 했니?
▶ Ne dedin acaba?
　네 데딘　아자바?

• 나 건망증이 있어요.
▶ Unutkanlığım var.
　우눗칸르음　왈.

후회할 때

• 난 그에게 진실을 말했어야 한다.
▶ Ben ona gerçeği söylemeliydim.
　벤　오나 게르체이　쇠일레멜리이딤.

190 터키어 회화 사전

- 지금은 너무 늦었다.
▶ Artık çok geç.
아르특 촉 게츠.

- 내가 입을 왜 다물지 않았는지 모르겠다.
▶ Neden ağzımı kapatamadım, bilemiyorum.
네덴 아으즈므 카팟타마듬, 빌레미요룸.

- 이제 더 방법이 없다.
▶ Artık başka çaresi yok.
아르특 바쉬카 차레씨 욕.

- 그것을 승낙할 수밖에 없다.
▶ Onu kabul etmek zorundayım.
오누 카불 에뜨멕 조룬다이음.

- 내가 그녀와 함께 갔더라면 얼마나 좋았을까.
▶ Keşke o bayanla birlikte gitseydim.
케쉬케 오 바얀라 빌릭떼 깃쎄이딤.

- 시간을 뒤로 돌릴 수 있다면, 다시 한 번 해보고 싶다.
▶ Eğer geçmişe dönebilirsem, onu bir daha denemek istiyorum.
에엘 게츠미쉐 되네빌리르쎔, 오누 비 다하 데네멕 이스티요룸.

- 만약 시간을 뒤로 돌릴 수 있다면, 그것을 말하지 않았을 텐데.
▶ Eğer zamanı geriye çevirebilseydim, onu söylemezdim.
에엘 자마느 게리예 체비레빌쎄이딤, 오누 쇠일레메쓰딤.

실망할 때

- 너무 안 좋다!
▶ Hiç iyi değil!
히츠 이이 데일!

- 불운이다!
▶ Şans-sız!
솬쓰쓰!

- 그녀가 날 실망시켰다.
▶ O kadın beni hayal kırıklığı-n-a uğrat-tı.
오 카든 베니 하얄 크륵르으나 우랏뜨.

- 나는 결과에 실망했다.
▶ Sonuçtan dolayı hayal kırıklığına uğradım.
쏘누츠탄 돌라이으 하얄 크륵르으나 우라듬.

- 그는 실망해서 나갔다.
▶ O ümitsizliğe kapılarak dışarıya çıktı.
오 위밋씨쓰리에 카플라락 드샤르야 측뜨.

- 난 실망했다.
▶ Ümit-siz-liğ-e kapıldım.
위밋씨쓰리에 카플듬.

- 난 배신감을 느낀다.
▶ Ben ihanet duygusuna kapıl-dım.
벤 이하넷 두이구쑤나 카플듬.

- 난 …를 믿었는데.
▶ Ben …a(e) güvenmiştim.
벤 …아(에) 귀웬미쉬팀.

- 난 실망했다.
▶ Ben hayal kırıklığına uğradım.
벤 하얄 크륵르으나 우라듬.

- 너로부터는 다른 것을 바랬는데!
▶ Senden başka bir şey istemiştim.
쎈덴 바쉬카 비 쉐이 이스테미쉬팀.

06 비난과 다툼

비난할 때

- 너무 역겨운 걸!
▶ Çok iğrenç!
촉 이렌츠!

- 엉터리야!
▶ Saçma!
싸츠마!

- 멍청한 짓이야!
▶ Aptalca!
앞탈자!

- 우리 속이려 하지마!
▶ Numara yapma!
누마라 얖프마!
▶ Sahte-kâr-lık yapma!
싸흐테캴륵 얖프마!

- 꿈꾸지도 마!
▶ Sakın aklına bile getirme!
싸큰 아클르나 빌레 게티르메!

- 너무 허세 부려서는 안 된다고!
▶ Fazla şov yapma!
파즐라 쇼으 야프마!

- 너 미쳤나 보구나!
▶ Sen aklını kaçırdın galiba!
쎈 아클르느 카츠르든 갈라바!

- 그건 단지 네가 원하는 것일 뿐이라고.
▶ Onu sadece sen istiyorsun, o kadar.
오누 싸데제 쎈 이스티욜쑨 오 카달.

- 넌 내가 말한 것에 대해 생각조차 하지 않니?
▶ Dediklerim hakkında düşünmüyor musun bile?
데딕레림 하큰다 듀슌뮤율 무쑨 빌레?

말싸움할 때

- 다시 한 번 해봐!
▶ Bir daha dene bakalım!
비 다하 데네 바칼름!

- 봐!
▶ Bak sana!
박 싸나!

- 너!
▶ Sen~!
쎈~!

- 당신!
▶ Siz!
씨쓰!

- 불쌍한 사람 같으니라고!
▶ Zavallı!
자왈르!

- 이것을 이제 기억하게 될 거야!
▶ Artık bunu hatırlayacaksın!
아르특 부누 하틀라야작쓴!

- 각오해라!
▶ Kendini hazırla!
켄디니 하즐라!

- 내가 널 때리길 바라냐?
▶ Seni dövmemi mi istiyorsun?
쎄니 돼우메미 미 이스티욜쑨?

욕설할 때(사용 자제하고 알아만 둘 것)

- 짐승!
▶ Hayvan!
하이완!

- 짐승 같은 놈!
▶ Hayvan herif!
하이완 헤맆!

- 속 뒤틀려!
▶ Kusacağım!
쿠싸자음!

- 멍청이!
▶ Aptal!
앞탈!

- 멍청한 놈!
▶ Aptal herif!
앞탈 헤맆!
▶ Salak herif!
쌀락 헤맆!

- 근본 없는 놈!
▶ Cahil herif!
자힐 헤맆!

- 더러운 놈!
▶ Pis herif!
피쓰 헤맆!

- 돼지 같은 놈!
▶ Domuz herif!
도무쓰 헤맆!

- 개 같은 놈!
▶ Köpek herif!
쾌펙 헤맆!

- 동물 같은 놈!
▶ Hayvan herif!
하이완 헤맆!

- 저능아!
▶ Geri zekâlı!
게리 제칼르!

- 거짓말쟁이!
▶ Yalancı!
얄란즈!

Ⅳ. 감정을 위한 표현 195

- 의리를 모르는 놈!
▶ Şerefsiz!
쉐렢씨스!

- 뻔뻔스러운 놈!
▶ Namussuz!
나뭇쑤쓰!

- 철면피!
▶ Yüzsüz herif!
위즈쓔쓰 헤맆!

- 도둑놈!
▶ Hırsız herif!
흐르쓰쓰 헤맆!

- 하나님도 모르는 놈!
▶ Kitapsız herif!
키탑쓰쓰 헤맆!

- 개 새끼!
▶ Eşek oğlu eşek!
에쉑 올루 에쉑!

- 좆 까!
▶ Siktir!
씩띨!

- 창녀 같은 년!
▶ Orospu!
오루쓰푸!

- 화냥년!
▶ Piç kurusu!
피츠 쿠루쑤!

꾸짖을 때

- 내가 말할 때, 잘 들어라!
▶ Ben söylerken iyi dinle.
　벤　쇠일레르켄　이이 딘레.

- 그것은 비난 받을 만하다.
▶ O eleş-tir-il-meye layıktır.
　오 엘레쉬티릴메예　라이윽뜰.

- 넌 자격이 없어.
▶ Sen layık değilsin.
　쎈　라이윽 데일씬.

- 난 자격이 없어.
▶ Ben layık değilim.
　벤　라이윽 데일림.

- 널 질책한다!
▶ Seni eleş-tiri-yo-rum!
　쎄니　엘레쉬티리요룸!

- 입 좀 다물어!
▶ Sussana!
　쑤쓰싸나!

- 네 방으로 가!
▶ Odana çekil!
　오다나　체킬!

- 오늘은 집에서 나가지 마!
▶ Bugün evden çıkma!
　부귄　에브덴 측크마!

- 오늘은 집에서 종일 있어라!
▶ Bugün bütün gün evde kalacaksın!
　부귄　뷰튠　균 에브데 칼라작쓴!

- 네 방으로 가서, 네가 했던 것을 잘 생각해봐!
▶ Odana çekil, yaptığını iyice düşün!
　오다나　체킬, 얍뜨으느　이이제 뒤쉰!

Ⅳ. 감정을 위한 표현

07 감탄과 칭찬

감탄을 나타낼 때

- 와!
▶ Hayret!
  하이렛!

- 뭐?
▶ Ne?
  네?

- 너무 좋아!
▶ Çok şahane!
  촉   샤하네!

- 너무 환상이야!
▶ Fantastik!
  판타스틱!

- 믿을 수 없어!
▶ İnanamıyorum!
  이나나므요룸!

- 정말 대단해!
▶ Harika bir şey!
  하리카 비 쉐이!

칭찬할 때

- 그는 매우 특별하다.
▶ O çok özel.
  오 촉   왜젤!

- 너는 믿기 힘들 정도로 대단한 사람이다.
▶ Sen inanılmaz bir insansın!
쎈 이나늘마쓰 비 인산쓴!

- 그는 항상 무엇을 해야 하는지 잘 안다.
▶ O her zaman işini bilir.
오 헬 자만 이쉬니 빌릴.

- 그는 품위 있는 사람이야.
▶ O kıymetli biri.
오 크이메뜰리 비리.

- 파란색 재킷을 입은 여성은 예쁘다.
▶ Mavi ceketli kadın güzel.
마위 제켓리 카든 귀젤.

- 너는 참 옷걸이가 좋구나.
▶ Sana her elbise yakışıyor.
싸나 헬 엘비쎄 야크쉬욜.

- 넌 멋진 체형을 가졌다.
▶ Sen güzel bir vücuda sahipsin.
쎈 규젤 비 뷰주다 싸힙씬.

- 너는 매력적인 사람이다.
▶ Sen çekici birisin.
쎈 체키지 비리씬.

- 너의 머리 스타일은 세련되었다.
▶ Saç tarzın çok hoş.
싸츠 타르즌 촉 호쉬.

- 너는 정말 능력을 가진 사람이다.
▶ Sen gerçekten yetenekli bir insansın.
쎈 게르첵텐 예테넥리 비 인산쓴.

- 넌 믿겨지지 않을 만큼 대단한 발레리나이다.
▶ Sen inanılmaz bir balerinsin.
쎈 이나늘마쓰 비 발레린씬.

- 넌 정말 기억력이 좋다!
▶ Hakikaten hafızan iyi!
하키카텐 하프잔 이이!

- 넌 터키어를 아주 잘 말하는 구나.
▶ Türkçe'yi iyi konuşuyorsun.
튀르체이 이이 코뉘쉬율쑨.

우정을 표현할 때

- 우린 친구야.
▶ Biz arkadaşız.
비쓰 아르카다씨으쓰.

- 그는 나의 가장 좋은 친구야.
▶ O benim en iyi arkadaşımdır.
오 베님 엔 이이 아르카다씨음들.

- 우리는 매우 가까운 사이야.
▶ Biz çok yakınız.
비쓰 촉 야크느쓰.

- 우리는 매우 친밀한 친구이다.
▶ Biz çok yakın arkadaşız.
비쓰 촉 야큰 아르카다씨으쓰.

- Ali는 내 베스트 프렌드야.
▶ Ali benim en iyi arkadaşımdır.
알리 베님 엔 이이 아르카다씨음들.

- Esin은 내 가장 진심 어린 친구이다.
▶ Esin benim en samimi arkadaşımdır.
에씬 베님 엔 싸미미 아르카다씨음들.

- 우리는 철맹이야.
▶ Biz kan kardeşiyiz.
비쓰 칸 칼데쉬이쓰.

격려와 위로

격려할 때

- 자, 힘 내!
▶ Haydi!
  하이디!

- 자, 시작해 봐라!
▶ Haydi başla bakalım!
  하이디 바쉴라 바칼름!

> ▷ "자, ~해 보자!"
>   "Hadi, 동사어근 bakalım!" 형태
>
> - 자, 그것을 먹어 보자! (Ye-mek)
>   Hadi, onu ye bakalım!
>
> - 자, 그것을 써 보자! (Kullan-mak)
>   Hadi, onu kullan bakalım!
>
> - 자, 그것을 테스트해 보자! (Dene-mek)
>   Hadi, onu dene bakalım!
>
> - 자, 작동시켜 보자! (Çalıştır-mak)
>   Hadi, onu çalıştır bakalım!

- 자, 이제 두려워하지 마라.
▶ Haydi korkma artık.
  하이디 코르크마 알특.

- 자, 꿋꿋해라.
▶ Haydi dimdik ayakta ol.
  하이디 딤딕 아약타 올.

Ⅳ. 감정을 위한 표현 201

- 자, 조금만 더!
▶ Haydi az daha!
하이디 아쓰 다하!

- 자, 트라이 해 봐!
▶ Haydi bir dene!
하이디 비 데네!

- 시험해 봐라!
▶ Haydi dene bakalım!
하이디 데네 바칼름!

- 네 운을 시험해 봐라!
▶ Haydi şansını dene!
하이디 샨쓰느 데네!

- 자, 네가 할 수 있는 것인지 한번 시도해봐!
▶ Haydi neler yapabileceğini bir dene!
하이디 넬넬 야파빌레제이니 비 데네!

- 가능한 모든 것을 해봐라!
▶ Mümkünse her şeyi dene!
뮴퀸쎄 헬 쉐이 데네!

- 자, 낙담하지 마라!
▶ Haydi üzülme!
하이디 위쥘메!

- 자, 포기하지 마라!
▶ Haydi vazgeçme!
하이디 바쓰게츠메!

- 자, 더 강해져라!
▶ Haydi daha güçlü ol!
하이디 다하 귀츨뤼 올!

- 너의 미래가 밝다.
▶ Geleceğin parlak.
겔레제인 파를락.

- 넌 그것을 잘 해왔다.
▶ Sen şimdiye kadar onu iyi becerdin.
쎈 쉼디예 카달 오누 이이 베젤딘.

- 내가 널 도와줄게.
▶ Sana yardım edeceğim.
싸나 야르듬 에데제임.

- 후회하지 마.
▶ Pişmanlık duymayacaksın.
피쉬만륵 두이마야작쓴.

- 더 좋은 일이 생길 것이다.
▶ Daha da iyi şeyler olacak.
다하 다 이이 쉐일렐 올라작.

- 우리 앞길에는 어떤 장애물도 없다.
▶ Önümüzde herhangi bir engel yok.
왜뉘뮈쓰데 헬한기 비 엔겔 욕.

- 봄에 씨 뿌린 사람이 가을에 수확한다.
▶ Bakarsan bağ, bakmazsan dağ olur.
바칼싼 바, 바크마쓰싼 다 올룰.

- 티끌 모아 태산이다.
▶ Damlaya damlaya göl olur.
담라야 담라야 괠 올룰,

- 사필귀정이다.
▶ Bakarsan bağ olur, bakmazsan dağ olur.
바칼싼 바 올룰, 바크마쓰싼 다 올룰!

위로할 때

- 내가 너와 함께 있어.
▶ Ben seninle birlikteyim.
벤 쎄닌레 빌릭테임.

- 항상 내가 네 옆에 있을게.
▶ Ben her zaman yanındayım.
벤 헬 자만 야는다이음.

- 내가 널 도울게.
▶ Ben sana yardım edeceğim.
벤 싸나 야르듬 에데제임.

- 내가 널 도울 거야.
▶ Ben sana yardımcı olacağım.
벤 싸나 야르듬즈 올라자음/

- 우리가 널 도울 거야.
▶ Biz sana yardımcı olacağız.
벤 싸나 야르듬즈 올라자으쓰.

- 나를 믿어도 돼.
▶ Bana güvenebilirsin.
바나 규웨네빌릴씬.

- 너 우리를 믿어도 돼.
▶ Bize güvenebilirsin.
비제 규웨네빌릴씬.

- 넌 나와 이야기를 나눌 수 있단다.
▶ Benimle konuşabilirsin.
베님레 코누샤빌릴씬.

- 조속한 회복을 기원합니다.
▶ Geçmiş olsun.
게치미쉬 올쑨.

- 진심으로 조속한 회복을 기원합니다.
▶ İçtenlikle geçmiş olsun.
이츠텐릭레 게취미쉬 올쑨.

- 조속히 회복되었으면 하는 바램입니다!
▶ Çabuk iyileşmeni diliyorum!
차북 이이레쉬메니 딜리요룸!

- 장례식장에서 유가족에게 하는 말!
▶ Başınız sağ olsun!
바쉬느쓰 싸 올쑨!

믿음을 보일 때

• 난 널 믿는다.
▶ Ben sana güveniyorum.
  벤 싸나 규웨니요룸.

• 난 네게 믿음을 가지고 있다.
▶ Sana karşı güvenim var.
  싸나 카르씨으 규웨님 왈.

• 넌 내 믿음을 잘 고려하렴.
▶ Güvenimi iyi düşün.
  규웨니미 이이 뒤쉰.

• 넌 믿을 만한 친구다.
▶ Sen güvenilir bir arkadaşımsın.
  쎈 규웨닐릴 비 아르카다씌음쓴.

• 난 결코 너의 신의를 의심하지 않는다.
▶ Güvenine karşı hiçbir şüphem yok.
  규웨니네 칼쉬 히츠비 슈펨 욕.

• 넌 나의 전폭적인 신임을 얻었다.
▶ Sana karşı olan güvenim sonsuz.
  싸나 카르씨으 올란 규웨님 쏜쑤스.

PART IV 격려와 위로

09 좋아함과 싫어함

좋아하는 것을 말할 때

- 난 ... 이(가) 좋다.
▶ Ben ...dan(den) hoşlanıyorum.
  벤 ...단(덴) 호쉬라느요룸.

- 난 네가 좋다.
▶ Ben sen-den hoşlanıyorum.
  벤 쎈덴 호쉬라느요룸.

- 난 책 읽는 것이 좋다.
▶ Ben kitap okumak-tan hoşlanıyorum.
  벤 키탑 오쿠막탄 호쉬라느요룸.

- 그는 클래식 음악이 좋다.
▶ O klasik müzikten hoşlanıyor.
  오 클라씩 뮈직텐 호쉬란느욜.

- 난 ...에 매료되었다.
▶ Ben ...a(e) hayran kaldım.
  벤 ...아(에) 하이란 칼듬.

- 난 너에게 매료되었다.
▶ Ben san-a hayran kaldım.
  벤 싸나 하이란 칼듬.

- 난 터키 음식에 매료되었다.
▶ Türk mutfağın-a hayran kaldım.
  튀륵 뭇파으나 하이란 칼듬.

- 그[그녀]는 터키 문학에 빠져있다.
▶ O[O kadın] Türk edebiyatın-a hayran kaldı.
  오[오 카든] 튀륵 에데비야트나 하이란 칼드.

- 그[그녀]는 스포츠를 좋아한다.
▶ O[O kadın] sporu seviyor.
  오[오 카든] 스포루 쎄비욜.

- 그[그녀]는 축구에 열광적이에요.
▶ Onun [O kadının] futbola karşı büyük bir hevesi var.
  오눈 [오 카드는] 풋볼라 카르쉬 뷔육   비 헤베씨 왈.

- 난 대중음악보다는 고전음악이 더 좋다.
▶ Ben popüler müzik-ten çok klasik müziği seviyorum.
  벤   포퓰렐   위직텐   촉   클라씩 위지이 쎄비요룸.

▷ 터키어에서의 비교급 문장

" -den/-dan daha" 형태를 사용해서 만든다. 이때 형용사 혹은 동사를 함께 사용할 수 있다.

가. 형용사를 가지고 비교할 때: -den/-dan daha
- 이 옷은 저 옷보다 더 저렴하다.
  Bu elbise şu elbise-den daha ucuz.
- 이 자동차는 저 자동차보다 더 새 것이다.
  Bu araba şu araba-dan daha yeni.
- 터키는 한국보다 더 넓다.
  Türkiye Kore'den daha geniş.
- 케말은, 엔긴보다 더 키가 크다.
  Kemal, Engin'den daha uzun.

나. 동사를 가지고 비교할 때: -den/dan daha çok
- 나는 주스보다 아이란을 더 좋아한다.
  Ben meyve suyun-dan çok ayranı seviyorum.
- 너는 엄마보다 아빠를 더 좋아하는구나.
  Sen annen-den çok babanı seviyorsun.
- 수나 여사는 장미보다 튜립을 더 좋아한다.
  Suna Hanım gül-den çok laleyi tercih ediyor.

- 난 커피보다는 차를 선호한다.
▶ Ben kahve-den çok çayı tercih ediyorum.
  벤   카흐베덴   촉   차이으 텔지 에디요룸.

- 난 영화관보다 연극장을 더 좋아한다.
▶ Ben sinemadan çok tiyatroyu tercih ediyorum.
  벤   씨네마단   촉   티야트로유 텔지 에디요룸.

- 하나를 골라야 한다면, 이것을 고르겠어.
▶ Birini seçmem gerekiyorsa, bunu seçeceğim.
비리니 쎄츠멤 게레키욜싸, 부누 쎄체제임.

- 난 가면 갈수록 이 일이 좋아진다.
▶ Gittikçe bu iş-ten hoşlanıyorum.
기딕체 부 이쉬텐 호쉬라느요룸.

- 난 여기의 기후가 너무 맘에 든다.
▶ Buranın havasından hoşlanıyorum.
부라는 하와슨단 오쉬라느요룸.

- 나에게 잘 맞는다.
▶ Bana uyuyor.
바나 우유욜.

- 난 그[그녀]에게 많은 호감을 가지고 있다.
▶ Ben ondan[o kadından] çok hoşlanıyorum.
벤 온단[오 카든단] 촉 호쉬라느요룸.

- 난 네가 너무 그립다.
▶ Seni çok özlüyorum.
쎄니 촉 왜쓰뤼요룸.

- 내가 너를 얼마나 그리워하는지 넌 알 수가 없을 거야.
▶ Seni ne kadar özlemiş olduğumu bilemezsin.
쎄니 네 카달 외쓰레미쉬 올두우무 빌레메쓰씬.

- 내가 너를 얼마나 생각하는지 넌 알 수가 없다.
▶ Seni ne kadar düşündüğümü bilemezsin.
쎄니 네 카달 뒤슌뒤유유 빌레메쓰씬.

- 귤칸은 사랑에 빠져있다.
▶ Gürkan aşık oldu.
귈칸 아쓕옥 올두.

- 아이쉐는 아이든과 사랑에 빠졌다.
▶ Ayşe, Aydın'a aşık oldu.
아이쉐, 아이드나 아쓕옥 올두.

싫어하는 것을 말할 때

- 나를 너무 불편하게 만든다!
▶ Beni çok rahatsız ediyor!
베니 촉 하랏쓰쓰 에디욜!

- 너무 싫어요!
▶ Hiç istemiyorum!
히츠 이스테미요룸!

- 역겹다!
▶ İğrenç bir şey!
이렌츠 비 쉐이!

- 진저리난다!
▶ Bıktım artık!
븍뜸 아르특!

- 재수 없다!
▶ Allah kahret-sin!
알라 카흐렛씬!
▶ Allah kahret-me-sin!
알라 카흐렛메씬!

- 난 수학 공부하는 것이 싫다.
▶ Ben matematik-ten nefret ediyorum.
벤 마테마틱텐 네프렛 에디요룸.

- 너를 증오한다.
▶ Senden nefret ediyorum.
쎈덴 네프렛 에디요룸.

- 새벽에 일어나는 것이 너무 싫다.
▶ Erken saatlerde kalkmaktan nefret ediyorum.
에르켄 싸앗렐데 칼크막딴 네프렛 에디요룸.

- 난 싫다.
▶ Ben istemiyorum.
벤 이스테이요룸.

- 난 그[그녀]의 방식이 싫다.
▶ Ben onun[o kadının] tarzını sevmiyorum.
벤 오눈[오 카드는] 타르쓰느 쎄브미요룸.

Ⅳ. 감정을 위한 표현 209

- 지긋지긋하다.
▶ Çok sıkıldım.
촉 스클듬.

- 지친다.
▶ Çok yoruldum.
촉 요룰둠.

- 지겹다.
▶ Sıkılı-yorum.
스클르요룸.

- 이제 난 더 이상 참을 수 없다.
▶ Artık daha fazla dayana-mıyorum.
아르특 다하 파즐라 다야나므요룸.
▶ Artık daha fazla sabır-lı ola-mıyorum.
아르특 다하 파즐라 싸브를르 올라므욜룸.

- 악몽이었다.
▶ Bir kâbusa döndü.
비 캬부싸 댄듀.

PART V

일정을 위한 표현

01 약속
02 초대
03 방문
04 식사
05 전화

약속

약속을 청할 때

• 주말에 시간 있니?
▶ Hafta sonu vaktin var mı?
  하프타 쏘누 왁띤 왈 므?

• 토요일에 한가하니?
▶ Cumartesi Günü boş musun?
  주말테씨 귀뉴 보쉬 무쑨?

> ▷ 요일
>
> • 일요일   Pazar günü
> • 월요일   Pazartesi günü
> • 화요일   Salı günü
> • 수요일   Çarşamba günü
> • 목요일   Perşembe günü
> • 금요일   Cuma günü
> • 토요일   Cumartesi günü

• 널 집에 식사 초대하고 싶어.
▶ Seni evime davet etmek istiyorum.
  쎄니 에비메 다웻 에뜨멕 이스티요룸.

• 우리 집에 식사하러 오지 않을래?
▶ Yemek için evime gelir misin?
  예멕 이친 에비메 겔맄 미씬?

- 목마르지 않아? 내가 한잔 살게.
▶ Susadın mı? Ben ısmarlayayım.
  쑤싸든 므? 벤 으스말라야음.

▶ Yemeklerden ne istiyorsun? Benden olsun.
  예멕렐덴 네 이스티율쑨? 벤덴 올쑨.

- 오늘 저녁에 우리 함께 식사나 하자. 올래?
▶ Bu akşam birlikte yemek yiyelim. Gelir misin?
  부 악샴 빌릭테 예멕 이옐림. 겔릴 미씬?

가. 뒤에 오는 명사를 수식:

• 오늘	[어제, 내일]	새벽
Bu	[Dün, Yarın]	şafak
• 오늘	[어제, 내일]	아침
Bu	[Dün, Yarın]	sabah
• 오늘	[어제, 내일]	낮
Bu	[Dün, Yarın]	gündüz
• 오늘	[어제, 내일]	저녁
Bu	[Dün, Yarın]	akşam
• 오늘	[어제, 내일]	밤
Bu	[Dün, Yarın]	gece

나. 단독의 시간 부사로 사용:

• 오늘	어제	내일
Bugün	Dün	Yarın

- 오늘 함께 저녁 먹자.
▶ Bugün birlikte akşam yemeği yiyelim.
  부균 빌릭테 악샴 예메이 이옐림.

- 우리랑 함께 가자.
▶ Birlikte gidelim.
  빌릭테 기델림.

▷ "~합시다!"의 뜻을 가진 -elim (혹은 -alım) 어미의 활용:

터키어 동사의 기본형('~하다.'로 끝나기 때문에 사전 형으로도 부름)은 -mek 혹은 -mak 형태이다. 여기에서 -mek 혹은 -mak 을 띄어내면 남는 형태를 동사의 어근이라고 부르는데, 터키어에서는 이 어근에 어떤 시제 어미를 붙이는 가에 따라서 터키어의 동사 시제가 변화된다. 그러므로 터키어 동사의 어근에 -elim (혹은 -alım) 어미를 붙이면 영어의 'Let's 동사'의 뜻이 되므로 터키어의 동사들만 기억하면 동사 어근에 -elim (혹은 -alım) 어미를 붙여 매우 편리하고도 간단하게 의사 표현들이 가능해 진다. 아울러 -elim 혹은 -alım 어미는 앞 단어의 끝 모음에 따라서 결정되는데 이를 터키어에서는 '모음조화'라고 부른다.

- 살펴보다.　bak-mak　　　살펴보자/살펴봅시다.　bak-alım.
- 일하다.　çalış-mak　　　일하자/일합시다.　　　çalış-alım.
- 마시다.　iç-mek　　　　마시자/마십시다.　　　iç-elim.
- 가다.　　git-mek　　　　가자/갑시다.　　　　　gid-elim.
- 일어나다.　kalk-mak　　　일어나자/일어납시다.　kalk-alım.
- 하다.　　yap-mak　　　　하자/합시다.　　　　　yap-alım.
- 먹다.　　ye-mek　　　　먹자/먹읍시다.　　　　yiy-elim.
- 쓰다.　　yaz-mak　　　　쓰자/씁시다.　　　　　yaz-alım.

- 오늘 저녁 식사하는데, 너 오는 거지. 아니니?
▶ Bu akşam yemek yiyeceğiz de, geliyorsun, değil mi?
　부　악샴　예멕　이예제이쓰　데, 겔리욜쑨,　데일 미?

- 오늘 밤 생일 파티를 할 예정이야, 너 올래?
▶ Bu gece doğum günü partisi yapacağız, gelir misin?
　부　게제　도움　귀뉴　팔티씨 야파자으쓰,　겔릴 미씬?

- 이번 주 일요일에 파티를 하려고 하는데, 너 올 거지?
▶ Bu Pazar günü parti yapacağız da, geleceksin değil mi?
　부　파잘　귀뉴　팔티 야파자으쓰　다, 겔레젝씬　데일 미?

- 지난 주(달, 해)　Geçen　　hafta (ay, yıl)
- 이번 주(달, 해)　Bu　　　　hafta (ay, yıl)
- 다음 주(달, 해)　Gelecek　hafta (ay, yıl)

- 나는 네가 이번 주 토요일의 소풍에 왔으면 좋겠다.
▶ Bu Cumartesi günü pikniğe gelmeni istiyorum.
  부 주말테씨 귀뉴 피크니에 겔메니 이스티요룸.

- 네가 원한다면, 누군가를 데려와도 돼.
▶ İstersen, birilerini getirebilirsin.
  이스텔쎈, 비리레리니 게티레빌릴씬.

- 공원에서 함께 거닐래?
▶ Parkta beraber yürüyelim mi?
  파륵따 베라벨 유류옐림 미?

- 너 시간되면, 일요일에 배드민턴 함께 치자.
▶ Vaktin varsa, Pazar günü birlikte badminton oynayalım.
  왁띤 왈싸, 파잘 귀뉴 빌릭테 바드민톤 오이나얄름.

▷ 기본 구기 운동들

- 축구   Futbol
- 테니스   Tenis
- 탁구   Masa tenisi
- 농구   Basketbol

- 너 오늘 저녁에 콘서트에 가고 싶지 않니?
▶ Bu akşam konsere gitmek ister misin?
  부 악샴 콘쎄레 기트멕 이스텔 미씬?

▷ " ~하고 싶니?"
   " -mek/-mak ister misin?"

- 받고 싶니?   Al-mak ister misin?
- 알고 싶니?   Bil-mek ister misin?
- 오고 싶니?   Gel-mek ister misin?
- 가고 싶니?   Git-mek ister misin?
- 읽고 싶니?   Oku-mak ister misin?
- 보고 싶니?   Gör-mek ister misin?
- 하고 싶니?   Yap-mak ister misin?
- 먹고 싶니?   Ye-mek ister misin?

- 너를 우리 결혼식에 초대할 수 있을까?
▶ Seni düğünümüze davet edebilir miyim?
 쎄니 뒤위뉘뮈제 다웻 에데빌릴 미임?

- 내일 함께 저녁 식사해요, 어때요?
▶ Yarın birlikte akşam yemeğine ne dersiniz?
 야른 빌릭테 악샴 예메이네 네 델씨니쓰?

스케줄을 확인할 때

- 내일 만나는 것 맞지?
▶ Yarın görüşüyoruz, değil mi?
 야른 괴류슈요루쓰, 데일 미?

- 그는 네게 이번 주 금요일 약속을 정하려고 전화했다.
▶ O, sana bu Cuma günü randevu almak için telefon etti.
 오, 싸나 부 주마 귀뉴 란데뷰 알막 이친 텔레폰 에띠.

약속 시간과 날짜를 정할 때

- 수요일 괜찮겠니?
▶ Çarşamba günü olur mu?
 촬샴바 귀뉴 올룰 무?

- 무슨 요일이 네게 좋겠니?
▶ Senin için hangi günler olur?
 쎄닌 이친 한기 균렐 올룰?

- 금요일에 만나는 것이 어떠신지요?
▶ Cuma günü buluşmaya ne dersiniz?
 주마 귀뉴 불루쉬마야 네 델씨니즈?

- 몇 시에 만날 수 있을까요?
▶ Saat kaçta buluşabiliriz?
 싸앗 카츠타 불루샤빌리리쓰?

- 우리의 약속날짜를 당신과 정하고 싶습니다.
▶ Sizinle randevu günümüzü almak istiyorum.
 씨진레 란데뷰 규뉴뮤쥬 알막 이스티요룸.

- 별다른 일이 없다면, 화요일로 하고 싶은데요.
▶ Sakıncası yoksa, Salı günü olsun.
 싸큰자쓰 욕싸, 쌀르 규뉴 올쑨

- 저는 우리가 언제 만날 수 있는지 알기 위해 전화했습니다.
▶ Ben ne zaman görüşebileceğimizi öğrenmek için telefon ettim.
벤 네 자만 괴류쉐비레제이미지 웨렌멕 이친 텔레폰 에띰.

- 전 Şahin 박사님과 일정을 잡고 싶습니다.
▶ Ben Doktor Şahin Beyden randevu almak istiyorum.
벤 독톨 샤힌 베이덴 란데부 알막 이스티요룸.

> " ~하고 싶니?"

터키어 동사 원형에 ister misin?을 단순히 붙인다.
" -mek/-mak ister misin?"

받고 싶니?	Al-mak ister misin?
알고 싶니?	Bil-mek ister misin?
오고 싶니?	Gel-mek ister misin?
가고 싶니?	Git-mek ister misin?
읽고 싶니?	Oku-mak ister misin?
보고 싶니?	Gör-mek ister misin?
하고 싶니?	Yap-mak ister misin?
먹고 싶니?	Ye-mek ister misin?

- 이번 사고에 관해 언제 말씀하실지 알고 싶습니다.
▶ Bu olay hakkında ne zaman konuşacağınızı öğrenmek istiyorum.
부 올라이 하크다 네 자만 코뉴샤자으느즈 웨렌멕 이스티요룸.

- 가능하다면, 당신과 만났으면 합니다.
▶ Mümkünse, sizinle görüşmek istiyorum.
뮴퀸쎄, 씨진레 괴류슈멕 이스티요룸.

- 그럼 우리 5일 7시에 만나자.
▶ O zaman ayın 5'inde saat 7'de görüşelim.
오 자만 아이은 베쉰데 싸앗 예디데 괴류쉘림.

약속 장소를 정할 때

- 우리 어디에서 만날까?
▶ Biz nerede buluşalım?
비쓰 네레데 불루샬름?

V. 일정을 위한 표현 217

- 우리 지하철역에서 보자. 어때?
▶ Metro istasyonunda buluşalım, olur mu?
   메트로 이스타시요눈다 불루샬름,   올룰 무?

▷ 주요 장소들

• 가게, 상점	Bakkal
• 경찰서	Karakol
• 공항	Havalimanı
• 교회	Kilise
• 극장	Sinema salonu
• 기차역	Tren istasyonu
• 대사관	Büyük elçilik
• 대학교	Üniversite
• 도서관	Kütüphane
• 모스크	Cami
• 백화점	Mağaza
• 버스터미널	Otogar
• 버스정류장	Otobüs durağı
• 병원	Hastane
• 소방서	İtfaiye
• 시청	Belediye
• 식당	Yemekhane
• 약국	Eczane
• 우체국	Postane
• 은행	Banka
• 정육점	Kasap
• 제과점	Pastane
• 집	Ev
• 찻집	Çay ocağı
• 출납창구	Vezne
• 커피하우스	Kahvehane
• 팬션	Pansiyon
• 학교	Okul
• 환전소	Döviz bürosu
• 호텔	Otel

- 학교 근처 커피 전문점이 있는데, 거기 어때?
▶ Okulun yakınında kafe var, oraya ne dersin?
　오쿨룬　야크는다　카페 왈,　오라야 네 델씬?

- 교보문고 입구로 올래?
▶ KyoBo kitabevi girişine gelir misin?
　교보　키타에비　기리쉬네 겔릴 미씬?

- 모임을 어디에서 하는 것이 좋을까요?
▶ Toplantıyı nerede yapalım?
　토프란트이으 네레데　야팔름?

약속 제안에 승낙할 때

- 정말? 너무 좋아, 고마워.
▶ Gerçekten mi? Çok güzel, Teşekkür ederim.
　게르첵텐　미? 촉　귀젤,　테쉐뀰　에데림.

- 멋진데! 난 한가해.
▶ Harika! Ben boşum.
　하리카!　벤　보슘.

- 너무 좋은 생각이야! 나 별 일 없어!
▶ Çok güzel fikir! Benim işim yok.
　촉　귀젤　피킬! 베님　이쉼 욕.

- 너무 좋아! 어떤 옷을 입어야 하니?
▶ Çok harika! Nasıl bir kıyafet giymeliyim?
　촉　하리카!　나쓸 비 크야펫　기이멜리임?

- 좋아! 어디에서 만날거니?
▶ Harika! Nerede görüşüyoruz?
　하리카!　네레데　괴류슈요루쓰?

- 알았어, 월요일에 보자.
▶ Anladım, Pazartesi görüşelim.
　안라듬,　파잘테씨　괴류쉘림.

- 좋아, 그때 보자.
▶ Peki, o zaman görüşelim.
　페키, 오 자만　괴류쉘림.

- 물론이지, 왜 안 되겠어?
▶ Tabi ki, neden olmasın?
타비 키, 네덴 올마쓴.

- 초대 고마워, 제 시간에 갈게.
▶ Davetin için teşekkürler, zamanında orada olurum.
다웨틴 이친 테쎄뀰렐, 자마는다 오라다 올루룸.

- 좋은 것 같아. 내가 뭐 가져갈까?
▶ Bence iyi bir fikir. Ben ne götüreyim?
벤제 이이 비 피킬. 벤 네 괴튜레임?

- 기쁜 마음으로 초대에 응하겠습니다. 참 친절하시네요.
▶ Seve seve davetinize icabet edeceğim. Çok naziksiniz.
쎄베 쎄베 다웨티니제 이자벳 에데제임. 촉 나직씨니쓰.

약속 제안을 거절할 때

- 미안해, 불가능할 꺼야.
▶ Özür dilerim, mümkün değil.
외쥬 딜레림, 윰큐 데일.

- 미안해, 우리 다음 번에 약속을 정하자.
▶ Afedersin, başka sefere görüşelim.
아페델씬, 바쉬카 쎄페레 괴류쉘림.

- 고마워, 그런데 갈 수가 없어.
▶ Sağ ol, fakat gidemiyorum.
싸아 올, 파캇 기데미요룸.

- 참 친절하구나, 그런데 내가 갈 수가 없어.
▶ Çok naziksin. Ama gelemiyorum.
촉 나직씬. 아마 겔레미요룸.

- 난 조금 힘들다고 봐.
▶ Bence biraz zor.
벤제 비라쓰 쏠.

- 미안, 내가 네게 나중에 전화해 줄게.
▶ Kusura bakma, Ben seni sonra ararım.
쿠쑤라 바크마, 벤 쎄니 쏜라 아라름.

- 미안, 다른 날이라면 갈 수 있어.
▶ Pardon, başka gün olursa katılırım.
  팔돈,   바쉬카 귄   올룰싸 카틀르름.

- 정말 가고 싶었는데, 하지만 이번 주말에는 시간이 안돼.
▶ Gerçekten gitmek isterdim, ama bu hafta sonu zamanım yok.
  겔첵텐   기트멕 이스텔딤,   아마 부 하프타 쏘누 자마늠   욕.

- 정말 가고 싶었는데, 이번 주에 다른 약속이 있어서.
▶ Gerçekten gitmek isterdim, ama bu hafta başka randevum var.
  겔첵텐   기트멕 이스텔딤,   아마 무 하프타 바쉬카 란데붐   왈.

- 안타깝다! 오늘 밤에 해야 할 일이 있어.
▶ Maalesef! Bu gece yapılacak işlerim var.
  마아레쎂! 부 게제 야플라작   이쉬레림 왈.

- 아쉽다! 오늘 밤에 다른 계획을 가지고 있어.
▶ Maalesef! Bu gece başka planım var.
  마아레쎂! 부 게제 바쉬카 필라늠   왈.

- 아쉽다! 네가 미리 말해줬더라면 좋았을 텐데.
▶ Üzgünüm! Keşke daha önce söyleseydin.
  위즈규늄!   케쉬케 다하 왼제 쐐일레쎄이딘.

- 다른 시간에 간다면 갈 수 있어. 하지만 오늘 밤에 약속이 있다.
▶ Başka zaman gideceksen gidebilirim. ama bu gece randevum var.
  바쉬카 자만   기데젝쎈   기데빌리림. 아마 부 게제 란데붐   왈.

- 미안, 이번 주말에 해야 할 일이 엄청 많아.
▶ Özür dilerim, bu hafta sonu yapılacak çok işlerim var.
  외쥘 딜레림, 부 하프타 쏘누 야플라작   촉 이쉬레림 왈.

- 이번 주는 엄청 바빠서 못 갈 것 같아.
▶ Bu hafta çok meşgulum, dolayısıyla gelemem.
  부 하프타 촉 메쉬굴룸,   돌라이으쓰일라 겔레멤.

초대

초대할 때

- 너 초대한다.
▶ Seni davet etmek istiyorum.
쎄니 다웻 에뜨멕 이스티요룸.

- 너 올래?
▶ Gelir misin?
겔릴 미씬?

- 오고 싶니?
▶ Gelmek istiyor musun?
겔멕 이스티욜 무쑨?

- 이봐, 우리 파티에 함께 가자!
▶ Baksana, partiye beraber gidelim!
박싸나, 팔티예 베라벨 기델림!

- 난 너를 파티에 초대한다.
▶ Ben seni partiye davet ediyorum.
벤 쎄니 팔티예 다웻 에디요룸.

- 파티에 오지 않을래?
▶ Partiye gelmez misin?
팔티예 겔메쓰 미씬?

- 너 파티에 올 마음 있니?
▶ Sen partiye gelmek ister misin?
쎈 팔티예 겔멕 이스테르 미씬?

- 네게 우리 집의 문은 활짝 열려있다.
▶ Senin için kapımız açık.
쎄닌 이친 카프므쓰 아측.

- 난 네가 우리의 손님으로 와 주길 원해.
▶ Ben senin misafirimiz olmanı istiyorum.
 벤 쎄닌 미싸피리쓰 올마느 이스티요룸.

- 전 당신이 제 초대에 잘 응해주시길 바랍니다.
▶ Davetime icabet edeceğinizi ümit ediyorum.
 다웨티메 이자벳 에데제이니지 위밋 에데요룸.

초대에 응할 때

- 알았어, 고마워.
▶ Tamam, sağ ol.
 타맘, 싸 올.

- 알았어. 어디야?
▶ Tamam. Neredesin?
 타맘. 네레데씬?

- 좋아!
▶ Peki!
 페키!

- 좋아, 고마워!
▶ Pekala, sağ olasın!
 페칼라, 싸 올라쓴!

- 좋았어, 동의해!
▶ Peki, sana katılıyorum!
 페키, 싸나 카틀르요룸!

- 기꺼이 (갈게)!
▶ Memnuniyetle!
 멤누니예뜰레!
▶ Seve seve!
 쎄베 쎄베!

- 알았어. 너무 좋은데, 고마워.
▶ Anladım. Çok iyi. Sağ olasın.
 안라듬. 촉 이이. 싸아 올라쓴.

- 내 생각에 최고야!
▶ Bence harika!
벤제 하리카!

- 물론이죠
▶ Tabi.
타비.

- 네, 전 너무 좋아요.
▶ Evet, bana göre çok harika.
에벳, 바나 괴레 촉 하리카.

- 네, 원하던 바였습니다.
▶ Evet, zaten istiyordum.
에벳, 자텐 이스티요루둠.

- 못 간다고 거절할 수가 없네요.
▶ Gelemem diyemiyorum.
겔레멤 디예미요룸.

- 어찌 거부할 수 있겠어요?
▶ Sizi nasıl kırabilirim?
씨지 나쓸 크라빌리림?

- 당신의 초대에 감사 드립니다.
▶ Davetiniz için teşekkürler.
다웨티니쓰 이친 테쉐꿀렐.

- 고맙습니다. 당신의 초대에 전 매우 기쁩니다.
▶ Teşekkür ederim. Davetinize çok sevindim.
테쉐꿀 에데림. 다웨티니제 촉 쎄빈딤.

- 절 그렇게 생각해주셨다니 감사 드립니다.
▶ Beni böyle düşündüğünüz için tesekkür ederim.
베니 뵈일레 뒤슌듀우뉴쓰 이친 테쉐꿀 에데림.

- 당신의 초대를 받아들이게 되어 영광입니다.
▶ Davetinizden şeref duydum.
다웨티니쓰덴 쉐렙 두이둠.

- 당신의 뜨거운 초대를 받아들이지 않을 수 없습니다.
▶ Sıcak davetinizi reddetmem mümkün değil.
스작 다웨티니지 레데뜨멤 뮴퀸 데일.

초대에 응할 수 없을 때

- 안 돼!
▶ Olmaz!
 올마쓰!

- 감사하지만, 안되겠습니다!
▶ Tesekkürler, ama mümkün değil!
 테쉬뀨렐, 아마 뮴퀸 데일!

- 아뇨, 갈 수 없습니다.
▶ Yok, gelemiyorum.
 욕, 겔레미요룸.

- 감사하지만, 지금은 안되겠어요.
▶ Sağ ol, ama şu an müsait değilim.
 싸 올, 아마 슈 안 뮤싸잇 데일림.

- 대단히 감사합니다만, 전 갈 수 없습니다.
▶ Çok tesekkür ederim, ama gelemem.
 촉 테쉬뀰 에데림, 아마 겔레멤.

- 대단히 감사합니다만, 전 응할 수 없습니다.
▶ Çok tesekkür ederim, ama kabul edemem.
 촉 테쉬뀰 에데림, 아마 카불 에데멤.

- 감사합니다만, 전 불가능합니다.
▶ Tesekkür ederim, ama imkânsız.
 테쉬뀰 에데림, 아마 임캰쓰쓰.

- 미안합니다. 전 불가능합니다.
▶ Kusura bakmayın, ben yokum.
 쿠수라 바크마이은, 벤 욕쿰.

- 안돼요, 다른 날 그렇게 해요!
▶ Olmaz, başka bir gün olsun!
 올마쓰, 바쉬카 비 귄 올쑨!

- 정말 가고 싶었는데 갈 수 없어요.
▶ Gerçekten gelmek isterdim, ama elimde değil.
 겔첵텐 겔멕 이스텔딤, 아마 엘림데 데일.

▷ 바로 위 터키어 문장에서도 보듯이 한국인들에게는 터키어에서 '오다'의 뜻을 'gel-mek'이라는 단어가 조금 혼동이 될 때가 있다. 예를 들면, 모임 장소에 아직 도착을 안 한 친구에게 전화를 해서 "너 어디야? 안 오니?"하고 물어보게 되면, "지금 가고 있어"라고 대답을 한다. 이 상황에서 한국인들은 터키어로 '가다'의 뜻을 가진 'git-mek'을 사용하려고 하지만, 사실은 '오다'의 뜻을 가진 'gel-mek'을 사용하는 것이 터키어에서는 더 관용적인 표현이다.

- A: 언제 올 거니?
  Ne zaman gel-iyor-sun?
- B: 지금 가고 있어.
  Şimdi gel-iyor-um.

- 저는 정말 참석하고 싶었는데 어쩔 수가 없어요.
▶ Gerçekten katılmak isterdim, ama elimde değil.
  겔첵텐   겔멕   이스텔딤, 아마 엘림데 데일.

- 저는 어쩔 수 없는 이유로 인해, 갈 수가 없어요.
▶ Elimde olmayan nedenlerden dolayı gelemiyorum.
  엘림데 올마얀 네덴렐덴   돌라이으 겔레미요룸.

- 아쉬워요, 전 갈 수 없어요!
▶ Üzgünüm, ama ben gelemiyorum!
  위즈규늄, 아마 벤 겔레미요룸!

- 아쉬워요. 사실은 다른 일들이 있어서요.
▶ Üzgünüm, aslında başka işlerim var.
  위즈규늄, 아쓸른다 바쉬카 이쉬레림 왈.

- 못 가는 것이 얼마나 아쉬운지!
▶ Gelemeyeceğimden dolayı çok üzgünüm!
  겔레메예제임덴   돌라이으 촉 위즈규늄!

- 미안해요, 사실은 한 가지 일을 해야 해서요.
▶ Özür dilerim, aslında yapılması gereken bir işim var.
  외쥴 딜레림, 아슬른다 야플마쓰 게레켄 비 이쉼 왈.

- 오늘은 응할 수 없지만 아마도 나중에는 가능할 거예요.
▶ Bugün olmasa da umarım başka bir gün mümkün olacak.
  부균 올마싸 다 우마름 바쉬카 비 균 뮴퀸 올라작.

- 고마워요. 하지만, 이번에는 제게 약속[일]이 있어서요.
▶ Sağ ol, ama bu sefer başka randevum [işim] var.
  싸 올, 아마 무 쎄펠 바쉬카 란데붐 [이쉼] 왈.

- 미안해요. 다른 약속이 있어요.
▶ Özür dilerim. Başka randevum var.
  외쥘 딜레림. 바쉬카 란데붐 왈.

- 초대에 감사드립니다. 전 정말 가고 싶었어요.
▶ Davetiniz için teşekkür ederim. Gelmek isterdim.
  다웨티니쓰 이친 테쉐뀰 에데림. 겔멕 이스테르딤.

방문

방문했을 때

- 여기가 알리 씨 댁입니까?
▶ Burası Ali Beyin evi mi acaba?
  부라쓰 알리 베인 에비 미 아자바?

- 여기에 아흐멧 씨가 살고 있나요?
▶ Ahmet Bey burada mı yaşıyor acaba?
  아흐멧 베이 부라다 므 야쉬욜 아자바?

- 무스타파 씨가 이 호텔에 묵고 계십니까?
▶ Mustafa Bey bu otelde kalıyor mu acaba?
  무스타파 베이 부 오텔데 칼르욜 무 아자바?

- 귈 여사께서는 댁에 계실까요?
▶ Acaba, Gül Hanım evinde mi?
  아자바 귈 하늠 에윈데 미?

▷ Acaba (아자바)는 100% 확신이 없는 질문의 맨 앞 혹은 맨 뒤에 가져와서 사용하는 부사로서 '혹시'라는 뜻으로 매우 빈번하게 사용된다.

- 잠깐 뵈었으면 합니다.
▶ Bir görüşmek istiyorum.
  비 괴류쉬멕 이스티요룸.

- 케말이라는 사람이 만나러 왔다고 전해주세요.
▶ Kemal'in geldiğini söyleyin, lütfen.
  케말른 겔디이니 쇠일레인, 륏펜.

손님을 맞이할 때

- 누구시라고 전할까요?
▶ Kim geldi diyeyeyim?
  킴 겔디 디예예임?

- 명함을 좀 주시겠습니까?
▶ Kartınızı alabilir miyim acaba?
  칼트느쓰 알라빌릴 미임 아자바?

방문객을 대접할 때

- 네게 뭔가를 대접하고 싶어.
▶ Sana bir şey ikram etmek istiyorum.
  싸나 비 쉐이 이크람 에트멕 이스티요룸.

- 여기를 네 집처럼 여겨 줘.
▶ Burayı evin gibi düşün.
  부라이으 에윈 기비 뒤슌.

- 당신께 무엇을 대접할까요?
▶ Size ne ikram edeyim.
  씨제 네 이크람 에데임

- 당신께 뭔가를 하나 드리고 싶습니다.
▶ Size bir şey vermek istiyorum.
  씨제 비 쉐이 웨르멕 이스티요룸

- 뭔가 필요한 것이 있으면 내게 알려줘.
▶ Bir şeye ihtiyacın olursa haberim olsun.
  비 쉐예 이티야즌 올룰싸 하베림 올쑨.

방문을 마칠 때

- 초대에 너무 감사드려요.
▶ Davetiniz için çok teşekkür ederim.
  다웨티니쓰 이친 촉 테쉐꿜 에데림.

▷ ~ 해 줘서 고마워. / ~해 주셔서 감사드려요.
  ~ için teşekkür ederim.

- 방문해 주셔서 감사합니다.
  Ziyaretiniz için teşekkür ederim.
- 물 주셔서 감사합니다.
  Su için teşekkür ederim.
- 식사 대접해 주셔서 감사합니다.
  Yemeğiniz için teşekkür ederim.
- 도움을 주셔서 감사합니다.
  Yardımınız için teşekkür ederim.

- 멋진 밤이었어요, 감사합니다.
▶ Harika bir geceydi, teşekkür ederim.
  하리카 비 게제이디, 테쉐뀰 에데림.

- 너무 맛있는 저녁 감사했습니다.
▶ Bu lezzetli akşam yemeği için teşekkür ediyorum.
  부 레제틀리 악샴 예메이 이친 테쉐뀰 에디요룸.

- 진짜 너무 늦었군요. 전 가봐야겠습니다.
▶ Gerçekten çok geç kaldım. Artık gitmeliyim.
  게르첵텐 촉 게치 칼듬. 알특 기트멜리임.

- 열렬한 환대에 감사 드립니다.
▶ Sımsıcak misafirperverliğinize teşekkür ediyorum.
  쓈쓰작 미싸필펠벨리이니제 테쉐뀰 에디요룸.

- 파티에서 좋은 시간 보냈습니다. 감사합니다.
▶ Partide iyi vakit geçirdim. Teşekkür ederim.
  팔티데 이이 와킷 게칠딤. 테쉐뀰 에데림.

주인으로서의 작별 인사

- 와 주셔서 감사해요.
▶ Geldiğiniz için teşekkür ederim.
  겔디이니쓰 이친 테쉐뀰 에데림.

- 여러분들을 뵙게 돼서 너무 좋습니다.
▶ Sizleri gördüğüm için çok mutluyum.
  씨쓰레리 괼듀윰 이친 촉 무트루윰.

- 와주셔서 너무 좋습니다!
▶ Geldiğiniz için çok sevindim!
  겔디이니쓰 이친 촉 쎄빈딤.

- 방문 감사합니다!
▶ Ziyaretiniz için teşekkür ederim!
  지야레티니쓰 이친 테쉐뀔 에데림!

- 여러분이 오실 수 있었다는 것이 너무 좋습니다.
▶ Gelebilmenize çok sevindim.
  겔레빌메니제 촉 쎄빈딤.

- 왜 좀 더 계시면 안되나요?
▶ Biraz daha kalsanız olmaz mı?
  비라쓰 다하 칼싸느쓰 올마쓰 므?

- 여기에 좀 더 계실 수 없나요?
▶ Burada biraz daha kalamaz mısınız?
  부라다 비라쓰 다하 칼라마즈 므쓰느쓰?

- 또 오세요!
▶ Tekrar gelin, lütfen!
  테크랄 겔린, 륏펜!

- 언제든 오세요!
▶ Her zaman gelin, lütfen!
  헬 자만   겔린, 륏펜!

- 또 오시는 것 잊지 마세요!
▶ Tekrar gelmeyi unutmayın, lütfen!
  테크랄 겔메이   우누트마이은, 륏펜!

▷ 부탁이나 청유의 문장에서는 영어의 please와 같은 뜻을 가진 lütfen 을 문장의 맨 앞 혹은 맨 뒤에 항상 넣어야 정중한 표현이 된다.

나갈 때

- 가자!
▶ Artık gidelim!
 아르특 기델림!

- 우리 가자고!
▶ Biz gidelim!
 비쓰 기델림!

- 우리 갈래?
▶ Biz gidelim mi?
 비쓰 기델림 미?

- 우린 가야만 한다.
▶ Biz gitmeliyiz.
 비쓰 기트멜리이쓰.

- 시간 되었네, 우리 가지요.
▶ Zaman doldu, biz gidiyoruz.
 자만 돌두, 비쓰 기디요루쓰.

- 출발하죠!
▶ Hareket edelim!
 하레켓 에델림!

- 이제 갑시다!
▶ Artık gidelim!
 알특 기델림!

- 이제 길을 나섭시다!
▶ Artık yola çıkalım!
 알특 욜라 츠칼름!

- 출발할 준비되었죠?
▶ Hareket etmeye hazır mısınız?
 하레켓 에트메예 하즐 므쓰느쓰?

- 곧 끝나죠?
▶ Hemen biter, değil mi?
 헤멘 비텔, 데일 미?

- 물러 서라!
▶ Geri çekil!
 게리 체킬!

- 우리 여기서 나가죠!
▶ Biz buradan çıkalım!
 비쓰 부라단 츠칼름!

식사

식사를 제안할 때

- 네게 식사를 사주고 싶다.
▶ Sana yemek ısmarlamak istiyorum.
  싸나 예멕 으스말라막 이스티요룸.

- 우리 함께 식사하자.
▶ Beraber yemek yiyelim.
  베라벨 예멕 이옐림.

- 시간이 되면 함께 저녁 식사하자.
▶ Zamanın varsa birlikte akşam yemeği yiyelim.
  자마는 왈싸 빌릭테 악샴 예메이 이옐림.

- 나랑 뭐 좀 먹을래?
▶ Birlikte bir şey yiyelim mi?
  빌릭테 비 쉐이 이옐림 미?

식사할 때

- 웨이터! 주문 좀 하고 싶습니다.
▶ Garson bey, sipariş vermek istiyorum.
  갈쏜 베이, 씨파리쉬 웨르멕 이스티요룸.

- 우리 이제 (주문) 결정했어요.
▶ Artık biz (sipariş için) karar verdik.
  알특 비쓰 (씨파리쉬 이친) 카랄 웰딕.

- 이제 우리 뭐 먹을지 결정했습니다.
▶ Artık biz ne yiyeceğimize karar verdik.
  알특 비쓰 네 이예제이미제 카랄 웰딕.

- 이제 주문서에 써 주실래요?
▶ Artık siparişi yazar mısınız, lütfen?
  알특 씨파리쉬 야잘 므쓰느쓰, 륏펜?

- 이제 손님의 주문을 받을까요?
▶ Artık siparişinizi alabilir miyim?
알특 씨파리쉬니지 알라빌맄 미임?

- 와인 한 병 가져다주세요.
▶ Bir şarap, lütfen.
비 샤랍, 륏펜.

- 물 좀 가져다주시겠습니까?
▶ Su, lütfen.
쑤, 륏펜.

- 고기는 어떻게 해드릴까요?
▶ Etiniz nasıl olsun?
에티니쓰 나쓸 올쑨?

- 레어(rare) / 미디엄(medium) / 웰던(well done)
▶ Az pişmiş / Normal / Çok pişmiş
아즈 피쉬미쉬 / 놀말 / 촉 피쉬미쉬

- 수프는 뭘 드시겠습니까?
▶ Çorbalardan ne istersiniz?
쵸르바랄단 네 이스텔씨니즈?

- 후식은 뭘 드시겠습니까?
▶ Tatlı olarak ne alırsınız?
타틀르 올라락 네 알르쓰느쓰?

- 뭐가 있죠?
▶ Neler var?
넬렐 왈?

- 맛있게 드세요.
▶ Afiyet olsun.
아피엣 올쑨.

- 계산서 좀 갖다 주세요.
▶ Hesap, lütfen.
헤쌉, 륏펜.

- 영수증 좀 받을 수 있나요?
▶ Fişimi alabilir miyim?
피쉬미 알라비맄 미임?

- 잔돈은 가지세요.
▶ Paranın üstü kalsın.
  파라는 위스튜 칼쓴.

술을 권할 때

- 우리 한 잔 합시다!
▶ Bir içkiye ne dersiniz!
  비 이취키예 네 데르씨니즈!

- 건배!
▶ Şerefe!
  쉐레페!

- 건강을 위하여!
▶ Sağlığınıza!
  싸으르으느자!

- 우리의 승리를 위하여!
▶ Zaferimiz için!
  자페리미쓰 이친!

- 우리 다 함께 잔을 듭시다!
▶ Hep beraber kadeh kaldıralım!
  헵 베라벨 카데흐 칼드랄름!

- 우리의 건강을 위해 다 함께 잔을 듭시다!
▶ Sağlığımıza hep beraber kadeh kaldıralım!
  싸아르으므자 헵 베라벨 카데흐 칼드랄름!

- 우리의 승리를 위해 다 함께 잔을 듭시다!
▶ Zaferimize hep beraber kadeh kaldıralım!
  자페리미제 헵 베라벨 카데흐 칼드랄름!

- 한 잔 사고 싶습니다. 어떠세요?
▶ Size bir içki ısmarlamak istiyorum. Ne dersiniz?
  씨제 비 이츠키 으스말라막 이스티요룸, 네 델씨쓰?

- 저와 한 잔 하시겠습니까?
▶ Benimle bir içkiye ne dersiniz?
  베님레 비 이츠키예 네 델씨니즈?

- 시간 있어요? 우리 한 잔 하러 갈까요?
▶ Vaktiniz var mı? Bir içki içmeye gidelim mi?
왁티니쓰 왈 므? 비 이츠키 이츠메예 기델림 미?

- 음주 운전하지 마세요.
▶ Alkollü araç kullanmayın, lütfen.
알콜류 아라츠 쿨란마이은, 륏펜.

- 음주 운전은 금지에요.
▶ Alkollü araç kullanmak yasaktır!
알콜류 아라츠 쿨란막 야싹틀!

- 술주정하지 마세요.
▶ Lütfen, sarhoş olmayın!
륏펜, 쌀호쉬 올마이은!

- 지나친 음주는 건강에 해로워요.
▶ Aşırı içki içmek sağlığınız için zararlıdır.
아쉬르 이츠키 이츠멕 싸아르으느쓰 이친 자라를드르.

 전화

전화 걸기 전에

• 전화 좀 사용할 수 있을까요?
▶ Telefonu kullanabilir miyim acaba?
  텔레포누 쿨라나빌릴 미임 아자바?

• 어떻게 전화를 이용할 수 있지요?
▶ Telefonu nasıl kullanabilirim acaba?
  텔레포누 나쓸 쿨라나빌리림 아자바?

• 공중전화 부스는 어디에 있습니까?
▶ Telefon kulübesi nerede acaba?
  텔레폰 쿨류베씨 네레데 아자바?

• 국제 전화 거는 방법 좀 가르쳐 주세요.
▶ Uluslararası aramalar yapmayı öğretin, lütfen.
  울루쓰라라라쓰 아라마랄 야프마이으 외레틴, 륏펜.

전화 걸 때

• 저 알리에요.
▶ Ben Ali.
  벤 알리.

• 아흐멧 씨와 통화 좀 할 수 있을까요?
▶ Ahmet Bey ile konuşabilir miyim, lütfen?
  아흐멧 베이 일레 코누샤빌릴 미임, 륏펜?

• 아흐멧 씨 좀 바꿔주실래요?
▶ Ahmet beyi bağlar mısınız, lütfen?
  아흐멧 베이 바을랄 므쓰느쓰, 륏펜?

• 여보세요. 수나 씨(여성일 때)에요?
▶ Alo, Suna Hanım siz misiniz?
  알로, 쑤나 하늠 씨쓰 미씨니쓰?

V. 일정을 위한 표현 237

- 여보세요. 케말 씨(남성일 때)에요?
▶ Alo, Kemal Bey siz misiniz?
알로, 케말 베이 씨쓰 미씨니쓰?

- 영어[한국어, 터키어]로 대화해도 되겠습니까?
▶ İngilizce [Korece, Türkçe] ile konuşabilir miyiz?
인길리쓰제 [코레제, 튀륵체] 일레 코누샤빌릴 미이쓰?

- 영어[한국어, 터키어] 할 줄 아는 사람 좀 바꿔 주실래요?
▶ İngilizce [Korece, Türkçe] bilen var mı, acaba?
인길리쓰제 [코레제, 튀륵체] 빌렌 왈 므, 아자바?

- 죄송하지만 순미 씨(여성) 좀 바꿔주실래요?
▶ Affedersiniz, Sunmi Hanımı verir misiniz, lütfen?
아페델씨니즈, 순미 하느므 웨릴 미씨니즈, 륏펜?

전화가 걸려왔을 때

- 여보세요.
▶ Alo! [Efendim!]
알로 [에펜딤!]

- 말씀하세요.
▶ Buyurun.
부유룬.

- 누구시죠?
▶ Kimsiniz? [Kim o?]
킴씨니즈? [킴 오?]

- 제가 지금 어느 분과 통화 하고 있죠? ('누구세요?'의 의미)
▶ Ben kiminle konuşuyorum?
벤 키민레 코누슈요룸?

- 좀 더 천천히 말해 주세요.
▶ Biraz daha yavaş konuşun, lütfen.
비라쓰 다하 야와쉬 코누슌, 륏펜.

- 한 번 더 말씀해 주실래요?
▶ Bir daha söyler misiniz, lütfen?
비 다하 쇠일렐 미씨니쓰, 륏펜?

전화를 바꿔줄 때

- 잠시만 기다려 주세요.
▶ Biraz bekleyin, lütfen.
  비라쓰 베클레인, 륏펜.

- 잠시만 요.
▶ Bir dakika, lütfen.
  비 다키카, 륏펜.

- 그녀는 지금 외출 중입니다.
▶ Kendisi şu anda dışarıda.
  켄디씨 슈 안다 드샤르다.

전화를 받을 수 없을 때

- 죄송합니다만, 지금 유르다잔 씨는 바쁩니다.
▶ Özür dilerim, ama Yurdacan Bey şu an meşgul.
  외쥴 딜레림, 아마 유르다잔 베이 슈 안 메쉬굴.

- 나중에 다시 전화해 주시겠습니까?
▶ Sonra bir daha arar mısınız, lütfen?
  쏜라 비 다하 아랄 므쓰느쓰, 륏펜?

다시 전화할 때

- 잠시 후에, 전화 드릴게요.
▶ Az sonra, bir daha ararım.
  아즈 쏜라, 비 다하 아라름.

- 제가 잠시 후에 다시 전화드릴 수 있을까요?
▶ Az sonra tekrar arasam olur mu?
  아즈 쏜라 테크랄 아라쌈 올룰 무?

메시지를 부탁할 때

- 전화가 왔었다고 전해주세요.
▶ Aradığımı söyleyin, lütfen.
  아라드으므 쇠일레인, 륏펜.

- 제게 전화해 달라고 전해주세요.
▶ Beni aramasını söyleyin, lütfen.
  베니 아라마쓰느 쇠일레인, 륏펜.

잘못 걸려온 전화를 받았을 때

- 잘못된 번호입니다.
▶ Yanlış numara.
  얀르쉬 누마라.

- 번호를 잘못 누른 것 같습니다.
▶ Yanlış numarayı aramışsınız.
  얀르쉬 누마라이으 아라므쉬쓰느쓰.

▷ 터키어와 한국어가 알타이어의 동일한 문법적 특징을 가지고 있으므로 서로 많은 유사성들이 발견되는 것도 사실이다. 하지만 한편으로는 한국인들이 생각하고 있는 대로 터키어 문장이 성립되지 않을 경우도 많다.

1. 나를 좀 도와주세요.   Ban-a yardım et.
2. 나를 좀 보실래요?   Ban-a bakar mısın?
3. 나에게 연락해라!   Ben-i ara.

위 문장 1)과 2)에서 "나를~"로 시작하는 문장에 대해 우리는 터키어 목적격 어미인 '-i'를 사용하려고 할 것이고, 3)에서 "나에게~"로 시작하는 문장에 대해 터키어 여격 어미인 '-a'를 사용하려고 할 것이다. 그러나 터키어 어미의 선택 시에는 그 다음에 오게 되는 동사에 의거한다는 사실을 기억해야 한다. 즉, 터키어에서 yardım etmek과 bakmak 동사는 주어에 관계없이 무조건 여격 어미(-a/-e)와 함께 사용되며, aramak 동사는 목적격 어미(-i/-ı/-u/-ü)와 함께 사용된다.

장거리 및 국제전화를 이용할 때

- 국제 전화를 좀 하고 싶습니다.
▶ Uluslararası telefon görüşmesi yapmak istiyorum.
  울루쓰라라라쓰 텔레폰 괴류슈메씨 야프막 이스티요룸.

- 한국[터키]으로 전화하고 싶습니다.
▶ Kore'ye [Türkiye'ye] telefon etmek istiyorum.
  코레예 [튀르키예예] 텔레폰 에트멕 이스티요룸.

- 제게 연결되는 데 얼마나 걸릴까요?
▶ Bana bağlaması ne kadar sürer, acaba?
  바나 바알라마쓰 네 카달 슈렐, 아자바?

- 영어[한국어, 터키어]로 말해도 좋습니까?
▶ İngilizce [Korece, Türkçe] ile konuşabilir miyim?
  인길리제 [코레제, 튀륵체] 일레 코누샤빌릴 미임?

- 영어[한국어, 터키어]를 할 줄 아는 분 없습니까?
▶ İngilizce [Korece, Türkçe] bilen yok mu?
  인길리제 [코레제, 튀륵체] 빌렌 욕 무?

전화 교환을 이용할 때

- 요금은 수취인 지불로 해주세요.
▶ Alıcı ödemeli olsun, lütfen.
  알르즈 웨데멜리 올쑨, 륏펜.

- 수취인지불(콜렉트콜)로 전화를 걸고 싶습니다.
▶ Ödemeli arama ile telefon etmek istiyorum.
  웨데멜리 아라마 일레 텔레폰 에트멕 이스티요룸.

- 요금은 제가 지불하겠습니다.
▶ Ücreti benden olsun.
  유즈레티 벤덴 올쑨.

- 긴급입니다.
▶ Acil bir durum.
  아질 비 두룸.

- 끊지 말고 기다려 주세요.
▶ Kapatmadan bekleyin, lütfen.
  카파트마단 베클레인, 륏펜.

- 끊지 말고 기다려 주세요.
▶ Hatta kalın, lütfen.
  핫따 칼른, 륏펜.

- 일단 끊고 기다려주세요.
▶ Şimdilik kapatıp bekleyin, lütfen.
  쉼디릭 카파틉 베클레인, 륏펜.

통화에 문제가 있을 때

- 통화 중 입니다.
▶ Şu an, hat meşgul.
　슈 안, 핫 메쉬굴.

- 다른 라인을 사용하고 있습니다.
▶ Şu an öbür hatta.
　슈 안 외뷜 핫따.

전화를 끊을 때

- 나중에 다시 전화하겠습니다.
▶ Sonra bir daha arayacağım.
　쏜라 비 다하 아라야자음.

- 누군가 문 앞에 있어서, 나중에 전화 드릴께요.
▶ Biri kapıda duruyor da, sonra sizi arayacağim.
　비리 카프다 두루욜 다, 쏜라 씨지 아라야자음.

- 누군가 통화대기에 있네요. 우리 나중에 통화할 수 있을까요?
▶ Biri hatta bekliyor da, sonra konuşabilir miyiz?
　비리 하따 베클리욜 다, 쏜라 코누샤빌릴 미이쓰?

- 이제 다시 일하러 가야 합니다. 안녕히 계세요.
▶ Artık işe gitmeliyim. Hoşça kalın.
　알특 이쉐 기트멜리임. 호쉬차 칼른.

▷ 항상 짝(A-B)으로 사용되는 기본 인사들

- A: 어서 오세요.　　　　　Hoş geldiniz.
  B: 반갑습니다.　　　　　 Hoş bulduk.
- A: 안녕히 계세요.　　　　Hoşça kalın.
  B: 안녕히 가세요.　　　　Güle güle.
- A: 감사합니다.　　　　　 Teşekkür ederim.
  B: 천만에요.　　　　　　 Bir şey değil.
- A: 고마워.　　　　　　　 Sağ ol.
  B: 나도 고마워.　　　　　Sen de sağ ol.

- 미안해. 다른 통화할 사람이 있어서.
▶ Kusura bakma. Konuşacağım biri var.
  쿠쑤라 바크마. 코누샤자음   비리 왈.

- 실례합니다, 전 다른 회선을 봐야 돼서요.
▶ Affedersiniz, öbür hatta bakmam lazım.
  아페델씨니쓰,   외뷸 하따 바크맘   라즘.

- 나 지금 가야 해. 또 통화하자.
▶ Şimdi ben gitmeliyim. Gene konuşuruz.
  쉼디 벤 기트멜리임. 게네   코누슈루쓰.

▷ 꼭 외워두어야 할 인칭대명사 6개

- 나   Ben
- 너   Sen
- 그(그것)   O
- 우리   Biz
- 너희   Siz
- 그들(그것들) Onlar

- 더 시간이 없을 것 같아.
▶ Daha fazla vaktim olmayacak gibi.
  다하   파쓸라 왁띰   올마야작   기비.

- 내게 전화하는 것 잊지 마! 알았지?
▶ Beni aramayı unutma! Olur mu?
  베니   아라마이으 우누트마! 올룰 무

PART

개인 취미를 위한 표현

01 개인 신상
02 가족관계
03 데이트
04 결혼
05 취미와 여가
06 엔터테인먼트
07 스포츠와 레저
08 날씨와 계절

01 개인 신상

출신지에 대해서

• 어디 출신이니?
▶ Nerelisin?
네렐리씬?

• 어느 나라 사람이니?
▶ Sen nerelisin?
쎈 네렐리씬?

• 국적이 어떻게 되니?
▶ Uyruğun neresi acaba?
우이루운 네레씨 아자바?

• 고향이 어디니?
▶ Memleketin neresi?
멤레켓틴 네레씨?

• 당신은 어디에서 왔습니까?
▶ Nereden geldiniz?
네레덴 겔디니쓰?

• 전 이곳에 처음 왔어요.
▶ Benim buraya ilk gelişim.
베님 부라야 일크 겔리쉼.

• 전 이곳에 처음 온 외부사람(이방인)입니다.
▶ Ben buranın yabancısıyım.
벤 부라는 야반즈쓰이음.

• 전 대한민국 사람입니다.
▶ Ben Kore Cumhuriyeti vatandaşıyım.
벤 코레 줌후리예티 와탄다쉬이음.

• 전 한국인입니다.
▶ Ben Koreliyim
벤 코렐리임.

- 전 터키에서 왔어요.
▶ Ben Türkiye'den geldim.
  벤 튀르기예덴 겔딤.

- 전 터키 사람이에요.
▶ Ben Türk'üm.
  벤 튀르큠.

- 전 한국 사람입니다.
▶ Ben Kore vatandaşıyım.
  벤 코레 와탄다쉬이음.

▷ 주요 국명 / 국민

• 그리스/~인	Yunanistan / Yunan
• 대한민국/~인	Kore / Kore-li
• 독일/~인	Almanya / Alman
• 러시아/~인	Rusya / Rus
• 미국/~인	Amerika Birleşik Devletleri(ABD) / Amerika-lı
• 사이프러스/~인	Kıbrıs / Kıbırıs-lı
• 시리아/~인	Suriye / Suriye-li
• 아시아/~인	Asya / Asya-lı
• 영국/~인	İngiltere / İngiliz
• 요르단/~인	Ürdün / Ürdün-lü
• 유럽/~인	Avrupa / Avrupa-lı
• 이란/~인	İran / İran-lı
• 이스라엘/~인	İsrail / İsrail-li, Yahudi
• 이집트/~인	Mısır / Mısır-lı
• 일본/~인	Japonya / Japon
• 중국/~인	Çin / Çin-li
• 터키/~인	Türkiye Cumhuriyeti (T.C.) / Türk
• 프랑스/~인	Fransa / Fransız

나이에 대해서

- 나이 좀 물어봐도 되요?
▶ Yaşınızı sorabilir miyim, acaba?
  야쓰느즈 소라빌릴 미임, 아자바?

- 나이가 어떻게 되요?
▶ Yaşın kaç?
야쉬은 카츠?

- 너 몇 살이니?
▶ Kaç yaşındasın?
카츠 야쉰다쓴?

- 전 16살입니다.
▶ Ben 16 yaşındayım.
벤 온알트 야쉰다이음.

▷ 수 (기수와 서수)

	(기수)	(서수: ~째)
1	bir	birinci
2	iki	ikinci
3	üç	üçüncü
4	dört	dördüncü
5	beş	beşinci
6	altı	altıncı
7	yedi	yedinci
8	sekiz	sekizinci
9	dokuz	dokuzuncu
10	on	onunucu
11	on bir	on birinici
12	on iki	on ikinci
20	yirmi	yirminci
30	otuz	otuzuncu
40	kırk	kırkıncı
50	elli	ellinci
60	altmış	altmışıncı
70	yetmiş	yetmişinci
80	seksen	sekseninci
90	doksan	doksanıncı
100	yüz	yüzüncü
1000	bin	bininci
10000	on bin	on bininci

가족관계

가족에 대해서

- 너희는 대가족이니?
▶ Sizin aileniz büyük bir aile mi?
  씨진 아일레니쓰 뷰육 비 아일레 미?

- 너희 가족은 몇 명이니?
▶ Ailenizde kaç kişi var?
  아일레니쓰데 카츠 키쉬 왈?

- 가족이 어떻게 되세요?
▶ Ailenizde kimler var?
  아일레니쓰데 킴렐 왈?

- 우리 가족은 4명이에요.
▶ Bizim ailemizde 4 kişi var.
  비짐 아일레미쓰데 될트 키쉬 왈.

▷ 기본 의문사

• 언제?	Ne zaman?
• 어디서?	Nerede?
• 무엇을?	Ne?
• 어떻게?	Nasıl?
• 누가?	Kim?
• 왜?	Niçin?, Neden?
• 몇?	Kaç?
• 얼마나?	Ne kadar?
• 몇 개?	Kaç tane?
• 어느?	Hangi?

Ⅵ. 개인 취미를 위한 표현

- 저는 현재 부모님과 함께 살고 있습니다.
▶ Ben şu an annern ve babamla birlikte yaşıyorum.
벤 슈 안 안넴 웨 바밤라 비를릭떼 야쉬으요룸.

- 저는 아내[어머니]와 단 둘이서 살고 있습니다.
▶ Ben eşimle [annemle] birlikte yaşıyorum.
벤 에쉼레 [안넴레] 비를릭떼 야쉬으요룸.

- 저는 혼자서 살고 있습니다.
▶ Ben yalnız yaşıyorum.
벤 얄느쓰 야쉬으요룸.

- 자녀는 있으세요?
▶ Çocuğunuz var mı?
초주우누쓰 왈 므?

- 자녀가 몇 명이에요?
▶ Kaç çocuğunuz var?
카츠 초주우누쓰 왈?

- 부모님은 뭐하세요?
▶ Anne babanız ne iş yapıyor?
안네 바바느쓰 네 이쉬 야프욜?

- 아버지는 무역회사를 경영하세요.
▶ Babam bir ticari şirketi idare ediyor.
바밤 비 티자리 쉬르켓티 이다레 에디욜.

- 아버지는 선생님이시고, 어머니는 간호사입니다.
▶ Babam öğretmen, annem de hemşiredir.
바밤 외레트멘, 안넴 데 헴쉬레딜.

- 어머니는 가정주부이시고, 아버지는 은퇴하셨어요.
▶ Annem ev hanımı, babam da emekli oldu.
안넴 에브 하느므, 바밤 다 에메크릴 올두.

▷ 직업들

- 가이드 　　　　　　　Rehber
- 경찰 　　　　　　　　Polis
- 공무원 　　　　　　　Memur
- 과학자 　　　　　　　Bilim adamı
- 교수 　　　　　　　　Profesör
- 군인 　　　　　　　　Asker
- 기술자 　　　　　　　Mühendis
- 기장(항공기) 　　　　 Kaptan
- 디자이너 　　　　　　Tasarımcı
- 무역업자 　　　　　　Tüccar
- 미용사 　　　　　　　Kuaför
- 배우 　　　　　　　　Oyuncu
- 번역가 　　　　　　　Çevirmen
- 변호사 　　　　　　　Avukat
- 비서 　　　　　　　　Sekreter
- 사장 　　　　　　　　Müdür
- 선생 　　　　　　　　Öğretmen
- 설계건축사 　　　　　Mimar
- 스튜어디스 　　　　　Hostes
- 시인 　　　　　　　　Şair
- 아나운서 　　　　　　Spiker
- 약사 　　　　　　　　Eczacı
- 요리사 　　　　　　　Aşçı
- 은행원 　　　　　　　Bankacı
- 의사 　　　　　　　　Doktor
- 이발사 　　　　　　　Berber
- 작가 　　　　　　　　Yazar
- 정치인 　　　　　　　Politikacı
- 통역사 　　　　　　　Tercüman
- 학생 　　　　　　　　Öğrenci
- 화가 　　　　　　　　Ressam
- 회계사 　　　　　　　Muhasebeci
- 회사원 　　　　　　　Şirket personeli

Ⅵ. 개인 취미를 위한 표현

PART VI 가족관계

- 부인은 일하세요?
▶ Eşiniz çalışıyor mu?
  에쉬니쓰 찰르쉬욜 무?

- 넌 어디에서 사니?
▶ Sen nerede oturuyorsun?
  쎈 네레데 오투르욜쑨?

- 넌 어디에서 살았니?
▶ Sen nerede oturdun?
  쎈 네레데 오툴둔?

- 넌 어디에서 자랐니?
▶ Sen nerede büyüdün?
  쎈 네레데 뷰유듄?

- 네 아들[딸]은 몇 살이니?
▶ Oğlunun [kızının] yaşı kaç?
  오울루눈 [크즈는] 야쉬 카츠?

- 난 나의 가족을 사랑한다.
▶ Ben ailemi seviyorum.
  벤 아일레미 쎄비요룸.

- 전 제 가족 없이는 못 삽니다.
▶ Ben ailemsiz yaşayamam.
  벤 아일렘씨쓰 야샤야맘.

- 제 가족은 제게 매우 소중합니다.
▶ Ailem benim için çok önemlidir.
  아일렘 베님 이친 촉 외넴리.

- 제게는 가족이 첫 번째입니다.
▶ Benim için ailem her zaman en önde gelir.
  베님 이친 아일렘 헬 자만 엔 왼데 겔릴.

- 전 가족 중에 미운 오리새끼입니다.
▶ Ben ailemdeki çirkin ördek yavrusuyum.
  벤 아일렘데키 칠킨 욀덱 야우루쑤윰.

- 저는 아버지와 잘 지내지 못합니다.
▶ Ben babamla pek iyi geçinemiyorum.
  벤 바밤라 펙 이이 게치네미요룸.

252 터키어 회화 사전

- 저희 가족은 조금 복잡합니다.
▶ Benim ailem biraz kalabalık.
　베님　아일렘 비라쓰 칼라발륵.

형제자매에 대해서

- 너 형제가 있니?
▶ Kardeşin var mı?
　카르데쉰 왈 므?

- 독자세요?
▶ Siz tek çocuk musunuz?
　씨쓰 텍 초죽 무쑤누쓰?

- 네 형[동생]은 뭐하니?
▶ Senin ağabeyin [kardeşin] ne iş yapıyor?
　쎄닌 아아베인 [칼데쉰] 네 이쉬 야프욜?

- 네 누이[여동생]는 무슨 일하니?
▶ Ablan [Kız kardeşin] ne iş yapıyor?
　아블란 [크쓰 카르데쉰] 네 이쉬 야프욜?

- 우리 형은 아직 결혼하지 않았어요.
▶ Ağabeyim hala evlenmedi.
　아아베임 할라 에브렌메디.

- 네 여동생은 결혼했니?
▶ Senin kız kardeşin evli mi?
　쎄닌 크쓰 카르데쉰 에블리 미?

- 나는 두 명의 형제가 있고, 그 중 형은 결혼했어.
▶ Benim iki kardeşim var, içlerinden ağabeyim evlendi.
　베님 이키 카르데쉼 왈, 이치레린덴 아아베임 에블렌디.

- 나는 우리 가족 가운데 둘째 아들이야.
▶ Ben ailemdeki ikinci erkek çocuğum.
　벤 아일렘데키 이킨지 엘켁 초주움.

- 나는 우리 가족의 둘째 아들이야.
▶ Ben ailemin ikinci oğluyum.
　벤 아일레민 이킨지 오울루윰.

- 나는 형제들 중에서 중간이에요.
▶ Ben kardeşler arasında ortancayım.
　벤　카르데쉬렐　아라쓴다　오르탄자이음.

- 우리는 어렸을 때 무척 싸웠어요.
▶ Biz çocukken çok kavgalıydık.
　비쓰 초죽켄　　촉　카브갈르이득.

▷ 가족 친지 호칭들

• 가족	Aile
• 고모	Hala
• 남편	Koca
• 누나	Abla
• 동생	Kardeş
• 딸	Kız
• 부모	Ebeveyn
• 삼촌	Amca
• 손자	Torun
• 아내	Eş
• 아들	Oğul
• 아버지	Baba
• 어머니	Anne
• 이모	Teyze
• 조카	Kuzen
• 친구	Arkadaş
• 친척	Akraba
• 할머니	Büyük anne
• 할아버지	Büyük baba
• 형	Ağabey

친척에 대해서

- 한국에 친척이 있나요?
▶ Kore'de akrabanız var mı?
　코레데　　아크라바느쓰 왈　 므?

- 우리는 정기적으로 친척들과 만나요.
▶ Biz akrabalarımızla devamlı görüşüyoruz.
비쓰 아크라바므쓰라 데왐르 괴류슈요류쓔.

- 제 할아버지, 할머니가 아직 살아계십니다.
▶ Dedem ve ninem hayattalar.
데뎀 웨 니넴 하야따랄.

- 할아버지께서 작년에 돌아가셨다.
▶ Dedem geçen yıl vefat etti.
데뎀 게첸 이을 웨팟 에띠.

▷ '죽다'의 여러 터키어 표현들

• 고인이 되다.	Rahmetli olmak
• 별세하다.	Vefat etmek
• 생을 마감하다.	Yaşamını yitirmek
• 생을 마치다.	Hayatını yitirmek
• 잃어버리다.	Hayatını kaybetmek
• 죽다.	Ölmek
• 천국에 가다.	Cennete gitmek

- 내 사촌은 회계사이고, 한 주식회사에서 근무하고 있어.
▶ Kuzenim muhasebeci ve bir anonim şirketinde çalışıyor.
쿠제님 무하쎄베지 웨 비 아노님 쓸켓틴데 찰르쉬욜.

자녀에 대해서

- 네 아들은 뭘 전공하니?
▶ Senin oğlun hangi bölümde?
쎄닌 올룬 한기 볼륨데?

- 너는 아들을 원하니 딸을 원하니?
▶ Erkek çocuğu mu yoksa kız çocuğu mu istiyorsun?
에르켁 초주우 무 욕사 크쓰 초주우 무 이스티욜쑨?

- 저희는 5살 된 딸[아들, 손자]이 하나 있어요.
▶ 5 yaşında bir kızımız [oğlumuz, torunumuz] var.
베쉬 야쉬은다 비 크즈므쓰 [오울루무쓰, 토루누무쓰] 왈.

- 내 아들은 현재 터키에서 공부하고 있어.
▶ Oğlum şimdi Türkiye'de okuyor.
오울룸 쉼디 투르키예데 오쿠욜.

- 제 전공은 역사학에요.
▶ Benim branşım tarihtir.
베님 브란쉼 타리히틸.

▷ 주요 학문

• 건축(학)	Mimarlık (Bilimi)
• 경영(학)	İşletme (Bilimi)
• 경제(학)	Ekonomi (Bilimi)
• 교육(학)	Eğitim (Bilimi)
• 사회(학)	Sosyoloji (Bilimi)
• 언어(학)	Dil (Bilimi)
• 역사(학)	Tarih (Bilimi)
• 정치(학)	Siyaset (Bilimi)

- 우리는 출근할 때, 아이를 탁아소에 맡깁니다.
▶ İşe giderken çocuğumuzu kreşe bırakıyoruz.
이쉐 기델켄 초주우무주 크레쉐 브라크요루쓰.

- 우리 딸은 한국에서 태어나서, 터키에서 컸어요.
▶ Kızımız Kore'de doğdu ve Türkiye'de büyüdü.
크즈므쓰 코레데 오우두 웨 투르키예데 뷰유듀.

03 데이트

데이트를 신청할 때

- 오늘 저녁에 시간 있어요?
▶ Bu akşam vaktiniz var mı acaba?
  부 악샴 왁티니쓰 왈 므 아자바?

- 나와 함께 저녁 식사할래?
▶ Benimle akşam yemeğine ne dersin?
  베님레 악샴 예메이네 네 델씬?

- 나와 함께 영화 보러 갈래?
▶ Benimle sinemaya gider misin?
  베님레 씨네마야 기델 미씬?

- 네가 영화관에 가고 싶은지 아닌지를 알고 싶어.
▶ Senin sinemaya gitmek isteyip istemediğini bilmek istiyorum.
  쎄닌 씨네마야 기트멕 이스테입 이스테메디이니 빌멕 이스티요룸.

▷ 네가 ~하고 싶은지 아닌지를
  Senin ~ip -mediğini

- 네가 오고 싶은지 아닌지를   Senin gel-ip gel-me-diğini
- 네가 먹고 싶은지 아닌지를   Senin yi-y-ip ye-me-diğini
- 네가 보고 싶은지 아닌지를   Senin gör-üp gör-me-diğini
- 네가 읽고 싶은지 아닌지를   Senin oku-y-up oku-ma-dığını

- 혹시 이번 토요일[주말]에 무슨 계획 있니?
▶ Bu Cumartesi [hafta sonu] bir planın var mı, acaba?
  부 주말테씨 [합타 쏘누] 비 플라는 왈 므 아자바?

- 이번 토요일 저녁까지 준비할 수 있나요?
▶ Bu Cumartesi akşamına kadar hazırlayabilir misiniz?
  부 주말테씨 악샤므나 카달 하즐라야빌릴 미씨니쓰?

- 내일 일 없으면 내 생일파티에 올 수 있겠니?
▶ Yarın işin yoksa doğum günü partime gelebilir misin?
야른 이쉰 욕싸 도움 규뉴 팔티메 겔레빌릴 미씬?

애정을 표현할 때

- 널 (너무) 사랑해.
▶ Seni (çok) seviyorum.
쎄니 (촉) 쎄비요룸.

- 난 네 거야.
▶ Ben sana aidim.
벤 싸나 아이딤.

- 넌 내 거야.
▶ Sen bana aitsin.
쎈 바나 아잇씬.

- 내 안에 너 있다.
▶ Sen benim kalbimdesin.
쎈 베님 칼빔데씬.

- 너는 내 사랑이야.
▶ Sen benim aşkımsın.
쎈 베님 아씨으큼쓴.

- 너는 내 애인이야.
▶ Sen benim sevgilimsin.
쎈 베님 쎄브길림씬.

- 넌 내 진정한 사랑이야.
▶ Sen gerçek aşkımsın.
쎈 게르첵 아쉬큼쓴.

- 넌 나의 유일한 존재야.
▶ Sen benim için teksin.
쎈 베님 이친 텍씬.

- 넌 내 인생 최고의 사랑이야.
▶ Sen hayatımdaki en büyük aşkımsın.
쎈 하야틈다키 엔 뷰육 아쉬큼쓴.

- 난 네가 나를 영원히 사랑해 주길 원해.
▶ Sonsuza dek beni sevmeni istiyorum.
　쏜쑤자　덱　베니　쎄브메니　이스티요룸.

- 우리의 사랑은 죽음이라도 갈라놓을 수 없어.
▶ Bizi ölüm bile ayıramaz.
　비지 외륨　빌레 아이으라마쓰.

사랑을 고백할 때

- 사랑해!
▶ Seni seviyorum.
　쎄니　쎄비요룸.

- 나의 연인이 되어줘!
▶ Benim sevgilim ol.
　베님　쎄브길림　올.

- 난 네게 빠져버렸어.
▶ Aşığım ben sana.
　아쉬으음 벤　싸나.

- 미치도록 널 사랑해.
▶ Ben sana deli gibi aşığım.
　벤　싸나　델리 기비 아쉬으음.

- 온 마음으로 널 사랑해.
▶ Bütün kalbimle seni seviyorum.
　뷰튠　칼빔레　쎄니　쎄비요룸.

- 난 너 없이 살 수 없어.
▶ Sensiz asla yaşayamam.
　쎈씨스　아슬라 야샤야맘.

04 결혼

청혼 관련해서

- 나의 신부가 되어줄래?
▶ Benim eşim olur musun?
베님 에쉼 올룰 무쑨?

- 나와 결혼해 줄래?
▶ Benimle evlenir misin?
베님레 에브레닐 미씬?

- 우리 결혼할래?
▶ Evlenelim mi?
에브레넬림 미?

- 난 너와 결혼하고 싶어.
▶ Seninle evlenmek istiyorum.
쎄닌레 에브렌멕 이스티요룸.

결혼 관련해서

- 우리 드디어 결혼합니다.
▶ Biz nihayet evleniyoruz.
비쓰 니하옛 에브레니요루쓰.

- 언제 결혼하세요?
▶ Ne zaman evleniyorsunuz?
네 자만 에브레니욜쑤누쓰?

- 결혼식은 어디에서 하세요?
▶ Düğününüz nerede?
듀유뉴뉴쓰 네레데?

- 저희 결혼 청첩장 보내 드리고 싶어요.
▶ Düğün davetiyetimizi göndermek istiyorum.
듀윤 다웨티예티미지 괸델멕 이스티요룸.

260 터키어 회화 사전

- 저희 결혼에 와 주실래요?
▶ Bizim düğünümüze gelir misin?
비짐 뒤유뉴뮤제 겔릴 미씬?

- 제가 중매 섰어요.
▶ Ben çöpçatanlık yaptım.
벤 춉차탄륵 얍뜸.

- 저희는 중매 결혼했어요.
▶ Biz görücü usulü evlendik.
비쓰 괴류쥬 우쑬류 에브렌딕.

- 우리는 연애 결혼했어요.
▶ Biz aşk evliliği yaptık.
비쓰 아쉬윽 에블리리이 얍뜩.

- 우리는 대학에서 서로 사랑에 빠졌어요.
▶ Biz üniversitedeyken birbirimize aşık olduk.
비쓰 위니웰씨테데이켄 빌비리미제 아쉭 올둑.

- 우리는 졸업하자마자 바로 결혼했어요.
▶ Biz mezun olur olmaz hemen evlendik.
비쓰 메준 올룰 올마쓰 헤멘 에브렌딕.

 # 취미와 여가

여행 관련해서

- 언제 출발하세요?
▶ Ne zaman yola çıkıyorsunuz?
  네 자만 욜라 츠크욜쑤누쓰?

- 전 다음 주 토요일에 떠납니다.
▶ Ben gelecek Cumartesi yola çıkacağım.
  벤 겔레젝 주말테씨 욜라 츠카자음.

- 몇 월 며칠에 떠나세요?
▶ Hangi tarihte yola çıkıyorsunuz?
  한기 타이히테 욜라 츠크욜쑤누쓰?

- 저희는 12월 11일에 출발합니다.
▶ Biz 11 Aralık'ta yola çıkıyoruz.
  비쓰 온빌 아라륵따 욜라 츠크요루쓰.

• 1월	Ocak
• 2월	Şubat
• 3월	Mart
• 4월	Nisan
• 5월	Mayıs
• 6월	Haziran
• 7월	Temmuz
• 8월	Ağustos
• 9월	Eylül
• 10월	Ekim
• 11월	Kasım
• 12월	Aralık

- 무슨 목적으로 가세요?
▶ Yolculuğunuzun amacı ne acaba?
　율주루우누준　　아마즈 네 아자바?

- 여행의 특별한 동기가 있나요?
▶ Sayahatinizin özel bir sebebi var mı acaba?
　쎄야하티니진　　외젤 비 쎄베비 왈 므 아자바?

- 단지 놀러 가시는 거예요 아니면 일 때문이에요?
▶ Sadece eğlenmek için mi yoksa iş için mi gidiyorsunuz?
　싸데제　에에렌멕　이친 미 욕싸　이쉬 이친 미 기디욜쑤누쓰?

- 이번에 저는 중국의 산업도시를 방문할 계획이에요.
▶ Bu sefer Çin'deki sanayi kentlerini ziyaret edeceğim.
　부 쎄펠 친데키　싸나이 켄트레리니 지야렛 에데제임.

Ⅵ. 개인 취미를 위한 표현

06 엔터테인먼트

공연 등 관람 관련해서

- 난 극장[연극, 박물관]에 가고 싶다.
▶ Ben sinemaya [tiyatroya, müzeye] gitmek istiyorum.
  벤 씨네마야 [티야트로야, 뮤제예] 기뜨멕 이스티요룸.

- 넌 특별히 무엇을 관람하고 싶니?
▶ Sen özellikle ne seyretmek istiyorsun?
  쎈 외젤릭레 네 쎄이레트멕 이스티욜쑨?

- 난 돈키호테 뮤지컬을 보고 싶어.
▶ Ben Don Kişot müzikalini izlemek istiyorum.
  벤 돈 키숏 뮤지칼리니 이즐레멕 이스티요룸.

- 배우들은 누구니?
▶ Oyuncular kim?
  오윤주랄 킴?

- 돈키호테 역할은 누가 맡았니?
▶ Don Kişot rolünü kim üstlendi?
  돈 키숏 롤류뉴 킴 위스트렌디?

- 주인공이 누구니?
▶ Başrol oyuncusu kim acaba?
  바쉬롤 오윤주수 킴 아자바?

- 오늘 밤 공연 표가 남았나요?
▶ Bu akşamki gösteri için bilet kaldı mı acaba?
  부 악샴키 교스레리 이친 빌렛 칼드 므 아자바?

- 1[3]등석이 얼마입니까?
▶ Birinci [Üçüncü] sınıf için koltuk fiyatı ne kadar acaba?
  비린지 [위츈쥬] 스늡 이친 콜툭 피야트 네 카달 아자바?

- 여기 입장권이 있습니다.
▶ Buyurun, giriş biletiniz.
  뷰유룬, 기리쉬 빌레티니쓰.

- 제 좌석은 E열 11번입니다.
▶ Benim yerim E sırasında 11 numaralı koltuk.
　베딤　　예림　　에 스라쓴다　온 비린지 누마랄르 콜툭.

- 당신의 공연은 몇 시에 시작합니까?
▶ Gösteriniz saat kaçta başlayacack acaba?
　괴스테리니쓰 싸앗　카츠타　바쉴라야작　　아자바?

- 공연이 몇 시에 시작하죠?
▶ Gösteri saat kaçta başlayacack acaba?
　괴스테리 싸앗　카츠타 바쉴라야작　　아자바?

- 제 외투를 보관소에 맡길 수 있나요?
▶ Ceketimi emanete verebilir miyim acaba?
　제케티미　에마네테　웨레빌릴　미임　　아자바?

- 여기 직원이 공연 프로그램을 나누어 줄 거야.
▶ Buranın personeli bize programı dağıtacak.
　부라는　　페르소넬리　비제 프로그라므 다으타작.

연극과 영화 관련해서

- 이제 막이 오른다.
▶ Şimdi perde açılıyor.
　쉼디　　페르데 아츨르욜.

- 막이 내려진다.
▶ Perde kapanıyor.
　페르데 카파느욜.

- 많은 관객들이 박수를 보낸다.
▶ Çoğu izleyici alkışlıyor.
　초우　　이즈레이지 알크쉴르욜.

- 이제 배우들이 무대에 오른다.
▶ Şimdi tiyatrocular sahneye çıkıyor.
　쉼디　　티야드로주랄　싸흐네예　　츠크욜.

- 이 연극은 3개장으로 되어있다.
▶ Bu tiyatro 3 perdeden oluşuyor.
　부 티야트로 위츠 펠데덴　　올루슈욜.

- 각 막마다 2개의 장으로 되어 있다.
▶ Her perde 2 parçadan oluşmakta.
헬 페르데 이키 팔차단 올루쉬막타.

- 오늘 밤에는 무슨 영화를 상영하나요?
▶ Bu akşam hangi film gösteriliyor?
부 악샴 한기 필름 괴스테릴리욜?

- 이 영화에서 어떤 사람들이 주연이에요?
▶ Bu filmin başrolünde kimler var?
부 필르민 바쉬롤륀데 킴렐 왈?

- 오늘 밤에 좌석이 있습니까?
▶ Bu akşam boş koltuk var mı acaba?
부 악샴 보쉬 콜툭 왈 므 아자바?

- 저는 스크린과 너무 가까운 자리에 앉고 싶지 않아요.
▶ Ben ekrana yakın yerde oturmak istemiyorum.
벤 에크라나 야큰 예르데 오투르막 이스테미요룸.

- 이것은 미국영화지만 한국말로 더빙되어 있습니다.
▶ Bu Amerikan filmi ama Korece dublajlıdır.
부 아메리칸 필르미 아마 코레제 두브라쥐르들.

- 이것은 영국영화지만 터키어 자막으로 있습니다.
▶ Bu İngiliz filmi ama Türkçe alt yazılıdır.
부 인길리쓰 필르미 아마 튀륵체 알트 야즐르들.

- 어디에서 영화가 상영되죠?
▶ Film nerede gösteriliyor?
필름 네레데 괴스테릴리욜?

- 이 영화는 내일부터 상영에 들어가요?
▶ Bu film yarından itibaren gösterime girecek.
부 필름 야른단 이티바렌 괴스테리메 기레젝.

- 이 영화는 올해 7개 부분에서 오스카 상을 받았어요.
▶ Bu film bu yıl yedi dalda Oscar ödülü kazandı.
부 필름 부 이을 예디 달다 오스카 외듈류 카잔드.

스포츠와 레저

기타 운동에 대해서

1) 수영
- 수영할 줄 압니까?
▶ Yüzme biliyor musunuz?
  유즈메 빌리욜 무쑤느쓰?

- 수영을 배웠나요?
▶ Yüzme öğrendiniz mi?
  유즈메 외렌디니쓰 미?

- 이번 여름 방학 때, 수영을 배울 예정이에요.
▶ Bu yaz tatilinde yüzmeyi öğreneceğim.
  부 야쓰 타틸린데 유즈메이 외레네제임.

- 저는 전혀 수영을 하지 못합니다.
▶ Ben yüzmeyi hiç bilmiyorum.
  벤 유즈메일 히츠 빌미요룸.

- 저는 500m 정도는 편하게 수영할 수 있어요.
▶ Ben 500 m kadar rahat yüzebilirim.
  벤   베쉬유스 메트레 카달 라핫 유제빌리림.

- 직사광선이 가장 강할 때 오랫동안 햇빛에 노출하지 마세요.
▶ Güneş ışınlarının en dik olduğu saatlerde güneş altında kalmayın.
  규네쉬 으쉰라르느 엔 딕 올두우 싸앗렐데 귀네쉬 알튼다 칼마이은.

- 직사광선은 피부암을 유발시킬 수 있다.
▶ Güneş ışınları cilt kanserine yol açabilir.
  규네쉬 으쉰은라르 질트 칸쎄리네 욜 아차빌릴.

2) 축구
- 너 축구 좋아하니?
▶ Futbolu seviyor musun?
  풋볼루 쎄비욜 무쑨?

- 너 어느 팀을 응원하니?
▶ Hangi takımı tutuyorsun?
한기 타크므 투투욜쑨?

> ▷ 터키의 주요 4대 프로 축구팀
>
> - 갈라타사라이   Galatasaray
> - 베쉭타쉬   Beşiktaş
> - 페네르바흐체   Fenerbahçe
> - 트라브존 스포츠   Trabzon Spor

- 나는 갈라타사라이 팀을 응원해.
▶ Ben Galatasaray takımını tutuyorum.
벤 갈라타사라이 타크므느 투투요룸.

- 나는 페네르바흐체 편이야.
▶ Ben Fenerbahçeliyim.
벤 페넬바흐체리임.

- 내일 축구 결승 경기 어느 방송에서 중계하니?
▶ Yarınki fubol maçını hangi kanal yayınlıyor?
야른키 풋볼 마츠느 한기 카날 야이은르욜?

- 어제 경기 어떻게 되었니?
▶ Dünkü maçın sonucu ne oldu?
듄큐 마츠 쏘누주 네 올두?

- 경기는 비겼어.
▶ Maç berabere bitti.
마츠 베라베레 비띠.

- 어제 경기 몇 대 몇으로 끝났니?
▶ Dünkü maç kaç kaç bitti?
듄큐 마츠 카츠 카츠 비띠?

- 경기는 0대 0으로 끝났다.
▶ Dünkü maç 0-0 bitti.
듄큐 마츠 스플 스플 비띠.

- 경기는 3대 0으로 갈라타사라이의 승리로 끝났다.
▶ Maç 3-0 olarak Galatasaray'ın galibiyetiyle sona erdi.
마츠 위츠 스플 올라락 갈라타사라이은 갈리비예티일레 쏘나 에르디.

- 어제 경기에서 어떤 팀도 이기지 못했다.
▶ Dünkü maçta ne kaybeden oldu, ne de kazanan.
듄큐 마츠타 네 카이베덴 올두, 네 데 카자난.

- 어제 경기에서 트라브존 스포츠가 이기고, 베쉭타쉬는 졌다.
▶ Dünkü maçı Trabzon Spor kazandı, Beşiktaş kaybetti.
듄큐 마츠 트라브죤 스폴 카잔드, 베쉭타쉬 카이베띠.

- 함께 나가서 축구 할래?
▶ Dışarıda beraber futbol oynayalım mı?
드샤르다 베라벨 풋볼 오이나얄름 므?

- 우리 팀으로 들어올래?
▶ Takımımıza katılmak ister misin?
타크므므자 카틀막 이스텔 미씬?

3) 테니스
- 오늘 테니스 경기가 있어요.
▶ Bugün tenis maçı var.
부균 테니스 마츠 왈.

- 이번 테니스 경기에는 몇 나라가 참가하니?
▶ Bu tenis turnuvasına kaç ülke katılıyor?
부 테니스 투르누와쓰나 카츠 율케 카틀르욜?

- 이번 테니스 결승[준결승]은 이스탄불에서 열릴 거야.
▶ Bu seferki tenis final [yarı final] maçı İstanbul'da düzenlenecek.
부 쎄펠키 테니스 피날 [야르 피날] 마츠 이스탄불다 듀젠레네젝.

- 세레나 윌리엄스가 결승에서 3-1로 승리했다.
▶ Serena Williams final maçında 3-1 kazandı.
쎄레나 윌리암스 피날 마츤다 위츠 빌 카잔드.

- 나는 이번 경기에서 총 5개 에이스를 해냈다.
▶ Ben bu maçta toplam 5 ace yaptım.
벤 부 마츠타 토플람 베쉬 에이스 얍뜸.

- 지금 점수는 15:0로 Serena Williams가 앞서고 있다.
▶ Şu an Serena Williams, 15-0 ile öne geçti.
슈 안 세레나 윌리암스, 온베쉬 스프르 일레 외네 게치티.

▷ 구기 종목들
- 축구　　　　　　　　　Futbol
- 농구　　　　　　　　　Basketbol
- 배구　　　　　　　　　Voleybol
- 탁구　　　　　　　　　Masa tenisi

08 날씨와 계절

날씨를 물을 때

- 오늘 날씨가 어떻게 되죠?
▶ Bugün hava nasıl acaba?
  부균 하와 나쓸 아자바?

- 거기 날씨 어때요?
▶ Oranın havası nasıl?
  오라는 하와쓰 나쓸?

- 오늘 아주 좋은 날씨네요. 그렇죠?
▶ Bugün hava çok güzel, değil mi?
  부균 하와 촉 귀젤, 데일 미?

- 오늘 비가 올 것 같네요. 아닌가요?
▶ Bugün yağmurlu olacak galiba, değil mi?
  부균 야무룰루 올라작 갈리바, 데일 미?

> ▷ '아마도'의 뜻을 가진 터키어 부사 3개
> - Belki
> - Galiba
> - Herhalde

- 내일은 날씨가 풀리겠죠, 아닌가요?
▶ Yarın hava açık olacak, değil mi?
  야른 하와 아측 올라작, 데일 미?

- 내일은 날씨가 좋아지겠죠, 아닌가요?
▶ Yarın hava iyi olacak, değil mi?
  야른 하와 이이 올라작, 데일 미?

Ⅵ. 개인 취미를 위한 표현 271

- 내일은 날씨가 흐릴 것 같아요.
▶ Yarın hava bulutlu olacak gibi.
  야른 하와 불룻루 올라작 기비.

기후에 대해서

- 덥습니다.
▶ Sıcak.
  스작.

- 무덥다.
▶ Çok sıcak.
  촉 스작.

- 너무 덥다!
▶ Çok sıcak.
  촉 스작.

- 햇볕은 났는데 춥다.
▶ Güneşli ama soğuk.
  귀네쉴리 아마 쏘욱.

- 춥습니다.
▶ Soğuk.
  쏘욱.

- 추워죽겠다.
▶ Soğuktan ölmek üzereyim.
  쏘욱딴 욀멕 위제레임.

- 더워죽겠다.
▶ Sıcaktan ölmek üzereyim.
  스작딴 욀멕 위제레임.

- 옷 단단히 입어. 날씨가 극도로 춥다.
▶ Üstüne kalın şeyler giyin, hava aşırı derece soğuk.
  유스튀네 칼른 쉐이렐 기인, 하와 아쉬르 데레제 쏘욱.

- 옷 두껍게 입는 것 잊지마, 감기 걸릴라.
▶ Üstüne kalın bir şeyler giymeyi unutma, yoksa üşürsün.
  유스튀네 칼른 비 쉐이렐 기이메이 우느트마, 욕사 유슐슌.

날씨를 말할 때

- 날씨가 좋다..
▶ Hava güzel.
하와 귀젤.

- 날씨가 끝내준다.
▶ Hava harika.
하와 하리카.

- 오늘 바람이 분다.
▶ Bugün rüzgarlı.
부균 루즈갸를르.

- 오늘은 바람 한 점 없다.
▶ Bugün hafif rüzgar bile yok.
부균 하핍 루즈갸르 빌레 욕.

- 난 이 안개 때문에 아무것도 보이지 않는다.
▶ Bu sisten hiçbir şey görülmüyor.
부 씨쓰텐 히츠비 쉐이 괴륨유욜.

- 비가 한 두 방울 온다.
▶ Yağmur yağmak üzere.
야무르 야아막 유제레.

- 오늘 비가 많이 온다.
▶ Bugün çok yağmur yağıyor.
부균 촉 야무르 야으욜.

- 비가 억수로 온다.
▶ Bugün aşırı derece yağmur yağıyor.
부균 아쉬르 데레제 야무르 야으욜.

- 오늘 밤에 소나기가 올 거야.
▶ Bu gece sağanak yağışlı olacak.
부 게제 싸아낙 야으쉴르 올라작.

- 우산 잊지 말아라.
▶ Şemsiyeni unutma.
쉠씨예니 우누트마.

- 해가 났는데 구름이 좀 있어.
▶ Hava güneşli ama biraz bulutlu.
하와 귀네쉴리 아마 비라쓰 불룻루.

- 날씨가 너무 좋다.
▶ Hava çok güzel.
하와 촉 귀젤.

- 오늘 날씨가 나쁘지 않네요.
▶ Bugün hava fena değil.
부균 하와 페나 데일.

- 날씨가 개고 해가 났다.
▶ Hava açıldı ve güneş açtı.
하와 아츨드 웨 귀레쉬 아츠트.

- 봐봐! 다시 해가 나오고 있다.
▶ Bak bak! Tekrar güneş çıkıyor.
박 박! 테크랄 귀네쉬 츠크욜.

- 내일 눈[비] 올 것 같지 않니?
▶ Yarın kar [yağmur] yağacak gibi, değil mi?
야른 카르 [야무르] 야아작 기비, 데일 미?

- 태양이 너무 강렬하다, 모자 써라.
▶ Güneş ışınları çok güçlü, şapkanı tak.
귀네쉬 으쓰은라르 촉 규츠류, 샤프카느 탁.

- 오늘 밤에 돌풍이분데.
▶ Bu gece şiddetli rüzgâr çıkacakmış.
부 게제 씨뎃리 루즈걀 츠카작므쉬.

- 내일 폭풍이 분데.
▶ Yarın fırtına çıkacakmış.
야른 프르트나 츠카작므쉬.

- 내일 비가 올 지 안 올지 아무도 모른다.
▶ Yarın yağmurlu olup olmayacağını hiç kimse bilemez.
야른 야무룰루 올룹 올마야자으느 히츠 킴세 빌레메쓰.

- 이런 날씨가 일주일이나 계속되어 왔다.
▶ Bu hava bir haftadır sürüyor.
부 하와 비 하프타드르 수류욜.

일기예보에 대해서

- 내일 날씨가 어떻게 된데?
▶ Yarın hava nasıl olacakmış?
야른 하와 나쓸 올라작므쉬?

- 일기예보에서 내일 날씨가 어떻다고 하니?
▶ Hava durumunda yarın hava nasılmış?
  하와 두루문다 야른 하와 나쓸므쉬?

- 오늘 날씨가 일기예보와는 완전히 다르다.
▶ Bugün hava, hava durumundan tamamen farklı.
  부균 하와, 하와 두루문단 타마멘 파르클르.

- 내일 비가 올 것이라고 보니?
▶ Sence yarın yağmur yağacak mı?
  쎈제 야른 야무르 야아작 므?

- 오후에 눈이 올 것이라고 보니?
▶ Sence öğleden sonra kar yağar mı?
  쎈제 외일레덴 쏜라 칼 야알 므?

> ▷ 날씨에 관련된 단어들
>
> | | |
> |---|---|
> | • 구름 낀 | Bulutlu |
> | • 눈이 온 | Karlı |
> | • 더운 | Sıcak |
> | • 맑은 | Güneşli |
> | • 번개가 치는 | Şimşekli |
> | • 비가 오는 | Yağmurlu |
> | • 서늘한 | Serin |
> | • 소나기가 오는 | Sağanak yağışlı |
> | • 습기 찬 | Nemli |
> | • 안개 낀 | Sisli |
> | • 우박이 내리는 | Dolu yağışlı |
> | • 천둥이 치는 | Gök gürültülü |
> | • 추운 | Soğuk |
> | • 폭풍이 치는 | fırtınalı |
> | • 흐린 | Bulutlu |

PART

편리한 생활을 위한 표현

01 하루의 생활
02 레스토랑
03 카페와 술집
04 대중교통
05 자동차 운전
06 은행
07 우체국
08 이발과 미용
09 세탁소와 옷 수선소
10 부동산

하루의 생활

일어날 때

- 난 내일 새벽 5시에 일어나야 한다.
▶ Benim yarın sabah saat 5'te kalkmam gerekiyor.
　베님　야른　사바　싸앗 베쉬테 칼크맘　게레키욜.

- 난 매일 오전 7시에 일어납니다.
▶ Ben her gün sabah önce saat 7'de kalkarım.
　벤　헬　균　싸바　왼제　싸앗 예디데 칼카름.

▷ 시간 관련 단어들

• 새벽	Şafak
• 아침	Sabah
• 저녁	Akşam
• 밤	Gece
• 오전	Öğleden önce
• 정오	Öğlen
• 오후	Öğleden sonra
• 자정	Gece yarısı
• 일(日)	Gün
• 일과시간	Mesai
• 주(週)	Hafta
• 주말(週末)	Hafta sonu
• 월(月)	Ay
• 월초	Ay başı
• 월말	Ay sonu
• 년(年)	Yıl
• 년초	Yıl başı
• 년말	Yıl sonu

- 저를 오전 6시에 깨워주세요.
▶ Lütfen beni sabah saat 6'da uyandırın.
  뤼펜, 베니 싸바흐 사앗 알트다 우얀드른.

- 난 학교를 가기 위해 5시 30분에 잠에서 깬다.
▶ Ben okula gitmek için saat 5:30ta uyanıyorum.
  벤 오쿨라 기트멕 이친 싸앗 베쉬 부축타 우야느요룸.

> ▷ 위의 시간을 나타내는 단어들을 'İyi -lar/-ler!' 문형 사이에 넣어 사용하면 매우 훌륭한 인사말이 된다.
>
> - 좋은 아침 보내세요!   İyi sabah-lar!
> - 좋은 저녁 보내세요!   İyi akşam-lar!
> - 좋은 밤 보내세요!   İyi gece-ler!
> - 좋은 날 보내세요!   İyi gün-ler!
> - 좋은 주말 보내세요!   İyi hafta son-ları!
> - 좋은 해가 되세요!(새해인사) İyi yıl-lar!

외출을 준비할 때

- 나는 세수를 하고 양치질을 한다.
▶ Ben yüzümü yıkıyorum ve tıraş oluyorum.
  벤 유쥬뮤 이윽크요룸 웨 트라쉬 올루요룸.

- 오늘은 정장을 준비해 주세요.
▶ Bugün takım elbiseyi hazırlayın, lütfen.
  부균 타큼 엘비쎄이 하즐라이은, 뤼펜.

- 넥타이는 빨간 색을 할 것입니다.
▶ Kırmızı kravatımı takacağım.
  클므즈 크라바트므 타카자음.

- 제 가방이 어디에 있죠?
▶ Çantam nerede, acaba?
  찬탐 네레데, 아자바?

- 전 나가기 전에 자동차 열쇠를 찾아야 합니다.
▶ Çıkmadan önce arabamın anahtarını bulmam lazım.
  츠크마단 왠제 아라바믄 아나흐타르느 불맘 라즘.

- 샌드위치와 우유 한잔 준비해 주세요.
▶ Bir sandviç ile bir bardak süt rica ediyorum.
비 산드위츠 일레 비 바르닥 슛 리자 에디요름.

- 집 나서기 전에, 지갑, 핸드폰, 자동차 키를 확인해라.
▶ Evden çıkmadan önce cüzdanını ve cep telefonunu kontrol et.
에브덴 츠크마단 왠제 쥬스단느 웨 젭 텔레포누누 콘트롤 엣.

집으로 돌아올 때

- 난 집에 오후 5시에 돌아간다.
▶ Ben saat 5'te eve dönüyorum.
벤 싸앗 베쉬테 에베 됴뉴요름.

저녁 식사 할 때

- 우리 같이 식사 준비하자.
▶ Birlikte sofra hazırlayalım.
빌릭떼 쏘프라 하즐라얄름.

> ▷ 시간별 식사
> - 아침 식사   Kahvaltı
> - 점심 식사   Öğle yemeği
> - 저녁 식사   Akşam yemeği

- 우리 저녁 식사 준비하자.
▶ Akşam yemeği hazırlayalım.
악샴 예메이 하즐라얄름.

- 이제 저녁 먹자.
▶ Artık akşam yemeği yiyelim.
알특 악샴 예메이 이예림.

- 저녁식사가 거의 준비되었다.
▶ Akşam yemeği neredeyse oldu.
악샴 예메이 네레데이쎄 올두.

- 우리 뭐 먹을까?
▶ Biz ne yiyelim?
비쓰 네 이예림?

휴식과 취침

- 우리 딱 5분만 쉬자.
▶ Tam 5 dakika dinlenelim.
탐 베쉬 다키카 딘레넬림.

- 10분간 휴식입니다.
▶ 10 dakikalık mola zamanı.
온 다키카륵 몰라 자마느.

- 이제 쉴 시간이다.
▶ Şimdi tenefüs zamanı.
쉼디 테네퓨스 자마느.

- 나 졸린다.
▶ Uykum geldi.
우이쿰 겔디.

- 이제 잘 시간이 되었다.
▶ Şimdi uyku saati geldi.
쉼디 우이쿠 싸아티 겔디.

- 난 자러 가야 한다.
▶ Benim uyumam gerekiyor.
베님 우유맘 겔렉키욜.

- 난 어제 일찍 잤다.
▶ Dün erken uyudum.
뒨 엘켄 우유둠

- 그는 완전히 잠들었다.
▶ O tam uykuya daldı.
오 탐 우이쿠야 달드.

- 알리는 아기처럼 잔다.
▶ Ali bebek gibi uyuyor.
알리 베벡 기비 우유욜.

- 무스타파는 코를 골고 있다.
▶ Mustafa horluyor.
무스타파 호를루욜.

휴일을 보낼 때

- 이번 주말 잘 보냈니?
▶ Bu hafta sonun iyi geçti mi, acaba?
  부 하프타 쏘눈 이이 게츠티 미, 아자바?

- 이번 주말에 뭐 했니?
▶ Bu hafta sonu ne yaptın?
  부 하프타 쏘누 네 얍튼?

- 어디에 갔었니?
▶ Nereye gittin?
  네레예 기띤

- 난 집에 있었다.
▶ Ben evdeydim.
  벤 에브데이딤.

- 난 집에서 TV 보았다.
▶ Ben evde televizyon izledim.
  벤 에브데 텔레비쓰욘 이즐레딤.

- 나는 사무실에서 일을 해야만 했다.
▶ Ben ofiste çalışmak zorundaydım.
  벤 오피스테 찰르쉬막 조룬다이듬.

- 형[남동생]과 함께 해변에 갔었다.
▶ Ağabeyimle [Erkek kardeşimle] denize gittim.
  아아베임레 [엘켁 칼데쉼레] 데니제 기띰.

- 나는 친구들과 함께 파티에 갔었다.
▶ Ben arkadaşlarımla partiye gittim.
  벤 알카다쉬라름라 팔티예 기띰.

- 난 잠을 엄청 잤다.
▶ Çok uyudum.
  촉 우유둠.

- 부모님이 다니러 오셨다.
▶ Anne babam geldi.
  안네 바밤 겔디.

- 난 앙카라에 있는 부모님께 갔었다.
▶ Ben Ankara'daki Anne babamın yanına gittim.
  벤 앙카라다키 안네 바바믄 야느나 기띰.

- 지난 주말에 어디에 있었니?
▶ Geçen hafta sonu nereye gittin?
게첸 하프타 쏘누 네레예 기띤?

- 지난 주말에 여러 번 전화했는데, 받지 않더라고.
▶ Geçen hafta sonu seni bir kaç kere aradım, ulaşamadım.
게첸 하프타 쏘누 쎄니 비 카츠 케레 아라듬, 울라샤마듬.

돈이 없을 때

- 난 도산 직전에 있다.
▶ Ben iflas etmek üzereyim.
벤 이프라쓰 에트멕 위제레임.

- 난 땡전 한 푼 없다.
▶ Benim bir kuruş param yok.
베님 비 쿠루쉬 파람 욕.

- 난 완전히 파산했다.
▶ Ben tamamen iflas ettim.
벤 타마멘 이프라스 에띰.

- 내 지갑이 비었다.
▶ Cüzdanım boş.
쥬쓰다늠 보쉬.

- 난 입고 있는 옷 외에는 아무것도 없다.
▶ Şu an giydiğim kıyafetten başka hiçbir şeyim yok.
슈 안 기이디임 크야펫뗀 바쉬카 히츠비 쉐임 욕.

- 내 통장 잔고가 남지 않았다.
▶ Banka hesabımda bakiyem kalmadı.
반카 헤싸븜다 바키엠 칼마드.

- 이제 난 아무 것도 없다.
▶ Artık benim hiçbir şeyim kalmadı.
알특 베님 히츠비 쉐임 칼마드.

- 이제 줄만한 것이 아무 것도 없어요.
▶ Artık verecek başka hiçbir şeyim kalmadı.
알특 웨레젝 바쉬카 히츠비 쉐임 칼마드.

- 난 끼니가 걱정이다.
▶ Benim yemek konusunda kaygılarım var.
베님 예멕 코누쑨다 카이그라름 왈.

레스토랑

식당을 찾을 때

- 이 근처 좋은 식당 하나 추천해 주시겠습니까?
▶ Bana buralarda iyi bir lokanta önerebilir misiniz?
 바나 부라랄다 이 비 로칸타 외네레빌릴 미씨니스?

- 너무 비싸지 않은 음식점으로 하나 부탁합니다.
▶ Fazla pahalı olmayan bir lokanta önerin, lütfen.
 파쓸라 파할르 올마얀 비 로칸타 외네린, 륏펜.

- 식당 중에 하나 추천해 주세요.
▶ Bana lokantalardan biri önerin, lütfen.
 바나 로칸타랄단 비리 외네린, 륏펜.

- 영어[한국어, 터키어]가 되는 레스토랑으로 부탁합니다.
▶ İngilizce [Korece, Türkçe] mümkün olan bir lokanta olsun, lütfen.
 인길리쓰제 [코레제, 튀륵체] 뮴퀸 올란 비 로칸타 올쑨, 륏펜.

- 조용한 분위기의 식당을 원합니다.
▶ Sakin bir lokanta istiyorum.
 싸킨 비 로칸타 이스티요륨.

- 이 근처에 중국 [한국, 터키, 일본] 음식점 있습니까?
▶ Buralarda Çin [Kore, Türk, Japon] lokantası var mı?
 부라랄다 친 [코레, 튀륵, 자폰] 로칸타쓰 왈 므?

식당을 예약할 때

- 예약이 가능합니까?
▶ Rezervasyon yaptırabilir miyim?
 레젤와씨욘 얍뜨라빌릴 미임?

- 저녁 8시에 두 자리 부탁합니다.
▶ Akşam saat sekize iki kişilik bir masa, lütfen.
 악샴 싸앗 쎄키제 이키 키쉬릭 비 마싸, 륏펜.

- 예약 되었습니다.
▶ Rezervasyonunuz yapıldı.
  레젤와씨요누쓰   야플드.

- 5인용 테이블이 있습니까?
▶ Beş kişilik masa var mı?
  베쉬 키쉬릭 마싸 왈 므?

식당 입구에서

- 예약하셨습니까?
▶ Rezervasyon yaptırdınız mı?
  레젤와씨욘   얍뜰드느쓰   므?

- 저는 '김민수' 이름으로 예약 했습니다.
▶ Ben 'Kim Minsu' adıyla yer ayırttım.
  벤   김민수   아드일라 옐 아이으르뜸.

- 환영합니다. (어서 오세요)
▶ Hoş geldiniz.
  호쉬 겔디니쓰.

- 몇 분이시죠?
▶ Kaç kişi geldiniz?
  카츠 키쉬 겔디니스?

- 이쪽으로 오세요.
▶ Bu taraftan gelin, lütfen.
  부 타랍딴   겔린, 륏펜.

- 죄송합니다. 빈자리가 없습니다.
▶ Özür dilerim. Boş yer kalmadı.
  외쥘 딜레림. 보쉬 옐 칼마드.

- 죄송합니다. 저쪽은 이미 예약이 되어 있습니다.
▶ Özür dilerim. Oraya önceden rezervasyon yapıldı.
  외쥘 딜레림   오라야 왠제덴   레젤와쓰욘   야플드.

- 아직 빈자리 있나요?
▶ Hala boş yer var mı?
  할라 보쉬 옐 왈 므?

- 5명이 앉을 자리가 있나요?
▶ Beş kişilik bir masa var mı?
베쉬 키쉬릭 비 마싸 왈 므?

- 얼마나 기다려야 합니까?
▶ Ne kadar beklememiz lazım?
네 카달 베클레메미쓰 라즘?

- 저희는 창문 가까이 앉고 싶은데요.
▶ Pencere kenarında oturmak istiyoruz.
펜제레 케나른다 오툴막 이스티요루쓰.

- 공원이 보이는 쪽에 앉을 수 있나요?
▶ Park manzaralı bir masada oturabilir miyiz?
팔크 만자랄르 비 마싸다 오투라빌맄 미이쓰?

- 금연석에 앉고 싶습니다.
▶ Sigara içilmeyen bir yer, lütfen.
씨가라 이칠메옌 비 옐, 륏펜.

- 여기는 금연 구역입니다.
▶ Burası sigara içilmeyen yerdesiniz.
부라쓰 시가라 이칠메옌 옐데씨니쓰.

메뉴를 물을 때

- 잠시 만요. 저는 친구 하나를 기다리고 있습니다.
▶ Bir dakika, bir arkadaşımı bekliyorum.
비 다키카, 비 알카다쉬므 베클리요룸.

- 제 친구들이 곧 올 거예요. 그 때 주문할게요.
▶ Şimdi arkadaşlarım gelecek. O zaman sipariş vereyim.
쉼디 알카다쉬라름 겔레젝. 오 자만 시파리쉬 웨레임.

- 메뉴판 좀 갖다 주세요.
▶ Menü, lütfen.
메뉴, 륏펜.

- 메뉴를 좀 볼 수 있을까요?
▶ Menüye bakabilir miyim?
메뉴예 바카빌맄 미임?

▷ 식당 메뉴

• 과일	Meyve
• 물	Su
• 빵	Ekmek
• 샐러드	Salata
• 수프	Çorba
• 술	İçki
• 안주	Meze
• 음료수	Meşrubat
• 케밥	Kebap
• 피데	Pide
• 후식	Tatlı

• 여기의 명물 요리는 무엇입니까?

▶ Buraya has yemekler nelerdir?
부라야 하스 예멕렐 네렐딜?

• 이 지역의 명물 요리를 먹고 싶습니다.

▶ Buraya has yemekleri yemek istiyorum.
부라야 하스 예멕레리 예멕 이스티요룸.

음식을 주문할 때

• 아직 결정하지 못했습니다.

▶ Henüz karar veremedim.
헤뉘쓰 카랄 웨레메딤.

• 결정하려면 몇 분 걸릴 것 같네요.

▶ Karar vermem için birkaç dakika lazım.
카랄 웰멤 이친 비카츠 다키카 라즘.

• 조금 기다릴 수 있으시죠?

▶ Biraz bekleyebilir misiniz?
비라쓰 베클레예빌릴 미씨니스?

• 이것을 먹겠습니다.

▶ Bunu yiyeceğim.
부누 이예제임.

VII. 편리한 생활을 위한 표현 287

• 저것과 같은 것을 주세요.
▶ Şununla aynı şeyi istiyorum.
　슈눈라　아이느 쉐이 이스티요룸.

• 물 좀 주세요.
▶ Bir bardak su, lütfen.
　비 발닥　수, 륏펜.

• 식사 전에 먹는 전채요리 주세요.
▶ Yemekten önce aperitif istiyorum.
　예멕텐　왼제 아페리티프 이스티요룸.

• 권해주시는 요리를 먹겠습니다.
▶ Tavsiye ettiğiniz yemeklerden yiyeceğim.
　타브시예 에띠이니스 예멕렐덴　　이예제임.

• 영어[한국어, 터키어]로 된 메뉴판은 없나요?
▶ İngilizce [Korece, Türkçe] menü var mı?
　인길리쓰제 [코레제,　투륵체]　메뉴　왈　므?

• 이 식당에서 가장 잘하는 요리로 주세요.
▶ Bu lokantadaki en iyi yemeklerden istiyorum.
　부 로칸타다키　엔 이이 예멕렐덴　　이스티요룸.

• 그것으로 하겠습니다.
▶ Ondan olsun.
　온단　올쑨.

• 정식으로 주세요.
▶ Buranın ana yemeğinden istiyorum.
　부라는　아나 예메인덴　　이스티요룸.

• 전채요리와 고기[생선] 요리를 주십시오.
▶ Aperitif ile et [balık] yemeği istiyorum.
　아페리티프 일레 엣[발륵] 예메이　이스티요룸.

• 오늘의 특별요리가 있습니까?
▶ Günün özel yemeği var mı?
　규뉸　웨젤 예메이　왈　므?

• 지금 바로 요리를 갖다 주실 수 있나요?
▶ Hemen yemeği getirebilir misiniz?
　헤멘　예메이　게티레빌맆 미씨니스?

- 완전히 구워주세요.
▶ Tam pişmiş olsun, lütfen.
  탐   피쉬미쉬 올쑨,   륏펜.

- 중간 정도 구워주세요.
▶ Orta pişmiş olsun, lütfen.
  오르타 피쉬미쉬 올쑨,   륏펜.

- 살짝 구워주세요.
▶ Az pişmiş olsun, lütfen.
  아쓰 피쉬미쉬 올쑨, 륏펜.

음식을 주문 받을 때

- 무엇을 드시겠습니까?
▶ Buyurun, ne arzu edersiniz, efendim?
  부유룬,   네 알주 에델씨니즈, 에펜딤?

- 여기 메뉴판이 있습니다.
▶ Buyurun, menümüz.
  부유룬,   메뉴뮤쓰.

- 수프는 어떻게 드릴까요?
▶ Çorbanız nasıl olsun?
  촐바느쓰   나쓸 올쑨?

> ▷ 수프(çorba) 종류
>
> - 녹두 수프   Mercimek çorbası
> - 얼큰한 녹두 수프   Ezogelin çorbası
> - 크림 수프   Kremalı çorbası
> - 소 창자 수프   İşkembe çorbası
> - 닭 수프   Tavuk çorbası

- 수프는 진하게 드릴까요, 맑게 해 드릴까요?
▶ Çorbanız koyu mu olsun? Açık mı olsun?
  촐바느쓰   코유 무 올쑨? 아측 므 올쑨?

- 송아지고기와 닭고기 중 어느 쪽을 원하십니까?
▶ Dana eti ve tavuk eti arasında hangisini tercih edersiniz?
  다나 에티 웨 타욱   에티 아라쓴다 한기씨니   텔지   에델씨니쓰?

▷ 고기 종류

• 쇠고기	Sığır eti
• 송아지고기	Dana eti
• 돼지고기	Domuz eti
• 양고기	Koyun eti
• 어린양고기	Kuzu eti
• 닭고기	Tavuk eti
• 오리고기	Ördek eti
• 칠면조고기	Hindi eti

- 음료는 무엇을 하시겠습니까?
▶ İçeceklerden ne alırsınız?
 이체젝렐덴   네 알르쓰느스?

▷ 음료수 종류

• 과일 주스	Meyve suyu
• 당근 주스	Havuç suyu
• 물	Su
• 사과 주스	Elma suyu
• 사이다	Gazoz
• 소다수	Soda
• 아이란	Ayran
• 오렌지 주스	Portakal suyu
• 우유	Süt
• 음료수	Meşrubat
• 차	Çay
• 커피	Kahve
• 콜라	Kola
• 키위 주스	Kivi suyu
• 토마토 주스	Tomates suyu
• 환타	Fanta

- 필요한 다른 것이 있으신가요?
▶ Başka istediğiniz bir şey var mı?
 바쉬카 이스테디이니스 비 쉐이 왈 므?

- 우리 식당에는 샐러드, 튀긴 감자가 있습니다.
▶ Bizde salata ve kızarmış patates var.
비스데 살라타 웨 크잘므쉬 파타테스 왈.

주문에 문제가 있을 때

- 이것은 제가 주문한 것이 아닙니다.
▶ Ben bunu istemedim.
벤 부누 이스테메딤.

- 주문한 요리가 아직 안 나오네요.
▶ Ismarladığım yemek daha çıkmadı.
으스말라드음 예멕 다하 츠크마드.

음식을 먹으면서

- 빵 좀 더 주세요.
▶ Biraz daha ekmek alabilir miyim?
비라쓰 다하 에크멕 알라빌릴 미임?

- 이 요리 어떻게 먹는 거에요?
▶ Bu yemeği nasıl yiyebilirim acaba?
부 예메이 나쓸 이예빌리림 아자바?

디저트에 대해서

- 디저트로 무엇을 원하십니까?
▶ Tatlı olarak ne arzu edersiniz?
타틀르 올라락 네 알주 에델씨니쓰?

- 디저트로는 아이스크림, 과일 중에는 사과와 멜론이 있어요.
▶ Tatlı olarak dondurma, meyvelerdense elma ve kavun var.
타틀르 올라락 돈둘마, 메이웨렐덴쎄 엘마 웨 카운 왈.

- 커피 드실래요? 차 드실래요?
▶ Kahve mi alırsınız? Çay mı?
카흐웨 미 알르쓰느쓰? 차이 므?

- 커피 [차] 하나 주세요.
▶ Kahve [Çay], lütfen.
카흐웨 [차이], 륏펜.

- 커피 [차]를 어떻게 해 드릴까요?
▶ Kahveniz [Çayınız] nasıl olsun?
  카흐웨니쓰 [차이으느쓰] 나쓸 올쑨?

- 진하게 [엷게] 해 주세요. (커피나 차일 경우)
▶ Koyu [Açık], lütfen.
  코유 [아측], 륏펜.

- 설탕 많이[보통, 적게] 넣어 주세요. (커피일 경우)
▶ Çok [Normal, Az] şekerli olsun, lütfen.
  촉 [노르말, 아쓰] 쉐케를리 올쑨, 륏펜.

- 밀크 커피로 주세요.
▶ Sütlü kahve istiyorum.
  슈트류 카흐베 이스티요룸.

- 제 커피는 프림넣어 [프림없이] 주세요.
▶ Kahvem sütlü [sade] olsun, lütfen.
  카흐웸 숫류 [싸데] 올쑨, 륏펜.

식사를 마칠 때

- 음식이 너무 좋았어요.
▶ Yemek çok güzeldi.
  예멕 촉 규젤디

- 음식이 너무 맛있었습니다.
▶ Yemek çok lezzetliydi.
  예멕 촉 레제틀리이디.

- 음식 대접에 감사드립니다.
▶ Yemekler için elinize sağlık.
  예멕렐 이친 엘리니제 싸을륵.

▷ '감사'의 관용적인 표현들

• 먼 길로부터 온 사람에게	Ayaklarınıza sağlık.
• 음식, 작업 등 수고한 사람에게	Elinize sağlık.
• 무엇인가 열심히 설명해 준 사람에게	Ağzınıza sağlık.

- 음식 대접으로 너무 고생하셨습니다.
▶ Yemekler için çok zahmet ettiniz.
예멕렐 이친 촉 자흐멧 에띠니쓰.

- 고맙습니다만 더 못 먹겠습니다.
▶ Teşekkür ederim ama çok doydum.
테쉐뀰 에데림 아마 촉 도이둠.

- 사양하지 말고 드세요.
▶ Çekinmeden yiyebilirsiniz.
체킨메덴 이예빌릴씨니쓰.

- 많이 먹었습니다.
▶ Çok yedim.
촉 예딤.

- 너무 배가 불러요.
▶ Çok tokum.
촉 토쿰.

- 충분히 먹었습니다.
▶ Yeterince fazla yedim.
예테린제 파쓸라 예딤.

- 너무 배가 고팠습니다.
▶ Çok acıktım.
촉 아즉뜸.

- 요리가 매우 훌륭했습니다.
▶ Yemekler çok harikaydı.
예멕렐 촉 하리카이드.

- 음식이 너무 많아 조금 남겼습니다.
▶ Yemekler çok fazlaydı da bitiremedim.
예멕렐 촉 파즐라이드 다 비티레메딤.

▷ 식당에서 자주 사용하는 단어들

- 가격   Fiyat
- 간이영수증   Fiş
- 계산서   Hesap
- 고기종류   Etler
- 나이프   Bıçak
- 냅킨   Peçete
- 메뉴   Menü
- 물   Su
- 물티슈   Islak mendil
- 버터   Tereyağı
- 빵   Ekmek
- 부가가치세   K.D.V
- 생선   Balık
- 설탕   Şeker
- 세금계산서   Fatura
- 소금   Tuz
- 올리브기름   Zeytin yağı
- 이쑤시개   Kürdan
- 잼   Reçel
- 접시   Tabak
- 종업원   Garson
- 컵   Bardak
- 팁   Bahşiş
- 포크   Çatal
- 후추   Karabiber

음식 값을 계산할 때

- 계산서 좀 주세요.
▶ Hesap, lütfen.
   헤쌉.   뤗펜.

- 계산이 조금 잘못된 것 같습니다.
▶ Hesapta bir yanlışlık var, galiba.
헤쌉따 비 얀르쉬륵 왈, 갈리바.

- 계산서에 봉사료가 포함되어 있습니까?
▶ Hesaba servis ücreti dahil mi acaba?
헤싸바 세르위쓰 유즈레티 다힐 미 아자바?

- 내가 지불할게.
▶ Hesabı ben ödeyeceğim.
헤싸브 벤 외데예제임.

- 이번에는 내가 한턱낼게.
▶ Bu sefer benden olsun.
부 쎄펠 벤덴 올쑨.

- 제가 대접하고 싶습니다.
▶ Ben ısmarlamak istiyorum.
벤 으쓰말라막 이스티요룸.

- 이번은 내가 낼 차례다.
▶ Bu defa sıra bende.
부 데파 스라 벤데.

- 이것은 내가 살께.
▶ Bunu ben alayım.
부누 벤 알라이음.

- 알리가 한턱낸데.
▶ Ali ısmarlayacakmış.
알리 으쓰말라야작므쉬.

- 다음에는 네 차례야.
▶ Gelecek sefer sıra sende.
겔레젝 쎄펠 스라 쎈데.

03 카페와 술집

음료를 권할 때

- 마실 것 드릴까요?
▶ İçecek ister misiniz?
 이체젝 이스텔 미씨니스?

- 뭐 마실래?
▶ Ne içeceksin?
 네 이체젝씬.

- 무슨 음료를 원하세요?
▶ Meşrubatlardan ne alırsınız?
 메슈루밧랄단 네 알르쓰느쓰?

- 시원한 맥주[콜라] 원하세요?
▶ Soğuk bira [Kola] ister misiniz?
 쏘욱 비라 [콜라] 이스텔 미씨니쓰?

- 어떤 제품으로 원하세요?
▶ Hangi marka olsun?
 한기 말카 올쑨?

- 탄산음료 마실래?
▶ Gazoz istiyor musunuz?
 가조쓰 이스티욜 무쑤누쓰?

- 콜라[술] 마실래?
▶ Kola [İçki] ister misiniz?
 콜라 [이츠키] 이스텔 미씨니쓰?

- 어떤 안주를 원하세요?
▶ Mezelerden ne istiyorsunuz?
 메제렐덴 네 이스티욜쑤누쓰?

- 그것 한번 먹어 볼게요.
▶ Onu bir denemek istiyorum.
 오누 비 데네멕 이스티요룸.

- 안주로 견과류가 있습니다.
▶ Meze olarak kuruyemiş var.
  메제 올라락 쿠루예미쒸 왈.

술을 마시자고 할 때

- 우리 술 한잔해요!
▶ Bir içkiye ne dersiniz?
  비 이츠키예 네 델씨니쓰?

> ▷ 주류(Alkol)
>
> - 포도주   Şarap
> - 맥주   Bira
> - 라크   Rakı
> - 보드카   Vodka
> - 위스키   Viski
> - 칵테일   kokteyl

- 제가 한 잔 사고 싶은데, 어떠세요?
▶ Bir içki ısmarlayayım, ne dersiniz?
  비 이츠키 으쓰말라야이음, 네 델씨니쓰?

- 술집에서 한 잔 할래요?
▶ Meyhanede bir içkiye ne dersiniz?
  메이하네데 비 이치키예 네 델씨니쓰?

- 저 한 잔 하러 가려는데 같이 갈래요?
▶ Canım bir kadeh içki istiyor da, birlikte gidelim mi?
  자늠 비 카데흐 이츠키 이쓰티욜 다, 빌릭테 기델림 미?

- 우리와 한잔하게 오세요!
▶ Bizimle bir kadeh içki içmeye gelin!
  비짐레 비 카데흐 이츠키 이츠메예 겔린!

- 시간 있으면 한 잔 하러 갈래요?
▶ Vaktiniz varsa bir kadeh içkiye ne dersiniz?
  왁티니쓰 왈싸 비 카데흐 이츠키예 네 델씨니쓰?

술을 주문할 때

• 이 지방의 특산 와인을 마시고 싶습니다.
▶ Bu yöreye ait özel bir şarap istiyorum.
부 요레예 아잇 외젤 비 샤랍 이스티요룸.

• 생맥주 있죠?
▶ Fıçı bira var mı?
프츠 비라 왈 므?

• 흑맥주 있나요?
▶ Siyah bira var mı?
시야흐 비라 왈 므?

• 맥주 한 잔 주세요.
▶ Bir bardak bira, lütfen.
비 발닥 비라, 륏펜.

• 무알콜 음료도 있나요?
▶ Alkolsüz içecek var mı?
알코올쑤쓰 이체젝 왈 므?

• 그 사람 것과 같은 것으로 하나 원합니다.
▶ Onunkiyle aynı olandan bir tane istiyorum.
오눈키일레 아이느 올란단 비 타네 이스티요룸.

술·안주를 추가로 주문할 때

• 맥주 한 잔 더 주세요.
▶ Bir bardak bira daha istiyorum.
비 발닥 비라 다하 이스티요룸.

• 포도주 더 드세요.
▶ Biraz daha şarap içebilirsiniz.
비라쓰 다하 샤랍 이체빌릴씨니쓰.

• 올리브 더 부탁합니다.
▶ Bir zeytin daha, lütfen.
비 제이틴 다하, 륏펜.

• 얼음 좀 더 부탁합니다.
▶ Biraz daha buz, lütfen.
비라쓰 다하 부쓰, 륏펜.

건배할 때

- 함께 잔을 듭시다!
▶ Birlikte kadeh kaldıralım!
  빌릭떼 카데흐 칼드랄름!

- 건배!
▶ Şerefe!
  쉐레페!

- 우리의 인생을 위해!
▶ Hayatımıza!
  하야트므자!

- 우리의 사랑을 위해!
▶ Sevgimize!
  쎄브기미제!

- 우리들을 위해!
▶ Kendimize!
  켄디미제!

- 우리의 성공을 위해!
▶ Başarımıza!
  바샤르므자!

- 우리의 건강을 위해!
▶ Sağlığımıza!
  싸을르으므자!

- 우리의 행복을 위해!
▶ Mutluluğumuza!
  뭇루루우무자!

- 우리의 찬란한 미래를 위해!
▶ Parlak geleceğimize!
  팔락 겔레제이미제!

- 우리의 팀워크를 위해!
▶ Takımın birliğine!
  타크믄 비를리이네!

술을 마시면서

- 여기서 담배 피워도 괜찮나요?
▶ Burada sigara içebilir miyim?
　부라다　시가라 이체빌릴 미임?

- 얼음물 한 잔 주세요.
▶ Bir bardak buzlu su, lütfen.
　비 발닥　부쓰루 수, 륏펜.

- 물 한 병 주세요.
▶ Bir şişe su, lütfen.
　비 쉬쉐 수, 륏펜.

- 너 많이 마셨어.
▶ Fazla içtin.
　파즐라 이츠틴.

- 너 취했어.
▶ Sarhoş oldun.
　쌀호쉬 올둔.

- 너 더 마시면 안 돼.
▶ Daha içmemen gerek.
　다하　이치메멘　게렉.

- 너 계속 마시면 취할 꺼다.
▶ Daha içersen sarhoş olacaksın.
　다하　이첼쎈　쌀호쉬　올라작쓴.

- 음주 운전하면 안 돼!
▶ Alkollü araç kullanma!
　알콜류　아라츠 쿨란마!

04 대중교통

택시를 이용할 때

- 택시 타는 곳이 어디입니까?
▶ Taksi durağı nerede?
  탁시 두라으 네레데?

- 택시 한 대 불러주세요.
▶ Bana bir taksi çağırın, lütfen.
  바나 비 탁시 차으른, 륏펜.

- 인천 공항까지 요금은 얼마 정도 되나요?
▶ İncheon Havaalanına kadar ne kadar?
  인천 하와알라느나 카달 네 카달?

- 서울 호텔로 가 주세요.
▶ Seul Oteline gitmek istiyorum.
  세울 오텔리네 기트멕 이스티요룸.

- 올림픽 공원까지 가 주세요.
▶ Olimpiyat parkına gitmek istiyorum.
  올림피얏 팔크나 기트멕 이스티요룸.

- 이 장소로 가주세요.
▶ Buraya götürün, lütfen.
  부라야 괴튜륜, 륏펜.

- 이 주소로 가주세요.
▶ Bu adrese gitmek istiyorum.
  부 아드레쎄 기트멕 이스티요룸.

- 좀 더 빨리 가주세요.
▶ Daha hızlı gidin, lütfen.
  다하 흐즐르 기딘, 륏펜.

- 이것이 제 짐입니다.
▶ Bu benim bavulum.
　부 베님 바울룸.

- 이것이 제 짐입니다.
▶ Bunlar benim bavullarım.
　분랄 베님 바울라름.

- 여기서 잠깐만 기다려주세요.
▶ Burada biraz bekleyin, lütfen.
　부라다 비라쓰 베클레인, 륏펜.

- 여기서 세워주세요.
▶ Burada durun, lütfen.
　부라다 두룬, 륏펜.

- 적당한 곳에서 세워주세요.
▶ Müsait bir yerde durun, lütfen.
　뮤싸잇 비 옐데 두룬, 륏펜.

- 적당한 곳에 내릴 수 있을까요?
▶ Müsait bir yerde inebilir miyim?
　뮤싸잇 비 옐데 이네빌릴 미임?

- 적당한 곳에 내려주실래요?
▶ Uygun bir yerde indirebilir misiniz?
　우이군 비 옐데 인디레빌릴 미씨니쓰?

- 저기 횡단보도에서 세워주실래요?
▶ Şu yaya geçidinde durur musunuz?
　슈 야야 게치딘데 두룰 무쑤느쓰?

- 요금은 얼마죠?
▶ Ücreti ne kadar?
　유즈레티 네 카달?

- 얼마를 드려야 하죠?
▶ Borcum ne kadar?
　보르줌 네 카달?

- 여기에 있습니다. 거스름돈은 그냥 받으세요.
▶ Buyurun. Üstü kalsın.
　부유룬. 위스튜 칼쓴.

시내버스를 이용할 때

• 버스승차권은 어디서 사나요?

▶ **Otobüs biletini nereden alabilirim?**
오토뷰스 빌레티니 네레덴 알라빌리림?

• '울루스'로 가는 버스정류장은 어디죠?

▶ **Ulus'a giden otobüs durağı nerede acaba?**
울루싸 기덴 오토뷰스 듀라으 네레데 아자바?

• 이 버스는 '크즐라이'로 가나요?

▶ **Bu otobüs Kızılay'dan geçiyor mu?**
부 오토뷰스 크즐라이단 게치욜 무?

• '안카라'까지는 얼마에요?

▶ **Ankaraya ne kadar?**
안카라야 네 카달?

• 얼마입니까?

▶ **Ne kadar?**
네 카달?

▷ 기본 의문사들

• 언제?	Ne zaman?
• 어디서?	Nerede?
• 어디로?	Nereye?
• 무엇을?	Ne?
• 누가?	Kim?
• 어떻게?	Nasıl?
• 왜?	Niçin?, Neden?
• 어느?	Hangi?
• 얼마?	Ne kadar
• 몇 개?	Kaç tane?
• 몇 명?	Kaç kişi?
• 몇 시간?	Kaç saat?
• 몇 시?	Saat kaç?

- 여기에 앉아도 되나요?
▶ Buraya oturabilir miyim?
부라야   오투라빌릴 미임?

- 다음 정거장에서 내릴 예정이에요.
▶ Gelecek durakta iniyorum.
겔레젝   두락따   이니요룸.

- 여기서 내려주세요.
▶ Burada indirin, lütfen.
부라다 인디린, 륏펜.

- 이 버스는 서울호텔 앞에서 정차합니까?
▶ Bu otobüs Seul otelinde duruyor mu?
부 오토뷰쓰 세울 오텔린데 두루욜   무?

- 창문을 열어도 괜찮겠습니까?
▶ Pencereyi açabilir miyim?
펜제레이   아차빌릴 미임?

고속버스를 이용할 때

- 승차권은 어디서 사야하죠?
▶ Otobüs biletini nerede alabilirim, acaba?
오토뷰스 빌렛티니 네레데   알라빌리림, 아자바?

- 중간에 세워 주실 수 있나요?
▶ Yolda inebilir miyim, acaba?
욜다 이네빌릴 미임,   아자바?

- '이스탄불'까지는 버스로 얼마나 걸립니까?
▶ İstanbul'a otobüsle ne kadar sürer, acaba?
이스탄불라 오토뷰쓰레 네 카다   슈렐, 아자바?

- '이스탄불'에서 '안카라'까지 비행기로 얼마나 걸리나요?
▶ İstanbul'dan Ankara'ya uçakla ne kadar sürer?
이스탄불단   안카라야   우착라 네 카달   수렐?

- '이스탄불'에서 '안카라'까지 기차로 몇 시간 걸리나요?
▶ İstanbul'dan Ankara'ya trenle kaç saat sürer?
이스탄불단   안카라야   트렌레 카츠 싸앗 슈렐?

- '이스탄불'에서 '안카라'까지 머나요[가깝나요]?
▶ İstanbul'dan Ankara'ya kadar uzak [yakın] mı, acaba?
　이스탄불단　　안카라야　　카달　우작 [야큰]　므, 아자바?

관광버스를 이용할 때

- 시내 관광을 위한 버스가 있나요?
▶ Şehir içi tur için otobüs var mı, acaba?
　쉐힐　이치 툴 이친 오토뷰스 왈　므, 아자바?

- 하루[반나절] 코스는 없나요?
▶ Tam gün [Yarım gün] turunuz var mı, acaba?
　탐　균 [야름　균]　투루누쓰 왈　므, 아자바?

- 어디 어디를 볼 수 있습니까?
▶ Nerelere bakabiliriz, acaba?
　네렐레레　　바카빌리리쓰, 아자바?

- 시간은 얼마나 걸리나요?
▶ Turumuz ne kadar sürer, acaba?
　투르무쓰　네 카달　수렐, 아자바?

- 식사가 포함되어 있나요?
▶ Yemek dahil mi, acaba?
　예멕　다힐　미, 아자바?

- 몇 시에 출발합니까?
▶ Saat kaçta hareket ediyoruz?
　싸앗　카츠타 하레켓　에디요루쓰?

- 몇 시에 끝납니까?
▶ Ne zaman bitiyor?
　네　자만　　비티욜?

- 어디에서 출발합니까?
▶ Nereden kalkıyor?
　네레덴　　칼크욜?

- 데데만 호텔에서 그 버스에 합류할 수 있습니까?
▶ Dedeman otelinden tura katılabilir miyiz, acaba?
　데데만　오텔린덴　　투라 카틀라빌릴 미이쓰, 아자바?

Ⅶ. 편리한 생활을 위한 표현　305

- 마르마라 호텔에서 내릴 수 있습니까?

▶ Marmara otelinde inebilir miyim, acaba?
말마라 오텔린데 이네빌릴 미임, 아자바?

- 비용은 얼마입니까?

▶ Ücreti ne kadar, acaba?
유즈레티 네 카달, 아자바?

지하철을 이용할 때

- 여기에서 가장 가까운 지하철역은 어디죠?

▶ Buralarda en yakın metro istasyonu nerede, acaba?
부랄랄다 엔 야큰 메트로 이스타시요누 네레데, 아자바?

- 지하철[전차, 돌무쉬] 승차권은 어디에서 사야 하죠?

▶ Metro [Tramvay, Dolmuş] biletlerini nereden alabilirim, acaba?
메트로 [트람바이, 돌무쉬] 빌렛레리니 네레덴 알라빌리림, 아자바?

- 표 두 장 주세요.

▶ İki tane bilet, lütfen.
이키 타네 빌렛, 륏펜.

- 2인용 표 하나 주세요.

▶ İki kişilik bir bilet, lütfen.
이키 키씨릭 비 빌렛, 륏펜.

- 한 장에 얼마에요?

▶ Tanesi ne kadar?
타네씨 네 카달?

- 이스탄불 시청으로 가려면 몇 호선을 타야합니까?

▶ İstanbul Büyükşehir Belediyesine gitmek için kaçıncı hatta binmem
이스탄불 뷰육쉐힐 벨레디예씨네 기뜨멕 이친 카츤즈 하따 빈멤
lazım?
라즘?

▷ 기수와 서수(~번째: -inci 어미 사용)

• 1	Bir	첫 번째	Bir-inci
• 2	İki	두 번째	İk-inci
• 3	Üç	세 번째	Üç-üncü
• 4	Dört	네 번째	Dörd-üncü
• 마지막	Son	마지막 번째	Son-uncu
• 몇	Kaç?	몇 번째	Kaç-ıncı?

- 탁심에 가려면 몇 번째에서 내려야 합니까?
▶ Taksim'e gitmek için kaçıncı durakta inmek lazım?
　탁시메　기뜨멕 이친 카츤즈 두락따 인멕 라즘?

- 내리려고 합니다. 조금만 비켜 주실래요?
▶ İnmek istiyorum, müsaade eder misiniz?
　인멕　이스티요룸, 뮤싸데　에델 미씨니쓰?

열차를 이용할 때

- 일반적으로 출발 5일전부터 표를 팔고 있습니다.
▶ Genelde harekete 5 gün kala biletleri satmaktayız.
　게넬데　하레케테　베쉬 균 칼라 빌렛레리 싸트막타이으쓰.

- Ankara 행 열차는 어디에서 출발하죠?
▶ Ankara treni nereden kalkıyor, acaba?
　안카라 트레니 네레덴　칼크욜,　아자바?

> ▷ 질문할 때 항상 필요한 부사 '혹시?' 'acaba'
>
> 　앞에서도 계속 되고 있듯이 불확실한 사실에 대해 물어볼 때는 질문의 맨 끝 혹은 맨 앞에 항상 'acaba'를 넣어 함께 사용하는 습관을 가지면 좋다.
>
> - 혹시 한국인이세요?
>   Koreli misiniz, acaba? (= Acaba, Koreli misiniz?)
> - 혹시 이 근처에 우체국 있나요?
>   Buralarda postane var mı, acaba?
>   (= Acaba, buralarda postane var mı?)
> - 혹시 너 어제 여기 왔었니?
>   Dün buradamıydınız, acaba?
>   (Acaba, dün buradamıydınız?)

- 이등칸 표로 두 장 주세요.
▶ İkinci sınıf vagonlarından iki bilet, lütfen.
　이킨지 스늪 와곤라른단　이키 빌렛, 륏펜.

- '앙카라'까지 편도[왕복]표 한 장 주세요.
▶ Ankara'ya bir gidiş [gidiş-dönüş] bileti, lütfen.
　안카라야　비 기디쉬 [기디쉬-되뉴쉬] 빌레티, 륏펜.

- 표는 3일까지만 유효합니다.
▶ Biletiniz ancak 3 gün geçerli olacak.
빌레티니쓰 안작 위츠 균 게체를리 올라작.

- 아이들, 군인, 학생들에게 혹시 할인이 있나요?
▶ Çocuklar, askerler, öğrenciler için indirim var mı, acaba?
초죽랄, 아스켈렐, 외렌지렐 이친 인디림 왈 므, 아자바?

- 아이들, 군인, 학생들은 50% 할인입니다.
▶ Çocuklar, askerler, öğrenciler için %50 indirim var.
초죽랄, 아스켈렐, 외렌지렐 이친 유스데 엘리 인디림 왈.

- 70세 이상 노인은 무료입니다.
▶ 70 yaşından sonraki yaşlılar için ücretsizdir.
예트미쉬 야쉰단 쏜라키 야쉴르랄 이친 위즈렛씨쓰딜.

- 왕복표를 사시면 더 경제적입니다.
▶ Gidiş-dönüş bileti almak daha hesaplıdır.
기디쉬 돼뉴쉬 빌레티 알막 다하 헤쌉르들.

- 자동 발권기는 역 안에 있습니다.
▶ Otomatik bilet makinesi istasyonun içindedir.
오토마틱 빌렛 마키네씨 이스타스요눈 이친데딜.

- 급행 열차가 혹시 있습니까?
▶ Hızlı tren var mı acaba?
흐즐르 트렌 왈 므, 아자바?

- 이 열차에 혹시 침대 칸이 있습니까?
▶ Bu trende yataklı vagon var mı, acaba?
부 트렌데 야탁르 와곤 왈 므, 아자바?

- 이 열차에 식당 칸이 있습니까?
▶ Bu trende yemekli vagon var mı, acaba?
부 트렌데 예메클리 와곤 왈 므, 아자바?

- 이 열차는 '부르사'에서 정차합니까?
▶ Bu tren Bursa'da duruyor mu, acaba?
부 트렌 부르사다 두루욜 무, 아자바?

- 이 열차는 '이즈밀'까지 혹시 직행입니까?
▶ Bu tren İzmir'e kadar direkt gidiyor mu, acaba?
부 트렌 이즈미레 카달 디렉트 기디욜 무, 아자바?

- '이즈밀'과 '마니사' 사이 직행 열차는 없습니다.
▶ İzmir ve Manisa arasında direkt giden tren yok.
  이즈밀 웨 마니사 아라쓴다 디렉트 기덴 트렌 욕.

- 어디에서 갈아탑니까?
▶ Nerede aktarma yapabiliriz?
  네레데 악딸마 야파빌리리쓰?

- 중간에 다른 곳을 거쳐서 가야 합니다.
▶ Bu tren bir yerden aktarmalı gidiyor.
  부 트렌 비 옐덴 악따르말르 기디욜.

- 몇 번 플랫폼에서 출발하나요?
▶ Hangi perondan kalkıyor?
  한기 패론단 칼크욜?

- 이 열차는 '아다나'로 가나요?
▶ Bu tren Adana'dan geçiyor mu?
  부 트렌 아다나단 게치욜 무?

- 이 자리 혹시 비었습니까?
▶ Burası boş mu, acaba?
  부라쓰 보쉬 무, 아자바?

- 여기는 제 자리입니다.
▶ Burası benim.
  부라쓰 베님.

- 지금 어디를 지나고 있죠?
▶ Şu an neredeyiz, acaba?
  슈 안 네레데이쓰, 아자바?

- 다음 역은 어디입니까?
▶ Gelecek istasyon neresi, acaba?
  겔레젝 이스타시욘 네레씨, 아자바?

- 여기에서 얼마나 정차합니까?
▶ Burada ne kadar duracak, acaba?
  부라다 네 카달 두라작, 아자바?

- 이 열차는 밤 10시에 출발해서, 다음날 아침 7시에 도착합니다.
▶ Bu tren gece saat ondan kalkıp, ertesi sabah saat 7'de varacak.
  부 트렌 게제 싸앗 온단 칼큽, 에르테씨 싸바 싸앗 예디데 와라작.

- 이 열차의 좌석을 예약하고 싶습니다.
▶ Bu trenden yer ayırtmak istiyorum.
부 트렌덴 옐 아이으트막 이스티요룸.

- 여기 오기 전에 '서울'에서 예약했습니다.
▶ Buraya gelmeden önce Seul'de rezervasyon yaptırdım.
부라야 겔메덴 왼제 세울데 레젤바씨욘 얍뜰듬.

- 이 열차 표를 혹시 취소할 수 있습니까?
▶ Bu bileti iptal etmek mümkün mü, acaba?
부 빌레티 입탈 에트멕 뮴큔 뮤, 아자바?

- 이 표를 1등석으로 바꾸고 싶습니다.
▶ Bu bileti birinci sınıf biletle değiştirmek istiyorum.
부 빌레티 비린지 스느프 빌렛레 데이쉬틸멕 이스티요룸.

- 열차 표를 분실했습니다. 어떻게 해야 하죠?
▶ Tren biletimi kaybettim. Ne yapmalıyım, acaba?
트렌 빌레티미 카이베띰. 네 야프말르이음, 아자바?

- 열차 안에다 가방을 두고 내렸어요.
▶ Çantamı trende unuttum.
찬타므 트렌데 우눗똠.

항공을 이용할 때

- 가능한 최대한 빨리 안카라 비행기 편을 예약해 주십시오.
▶ Mümkün olduğu kadar çabuk bir şekilde Ankara'ya uçak bileti ayırın.
뮴큔 올두우 카달 차북 비 쉐킬데 안카라야 우착 빌레티
아이으른.

- 가능한 빨리 비행기 표 하나만 구입해 주세요.
▶ Olabildiğince çabuk uçak bileti satın alın.
올라빌디인제 차북 우착 빌레티 싸튼 알른.

- 비행기 예약을 재확인하고 싶습니다.
▶ Uçaktaki yerimi konfirme etmek istiyorum.
우착타키 예리미 콘피르메 에트멕 이스티요룸.

- 제 비행기 표를 재확인하고 싶습니다.
▶ Uçak biletimi konfirme etmek istiyorum.
우착 빌레티미 콘피르메 에트멕 이스티요룸.

▷ 항공 관련 단어들

• 공항	Havalimanı
• 공항리무진	Havaş
• 관제탑	Kontrol kulesi
• 국내선	İç hatlar
• 국제선	Dış hatlar
• 기내방송	anons
• 기장	Pilot
• 대한항공	Kore Hava Yolları
• 마일리지 포인트	Mil puanı
• 보딩카드	Uçuş kartı
• 비상구	Acil çıkış kapısı
• 비행기	Uçak
• 비행시간	Uçuş süresi
• 산소마스크	Oksijen maskesi
• 승무원	Uçak görevlisi
• 안내	Danışma
• 안전벨트	Emniyet kemeri
• 여승무원	Hostes
• 연계	Aktarma
• 연착	Rötar
• 예약	Rezervasyon
• 예약하다	Ayırtmak
• 응급상황	Acil durum
• 이륙시간	Kalkış saati
• 전자티켓	E-bilet
• 착륙시간	Varış saati
• 취소	İptal
• 터키항공사	Türk Hava Yolları(THY)
• 통과 승객	Transit yolcu
• 티켓확인	Bilet teyidi
• 항공요금	Uçuş ücreti
• 확인(컨펌)하다	Konfirme etmek

- 저렴한 항공권을 찾고 있습니다.
▶ Ucuz uçak biletleri arıyorum.
  우즈쓰 우착   빌렛레리 아르요룸.

- 이 항공권을 취소[연기, 변경]하고 싶습니다.
▶ Bu bileti iptal etmek [uzatmak, değiştirmek] istiyorum.
  부 빌레티 입탈 에트멕   [우자트막,   데이쉬틸멕]   이스티요룸.

- 제 자리에 혹시 다른 사람이 타도 되나요?
▶ Benim yerime bir başkası alabilir mi, acaba?
  베님   예리메   비 바쉬카쓰 알라빌릴 미, 아자바?

- 제가 원하는 항공요금을 온라인으로 볼 수 있나요?
▶ İstediğim uçuşa ait ücretleri onlineden bakabilir miyim?
  이스테디임 우추샤 아잇 위즈렛레리 온라인덴   바카빌릴   미임?

- 모든 승객은 이륙 30분전까지 보안검사대를 통과해야 합니다.
▶ Tüm yolcuların kalkıştan 30 dakika öncesine kadar güvenlik kapısına
  튬   욜주랄   칼크쉬탄   오투쓰 다키카 왼제씨네   카달   규웬릭   카프쓰나
gelmesi lazım.
겔메씨   라즘.

- 1월 6일의 KAL 28편입니다.
▶ 6 Ocak, KAL 28 numaralı uçak.
  알트 오작, 칼   이르미 쎄키쓰 누마랄르 우착.

- 아다나까지 비즈니스클래스 한 명 주세요.
▶ Adana'ya Business sınıf bir bilet, lütfen.
  아다나야   비즈니쓰   스느프 비 빌렛, 륏펜.

- 제 이름은 야쿱입니다.
▶ Benim adım Yakup.
  베님   아듬   야쿱.

- 다른 항공 편을 알아봐 주실래요?
▶ Başka uçaklara bakar mısınız?
  바쉬카 우착라라   바카르 므쓰느쓰?

- 창 쪽 자리로 해주십시오.
▶ Pencere yanında bir yer istiyorum.
  펜제레   야느다   빌 옐 이스티요룸.

- 가능하면, 통로[창] 쪽 자리로 해주십시오.
▶ Mümkünse, koridor [pencere] tarafı, lütfen.
  뮴퀸세,   코리돌   [펜제레]   타파프, 륏펜.

• 탑승은 몇 시부터 인가요?

▶ Saat kaçtan itibaren uçağa binebilirim, acaba?
싸앗 카츠탄 이티바렌 우차아 비네빌리림, 아자바?

• 제 짐은 총 3개입니다.

▶ Toplam 3 tane bagajım var.
토플람 위츠 타네 바가짐 왈.

• 게이트 번호를 가르쳐 주세요.

▶ Kapı numarasını öğrenmek istiyorum.
카프 누마라쓰느 외렌멕 이스티요룸.

• 107번 게이트는 어디입니까?

▶ 107 numaralı kapı nerede acaba?
유쓰 예디 누마랄르 카프 네레데 아자바?

• 이 비행기는 정시에 이륙합니까?

▶ Bu uçak tam zamanında kalkıyor mu, acaba?
부 우착 탐 자마는다 칼크욜 무, 아자바?

• 얼마나 지연됩니까?

▶ Ne kadar gecikme olacak, acaba?
네 카달 게직메 왈, 아자바?

• 오면서 비행기 멀미 하셨나요?

▶ Gelirken uçak sizi tuttu mu, acaba?
겔리르켄 우착 씨지 툿뚜 무, 아자바?

배를 이용할 때

• 로도스 섬으로 가는 배는 어디서 타나요?

▶ Rodos adasına giden gemi nereden kalkıyor?
로도스 아다쓰나 기덴 게미 네레덴 칼크욜?

• 승선 시간을 알 수 있을까요?

▶ Geminin kalkış saatini öğrenebilir miyim?
게미닌 칼크쉬 싸아티니 외레네빌리르 미임?

• 언제 떠납니까?

▶ Ne zaman hareket edeceğiz?
네 자만 하레켓 에데제이쓰?

- 혹시 한국인 승객은 없나요?
▶ Koreden gelen yolcular var mı, acaba?
  코레덴   겔렌   욜주랄   왈   므, 아자바?

- 식사는 몇 시에 할 수 있습니까?
▶ Saat kaçta yemek yiyebilirim?
  싸앗 카츠타 예멕   이예빌리림?

- 저는 배 멀미가 몹시 심합니다.
▶ Gemi beni çok tutuyor.
  게미 베니 촉   투투욜.

05 자동차 운전

렌터카를 이용할 때

- 차 한 대를 빌렸으면 합니다.
▶ Bir araba kiralamak istiyorum.
  비 아라바 키랄라막 이스티요룸.

- 요금표 좀 볼 수 있을까요?
▶ Tarifesine bakabilir miyim, acaba?
  타리페씨네 바카빌리르 미임, 아자바?

- 다시 돌아올 때 차를 그대로 두고 와도 됩니까?
▶ Dönüşte arabayı orada bırakabilir miyim?
  되뉴쉬테 아라바이으 오라다 브라카빌리르 미임?

- 이 차종으로 3일 동안 빌리고 싶습니다.
▶ Bu arabayı 3 gün boyunca kiralamak istiyorum.
  부 아라바이으 위츠 균 보윤자 키라라막 이스티요룸.

- 교통사고가 나면 연락할 수 있는 곳을 가르쳐 주세요.
▶ Trafik kazasında irtibat kuracağım iletişim numarasını söyleyin, lütfen.
  트라픽 카자쓴다 일티밧 쿠라자음 일레티쉼 누마라쓰느 쉐일레인, 륫펜.

- 국제 면허증 좀 보여주세요.
▶ Uluslararası ehliyetinize bakabilir miyim?
  울루쓰랄아라쓰 에흘리예티니제 바카빌릴 미임?

- 보증금이 필요하나요?
▶ Depozit lazım mı?
  데포짓 라즘 므?

- 내일 아침에 베르나 호텔로 차를 보내주세요.
▶ Yarın sabah Verna Otelıne arabayı gönderin, lütfen.
  야른 사바흐 베르나 오텔리네 아라바이으 괸데린, 륫펜.

- 차가 고장 났는데 좀 도와주시겠습니까?
▶ Arabamız arızalandı, yardıma gelir misiniz?
  아라바므쓰 아르자란드, 야르드마 겔릴 미씨니쓰?

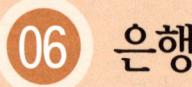

06 은행

은행을 찾을 때

• 이 근처에 혹시 은행이 있습니까?
▶ Buralarda banka var mı, acaba?
  부라랄다 반카 왈 므, 아자바?

• 이 부근에 가장 가까운 은행이 어디에 있습니까?
▶ Buralarda en yakın banka nerede, acaba?
  부라랄다 엔 야큰 반카 네레데, 아자바?

• 환전을 하려고 하는데 은행이 어디에 있습니까?
▶ Döviz bozdurmak istiyorum, banka nerede, acaba?
  되비스 보즈둘막 이스티요룸, 반카 네레데, 아자바?

• 이 은행의 외환 환전소가 어디죠?
▶ Bu bankanın kambiyo bölümü nerede, acaba?
  부 반카는 캄비요 뵬류뮤 네레데, 아자바?

은행 열고, 닫는 시간 확인할 때

• 은행 근무 시간은 어떻게 되나요?
▶ Bankanın mesai saatleri kaçtan kaça kadar?
  반카는 메싸이 싸앗레리 카츠탄 카차 카달?

• 언제 은행 문을 엽니까?
▶ Banka ne zaman açılır?
  반카 네 자만 아츨를?

• 주말에도 은행을 이용할 수 있습니까?
▶ Hafta sonlarında da banka açık mı, acaba?
  하프타 쏜라른다 다 반카 아측 므, 아자바?

환전할 때

- 오늘의 환율이 어떻게 됩니까?
▶ Bugünkü döviz kuru ne, acaba?
  부균큐 되비쓰 쿠루 네, 아자바?

- 달러를 터키돈으로 바꾸고 싶습니다.
▶ Doları Türk lirasına çevirmek istiyorum.
  돌라르 튀르크 리라쓰나 체비르멕 이스티요룸.

- 100달러를 바꾸고 싶습니다.
▶ 100 dolar bozdurmak istiyorum.
  유쓰 돌랄 보즈두루막 이스티요룸.

- 1유로에 1.5 터키리라입니다.
▶ 1 Avro 1.5 Türk lirasıdır.
  비 아우로 비 부축 튀르크 리라쓰들.

- 여기서 외국 돈을 바꿀 수 있습니까?
▶ Burada yabancı parayı bozdurabilir miyim, acaba?
  부라다 야반즈 파라이으 보쓰루라빌릴 미임, 아자바?

- 전 유로가 필요합니다.
▶ Bana Avro lazım.
  바나 아우로 라즘.

- 환전소가 이 근처 어디에 있습니까?
▶ Buralarda döviz bürosu var mı, acaba?
  부라랄다 되비스 뷰로쑤 왈 므, 아자바?

- 어디서 환전을 할 수 있습니까?
▶ Yabancı parayı nerede bozdurabilirim?
  야반즈 파라이으 네레데 보즈두라빌리림?

- 환전 수수료가 어떻게 되나요?
▶ Döviz bozdurmak için gereken masraflar nedir, acaba?
  되비쓰 보쓰툴막 이친 게레켄 마쓰랍랄 네딜, 아자바?

- 이 여행 수표를 현금으로 바꿔 주십시오.
▶ Bu seyahat çekini nakit paraya çevirir misiniz, lütfen?
  부 쎄야핫 체키니 나킷 파라야 체비리르 미씨니쓰, 륏펜?

- 잔돈도 같이 섞어 주십시오.
▶ Bozuk para da verebilirsiniz.
  보죽 파라 다 베레빌릴씨니쓰.

잔돈을 바꿀 때

- 100달러를 10달러로 바꿨으면 합니다.
▶ 100 doları 10 dolarlara bozdurmak istiyorum.
  유쓰 돌라르 온 돌랄라라 보즈두루막 이스티요룸.

- 여기서 사용되는 모든 종류의 동전을 하나씩 갖고 싶습니다.
▶ Burada kullanılan tüm demir paralarından birer tane almak istiyorum.
  부라다 쿨라늘란 튬 데밀 파라라른단 비렐 타네 알막 이스티요룸.

- 100달러만 바꾸고 싶은데 가능한가요?
▶ Yüz dolar bozdurmak istiyorum da mümkün mü, acaba?
  유쓰 돌랄 보쓰툴막 이스티요룸 다 뮴큔 뮤, 아자바?

- 미국달러로 바꿀 수 있나요?
▶ Amerikan dolarına çevirmem mümkün mü, acaba?
  아메리칸 돌라르나 체빌멤 뮴큔 뮤, 아자바?

- 제게 잔돈이 필요합니다.
▶ Bana bozuk para lazım.
  바나 보죽 파라 파즘.

- 수수료를 지불해야 하나요?
▶ Komisyon ödemem gerekiyor mu, acaba?
  코미숀 외데멤 게레키욜 무, 아자바?

은행 계좌를 개설할 때

- 은행 계좌를 하나 개설하고 싶습니다.
▶ Banka hesabı açtırmak istiyorum.
  반카 헤싸브 아츠틀막 이스티요룸.

- 이 은행에 달러 계좌를 하나 개설하고 싶습니다.
▶ Bu bankada dolar hesabı açtırmak istiyorum.
  부 반카다 돌랄 헤싸브 아츠틀막 이스티요룸.

- 저희 은행에 혹시 다른 계좌를 가지고 계십니까?
▶ Bankamızda başka hesabınız var mı, acaba?
  반카므쓰다 바쉬카 헤싸브느쓰 왈 므, 아자바?

- 고객님의 계좌번호 주시겠어요?
▶ Hesap numaranızı alabilir miyim?
  헤쌉 누마라느쓰 알라빌릴 미임?

- 약정으로 원하세요? 무약정으로 원하세요?
▶ Hesabınız vadeli mi olsun yoksa vadesiz mi olsun?
  헤싸브느쓰 와델리 미 올쑨 욕싸 와데씨스 미 올쑨?

- 여권이나 신분증을 볼 수 있을까요?
▶ Pasaportunuzu veya kimliğinizi alabilir miyim?
  파싸폴투누쑤 웨야 킴리이니지 알라빌릴 미임?

- 이 신청서를 채워 주세요.
▶ Bu formu doldurun, lütfen.
  부 폴무 돌두룬, 륏펜.

- 이 쪽 아래에 서명해주세요.
▶ Bu aşağıdaki kısma imza atın, lütfen.
  부 아샤으다키 크스마 임자 아튼, 륏펜.

- 4자리 비밀번호를 누르셔야 합니다.
▶ Dört haneli şifrenizi girin lütfen.
  되룻 하네리 쉬프레니지 기린 륏펜.

- 여기 신청하신 새 통장입니다.
▶ Buyurun, yeni hesap cüzdanınız.
  부유룬, 예니 헤쌉 쥬스단느쓰.

- 저희 은행을 이용해 주셔서 감사드립니다.
▶ Bankamıza geldiğiniz için teşekkür ederim.
  반카므자 겔디이니쓰 이친 테쉨뀰 에데림.

- 유용하게 사용하시기를 바랍니다.
▶ Hayırlı olsun, güle güle kullanın.
  하이으를르 올쑨, 귤레 귤레 쿨라는.

▷ 상황에 따라 약방의 감초처럼 사용되는 인사말

• 아픈 사람에게	Geçmiş olsun!
• 가족을 잃은 유가족에게	Başınız sağ olsun!
• 열심히 수고하고 있는 사람에게	Kolay gelsin!
• 식사를 하려는 사람에게	Afiyet olsun!
• 새 물건을 산 사람에게	Güle güle kullan!
• 새 옷을 입은 사람에게	Güle güle giy!
• 새 집을 장만한 사람에게	Güle güle otur!
• 돈을 받은 사람에게	Güle güle harca!

- 신청하신 새 카드는 다음 주에 우송하겠습니다.
▶ Başvurduğunuz yeni kartınızı ise gelecek hafta yollayacağız.
  바쉬불두우느쓰   예니 칼트느즈 이쎄 겔레젝   합타 욜라야자으쓰.

입출금과 송금할 때

- 제 계좌로 입금하고 싶습니다.
▶ Hesabıma para yatırmak istiyorum.
  헤싸브마   파라 야트르막   이스티요룸.

- 얼마나 입금하시겠습니까?
▶ Ne kadar yatırmak istiyorsunuz?
  네 카달   야트르막   이스티욜쑤누쓰?

- 1,000달러를 입금하겠습니다.
▶ 1,000 dolar yatıracağım.
  빈   돌랄   야트라자음.

- 제 계좌에서 돈을 찾고 싶습니다.
▶ Hesabımdan para çekmek istiyorum.
  헤싸븜단   파라 체크멕   이스티요룸.

- 여기에 ATM 기가 있나요?
▶ Burada bankamatik var mı, acaba?
  부라다   반카마틱   왈 므, 아자바?

- ATM 기를 통해서 입출금이 가능한가요?
▶ Bankamatikten para yatırmak ve çekmek mümkün mü?
  반카마틱텐   파라 야트르막 웨 체크멕   뮴퀸   뮤?

- 이 은행에 제 계좌를 가지고 있습니다.
▶ Bankanızda hesabım var.
  반카느쓰다   헤싸븜   왈.

- 이 은행의 수표를 신청하고 싶습니다.
▶ Buranın banka çekine başvurmak istiyorum.
  부라는   반카 체키네 바쉬부르막   이스티요룸.

- 제 계좌에 잔고가 어떻게 되죠?
▶ Hesabımdaki bakiyeyi öğrenmek istiyorum.
  헤싸븜다키   바키예이 외렌멕   이스티요룸.

- 지금 바로 현금 이체가 가능한가요?
▶ Şimdi hemen para göndermem mümkün mü?
  쉼디 헤멘 파라 괸델멤 뮴큔 뮤?

- 한국으로부터 얼마나 이체 되었는지 알 수 있을까요?
▶ Kore'den ne kadar geldiğini öğrenebilir miyim?
  코레덴 네 카달 겔디이니 외레네빌릴 미임?

- 저는 한국으로 송금을 하고 싶습니다.
▶ Kore'ye havale yapmak istiyorum.
  코레예 하왈레 야프막 이스티요룸.

- 제 계좌에서 다른 계좌로 송금하고 싶습니다.
▶ Hesabımdan başka hesaba havale yapmak istiyorum.
  헤싸븜단 바쉬카 헤싸바 하왈레 야프막 이스티요룸.

- 얼마나 이체 하시겠습니까?
▶ Ne kadar göndermek istiyorsunuz?
  네 카달 괸델멕 이스티욜쑤누스?

- 여기에 보내실 은행의 이름과 주소를 써 주세요.
▶ Buraya göndereceğiniz banka adıyla adresini yazın, lütfen.
  부라야 반카 륏펜.

- 여기에 수취인의 이름과 계좌번호를 기입해 주세요.
▶ Buraya alıcının ismiyle hesap numarasını yazın, lütfen.
  부라야 알르즈는 이쓰미일레 헤쌉 누마라쓰느 야즌, 륏펜.

- 보내신 돈은 바로 수취인에게 도착할 것입니다.
▶ Havaleniz hemen alıcıya ulaşacak.
  하왈레니쓰 헤멘 알르즈야 울라샤작.

신용카드

- 신용카드를 신청할 수 있습니까?
▶ Kredi kartı için başvurabilir miyim?
  크레디 칼트 이친 바쉬부라빌릴 미임?

- 신용카드를 하나 신청하고 싶어요.
▶ Kredi kartı için başvurmak istiyorum.
  크레디 칼트 이친 바쉬부르막 이스티요룸.

- 비자카드와 마스터카드 중 어느 것을 원하세요?
▶ Visa kartı ile Master kartı arasından hangisini tercih ediyorsunuz?
비자 칼트 일레 마스텔 칼트 아라쓴단 한기씨니 테지 에디욜쓰느쓰?

- 이 은행에서는 어떤 신용카드를 추천하시나요?
▶ Bankanızda hangisini tavsiye ediyorsunuz?
반카느쓰다 한기씨니 타브씨예 에디욜쓰느쓰?

- 신용 등급을 확인해도 되겠습니까?
▶ Kredi derecenize bakabilir miyim?
크레디 데레제니제 바카빌릴 미임?

- 그 용지를 채워 주세요.
▶ Şu formu dordurun, lütfen.
슈 폴무 돌두룬, 륏펜.

- 서명 좀 부탁합니다.
▶ İmzanız, lütfen.
임자느쓰, 륏펜.

- 카드는 어디로 보내 드릴까요?
▶ Kartınızı nereye göndereyim?
칼트느쓰 네레예 괸데레임?

- 새 카드는 일주일 안으로 댁으로 도착할 것입니다.
▶ Yeni kartınız bir hafta içinde evinize ulaşacak.
예니 칼트느쓰 비 하프타 이친데 에비니제 울라쇠작.

- 새 카드는 다음 주에 직장으로 우송하겠습니다.
▶ Yeni kartınız gelecek hafta iş yerinize göndereceğim.
예니 칼트느스 겔레젝 하프타 이쉬 예리니제 괸데레제임.

- 카드 명세서는 어디로 보내드릴까요?
▶ Kartın hesap bildirim cetvelinizi nereye yollayayım?
카르튼 헤쌉 빌디림 제트웨리니지 네레예 욜라야이음?

- 이메일로 받으시겠습니까? 우편으로 받으시겠습니까?
▶ E-mail ya da posta ikisinden hangisine göndereyim?
에메일 야 다 포스타 이키씬덴 한기씨네 괸데레임?

07 우체국

우체국을 찾을 때

• 이 부근에 우체국이 어디 있습니까?
▶ Buralarda postane nerede, acaba?
  부랄라다 포스타네 네레데, 아자바?

• 여기서 걸어서 [차로] 5분 거리에 있습니다.
▶ Buradan yürüyerek [araba ile] 5 dakikalık mesafede.
  부라단 유류예렉 [아라바 일레] 베쉬 다키카륵 메싸페데.

• 우체국에 영어할 수 있는 직원이 있습니까?
▶ Postanede İngilizce bilen var mı, acaba?
  포스타네데 인길리쓰제 빌렌 왈 므, 아자바?

우표를 살 때

• 우표는 어디에서 살 수 있나요?
▶ Posta pulunu nereden alabilirim, acaba?
  포스타 풀루누 네레덴 알라빌리림, 아자바?

• 2번 창구에서 팝니다.
▶ 2 numaralı masada satılmakta.
  이키 누마랄르 마싸다 싸틀막타.

• 10리라짜리 우표 5장 주세요.
▶ 5 tane 10 liralık posta pulu, lütfen.
  베쉬 타네 온 리라륵 포스타 풀루, 륏펜.

• 이 편지에 붙인 우표는 이것으로 충분합니까?
▶ Bu mektuptaki pul yeterli mi, acaba?
  부 멕툽타키 풀 예테를리 미, 아자바?

편지를 부칠 때

- 이 편지를 등기[DHL, 속달, 보통]로 보내 주세요.
▶ Bu mektup taahhütlü [DHL'li, APS'li, normal] olacak.
부 멕툽 타휴트류 [데하렐리, 아페쎄리, 노르말] 올라작.

> ▷ 형용사를 만드는 환상의 어미 '-li'와 '-siz'
>
> 거의 모든 터키어 명사 뒤에 붙여서 '~있는(-ile)'과 '~없는(-siz)'의 뜻을 가지고 매우 널리 사용되는 용법이므로 알아 두면 편리하다.
>
> - 설탕: 단 덜 단 Şeker: şeker-li şerker-siz
> - 소금: 짠 싱거운 Tuz: tuz-lu tuz-suz
> - 모자: 모자 쓴 모자 쓰지 않은 Şapka: şapka-lı şapka-sız
> - 안경: 안경 낀 안경 안 낀 Gözlük: gözlük-lü gözlük-süz

- 이 편지는 외국으로 가는 것입니다.
▶ Bu mektup yurt dışına gidecek.
부 멕툽 유릇 드쉬나 기데젝.

- 이 편지가 한국까지 도착하는데 며칠 걸립니까?
▶ Bu mektup Güney Kore'ye kaç günde gider?
부 멕툽 규네이 코레예 카츠 균데 기델?

- 이 편지[소포]를 항공[배] 편으로 보내고 싶습니다.
▶ Bu mektubu [paketi] hava [gemi] yoluyla göndermek istiyorum.
부 멕투부 [파케티] 하와 [게미] 욜루일라 괸델멕 이스티요룸.

- 얼마입니까?
▶ Ne kadar?
네 카달?

- 제가 얼마를 드려야 합니까?
▶ Borcum ne kadar, acaba?
보루줌 네 카달, 아자바?

- 이 우편 요금은 얼마입니까?
▶ Bu mektubun ücreti ne kadar?
부 멕투분 유즈레티 네 카달?

소포 보낼 때

- 이것을 소포로 보내고 싶습니다.
▶ Bunu kargoyla göndermek istiyorum.
　부누 칼고일라 괸델멕 이스티요룸.

- 이 소포를 등기로 부쳐 주세요.
▶ Bu kargo taahhütlü olsun, lütfen.
　부 칼고 타횻류 올순, 륫펜.

- 이 소포를 한국으로 보내는데 1 kg에 얼마인가요?
▶ Bu paketi Kore'ye göndermek istiyorum da kilosu ne kadar?
　부 파케티 코레예 괸델멕 이스티요룸 다 킬로쑤 네 카달?

- 여기서 이런 소포도 받아 주시나요?
▶ Burada böyle bir paketi de alıyor musunuz?
　부라다 뵈일레 비 파케티 데 알르욜 무쑤느쓰?

- 소포 안에는 무엇이 있습니까?
▶ Paketin içinde neler var?
　파케틴 이친데 네렐 왈?

- 소포 안에는 책들과 옷들이 있습니다.
▶ Paket içinde kitaplar ve elbiseler var.
　파켓 이친데 키탑랄 웨 엘비쎄렐 왈.

- 소포 안에 깨질 것들이 있습니다.
▶ Paket içinde kırılacak şeyler var.
　파켓 이친데 크를라작 쉐이렐 왈.

- 소포의 중량이 조금 초과되었습니다.
▶ Paketin kilosu biraz aştı.
　파켓틴 킬로쑤 비라쓰 아쉬트.

- 돈을 더 지불하셔야 합니다.
▶ Biraz daha ödemeniz gerekecek.
　비라쓰 다하 외데메니쓰 게렉케젝.

- 소포 보낸 것에 대한 간이영수증[세금계산서] 하나 주실래요?
▶ Paketi göndermiş olduğuma dair bir fiş [fatura] verir misiniz?
　파케티 괸델미쉬 올두우마 다일 비 피쉬 [파투라] 웨릴 미씨니쓰?

08 이발과 미용

이발소에서

- 이발 좀 할 수 있을까요?
▶ Saçımı kestirebilir miyim?
  사츠므 케스티레빌릴 미임?

- 머리를 어떻게 해 드릴까요?
▶ Saçınız nasıl olsun?
  싸츠느쓰 나쓸 올쑨?

- 조금만 정리해 주세요?
▶ Sadece biraz düzeltmenizi istiyorum.
  싸데제 비라쓰 듀젤트메니지 이스티요룸.

- 짧게 깎아 주세요.
▶ Saçım çok kısa olsun, lütfen.
  싸츰 촉 크싸 올쑨, 륏펜.

- 면도만 좀 할 수 있을까요?
▶ Sadece tıraş olmam mümkün mü, acaba?
  싸데제 트라쉬 올맘 뮴퀸 뮤, 아자바?

- 면도 좀 하러 왔습니다.
▶ Tıraş olmaya geldim.
  트라쉬 올마야 겔딤.

- 면도할 때 얼굴에 작은 상처들에 조심해 주세요.
▶ Tıraş olurken küçük yaralarıma dikkat edin, ne olur.
  트라쉬 올루르켄 큐축 야라라르마 디캇 에딘, 네 올룰.

- 절대 많이 짜르지 마세요.
▶ Sakın fazla kesmeyin, lütfen.
  싸큰 파즐라 케쓰메인, 륏펜.

- 계절에 어울리게 깎아 주세요.
▶ Mevsime uyacak şekilde kesin, lütfen.
  메브씨메 우야작 쉐킬데 케씬, 륏펜.

- 너무 짧지[길지] 않게 깎아 주세요.
▶ Fazla kısa [uzun] olmasın, lütfen.
  파즐라 크싸 [우준] 올마씬, 륏펜.

- 옆을 너무 짧게 깎지 말아 주세요.
▶ Kenarları fazla kesmeyin, lütfen.
  케날라르 파즐라 케쓰메인, 륏펜.

> ▷ 이 · 미용실에서 사용되는 단어들
> - 남자 미용실　　　　　　Erkek kuaför salonu
> - 여자 미용실　　　　　　Bayan kuaför salonu
> - 이발소　　　　　　　　Berber salonu
> - 헤어컷　　　　　　　　Saç kestirmesi
> - 면도　　　　　　　　　Traş
> - 염색　　　　　　　　　Saç boyaması
> - 파마　　　　　　　　　Perma
> - 대머리　　　　　　　　Kel
> - 웨이브　　　　　　　　Saç dalgası

미용실에서

- 약하게[강하게] 파마를 해주세요.
▶ Saçlarım biraz [çok] kıvırcık olsun.
  싸츠라름 비라쓰 [촉] 크블즉 올쑨.

- 너무 강하게 파마가 되지 않게 해주세요.
▶ Saçlarım çok kıvırcık olmasın.
  싸츠라름 촉 크블즉 올마쓴.

- 파마하는데 얼마나 걸리나요?
▶ Perma için ne kadar sürer, acaba?
  페르마 이친 네 카달   수렐, 아자바?

- 머리에 웨이브를 주고 싶습니다.
▶ Saçlarıma dalga istiyorum.
  싸츠라르마 달가 이스티요룸.

- 얼마를 드려야 되지요?
▶ Borcum ne kadar?
  볼줌   네 카달?

09 세탁소와 옷 수선소

세탁을 맡길 때

- 언제 세탁이 다 됩니까?
▶ Çamaşırlarım ne zaman hazır olacak, acaba?
  차마시을라름 네 자만 하즈 올라작, 아자바?

- 이 한 벌의 옷을 다려 주세요.
▶ Bu takım elbiseyi ütületmek istiyorum.
  부 타큼 엘비쎄이 유튤레트멕 이스티요룸.

- 내일 아침까지 세탁물을 다시 받아야 합니다.
▶ Yarın sabaha kadar bu elbiseyi almam lazım.
  야른 싸바하 카달 부 엘비쎄이 알맘 라즘.

- 내일까지 다 되겠습니까?
▶ Yarına kadar hazır olur mu, acaba?
  야르나 카달 하즈 올룰 무, 아자바?

- 이 옷을 드라이클리닝 해 주세요.
▶ Bu elbiseye kuru temizleme yaptırmak istiyorum.
  부 엘비쎄예 쿠루 테미쓰레메 얍뜨르막 이스티요룸.

- 여자[남자] 옷 드라이클리닝 가격이 얼마지요?
▶ Bayan [Erkek] elbisesi kuru temizleme fiyatı nedir?
  바얀 [엘켁] 엘비쎄씨 쿠루 테미쓰레메 피야트 네딜?

- 단추 하나가 떨어졌습니다. 달아 주실 수 있으세요?
▶ Bir düğme düşmüş, onu dikebilir misiniz?
  비 듀메 듀쉬무쉬, 오누 디케빌릴 미씨니스?

- 여기 찢어진 곳을 꿰메 주실 수 있죠?
▶ Bu yırtılmış olan kısmı dikmeniz mümkün mü, acaba?
  부 이을틀므쉬 올란 크스므 디크메니쓰 뮴큔 뮤, 아자바?

- 그런 것들은 옷 수선소로 가져가야 합니다.
▶ Onları terziye götürmeniz lazım.
  온라르 테르지예 괴튤메니쓰 라즘.

- 이 얼룩이 혹시 지워질까요?
▶ Bu leke silinir mi, acaba?
  부 레케 씰리닐 미, 아자바?

- 옷감 상하지 않게 조심하게 얼룩을 빼주세요.
▶ Kumaş kısmına dikkat ederek lekeyi çıkarın.
  쿠마쉬 크스므나 디캇 에데렉 레케이 츠카른.

- 새 지퍼 다는 데는 얼마입니까?
▶ Buraya yeni fermuar taktırmak ne kadar?
  부라야 예니 페르무알 탁뜨르막 네 카달?

세탁물을 찾을 때

- 간이영수증[영수증, 세금계산서] 좀 받을 수 있나요?
▶ Fiş [Makbuz, Fatura] alabilir miyim?
  피쉬 [막부쓰, 파투라] 알라빌릴 미임?

- 명세서 없이는 옷을 인계할 수 없습니다.
▶ Liste kağıdı olmadan elbiseyi veremiyoruz.
  리스테 카으드 올마단 엘비쎄이 베레미요루쓰.

- 제 세탁물이 아직 안 나왔습니까?
▶ Benim çamaşırlarım daha çıkmadı mı?
  베님 차마쉬르라름 다하 츠크마드 므?

- 고객님의 옷은 이미 다 되었습니다.
▶ Çamaşırlarınız çoktan hazır.
  차마쉬르라르느쓰 촉탄 하쓰르.

- 안타깝게도, 이 얼룩은 없앨 수 없습니다.
▶ Maalesef, bu lekenin çıkması çok zor.
  마알레쎕, 부 레케닌 츠크마쓰 촉 쏘르.

▷ 서로 대동소이한 '미안하다'는 뜻의 부사들

- 미안하게도,　　　　　　　Üzgünüm ki,
- 안타깝게도,　　　　　　　Korkarım ki,
- 안됐지만,　　　　　　　　Ne yazık ki,
- 불행하게도,　　　　　　　Maalesef,

- 새 단추 가격을 지불하셔야 합니다.
▶ Yeni düğme için para ödemeniz gerek.
  예니 듀메 이친 파라 외데메니쓰 게렉.

- 없어진 단추는 저희가 책임지겠습니다.
▶ Kaybolan düğme için biz sorumluyuz.
  카이볼란 듀메 이친 비쓰 쏘룸루유쓰.

부동산

부동산 중개소에서

- 이 근처에 부동산 중개소가 있나요?
▶ Buralarda emlakçı var mı?
　부라랄다　엠락츠　왈 므?

- 저는 임대 아파트를 하나 찾고 있습니다.
▶ Ben kiralık bir daire arıyorum.
　벤　키라륵 비 다이레 아르요룸.

- 저는 가구가 있는 임대 아파트를 하나 찾고 있습니다.
▶ Ben mobilyalı kiralık bir daire arıyorum.
　벤　모빌얄르　키라륵 비 다이레 아르요룸.

- 저는 매매용 아파트를 하나 찾고 있습니다.
▶ Ben satılık bir daire arıyorum.
　벤　싸트륵 비 다이레 아르요룸.

- 우리는 방 3개짜리 아파트를 원합니다.
▶ Biz 3 odalı bir daire istiyoruz.
　비쓰 위츠 오달르 비 다이레 이스티요루쓰.

- 저는 욕실이 두 개인 아파트를 선호합니다.
▶ Ben iki banyolu daireyi tercih ediyorum.
　벤　이키 반욜루　다이레이 테르지 에디요룸.

- 욕실이 딸린 작은 방을 원합니다.
▶ Bir banyolu küçük bir oda istiyorum.
　비 반욜루　큐축　비 오다 이스티요룸.

- 집기가 완비된 원룸을 얻고자 합니다.
▶ Eşyalı tek odalı bir daire istiyorum.
　에쉬얄르 텍 오달르 비 다이레 이스티요룸

- 전 호수가 보이는 집을 원합니다.
▶ Ben göl manzaralı bir ev istiyorum.
　벤　괼　만자랄르　비 엡 이스티요룸.

Ⅶ. 편리한 생활을 위한 표현 331

- 해가 잘 드는 방을 원합니다.
▶ Güneş alan bir oda istiyorum.
귀네쉬 알란 비 오다 이스티요룸.

- 월 임대료가 얼마죠?
▶ Kirası ne kadar?
키라쓰 네 카달?

- 월 관리비는 대략 얼마죠?
▶ Yaklaşık aidatı ne kadar?
야크라쉭 아이다트 네 카달?

• 대략	Yaklaşık
• 어림잡아	Aşağı yukarı
• 거의	Hemen hemen
• 평균	Ortalama
• 일반적으로	Genelde
• 보통	Normalde

- 지금 바로 방을 볼 수 있습니까?
▶ Şimdi hemen odaya bakabilir miyim?
쉼디 헤멘 오다야 바카빌릴 미임?

- 언제 집에 들어갈 수 있죠?
▶ Ne zaman taşınabiliriz?
네 자만 타쉬나빌리리쓰?

- 이 건물에는 혹시 안전장치가 되어 있나요?
▶ Bu bina emniyet sistemli mi, acaba?
부 비나 엠니엣 씨쓰템리 미, 아자바?

- 이 건물에는 CCTV가 달려져 있나요?
▶ Bu binada Güvenlik kamerası mevcut mu?
부 비나다 규웬릭 카메라쓰 메브줏 무?

- 그 건물은 몇 층짜리 입니까?
▶ O bina kaç katlı?
오 비나 카츠 카틀르?

- 그 집은 몇 층이에요?
▶ O daire kaçıncı katta?
오 다이레 카츤즈 카따?

- 아파트의 넓이가 어떻게 됩니까?
▶ Dairenin genişliği ne kadar, acaba?
다이레닌 게니쉬리이 네 카달, 아자바?

> ▷ 형용사에서 단위를 만드는 주요 단어들
>
> | | | | |
> |---|---|---|---|
> | • 큰 | Büyük | 크기 | Büyük-lük |
> | • 넓은 | Geniş | 넓이 | Geniş-lik |
> | • 높은 | Yüksek | 높이 | Yüksek-lik |
> | • 긴 | Uzun | 길이 | Uzun-luk |
> | • 무거운 | Ağır | 무게 | Ağır-lık |
> | • 밀접한 | Yoğun | 밀도 | Yoğun-luk |
> | • 용량 있는 | Hacim | 부피 | Hacim-lik |

- 그 아파트는 애완견[고양이]을 키울 수 있습니까?
▶ O binada evcil köpeğe [kediye] izin veriliyor mu?
오 비나다 에브질 쾨페에 [케디예] 이진 웨릴리욜 무?

- 어느 종류를 원하십니까?
▶ Hangi [Ne] tür bir şey istiyorsunuz?
한기 [네] 튤 비 쉐이 이스티욜쑤누스?

- 임대가 어느 정도입니까?
▶ Kiralık ne kadar, acaba?
킬라륵 네 카달, 아자바?

- 임대료에 관리비[공동요금]은 포함되어 있습니까?
▶ Kiranın içinde aidat [ortak giderler] dahil mi?
키라는 이친데 아이닷 [올탁 기델렐] 다힐 미?

- 전기료와 난방비는 포함[제외]되어 있습니까?
▶ Elektrik ve doğal gaz ücretleri dahil [hariç] mi?
엘렉트릭 웨 도알 가쓰 유즈렛레리 다힐 [하리츠] 미?

- 가스비와 전기료는 지불하셔야 합니다.
▶ Doğal gaz ve elektrik parasını siz ödemelisiniz.
도알 가스 웨 엘렉트릭 파라쓰느 씨쓰 외데멜리씨니쓰.

- 전기료는 월 임대료에 포함입니다.
▶ Elektrik parası kiraya dahildir.
엘렉트릭 파라쓰 키라야 다힐딜.

- 난방비는 월 임대료에 비 포함입니다.
▶ Doğal gaz parası kiraya dahil değildir.
　도알　가스 파라쓰　키라야 다힐　데일딜.

- 언제 임대료를 지불해야 합니까?
▶ Kirayı ne zaman ödememiz lazım?
　키라이으 네 자만　외데메미쓰　라즘?

- 매월 초에 지불하면 됩니다.
▶ Her ayın başında ödeyebilirsiniz.
　헬　아이은 바쉰다　외데예빌릴씨니쓰.

- 월 임대료는 어떻게 지불할까요?
▶ Kirayı nasıl ödememi istiyorsunuz?
　키라이으 나쓸 외데메미　이스티욜쑤느쓰?

- 매월 말에 제 은행계좌로 보내주세요.
▶ Her ayın sonunda banka hesabıma gönderebilirsiniz.
　헬　아이은 쏘눈다　반카　헤싸브마　괸데레빌릴씨니쓰.

- 보증금은 얼마나 되죠?
▶ Depozito ne kadar, acaba?
　데포지토　네 카달,　아자바?

- 사용하신 전기료는 지불하셔야 합니다.
▶ Kullandığınız elektrik parasını siz ödeyeceksiniz.
　쿨란드으느쓰　엘렉트릭 파라쓰느　씨쓰 외데예젝씨니쓰.

- 물은 무료입니다.
▶ Sular ücretsizdir.
　수랄　유즈렛씨쓰딜.

- 저는 이 집으로 결정하겠습니다.
▶ Ben bunu tutuyorum.
　벤　부누　투투요룸.

- 바로 임대 계약서를 씁시다.
▶ Hemen kira kontratı yapalım.
　헤멘　키라 콘트라트 야팔름.

- 선불로 계약금을 먼저 드리겠습니다.
▶ Önce peşinat olarak kaporayı bırakmak istiyorum.
　왼제　페쉰낫　올라락 카포라이으 브라크막　이스티요룸.

PART VIII

긴급상황을 위한 표현

01 난처한 상황
02 분실과 도난
03 교통사고
04 자연 재해와 화재
05 병원
06 약국

01 난처한 상황

난처할 때

- 무슨 일인가요?
▶ **Ne oldu?**
네 올두?

- 무슨 일이 있었나요?
▶ **Bir şey mi oldu acaba?**
비 쉐이 미 올두 아자바?

- 여권을 분실했습니다.
▶ **Pasaportumu kaybettim.**
파싸폴투무 카이베띰.

- 카메라를 도난 당했습니다.
▶ **Benim fotoğraf makinam çalındı.**
베님 포토라프 마키남 찰른드.

- 제 신용카드를 분실했습니다.
▶ **Kredi kartımı kaybettim.**
크레디 칼트므 카이베띰.

- 제 신용카드를 중지시켜 주세요.
▶ **Kredi kartımı iptal edin, lütfen.**
크레디 칼트므 입탈 에딘, 륏펜.

- 전 길을 잃어버렸습니다.
▶ **Yolumu kaybettim.**
욜루무 카이베띰.

- 제 차가 길 한가운데서 고장이 났습니다.
▶ **Aracım yolun ortasında arızalandı.**
아라즘 욜룬 오르타쓴다 아르잘란드.

- 전 승강기 안에서 갇혀 나갈 수가 없습니다.
▶ **Ben asansörde kaldım, çıkamıyorum.**
벤 아싼쇨데 칼듬, 츠카므요룸.

- 저희 건물에 전기가 나갔습니다.
▶ Bizim binada elektrik gitti.
비짐 비나다 에렉트릭 깃띠.

말이 통하지 않을 때

- 영어[터키어, 한국어] 좀 하세요?
▶ İngilizceniz [Türkçeniz, Koreceniz] var mı?
인길리쓰제니쓰 [튀륵체니쓰, 코레제니쓰] 왈 므?

- 한국어[영어, 터키어]하는 사람 좀 불러주세요.
▶ Korece [Türkçe, Korece] bilen birini çağırın, lütfen.
코레제 [튀륵체, 코레제] 빌렌 비리니 차으른, 륏펜.

- 누가 영어[터키어, 한국어] 할 수 있나요?
▶ İngilizce [Türkçe, Korece] konuşabilen var mı acaba?
인길리쓰제 [튀륵체, 코레제] 코누샤빌렌 왈 므 아자바?

- 저는 터키어[영어, 한국어]를 거의 못합니다.
▶ Ben Türkçeyi [İngilizceyi, Koreceyi] çok az konuşabiliyorum.
벤 튀륵체이 [인길리쓰제이, 코레제이] 촉 아쓰 코누샤빌리요룸.

- 이것을 터키어[영어, 한국어]로 뭐라고 하나요?
▶ Buna Türkçe [İngilizce, Korece] ile ne denir?
부나 튀륵체 [인길리스제, 코레제] 일레 네 데닐?

- 미안한데, 하신 말씀을 잘 이해 못했어요.
▶ Özür dilerim, sizi anlayamadım.
외줄 딜레림, 씨지 안라야마듬.

- 전 터키어[영어, 한국어]를 잘 못해요.
▶ Ben Türkçeyi [İngilizceyi, Koreceyi] pek beceremiyorum.
벤 튀륵체이 [인길리쓰제이, 코레제이] 펙 베제레미요룸.

- 제 터키어[영어, 한국어]는 너무 형편없어요.
▶ Türkçem [İngilizcem, Korecem] çok kötü.
튀륵쳄 [인길리스쳄, 코레쳄] 촉 쾨튜.

- 전 터키어[영어, 한국어]를 아주 조금 알아요.
▶ Benim sadece çok az Türkçem [İngilizcem, Korecem] var.
베님 싸데제 촉 아쓰 튀륵쳄 [인길리스쳄, 코레쳄] 왈.

- 그것을 한 번 더 말해 주실래요?
▶ Onu bir daha söyleyebilir misiniz?
오누 비 다하 쐬일레예빌릴 미씨니쓰?

- 하신 말씀을 잘 이해 못하겠어요.
▶ Ben dediğinizi pek anlayamıyorum.
벤 데디이니지 펙 안라야므요룸.

- 뭐라고 말씀하셨는지 저는 잘 모르겠어요.
▶ Ben ne dediğinizi pek anlayamıyorum.
벤 네 데디이니지 펙 안라야므요룸.

- 조금 천천히 말씀해 주세요.
▶ Biraz yavaş konuşun, lütfen.
비라쓰 야와쉬 코누슌, 륏펜.

- 그것을 글로 써 주실 수 있습니까?
▶ Onu yazar mısınız, lütfen?
오누 야잘 므스느쓰, 륏펜?

위급한 상황일 때

- 급해요, 급해!
▶ Acil bir durum, Acil!
아질 비 두룸, 아질!

- 문 좀 열어주세요!
▶ Kapıyı açın, lütfen!
카프이으 아츤, 륏펜!

- 나가요!
▶ Çıkın, lütfen!
츠큰, 륏펜!

- 위험해요!
▶ Tehlikeli!
테흘리켈리!

- 조심해요!
▶ Dikkat edin!
디캇 에딘!

- 사람 살려요!
▶ İmdat!
  임닷!

- 도와주세요!
▶ Yardım edin!
  야르듬 에딘!

- 다친 사람들은 있어요[없어요]?
▶ Yaralananlar var mı [yok mu]?
  야랄라난랄 왈 므 [욕 무]?

- 다친 사람들은 괜찮아요?
▶ Yaralananlar iyi mi?
  야랄라난랄 이이 미?

- 의사 좀 불러주세요.
▶ Doktor çağırın, lütfen!
  독톨 차으른, 륏펜!

- 경찰 좀 불러주세요.
▶ Polis çağırın, lütfen!
  폴리쓰 차으른, 륏펜!

- 구급차 좀 불러주세요.
▶ Ambulans çağırın, lütfen!
  암불란쓰 차으른, 륏펜!

- 저 사람을 잡아주세요!
▶ Şu adamı yakalayın, lütfen!
  슈 아다므 야칼라이은, 륏펜!

- 도둑이야! 도둑 잡아요!
▶ Hırsız! Hırsızı yakalayın, lütfen!
  흐르쓰스! 흐르쓰즈 야칼라이은, 륏펜!

도움을 요청할 때

- 이 근처에 경찰서가 어디에 있습니까?
▶ Buralarda polis karakolu var mı?
  부라랄다 폴리쓰 카라콜루 왈 므?

Ⅷ. 긴급상황을 위한 표현

- 분실물센터는 어디에 있습니까?
▶ Kayıp eşya bürosu nerede acaba?
  카이웁 에쉬야 뷰로수 네레데 아자바?

- 전 차 안에 열쇠를 두고 잠갔습니다.
▶ Arabamın anahtarı içeride kaldı ve kapılar kilitli.
  아라바븐   아나흐타르 이체리데 칼드 웨 카프랄 킬릿리.

- 죄송한데 이 양식 채우는 것을 도와주실 수 있나요?
▶ Affedersiniz, bu formu doldurmama yardım edebilir misiniz?
  아페델씨니쓰, 부 폴무 돌둘마마   야르듬   에데빌릴 미씨니쓰?

- 제 휴대폰이 여기에서 터지지 않습니다.
▶ Cep telefonum burada çalışmıyor.
  젭 텔레포눔   부라다   찰르쉬미욜.

- 미안합니다만, 휴대폰을 좀 빌릴 수 있을까요?
▶ Affedersiniz, telefonunuzu ödünç alabilir miyim, lütfen?
  아페델씨니쓰, 텔레포누누주   외듄츠 알라빌릴 미임,   륏펜?

> ▷ 영어의 'please'에 해당하는 'lütfen'은 무엇인가를 부탁하거나 청하는 문장에서는 거의 필수적으로 사용해야 한다. 이 'lütfen'의 위치는 문장의 맨 앞 혹은 맨 뒤에 위치하며, 심지어 단독으로 사용하여서도 문장이 형성된다.
>
> - A: 좀 도와주실래요?   Yardım eder misiniz, lütfen?
> - B: 물론이죠.   Tabi.
> - A: 커피[차] 좀 타 드릴까요?   Kahve [Çay] içer misiniz?
> - B: 네, 좀 주세요.   Lütfen.

- 차 안에서 열쇠 좀 꺼내줄 수 있습니까?
▶ Arabamın içinden anahtarımı çıkartır mısınız?
  아라바븐   이친덴 아나흐타르므 츠칼트르 므쓰느쓰?

- 실례하지만, 소금 좀 건네주실 수 있습니까?
▶ Affedersiniz, tuzu uzatabilir misiniz, lütfen?
  아페델씨니쓰, 투주 우자타비릴 미씨니쓰, 륏펜?

- 후추 좀 주실래요?
▶ Karabiber alabilir miyim?
  카라비벨   알라빌릴 미임?

▷ ~ 좀 해도 되나요?

"동사어근+ -abilir/-ebilir miyim, acaba?"

영어의 "May I ~ ?"와 같이 일반적으로 무엇인가에 대해 양해를 구해야 할 때 위 형태가 일반적으로 사용된다. 여기서 acaba 라는 말은 '혹시'라는 뜻을 가지고 불확실한 사실 혹은 상대방의 허락여부가 불분명할 때 늘 함께 사용해서 물어 보아야 한다.

- 질문해도 됩니까?   Soru sor-abilir miyim, acaba?
- 들어가도 됩니까?   Gir-ebilir miyim, acaba?
- 앉아도 되요?   Otur-abilir miyim, acaba?
- 좀 봐도 되요?   Bak-abilir miyim, acaba?
- 사용해도 되나요?   Kullan-abilir miyim, acaba?
- 먹어봐도 되요?   Yi-y-ebilir miyim, acaba?

• 제게 다른 고기를 가져다주시겠습니까?
▶ Bana başka et getirir misiniz, lütfen?
　바나　바쉬카　엣 게티릴　미씨니쓰, 륏펜?

• 부탁을 들어 주시겠습니까?
▶ Bir şey rica edebilir miyim, acaba?
　빌　쉐이 리자 에데빌릴 미임,　아자바?

• 도움을 줄 수 있겠습니까?
▶ Yardım edebilir misiniz, lütfen?
　얄듬　에데빌릴 미씨니쓰, 륏펜?

▷ ~ 좀 해 주실래요?

"동사어근 + -ebilir/-abilir misiniz, lütfen?"

영어의 "Can you ~ ?"에 해당하는 무엇인가를 부탁하는 터키어 문장은 위 형태를 가지고 매우 광범위하게 실생활에서 사용한다. 아래 문형을 잘 보면서 동사만 바꾸어 응용할 수 있도록 반드시 연습해야 한다.

- 질문해 주실래요?   Soru sor-abilir misiniz, lütfen?
- 들어가실래요?   Gir-ebilir misiniz, lütfen?
- 앉으실래요?   Otur-abilir misiniz, lütfen?
- 좀 보실래요?   Bak-abilir misiniz, lütfen?
- 사용하실래요?   Kullan-abilir misiniz, lütfen?
- 드실래요?   Yi-y-ebilir misiniz, lütfen?

- 도와주세요!
▶ Yardım edin, lütfen!
얄듬 에딘, 륏펜!

- 함께 와 주세요!
▶ Birlikte gelin, lütfen!
빌릭테 겔린, 륏펜!

- 여기 의사 있나요?
▶ Burada doktor var mı, acaba?
부라다 독톨 왈 므, 아자바?

- 여기 지혈할 수 있는 분 계시나요?
▶ Burada kanamayı durdurabilen biri var mı, acaba?
부라다 카나마이으 둘두라빌렌 비리 왈 므, 아자바?

- 여기 누가 심폐 소생술을 할 줄 아나요?
▶ Burada kim kardiyopulmoner resüsitasyon yapmayı biliyor, acaba?
부라다 킴 칼디요풀모넬 레쓔씨타쓰욘 야프마이으 빌리욜, 아자바?

- 누가 인공호흡 할 줄 아나요?
▶ Burada kim sunî teneffüs yapmayı biliyor, acaba?
부라다 킴 수니 테네퓨쓰 야프마이으 빌리욜, 아자바?

- 누가 응급처치 할 줄 아나요?
▶ Burada ilk yardım yapmayı bilen biri var mı, acaba?
부라다 일크 얄듬 야프마이으 빌렌 비리 왈 므, 아자바?

응급치료

- 움직이지 마세요.
▶ Kımıldamayın, lütfen.
크믈다마이은, 륏펜.

- 팔을 올리세요.
▶ Kolunuzu kaldırın, lütfen.
콜루누주 칼드른, 륏펜.

- 다리를 올려 보세요.
▶ Ayağınızı kaldırın, lütfen.
아야으니즈 칼드른, 륏펜.

- 일어나 보세요.
▶ Ayakta durun, lütfen.
  아약따 두룬, 륏펜.

- 앉아 보세요.
▶ Oturun, lütfen.
  오투룬, 륏펜.

- 혀를 내밀어 보세요.
▶ Dilinizi çıkarın, lütfen.
  딜리니지 츠카른, 륏펜.

- 입을 크게 벌려 보세요.
▶ Ağzınızı iyice açın, lütfen.
  아으즈느즈 이이제 아츤, 륏펜.

- 손을 활짝 펴보세요.
▶ Elinizi iyice açın, lütfen.
  엘리니지 이이제 아츤, 륏펜.

- 눈을 꼭 감아 보세요.
▶ Gözünüzü iyice kapatın, lütfen.
  괴주누주 이이제 카파튼, 륏펜.

- 눈을 크게 떠보세요.
▶ Gözünüzü iyice açın, lütfen.
  괴주누주 이이제 아츤, 륏펜.

- 숨을 크게 내쉬세요.
▶ Nefesinizi iyice verin, lütfen.
  네페씨니지 이이제 웨린, 륏펜.

- 숨을 크게 들이 마시세요.
▶ Derin nefes alın, lütfen.
  데린 네페쓰 알른, 륏펜.

- 그 상태로 잠시 숨을 멈추세요.
▶ O şekilde biraz nefesinizi tutun, lütfen.
  오 쉐킬데 비라쓰 네페씨니지 투툰, 륏펜.

- 제게 모포 좀 주세요.
▶ Bana battaniyeyi verin, lütfen.
  바나 바따니예이 웨린, 륏펜.

Ⅷ. 긴급상황을 위한 표현

- 몸에 힘을 완전히 빼보세요.
▶ Gevşeyin, lütfen.
  겝쉐인, 륏펜.

- 머리를 움직이지 말고 그대로 계세요.
▶ Başınızı oynatmadan öyle durun, lütfen.
  바쉬느즈 오이나트마단 외일레 두룬, 륏펜.

- 저희는 붕대가 필요합니다.
▶ Bizim bandaja ihtiyacımız var.
  비짐 반다좌 이흐티야즈므쓰 왈.

- 지혈을 해요.
▶ Kanamayı durdurun, lütfen.
  카나마이으 둘두룬, 륏펜.

- 구급 상자 좀 줘요.
▶ İlk yardım kutusunu verin, lütfen.
  일크 얄듬 쿠수쑤누 웨린, 륏펜.

02 분실과 도난

분실했을 때

- 가방[돈]을 잃어버렸어요.
▶ Çantamı [paramı] kaybettim.
  찬타므 [파라므] 카이베띰.

- 버스[택시]에 배낭[짐]을 두고 내렸습니다.
▶ Otobüste [Takside] sırt çantamı [eşyamı] unuttum.
  오토뷰스테 [탁시데] 쓰릇 찬타므 [에쉬야므] 우툿뚬.

- 누구에게[어디에] 알리는 것이 좋습니까?
▶ Kime [Nereye] bildirmem lazım?
  키메 [네레예] 빌딜멤 라즘?

- 분실물 센터는 어디입니까?
▶ Kayıp eşya bürosu nerede, acaba?
  카이읍 에쉬야 뷰로슈 네레데, 아자바?

- 여행자 수표를 잃어버렸습니다.
▶ Ben seyahat çeklerimi kaybettim.
  벤 쎄야핫 첵레리미 카이벳띰.

- 재발행 해주시겠습니까?
▶ Yeniden verir misiniz, lütfen?
  예니덴 웨릴 미씨니쓰, 륏펜?

도난당했을 때

- 여권을 도난당했어요.
▶ Pasaportum çalındı.
  파싸포르툼 찰른드.

- 제 지갑이 없어졌어요.
▶ Cüzdanım yok oldu.
  쥬쓰다늠 욕 올두.

- 지갑을 도난당했습니다.
▶ Cüzdanım çalındı.
쥬쓰다늠 찰른드.

- 도난당했습니다.
▶ Soyuldum.
쏘율둠.

도난 신고를 할 때

- 경찰에 알리고 싶습니다.
▶ Polise bildirmek istiyorum.
폴리쎄 빌딜멕 이스티요룸.

- 경찰에 신고하고 싶은 것이 있습니다.
▶ Polise ihbar edeceğim bir şey var.
폴리쎄 이흐발 에데제임 비 쉐이 왈.

- 어디에 알려야 하죠?
▶ Nereye başvurmalıyım?
네레예 바쉬불말르이음?

- 한 남자가 제 짐[돈]을 훔치고 있습니다.
▶ Bir adam eşyamı [paramı] çalıyor.
비 아담 에쉬야므 [파라므] 찰르욜.

- 도난확인서[분실확인서]를 만들어주세요.
▶ Çalıntı tutanağı [Kayıp tutanağı] istiyorum.
찰른트 투타나으 [카이읍 투타나으] 이스티요룸.

03 교통사고

교통사고 당했을 때

- 사고 증명서를 만들어 주세요.
▶ Kaza raporu istiyorum.
  카자 라포루 이스티요룸.

- 저는 교통사고를 당했습니다.
▶ Ben trafik kazası geçirdim.
  벤 트라픽 카자쓰 게칠딤.

- 트럭이 우리 차를 박아서 파손시켰습니다.
▶ Kamyon arabamıza çarptı ve hasar oluştu.
  카욘 아라바므자 찳뜨 웨 하쌀 올루슈투.

- 저는 상처를 입어, 움직일 수 없습니다.
▶ Ben yararlandığım için hareket edemiyorum.
  벤 야랄란드음 이친 하레켓 에데미요룸.

교통사고를 냈을 때

- 제 차가 다른 자동차와 충돌했습니다.
▶ Benim arabam bir arabaya çarptı.
  베님 아라밤 비 아라바야 찳뜨.

- 다른 차가 제 차와 충돌했습니다.
▶ Bir araç benim aracıma çarptı.
  비 아라츠 베님 아라즈마 찳뜨.

- 여기 교통사고가 발생했어요.
▶ Burada bir trafik kazası oldu.
  부라다 비 트라픽 카자쓰 올두.

- 자동차가 뒹굴어서 1명이 죽었어요.
▶ Arabanın devrilmesi sonucu 1 kişi öldü.
  아라바는 데위릴메씨 쏘누주 비 키쉬 욀듀.

교통사고 경위를 묻고, 설명할 때

- 언제 사고가 발생했습니까?
▶ Ne zaman kaza oldu?
  네 자만 카자 올두?

- 몇 명이 부상입니까?
▶ Kaç kişi yaralandı, acaba?
  카츠 키쉬 야라란드, 아자바?

- 몇 명이 사망했습니까?
▶ Kaç kişi öldü, acaba?
  카츠 키쉬 욀듀, 아자바?

- 종로 3가에서 교통사고가 있었습니다.
▶ Jong-ro 3ga'da trafik kazası oldu.
  종로 삼가다 트라픽 카자쓰 올두.

- 제가 목격자입니다.
▶ Ben görgü tanığıyım.
  벤 괼규 타느으이음.

- 제가 증인입니다.
▶ Ben şahidim.
  벤 샤히딤.

- 혹시 목격자가 있나요?
▶ Acaba, görgü tanığı var mı?
  아자바 괼규 타느으 왈 므?

- 저는 증언할 수 있습니다.
▶ Ben şahitlik yapabilirim.
  벤 샤힛릭 야파빌리림.

- 저는 모든 사고를 보았습니다.
▶ Ben bütün kazayı gördüm.
  벤 뷰튠 카자이으 괼듐.

- 사고 생존자들이 있나요?
▶ Kazazedeler var mı, acaba?
  카자제데렐 왈 므 아자바?

- 사고   –   사고 생존자
  Kaza   –   Kaza-zede

- 지진   –   지진 생존자
  Deprem   –   Deprem-zede

- 전쟁   –   전쟁 생존자
  Savaş   –   Savaş-zede

- 홍수   –   홍수 생존자
  Sel   –   Sel-zede

- 자동차가 여자를 쳐서 상처를 입었습니다.
▶ Araba bir kadına çarptı ve kadın yaralandı.
 아라바 비 카드나 찷뜨 웨 카든 야라란드.

- 트럭이 우리 차를 쳐서, 우리가 다쳤습니다.
▶ Kamyon arabamıza çarptı ve yaralandık.
 카묜 아라바므자 찷뜨 웨 야라란득.

- 차가 전복되었습니다.
▶ Araba devrildi.
 아라바 데브릴디.

- 전 그 차를 설명할 수 있습니다.
▶ Ben o arabayı tanımlayabilirim.
 벤 오 아라바이으 타늠라야빌리림.

- 저는 그 상황에 대해 묘사할 수 있습니다.
▶ Ben o durumu anlatabilirim.
 벤 오 두루무 안라타빌리림.

- 저는 번호판을 기억합니다.
▶ Ben arabanın plakasını hatırlıyorum.
 벤 아라바느 프라카쓰느 하틀르요룸.

자연 재해와 화재

자연 재해에 대해서

- 비가 많이 옵니다.
▶ Çok yağmur yağıyor.
 촉 야물 야으욜.

- 태풍이 붑니다.
▶ Kasırga çıktı.
 카스르까 측뜨.

- 폭풍이 칩니다.
▶ Fırtına esiyor.
 플트나 에씨욜.

- 지금 천둥과 번개가 치고 있어요.
▶ Şu an gök gürültüsü var ve şimşek çakıyor.
 슈 안 곽 규률튜슈 왈 웨 쉼쉑 차크욜.

- 어제 밤에 건물에 벼락이 떨어졌어요.
▶ Dün akşam binaya yıldırım düştü.
 듄 악샴 비나야 이을드름 듀쉬튜.

- 우리는 폭우로 경황이 없다.
▶ Biz sağanaktan dolayı başka şeylerle ilgilenemeyiz.
 비쓰 싸아낙탄 돌라이으 바쉬카 쉐일렐레 일기레네메이쓰.

- 홍수가 밀려옵니다.
▶ Sel geliyor.
 쎌 겔리욜.

- 어제 지진이 일어났어요.
▶ Dün deprem oldu.
 듄 데프렘 올두.

- 올해 가뭄이 찾아왔어요.
▶ Bu yıl kıtlık geldi.
 부 이을 크트륵 겔디.

- 가뭄   Kıtlık
- 눈사태   Çığ
- 번개   Şimşek
- 벼락   Yıldırım
- 소나기   Sağanak yağış
- 우박   Dolu
- 지진   Deprem
- 천둥   Gök gürültüsü
- 태풍   Kasırga
- 폭설   Kar yağışı
- 폭풍우   Fırtına
- 해일   Tsunami
- 홍수   Sel

05 병원

예약 또는 병원에 갈 때

- 내일 의사선생님과 약속을 잡을 수 있습니까?
▶ Yarın doktor beyden randevu alabilir miyim?
  야른 독톨 베이덴 란데브 알라빌릴 미임?

- 오늘은 의사선생님께서 시간이 없으십니다.
▶ Maalesef, bugün doktor bey çok meşgul.
  마알레셉, 부귄 독톨 베이 촉 메쉬굴.

- 언제[몇 시에] 거기 갈 수 있습니까?
▶ Ne zaman [Saat kaçta] oraya gidebilirim?
  네 자만 [싸앗 카츠타] 오라야 기데빌리림?

- 약속시간보다 좀 미리 갈 수 있나요?
▶ Randevu saatinden biraz erken gelebilir miyim?
  란데부 싸앗틴덴 비라쓰 엘켄 겔레빌릴 미임?

- 전 의사선생님과 10시에 예약이 되어있습니다.
▶ Doktor beyle saat 10da randevum var.
  독톨 베일레 싸앗 온다 란데붐 왈.

- 병원에 데려다 주세요.
▶ Beni hastaneye götürün, lütfen.
  베니 하스타네예 괴튜륜, 륏펜.

병원 접수창구에서

- 무엇을 도와드릴까요?
▶ Nasıl yardımcı olabilirim?
  나쓸 얄듬즈 올라빌리림?

- 누구를 찾아오셨습니까?
▶ Kiminle görüşeceksiniz?
  키민레 괴류쉐젝씨니쓰?

- 담당의사가 누구시죠?
▶ Sorumlu doktor kim, acaba?
쏘룸루 독톨 킴, 아자바?

- 몇 시에 예약 하셨습니까?
▶ Saat kaçta randevunuz var?
싸앗 카츠타 란데부누쓰 왈?

- 처음 오셨나요?
▶ İlk defa mı geldiniz?
일크 데파 므 겔디니쓰?

- 환자의 성함이 어떻게 되시죠?
▶ Hastanın adı ne?
하스타는 아드 네?

- 건강보험은 있으신가요?
▶ Sağlık sigortanız var mi?
싸으륵 씨골타느쓰 왈 므?

- 신분증 좀 주실래요?
▶ Kimliğinizi alabilir miyim?
킴리이니지 알라빌릴 미임?

- 보험증을 잠깐 볼 수 있을까요?
▶ Sigorta kartınıza bakabilir miyim?
씨골타 칼트느자 바카빌릴 미임?

- 보험증을 복사해야 합니다.
▶ Sigorta kartınızın fotokopisini çekmemiz lazım.
씨골타 칼트느즌 포토코피씨니 체크메미쓰 라즘.

- 고객님의 보험은 어느 회사 소속인가요?
▶ Sigortanız hangi şirkete ait?
씨골타느쓰 한기 쉴케테 아잇?

- 고객님의 보험번호는 어떻게 되죠?
▶ Sigorta numaranız ne?
씨골타 누마라느쓰 네?

- 이 양식에 서명이 필요합니다.
▶ Bu forma imzanız gerek.
부 폴마 임자느쓰 게렉.

- 이 양식을 채워주세요.
▶ Bu formu doldurun, lütfen.
　부 폴무 돌두룬, 륏펜.

- 병원에 입원해야 하나요?
▶ Hastanede yatmam gerekiyor mu?
　하스타네데 야트맘 게렉키욜 무?

- 간호사와 함께 가시죠.
▶ Hemşire hanımla beraber gidin.
　헴쉬레 하늠라 벨라벨 기딘.

증상을 물을 때

- 어디가 아프세요?
▶ Şikâyetiniz ne?
　쉬카예니티쓰 네?

- 무슨 문제가 있으신가요?
▶ Neyiniz var?
　네이니쓰 왈?

- 증상이 어떠시죠?
▶ Belirtileriniz ne?
　벨맅티레리니쓰 네?

- 어떤 다른 증상이 있나요?
▶ Başka bulgunuz var mı?
　바쉬카 불구누쓰 왈 므?

- 당신의 병에 대해 말씀해 주실래요?
▶ Hastalığınızdan bahsedebilir misiniz?
　하스타르그느쓰단 바흐쎄데빌릴 미씨니쓰?

- 어지러우세요?
▶ Başınız dönüyor mu?
　바쉬느쓰 되뉴욜 무?

- 어느 부위에 통증이 있나요?
▶ Hangi kısımda ağrınız, acaba?
　한기 크슴다 아으르느쓰, 아자바?

- 증세가 얼마나 되었나요?
▶ Bu şikâyetiniz başlayalı ne kadar oldu
  부 쉬카예티니쓰 바쉬라얄르 네 카달 올두?

증상을 말할 때

- 기분(컨디션)이 별로 안 좋습니다.
▶ Kendimi iyi hissetmiyorum.
  켄디미 이이 히쎄뜨미요룸.

- 몸 상태가 안 좋습니다.
▶ Vücut durumum iyi değil.
  뷰줏 두루뭄 이이 데일.

- 저는 기운이 하나도 없습니다.
▶ Hiç gücüm yok.
  히츠 규쥼 욕.

- 저는 힘이 없습니다.
▶ Halsizim.
  할씨짐.

- 저는 식욕이 없습니다.
▶ İştahım yok.
  이쉬타흠 욕.

- 설사와 구토 증세가 있습니다.
▶ İshal ve kusma var.
  이스할 웨 쿠스마 왈.

- 저는 어지럽습니다.
▶ Başım dönüyor.
  바쉼 됴뉴욜.

- 제 피부에 발진이 있습니다.
▶ Cildimde kızarıklık var.
  질딤데 크자르륵 왈.

- 제 피부에 습진이 있습니다.
▶ Cildimde egzama var.
  질딤데 에그자마 왈.

- 전 머리가 아픕니다.
▶ Başım ağrıyor.
바쉼 아으르욜.

- 전 머리가 욱신거린다.
▶ Başım şişiyor.
바쉬음 쉬쉬욜.

- 전 배가 아픕니다.
▶ Midem bulanıyor.
미뎀 불라느욜.

- 저는 설사를 했습니다.
▶ İshal oldum.
이스할 올둠.

- 전 감기에 걸렸어요.
▶ Nezle oldum.
네슬레 올둠.

- 열과 기침이 납니다.
▶ Ateş ve öksürük var.
아테쉬 웨 옥슈륙 왈.

- 저는 편도선이 부었습니다.
▶ Bademciklerim şişti.
바뎀직레림 쉬쉬티.

- 저는 몸살이 났어요.
▶ Üzerimde bir kırgınlık var
유제림데 비 클근륵 왈.

- 저는 독감에 걸렸어요.
▶ Grip oldum.
그립 올둠.

- 저는 오한이 납니다.
▶ Çok üşüyorum.
촉 유슈요룸.

- 저는 피곤해서 죽을 것 같습니다
▶ Yorgunluktan ölüyorum.
율군룩탄 욀류요룸.

▷ " ~해서 죽을 것 같아요."
  " -ten/-tan ölüyorum."

• 궁금해서 죽을 것 같아요.	Merak-tan	ölüyorum.
• 기다리다 ~	Beklemek-ten	ölüyorum.
• 배고파 ~	Açlık-tan	ölüyorum.
• 졸려서 ~	Uyku-dan	ölüyorum.
• 피곤해서 ~	Yorgunluk-tan	ölüyorum.
• 배불러 ~	Mide fesadı geçireceğim şimdi.	

병력이나 발병 시기를 물을 때

• 저는 알레르기성 체질입니다.
▶ Benim alerjim var.
  베님 알렐짐 왈.

• 다른 알레르기 증세가 있나요?
▶ Herhangi bir şeye alerjiniz var mı?
  헬한기 비 쉐예 알렐지니쓰 왈 므?

• 전에 이런 증상이 있었나요?
▶ Daha önce böyle şikâyetiniz var mıydı?
  다하 왼제 뵈일레 쉬카예티니쓰 왈 므이드?

• 모친[부친]께서는 살아 계시나요?
▶ Anneniz [Babanız] hayatta mı?
  안네니쓰 [바바느쓰] 햐야따 므?

• 어머니[아버지]께서는 어떻게 돌아가셨나요?
▶ Anneniz [Babanız] hangi sebeple vefat etti?
  안네니쓰 [바바느쓰] 한기 쎄벱레 웨팟 에띠?

• 가족 중 심장질환이 있던 분이 계시나요?
▶ Ailenizde kalp rahatsızlığı var mı?
  아일레니쓰데 칼프 라핫쓰즈르으 왈 므?

• 가족 중에 고혈압을 앓고 있는 사람이 있나요?
▶ Ailenizde yüksek tansiyonlu olan var mı?
  아일레니쓰데 육쎅 탄시욘루 올란 왈 므?

- 가족 중에 당뇨를 앓았던 사람이 있나요?
▶ Ailenizde şeker hastası var mı?
아이레니쓰데 쉐켈 하쓰타쓰 왈 므?

- 어떤 약에 부작용이 있습니까?
▶ Hangi ilaçlarda yan etki ortaya çıkıyor?
한기 일라츨라다 얀 에트키 올타야 츠크욜?

- 항생제에 대한 부작용이 있습니까?
▶ Antibiyotiğin yan etkilerinden etkileniyor musunuz?
안티비요티인 얀 에트키레린덴 에트키레니욜 무쑤누쓰?

- 항생제를 사용하는데 혹시 알레르기가 있나요?
▶ Antibiyotiklere alerjiniz var mı, acaba?
안티비요틱레레 아렐지니쓰 왈 므, 아자바?

통증(아픔)을 호소할 때

- 의사를 불러주세요.
▶ Doktor çağırın, lütfen.
독톨 차으른, 륏펜.

- 오한이 나요.
▶ Çok üşüyorum.
촉 유슈요룸.

- 열이 납니다.
▶ Ateşim var.
아테쉼 왈.

- 머리[배]가 아파요.
▶ Başım [midem] ağrıyor.
바쉼 [미뎀] 아으르욜.

- 제가 머리[배] 통증이 있어요.
▶ Bende baş [mide] ağrısı var.
벤데 바쉬 [미데] 아으르쓰 왈.

- 현기증이 나요.
▶ Başım dönüyor.
바쉼 되뉴욜.

- 오른쪽 손목[발목]이 삐었어요.
▶ Sol el [ayak] bileğim burkuldu.
쏠 엘 [아약] 빌레임 불쿨두.

- 왼쪽 무릎[허리]에 통증이 있어요.
▶ Sağ dizimde [belimde] ağrı var.
싸아 디짐데 [벨림데] 아으르 왈.

- 목[발]에 경련이 났어요.
▶ Boynuma [Ayağıma] kramp girdi.
보이누마 [아야으마] 크람프 길디.

- 발목이 부었어요.
▶ Ayak bileğim şişti.
아약 빌레임 쉬쉬티.

- 머리를 숙일 수가 없습니다.
▶ Başımı eğemiyorum.
바쉬므 에에미요룸.

- 머리를 움직일 수가 없습니다.
▶ Başımı oynatamıyorum.
바쉬므 오이나타므요룸.

- 숨쉴 때 가슴이[폐가, 잔등이] 아픕니다.
▶ Nefes alıp verirken göğsüm [kalbim, sırtım] ağrıyor.
네페쓰 알릅 웨리르켄 괴으슘 [칼빔, 슬틈] 아으르욜.

- 걸을 때 여기가 아픕니다.
▶ Yürürken buram ağrıyor.
유류르켄 부람 아으르욜.

- 일어설 때 왼쪽 다리가 아픕니다.
▶ Kalkarken sol bacağım ağrıyor.
칼카르켄 쏠 바자음 아으르욜.

- 계단에서 넘어졌습니다.
▶ Merdivenden düştüm.
멜데웬덴 뒤슈튬.

- 공에 머리를 맞았어요.
▶ Başıma top çarptı.
바쉬마 톱 찹뜨.

Ⅷ. 긴급상황을 위한 표현

- 병으로 머리를 맞았어요.
▶ Başıma şişe çarptı.
바쉬마 쉬쉐 촭뜨.

- 기계에 손가락이 잘렸어요.
▶ Makinadan parmağım kesildi.
마키나단 파르마음 케씰디.

검사할 때

- 저를 따라 오시죠.
▶ Beni takip edin, lütfen.
베니 타킵 에딘, 륏펜.

- 체중계에 올라가 보세요.
▶ Teraziye bir çıkın, lütfen.
테라지예 비 츠큰, 륏펜.

- 체중을 재도록 하겠습니다.
▶ Ağırlığınızı tartacağım.
아으르르으느즈 탈타자음.

- 체중이 어떻게 되세요?
▶ Vücut ağırlığınız ne kadar?
뷰춧 아으르르으느쓰 네 카달?

- 제 체중은 72Kg 입니다.
▶ Ben 72 kiloyum.
벤 예트미쉬 이키 킬로윰.

- 키를 재도록 하겠습니다.
▶ Boyunuzu ölçeceğim.
보유누주 욀체제임.

- 키가 어떻게 되세요?
▶ Boyunuz kaç?
보유누쓰 카츠?

- 제 키는 180 입니다.
▶ Boyum bir seksen.
보윰 비 쎅쎈.

- 제 체중은 72Kg 입니다.
▶ Ağırlığım 72 kilo.
아으르르음 예트미쉬 이키 킬로.

- 최근에 몸무게가 늘었나요?
▶ Son günlerde vücut ağırlığınız arttı mı?
쏜 균렐데 뷰줏 아으르르으느쓰 알뜨 므?

- 아니면 빠졌나요?
▶ Yoksa azaldı mı?
욕싸 아잘드 므?

- 입을 벌려 보세요.
▶ Ağzınızı açın, lütfen.
아으즈느쓰 아츤, 륏펜.

- 혀를 내밀어 보세요.
▶ Dilinizi uzatın, lütfen.
딜리니지 우자튼, 륏펜.

- 편도선 좀 볼게요.
▶ Bademciklerinize bakacağım.
바뎀직레리니제 바카자음.

- 편도선에 염증이 생겼습니다.
▶ Bademciklerinizde iltihap var.
바뎀직레리니쓰데 일티합 왈.

- 숨을 깊게 내쉬세요.
▶ Derin nefes verin, lütfen.
데린 네페쓰 웨린, 륏펜.

- 숨을 깊게 들이 마시세요.
▶ Derin nefes alın, lütfen.
데린 네페쓰 알른, 륏펜.

- 숨을 잠시 멈추세요.
▶ Kısa süreliğine nefesinizi tutun, lütfen.
크사 수레리이네 네페씨니지 투툰, 륏펜.

- 가슴이 아픕니까?
▶ Göğüs ağrınız var mı?
괴유쓰 아으르느쓰 왈 므?

- 진찰을 해보겠습니다.
▶ Muayene yapacağım.
  무아예네 야파자음.

- 체온을 재도록 하겠습니다.
▶ Vücut sıcaklığınızı ölçeceğim.
  뷰줏 스작르으느즈 욀체제임.

- 당신의 체온은 37도입니다.
▶ Vücut sıcaklığınız 37 derece.
  뷰줏 스작르으느쓰 오투쓰 예디 데레제.

• 10	On
• 20	Yirmi
• 30	Otuz
• 40	Kırk
• 50	Elli
• 60	Altmış
• 70	Yetmiş
• 80	Seksen
• 90	Doksan
• 100	Yüz
• 1,000	Bin
• 10,000	On bin

- 소매를 걷어 올리세요.
▶ Kolunuzu açın, lütfen.
  콜루누주 아츤, 륏펜.

- 혈압을 재도록 하겠습니다.
▶ Tansiyonunuzu ölçeceğim.
  탄시요누누주 욀체제임.

- 혈압이 조금 높[낮]습니다.
▶ Tansiyonunuz biraz yüsek [düşük].
  탄씨요누누쓰 비라쓰 육쎅 [듀슉].

- 맥박을 재도록 하겠습니다.
▶ Nabzınızı ölçeceğim.
  나브쓰느쓰 욀체제임.

▷ 터키어 단어들 가운데 아랍어에서 온 단어들 대부분은 그 다음에 모음으로 시작하는 어미가 붙으면 원 단어의 끝 모음이 생략되는 규칙을 가지고 있다. 외국인으로서 혼동을 줄이기 위해 아래 단어들을 아예 외우는 것이 좋다.

• Ağız	+	ım	=	Ağz-ım	내 입
• Asıl	+	ında	=	Asl-ında	원래
• Avuç	+	um	=	Avc-um	내 손아귀
• Beyin	+	i	=	Beyn-i	그의 뇌(머리)
• Burun	+	un	=	Burn-un	너의 코
• Fikir	+	im	=	Fikr-im	내 견해
• Göğüs	+	üm	=	Göğs-üm	내 가슴
• İzin	+	im	=	İzn-im	내 허락
• Keşif	+	im	=	Keşf-im	내 발견
• Kısım	+	ı	=	Kısm-ı	그 부분
• Metin	+	im	=	Metn-im	내 문장
• Nabız	+	ım	=	Nabz-ım	내 맥박
• Nehir	+	i	=	Nehr-i	그의 강
• Oğul	+	um	=	Oğl-um	내 아들
• Omuz	+	um	=	Omz-um	내 어깨
• Ömür	+	üm	=	Ömr-üm	내 생애
• Resim	+	i	=	Resm-i	그의 그림
• Şehir	+	i	=	Şehr-i	그의 도시
• Vakıf	+	ı	=	Vakf-ı	그의 재단
• Vakit	+	im	=	Vakt-im	내 시간
• Zulüm	+	ü	=	Zulm-ü	그 핍박
• Zihin	+	im	=	Zihn-im	내 마인드

• 주사를 놓겠습니다.
▶ İğne yapacağım.
　이네　야파자음.

• 옷을 벗으세요.
▶ Elbisenizi çıkartın, lütfen.
　엘비쎄니지　츠칼튼,　륏펜.

- 언제부터 팔이 아팠나요?
▶ Ne zamandan beri kolunuz acıyor, acaba?
  네 자만단 베리 콜루누쓰 아즈욜, 아자바?

- 엑스레이를 찍으셔야 합니다.
▶ Röntgen çektirmeniz gerekiyor.
  뢴트겐 첵틸메니쓰 게렉키욜.

- 심전도검사를 하시는 것이 좋을듯합니다.
▶ Elektrokardiyogram çektirseniz iyi olur.
  에렉트로칼디요그람 첵틸쎄니쓰 이 올루.

- 피를 뽑겠습니다.
▶ Kanınızı alacağız.
  카느느즈 알라자으쓰.

- 피 검사를 하세요.
▶ Kan tahlili yaptırın, lütfen.
  칸 타흐릴리 얖뜨른, 륏펜.

- 소변 검사를 하세요.
▶ İdrar tahlili yaptırın, lütfen.
  이드랄 타흐릴리 얖뜨른, 륏펜.

- 내시경 검사를 좀 하고 싶어요.
▶ Endoskopi yaptırmak istiyorum.
  엔도쓰코피 얖뜰막 이스티요룸.

- 긴급으로 수술을 해야겠습니다.
▶ Acilen ameliyat olmanız gerek.
  아질렌 아멜리얏 올마느쓰 게렉.

- 소변 [대변] 검사 좀 하고 싶습니다.
▶ İdrar [Dışkı] tahlili yaptırmak istiyorum.
  이드랄[드쉬크] 타흐릴리 얖뜰막 이스티요룸.

- 일주일 후에 결과가 나옵니다.
▶ Bir hafta sonra sonuçlar çıkacak.
  비 하프타 쏜라 쏘누츨랄 츠카작.

- 여기가 아파요.
▶ Burası ağrıyor.
  부라쓰 아르욜.

- 제 혈액형은 A+형입니다.
▶ Benim kan grubum A RH pozitif.
베님 칸 그루붐 아 레하 포지팁.

- 저는 입원해야 하나요?
▶ Hastaneye yatmam gerekiyor mu, acaba?
하스타네예 야트맘 게레키욜 무, 아자바?

- 며칠 정도면 완쾌할까요?
▶ Kaç günde iyileşebilirim?
카츠 균데 이이레쉐빌리림?

- 여행을 계속해도 됩니까?
▶ Yolculuğuma devam edebilir miyim, acaba?
욜주루우마 데왐 에데빌릴 미임, 아자바?

내과에서

- 저는 열이 좀 있습니다.
▶ Biraz ateşim var.
비라쓰 아테쉼 왈.

- 저는 열이 좀 높습니다.
▶ Ateşim biraz yüksek.
아테쉼 비라쓰 육쎆.

- 온 몸에서 열이 납니다.
▶ Tüm vücudum yaniyor.
튬 뷰주둠 야느욜.

- 요즘 식욕이 없습니다.
▶ Bugünlerde iştahım yok.
부균렐데 이쉬타흠 욕.

- 며칠 전부터 식욕을 잃었습니다.
▶ Bir kaç günden beri iştahımı kaybettim.
비 카츠 균덴 베리 이쉬타흐므 카이베띰.

- 제게 빈혈이 있습니다.
▶ Bende anemi var.
벤데 아네미 왈.

- 제가 코피가 납니다.
▶ Burun kanamam var.
　부룬　　카나맘　　왈.

- 저는 고혈압입니다.
▶ Ben yüksek tansiyonluyum.
　벤　육쎅　　탄씨욘류윰.

- 저는 저혈압입니다.
▶ Ben düşük tansiyonluyum.
　벤　듀슉　　탄씨욘류윰.

- 저는 배가 아픕니다.
▶ Mide ağrım var.
　미데　아으름　왈.

- 저는 최근 이틀 동안 토할 것 같습니다.
▶ Son iki gündür kusmam var.
　쏜　이키　귄듈　　쿠쓰맘　　왈.

(정형) 외과에서

- 제 상처에서 피가 계속 납니다.
▶ Yaramdan sürekli kan akıyor.
　야람단　　수렠리　칸　아크욜.

- 제 다리에 피가 흐릅니다.
▶ Bacağımdan kan akıyor.
　바자음단　　　칸　아크욜.

- 피가 멈추지 않습니다.
▶ Kan akması durmuyor.
　칸　아크마쓰　둘무욜.

- 어떻게 피를 멈추게 할 수 있나요?
▶ Kan akmasını nasıl durdurabilirim?
　칸　아크마쓰느　나쓸　둘두라빌리림?

- 팔이 부러졌습니다.
▶ Kolum kırıldı.
　콜룸　　크를드.

- 왼쪽 팔뼈가 탈골 되었습니다.
▶ Sol kolum dirsekten çıktı.
쏠 콜룸 딜쎅텐 측트.

- 현재 제가 팔 깁스를 하고 있습니다.
▶ Şu an kolum alçıda.
슈 안 콜룸 알츠다.

- 뛸 때 여기가 아픕니다.
▶ Koşarken benim buramda bir sancı oluyor.
코샬켄 베님 부람다 비 싼즈 올루욜.

- 잘 때 여기가 아픕니다.
▶ Uyurken buram ağrıyor.
우율켄 부람 아으욜.

- 상처를 꿰맬 것입니다.
▶ Yaraya dikiş atılacak.
야라야 디키쉬 아틀라작.

- 7일후에 실을 뽑겠습니다.
▶ 7 gün sonra ipini çıkaracağız.
예디 균 쏜라 이피니 츠카라자으쓰.

- 상처에 소독을 어떻게 해야 하나요?
▶ Yaraya pansuman nasıl yapılır?
야라야 판쑤만 나쓸 야플르?

- 환자는 당분간 목발을 짚어야 합니다.
▶ Hasta geçici bir süre koltuk değnekleriyle yürümek zorunda.
하스타 게치지 비 수레 콜툭 데이넥레리일레 유류멕 조룬다.

- 접골 전문의를 통해 접골을 해야 합니다.
▶ Çıkığınızın doktor tarafından tedavi edilmesi gerekiyor.
츠크으느즌 독톨 타라픈단 테다비 에딜메씨 게레키욜.

- 이 남자는 다리에 골절이 있습니다.
▶ Bu adam bacağında bir çıkık var.
부 아담 바자은단 비 측큭 왈.

- 그는 깁스를 해야 합니다.
▶ Ona ortopedik alçı lazım.
오나 올토페딕 알츠 라즘.

- 몇 주 동안은 목발로 걸어야 합니다.
▶ Bir kaç hafta koltuk değnekleriyle yürümek zorundasınız.
비 카츠 하프타 콜툭 데이넥레리일레 유류멕 조룬다쓰느쓰.

피부과에서

- 씻다가 뜨거운 물에 데였습니다.
▶ Yıkanırken sıcak sudan yandım.
　이으카늘켄　스작　수단　얀듬.

- 피부에 상처가 감염되었습니다.
▶ Cildinizin üzerindeki yaranız enfekte olmuş.
　질디니진　유제린데키　야라느쓰　엔펙테　올무쉬.

- 상처가 조금 덧났습니다.
▶ Yaranız biraz enfeksiyon kapmış.
　야라느쓰　비라쓰　엔펙씨욘　카프므쉬.

- 상처에 염증이 생겼습니다.
▶ Yaranız iltihap kapmış.
　야라느쓰　일티합　카프므쉬.

치과에서

- 이가 아픕니다.
▶ Benim dişimde ağrı var.
　베님　디쉼데　아으르 왈.

- 제 잇몸에 문제가 있는 것 같아요.
▶ Benim diş etimde bir sorun var, galiba.
　베님　디쉬 에팀데　비 소룬　왈,　갈리바.

- 몇 일 동안 이가 너무 아픕니다.
▶ Bir kaç gündür ciddi bir şekilde diş ağrım var.
　비 카츠 균듈　짓디 비 쉐킬데　디쉬 아으름 왈.

▷ 부사들 가운데 자주 쓰이는 동의어들

• 아마도	Galiba	Herhalde	Belki
• 틀림없이	Mutlaka	Kesinlikle	Kuşkusuz
• 일반적으로	Genellikle	Genelde	Normalde
• 정말로	Gerçekten	Sahiden	Cidden
	Hakikaten		

- 환자분의 이가 많이 썩었습니다.
▶ Dişiniz çok çürümüş.
  디쉬니쓰 촉 츄류뮤슈.

- 썩은 부분을 도려내고 씌워야 합니다.
▶ Çürümüş olan yeri oyup o kısmı doldurmam gerekiyor.
  츄류뮤쉬 올란 예리 오윱 어 크스므 돌둘맘   게레키욜.

- 어금니가 충치이군요.
▶ Azı dişiniz çürümüş.
  아즈 이쉬니쓰 추류뮤쉬.

- 이 어금니를 씌워줄 수 있습니까?
▶ Bu azı dişimi doldurabilir misiniz?
  부 아즈 디쉬미 돌두라빌릴   미씨니쓰?

- 이를 뽑아야 합니다.
▶ Dişinizi çekmem gerekiyor.
  디쉬니지 체크멤   게레키욜.

- 의치를 해 넣어야 합니다.
▶ Takma diş yaptırmanız gerekiyor.
  타크마   디쉬 얍뜨람느쓰   게레키욜.

- 내 아들의 이가 흔들린다.
▶ Benim oğlumun dişi sallanıyor.
  베님   오울루문   디쉬 쌀라느욜.

- 치주염이 있습니다.
▶ Beriyodont iltihabı var.
  베리요돈트   일티하브 왈.

- 마취하나요?
▶ Uyuşma yapıyor mu?
  우유슈마 야프욜   무?

▷ 병원 관련 단어들

• X-ray	Röntgen
• 간호사	Hemşire
• 내시경	Endoskopi
• 병원	Hastane
• 수술	Ameliyat
• 알약	Hap
• 앰블란스	Ambulans
• 약	İlaç
• 약국	Eczane
• 약사	Eczacı
• 의사	Doktor
• 주사	İğne
• 처방전	Reçete
• 환자	Hasta

안과에서

• 눈이 아파요.
▶ Gözlerim ağrıyor.
괴즈레림 아으르욜.

• 해가 비출 때, 눈이 아픕니다.
▶ Güneşlenirken gözlerim ağrıyor.
귀네쉬레닐켄   괴즈레림 아으르욜.

이비인후과에서

• 저는 감기에 걸렸습니다.(1)
▶ Ben nezle oldum.
벤   네쓸레 올둠.

• 저는 감기에 걸렸습니다.(2)
▶ Ben soğuk aldım.
벤   쏘욱   알듬.

- 저는 감기에 걸렸습니다.(3)
▶ Ben üşüttüm.
벤 유슈뚬.

- 전 심하지 않습니다.
▶ Ağır şekilde değilim.
아으 쉐킬데 데일림.

- 전 코감기가 있습니다.
▶ Ben sinüs iltihabı oldum.
벤 씨뉴쓰 이티하브 알듬.

- 전 독감에 걸렸습니다.
▶ Ben grip oldum.
벤 그립 올둠.

- 전 심한 감기입니다.
▶ Kötü bir soğuk algınlığı geçiriyorum.
쾨튜 비 쏘욱 알근륵으 게치리요룸.

- 전 열이 있습니다.
▶ Ateşim var.
아테쉼 왈.

- 전 목이 아픕니다.
▶ Boğazım ağrıyor.
보아즘 아르욜.

- 전 목이 부었습니다.
▶ Boğazım şişti.
보아즘 쉬쉬티.

- 전 편도선이 부었습니다.
▶ Bademciklerim şişti.
바뎀직레림 쉬쉬티.

- 전 코가 막혔습니다.
▶ Burnumdan nefes alamıyorum.
불눔단 네페쓰 알라므요룸.

- 전 눈물 콧물이 나옵니다.
▶ Gözyaşım ve burnum akıyor.
괴쓰야쉼 웨 불눔 아크욜.

Ⅷ. 긴급상황을 위한 표현

- 며칠 동안 누워계셔야 합니다.
▶ Birkaç gün yatmanız gerekiyor.
비카츠 균 야트마느쓰 게레키욜.

- 귀에서 윙 소리가 납니다.
▶ Kulağımdan garip sesler geliyor.
쿨라음단 가립 쎄쓰렐 겔리욜.

신경외과에서

- 일어설 수가 없습니다.
▶ Kalkamıyorum.
칼카므요룸.

- 어깨가 마비되었습니다.
▶ Omzum felç olmuş.
옴줌 펠츠 올무슈.

- 손이 마비되었습니다.
▶ Ellerim tutmuyor.
엘레림 투트무욜.

산부인과에서

- 밥을 먹으려 하면 토할 것 같습니다.
▶ Yemek yerken kusacak gibi oluyorum.
예멕 엘켄 쿠사작 기비 올루요룸.

- 제 집사람은 지금 임신 중입니다.
▶ Eşim şu an hamile.
에쉼 슈 안 하밀레.

- 아내는 지금 분만실에 있습니다.
▶ Eşim şu an doğum odasında.
에쉼 슈 안 도움 오다쓴다.

- 아내는 분만 중입니다.
▶ Eşim şu an doğum yapmakta.
에쉼 슈 안 도움 야프막타.

- 집사람이 5시간 동안 진통을 겪고 있습니다.
▶ Eşim 5 saattır doğum sancısı çekiyor.
  에쉼 베쉬 싸앗뜰 도움 싼즈쓰 체키욜.

- 집사람이 여자[남자] 아이를 낳았어요.
▶ Eşim kız [erkek] bebek doğurdu.
  에쉼 크쓰 [엘켁] 베벡 도울두.

▷ 병원 과목들

• 내과	Dahiliye
• 방사선과	Radyoloji
• 병리학	Patoloji
• 비뇨기과	Üroloji
• 산부인과	Kadın Doğum
• 소아과	Çocuk Hastalıkları
• 수술실	Ameliyathane
• 신경과	Nöroloji
• 안과	Göz
• 외과	Genel Cerrahi
• 응급실	24 Saat Acil
• 이비인후과	Kulak, Burun ve Boğaz
• 정형외과	Ortopedi
• 중환자실	Yogun bakım
• 초음파과	Ultrasonografi
• 치과	Diş
• 피부과	Cildiye
• 흉부외과	Göğüs cerrahisi

응급실에서

- 구급차가 도착했습니다.
▶ Ambulans geldi.
  암불란쓰 겔디.

- 환자를 침상에 눕히세요.
▶ Hastayı yatağa yatırın.
하스타이으 야타아 야트른.

- 그를 휠체어에 앉히세요.
▶ Onu tekerlekli sandalyeye oturtun.
오누 테켈레크리 싼달예예 오툴툰.

- 환자를 들것에 눕히세요.
▶ Hastayı sedyeye yatırın.
하스타이으 쎄드예예 야트른.

- 그를 응급실로 옮기세요.
▶ Onu acil servise götürün.
오누 아질 쎌비쎄 괴튜륜.

- 의사가 진찰할 예정입니다.
▶ Doktor sizi muayene edecek.
독톨 씨지 무야예네 에데젝.

- 간호사가 맥박을 잴 것입니다.
▶ Hemşire nabzınızı ölçecek.
헴쉬레 나브쓰느즈 욀체젝.

- 혈압을 재겠습니다.
▶ Tansiyonunuzu ölçeceğim.
탄씨요누누주 욀체제임.

- 의사가 응급실에서 그를 진찰하고 있어요.
▶ Doktor acil serviste onu muayene ediyor.
독톨 아질 쎌비쓰테 오누 무야예네 에디욜.

- 환자는 복통을 앓고 있습니다.
▶ Hastada mide ağrısı var.
하스타다 미데 아으르쓰 왈.

- 환자를 엑스레이실로 데리고 가세요.
▶ Hastayı röntgen odasına götürün.
하스타이으 룐트겐 오다쓰나 괴튜륜.

환자의 상태를 물을 때

- 안정을 취하려면 얼마나 걸리나요?
▶ Ne zaman kadar sakinleşir?
네 자마나 카달 싸킨레쉴?

- 조금 좋아졌습니다.
▶ Biraz iyileşti.
비라쓰 이이레쉬티.

- 상당히 좋아졌습니다.
▶ Epeyce iyileşti.
에페이제 이이레쉬티.

- 여전히 좋지 않습니다.
▶ Hala iyi değil.
할라 이이 데일.

- 회복되려면 얼마나 걸릴까요?
▶ İyileşmesi için ne kadar sürer?
이이레쉬메씨 이친 네 카달 슈렐?

의사처방

- 두 대의 주사와 약을 처방하겠습니다.
▶ Size iki iğne ve hap yazayım.
씨제 이키 이네 웨 합 야자이음.

- 이 약을 드시죠.
▶ Bu ilacı alın.
부 일라즈 알른.

- 식사 전에 시럽 두 스푼을 드십시오.
▶ Yemekten önce iki kaşık şurup alın.
예멕텐 왼제 이키 카쉭 슈룹 알른.

- 약은 식전에 먹어야 하나요, 식후에 먹어야 하나요?
▶ Bu ilacı yemekten önce mi sonra mı alacağim?
부 일라즈 예멕텐 왼제 미 쏜라 므 알라자음?

- 식후에 드셔야 합니다.
▶ Yemekten sonra alacaksınız.
예멕텐 쏜라 알라작쓰느쓰.

- 식전에 드셔야 합니다.
▶ Yemekten önce alacaksınız.
예멕텐 왼제 알라작쓰느쓰.

- 식사 전 30분에 드셔야 합니다.
▶ Yemekten 30 dakika önce alacaksınız.
예멕텐 오투쓰 다키카 왼제 알라작쓰느쓰.

• 1 Bir	한 개 bir tane	한 개씩 bir-er tane	한 사람 bir kişi	한 사람씩 bir-er kişi
• 2 İki	두 개 iki tane	두 개씩 iki-şer tane	두 사람 iki kişi	두 사람씩 iki-şer kişi
• 3 Üç	세 개 üç tane	세 개씩 üç-er tane	세 사람 üç kişi	세 사람씩 üç-er kişi
• 4 Dört	네 개 dört tane	네 개씩 dörd-er tane	네 사람 dört kişi	네 사람씩 dörd-er kişi
• 5 Beş	다섯 개 beş tane	다섯 개씩 beş-er tane	다섯 사람 beş kişi	다섯 사람씩 beş-er kişi
• 6 Altı	여섯 개 altı tane	여섯 개씩 altı-şar tane	여섯 사람 altı kişi	여섯 사람씩 altı-şar kişi
• 7 Yedi	일곱 개 yedi tane	일곱 개씩 yedi-şer tane	일곱 사람 yedi kişi	일곱 사람씩 yedi-şer kişi
• 8 Sekiz	여덟 개 sekiz tane	여덟 개씩 sekiz-er tane	여덟 사람 sekiz kişi	여덟 사람씩 sekiz-er kişi
• 9 Dokuz	아홉 개 dokuz tane	아홉 개씩 dokuz-ar tane	아홉 사람 dokuz kişi	아홉 사람씩 dokuz-ar kişi
• 10 On	열 개 on tane	열 개씩 on-ar tane	열 사람 on kişi	열 사람씩 on-ar kişi

- 제가 항생제 처방을 하겠습니다.
▶ Ben antibiyotik yazayım.
  벤　 아티비요틱　 야자이음.

- 하루 약을 3번 먹어야 합니다.
▶ Günde 3 defa ilaçları almam gerekiyor.
  균데　 위츠 데파　 일라츠라르　 알맘　 게렉키욜.

- 몇 알을 먹어야 합니까?
▶ Kaç tane almam lazım?
  카츠 타네　 알맘　 라즘?

- 두 알씩 드셔야 합니다.
▶ İkişer tana almanız lazım.
  이키쉘 타네　 알마느쓰　 라즘.

- 오늘 아무것도 먹어서는 안 됩니다.
▶ Bugün hiçbir şey yemeyin.
  부균　 히츠비 쉐이 예메인.

- 물을 많이 드세요.
▶ Bol bol su için.
  볼　 볼　 수　 이친.

- 많이 쉬세요.
▶ Bol bol istirahat edin.
  볼　 볼　 이스티라핫 에딘.

- 다시 와야 합니까?
▶ Tekrar gelmem gerekiyor mu?
  테크랄　 겔멤　 게레키욜　 무?

- 일주일 뒤에 한 번 더 오셔야 합니다.
▶ Bir hafta sonra bir kere daha gelmek zorundasınız.
  비　 하프타 쏜라　 비　 케레　 다하　 겔멕　 조룬다쓰느쓰.

06 약국

약국을 찾을 때

- 가장 가까운 약국이 어디에 있습니까?
▶ En yakın eczane nerede?
  엔 야큰 에즈자네 네레데?

- 이 근처에 약국이 있나요?
▶ Burada eczane var mı, acaba?
  부라다 에즈자네 왈 므, 아자바?

- 이 근처에 야간 상설 약국이 있나요?
▶ Burada nöbetçi eczane var mı, acaba?
  부라다 뇌베치 에즈자네 왈 므, 아자바?

처방전을 보이며 약을 달라고 할 때

- 이 처방전으로 약을 주십시오.
▶ Bu reçetedeki ilaçları alacağım.
  부 레체테데키 일라츨라르 알라자음.

- 의사 처방전이 없다면 약을 드릴 수 없습니다.
▶ Eğer reçeteniz yoksa ilaç veremeyiz.
  에엘 레체테니쓰 욕싸 일라츠 베레메이쓰.

증상을 말하며 약을 달라고 할 때

- 처방전은 없습니다만 감기약을 주실 수 없나요?
▶ Reçetem yok ama nezle ilacı veremez misiniz?
  레체템 욕 아마 네쓸레 일라즈 베레메쓰 미씨니쓰?

- 저는 식욕을 돋우기 위한 약을 사고 싶습니다.
▶ Ben iştahımı açmak için ilaç almak istiyorum.
  벤 이쉬타흐므 아츠막 이친 일라츠 알막 이스티요룸.

- 기침에 좋은 약 있나요?
▶ Öksürme için en iyi ilaç hangisi?
  옉술메 이친 엔 이 일라츠 한기씨?

- 적당한 치통 약 하나 살 수 있을까요?
▶ Diş ağrısı için uygun bir ilaç alabilir miyim?
  디쒸 아으르쓰 이친 우이군 비 일라츠 알라빌릴 미임?

- 불면증인데, 수면제를 사고 싶습니다.
▶ Uykusuzluğum var, uyku ilacı almak istiyorum.
  우이쿠쑤쓰루움 왈, 우이쿠 일라즈 알막 이스티요룸.

약의 복용법에 대해서

- 약은 하루에 몇 회나 복용합니까?
▶ Bu ilacın günde kaç kere içilmesi gerekiyor?
  부 일라즌 균데 카츠 케레 이칠메씨 게레키욜?

- 식전 하루 세 번, 두 알씩 약을 드세요.
▶ Yemekten önce günde 3 kere ikişer tane ilaç alın.
  예멕텐 왼제 균데 위츠 케레 이키쉘 타네 일라츠 알른.

▷ 병(病) 관련 단어들 (가나다 순)

• 간암	Karaciğer kanseri
• 감기	Nezle
• 갑상선	Tiroid bezi
• 갑상선암	Gırtlak kanseri
• 결핵	Tüberküloz (Verem)
• 고혈압	Yüksek tansiyon
• 고환암	Testis kanseri
• 골수암	Omurilik kanseri
• 내시경	Endoskopi
• 뇌진탕	Beyin travması
• 뇌출혈	Beyin kanaması
• 대장암	Bağırsak kanseri
• 독감	Grip
• 링거(혈청) 주사	Serum
• 맥박	Nabız
• 목구멍(인후)	Gırtlak
• 심장마비	Kalp spazmı (= Kalp sıkışması)
• 위암	Miğde kanseri
• 유방암	Meme kanseri (= Göğüs kanseri)
• 저혈압	Alçak tansiyon
• 전립선암	Prostat kanseri
• 초음파	Ultrason görüntüleme
• 췌장암	Pankreas kanseri
• 탈장	Kasık fıtığı
• 편두통	Migren
• 폐암	Akciğer kanseri
• 혈액암(백혈병)	Kan kanseri
• 호흡정지	Solunum durması
• MRI	Manyetik Rezonans Görüntüleme
• CT 촬영	Bilgisayarlı Tomografi

PART

여행을 위한 표현

01 비행기
02 공항
03 숙박
04 길안내
05 관광
06 쇼핑
07 귀국

01 비행기

항공권을 구할 때

- 다음 주 일요일에 이스탄불 행 항공권을 하나 예약하고 싶습니다.
▶ Önümüzdeki Pazar gününe İstanbul için bir bilet ayırtmak istiyorum.

- 앙카라 행 표 하나 하고 싶습니다.
▶ Ankara'ya bilet almak istiyorum.

- 8월 14일 앙카라 행 표를 예약하고 싶습니다.
▶ 14 Ağustos'ta Ankara için bilet ayırtmak istiyorum.

- 이즈미르로 가는 다음 비행기는 언제 떠납니까?
▶ İzmir'e giden bir sonraki uçak ne zaman kalkıyor, acaba?

- 5월 20일에 아다나로 가는 비행 편이 있나요?
▶ 20 Mayıs'ta Adana'ya bir uçuş var mı, acaba?

- 8월 9일에 다시 돌아오는 비행 편이 있나요?
▶ 9 Ağustos'ta geri dönen bir uçak var mı, acaba?

▷ 월(月)들

- 1월 Ocak
- 2월 Şubat
- 3월 Mart
- 4월 Nisan
- 5월 Mayıs
- 6월 Haziran
- 7월 Temmuz
- 8월 Ağustos
- 9월 Eylül
- 10월 Ekim
- 11월 Kasım
- 12월 Aralık

- 아직 좌석이 남아 있습니까?
▶ Uçakta boş yer var mı, acaba?

- 죄송합니다. 좌석이 전혀 없습니다.
▶ Maalesef, uçakta hiç yer yok.

▷ "~ 있어요?" (있나요?) 와 "~ 없어요?" (없나요?)
~ var mı?   ~ yok mu?

- 일상생활에서 "명사 var mı?" 혹은 "명사 yok mu?"를 사용해서 그 명사(물건, 사람 등)의 유무를 물어 볼 수 있는 매우 간단한 문장이 만들어진다.

- 우유 있어요? (~ 없어요?)
  Süt var mı? (Süt yok mu?)

- 빨간색 연필 있어요? (~ 없어요?)
  Kırmızı kalem var mı? (Kırmızı kalem yok mu?)

- 잔돈 있어요? (~ 없어요?)
  Bozuk para var mı? (Bozuk para yok mu?)

- 여기에 화장실이 있나요? (~ 없나요?)
  Burada tuvalet var mı? (Burada tuvalet yok mu?)

- 무스타파 있어요? (~ 없어요?)
  Mustafa var mı? (Mustafa yok mu?)

- 죄송합니다. 모든 예약이 완료되었습니다.
▶ Özür dilerim. Tüm rezervasyonlar doldu.

- 비행기가 꽉입니다.
▶ Uçak tamamen dolu.

- 항공권을 예약해 드렸습니다.
▶ Uçak biletinizi ayırttım.

- 제 항공권을 하나 구입하고 싶습니다.
▶ Bir uçak bileti almak istiyorum.

- 모든 예약 절차가 완료되었습니다.
▶ Tüm rezervasyonunuz tamamlandı.

- 제가 얼마나 일찍 표를 예매할 수 있습니까?
▶ Ben ne kadar erken bilet ayırtabilirim, acaba?

- 이스탄불 행 다른 항공편을 좀 알아봐 주세요.
▶ İstanbul için diğer uçuşlara bakın, lütfen.

- 인천 행 다른 비행기 좀 알아봐 주실래요?
▶ İncheon için başka uçuşlara bakar mısınız?

- 이스탄불에 갈 수 있는 가장 이른 비행기 표를 제게 주세요.
▶ İstanbul'a giden en erken uçak biletini verir misiniz?

- 어떤 항공사를 선호하십니까?
▶ Hangi havayolu şirketini tercih ediyorsunuz?

- 어떤 항공사를 추천해 주시나요?
▶ Hangi havayolu şirketini öneriyorsunuz, acaba?

- 편도입니까? 아니면 왕복입니까?
▶ Tek yön mü? Yoksa gidiş dönüş mü?

- 언제 출발을 원하십니까?
▶ Ne zaman hareket etmek istersiniz?

- 어떤 등급의 좌석을 원하십니까?
▶ Hangi sınıf koltuk istersiniz?

- 부르사 행 표 한 장을 구매하고 싶습니다.
▶ Bursa'ya bir bilet almak istiyorum.

- 죄송합니다. 오늘의 모든 항공권이 예약되었습니다.
▶ Üzgünüm. Bugünkü tüm biletler ayırtıldı.

- 죄송합니다. 모든 자리가 찼습니다.
▶ Kusura bakmayın. Hiç boş yerimiz kalmadı.

- 이스탄불 행 왕복표를 구매하고 싶습니다.
▶ İstanbul'a gidiş dönüş bileti almak istiyorum.

- 인천-이스탄불 표를 사고 싶습니다.
▶ İncheon-İstanbul bileti almak istiyorum.

- 코냐 행 편도 표 한 장을 구매하고자 합니다.
▶ Konya'ya tek yön bir bilet almak istiyorum.

- 지금 발권을 할 수 있습니까?
▶ Şimdi bilet kesebilir misiniz?

- 지금 제가 표를 살 수 있습니까?
▶ Şimdi bilet alabilir miyim, acaba?

▷ 같은 뜻의 문장이라도 항상 정중하게~!

"이해하셨어요?"

1) **Anla-dınız mı?** (이해하셨나요?)
2) **Anlat-abil-dim mi?** (제가 제대로 설명했나요?)

위 두 문장은 모두 상대방에게 자신의 얘기를 제대로 이해했냐고 묻는 질문이다. 하지만 1)번 문장은 이해했냐고 직설적으로 묻는 문장으로서 상하관계 안에서 더 어울리는 문장이며 상대방에게 조금 강경하게 들릴 수 있다. 2)번 문장도 동일한 의미이지만 내가 상대방에게 내 얘기를 제대로 전달할 수 있었느냐는 겸양의 문장으로 터키어 회화에서는 이 형태를 주로 사용할 것을 강력하게 권한다.

- Anla-mak   이해하다.
- Anlat-mak   설명하다.

- 죄송합니다. 대기자 명단에 넣어드릴까요?
▶ Üzgünüm. Yedek listesine yazayım mı?

- 죄송합니다. 취소한 사람들이 있으면 연락 드릴께요.
▶ Üzgünüm. İptal edenler olursa size haber veririm.

- 저는 이스탄불로 가는 2장의 왕복표를 예매하고 싶습니다.
▶ İstanbul'a 2 kişilik gidiş dönüş bileti ayırtmak istiyorum.

- 중간에 환승하나요?
▶ Aktarma olacak mı?

- 어디에서 공항 세를 지불해야 합니까?
▶ Havaalanı vergisini nereden ödeyebilirim?

- 대기실이 있습니까?
▶ Bekleme salonu var mı?

- 대기실이 어디에요?
▶ Bekleme salonu nerede, acaba?

- 인천 공항에서 체크인을 해야만 합니다.
▶ İncheon Havaalanında check-in yapmalısınız.

- 비즈니스 클래스는 얼마입니까?
▶ Business sınıf ne kadar, acaba?

- 1등석은 얼마입니까?
▶ Birinci sınıf ne kadar, acaba?

- 창가 쪽으로 앉고 싶습니다.
▶ Cam kenarı olsun, lütfen.

- 복도 쪽 가능한가요?
▶ Koridor tarafından mümkün mü, acaba?

- 예매를 취소하고 싶습니다.
▶ Rezervasyonumu iptal etmek istiyorum.

- 이 표를 구매[취소]하고 싶습니다.
▶ Bu bileti almak [iptal] etmek istiyorum.

- 이 항공권들은 환불이 되지 않습니다.
▶ Bu biletlerin para iadesi olmuyor.

- 제 비행 편을 확인하고 싶습니다.
▶ Uçuşumu kontrol etmek istiyorum.

- 고객님의 비행 편을 확인했습니다.
▶ Uçuşunuzu kontrol ettim.

- 3일 안에 저희 사무실에 오셔서 구입하실 수 있습니다.
▶ Üç gün içinde herhangi bir ofisimizden satın alabilirsiniz.

- 제가 표를 예약했는데, 좌석을 확인하고 싶습니다.
▶ Bilet ayırtmıştım da koltuğumu kontrol etmek istiyorum.

- 고객님의 좌석을 확인했습니다.
▶ Koltuğunuzu kontrol ettim.

- 비행기 표를 바꿀 수 있나요?
▶ Biletimi değiştirebilir miyim, acaba?

- 항공권을 변경하고 싶습니다.
▶ Biletimde değişiklik yapmak istiyorum.

- 이 표는 취소하고 터키 항공으로 바꿔주세요.
▶ Bu bileti iptal ederek Türk Havayolları ile değiştirir misiniz, lütfen?

- 가능하다면, 1월 28일 월요일로 바꾸고 싶습니다.
▶ Mümkünse, 28 Ocak Pazartesi günü olarak değiştirmek istiyorum.

- 중국 항공은 베이징을 경유해서 이스탄불로 갑니다.
▶ Çin Havayolları Pekin üzerinden İstanbul'a gidiyor.

- 저희 항공사는 모든 숙박과 아침식사를 무료로 제공합니다.
▶ Tüm konaklamalarınız ve kahvaltılarınız şirketimize aittir.

- 죄송하게도 비즈니스 좌석은 남아 있지 않습니다.
▶ Maalesef business sınıf kalmadı.

- 죄송하게도 현재 퍼스트 클래스만 남아 있습니다.
▶ Üzgünüm, şu an sadece birinci sınıf kaldı.

- 이번 주 토요일의 표는 모두 매진되었습니다.
▶ Bu Cumartesi gününe ait tüm biletler tükendi.

- 현재 예매해 드릴 수 가장 빠른 날은 다음 주 수요일입니다.
▶ Şu an en erken gelecek Çarşamba günü için yer ayırabilirim.

- 고객[카드] 번호를 가지고 계십니까?
▶ Müşteri [Kart] numaranız yanınızda mı?

- 고객님의 마일리지를 사용하시겠습니까?
▶ Milinizi kullanacak mısınız?

- 고객[마일리지] 카드를 만드시겠습니까?
▶ Müşteri [Mil] kartı almak istiyor musunuz?

- 고객님의 마일리지 번호가 어떻게 되시나요?
▶ Mil numaranız ne, acaba?

- 이 항공편의 도착[출발] 시간을 알 수 있을까요?
▶ Bu uçağın varış [kalkış] saatini öğrenebilir miyim, acaba?

- 이 항공편의 도착[출발] 시간은 현지 시간으로 오후 11시입니다.
▶ Bu uçağın varış [kalkış] saati yerel saat ile öğleden sonra 11'dir.

- 비행기는 몇 시에 출발합니까?
▶ Uçak saat kaçta kalkıyor, acaba?

- 오전 비행기는 몇 시에 출발합니까?
▶ Öğleden önce kalkmış olacak uçak saat kaçta, acaba?

- 비행은 몇 시간이 걸립니까?
▶ Uçuş kaç saat sürüyor, acaba?

- 몇 시에 도착합니까?
▶ Saat kaçta varıyor, acaba?

▷ 혼동하지 말아야 할 "몇 시간?"과 "몇 시?"

• 몇 시간? (시간의 경과, 소요)	Kaç saat?
• 몇 시에?	Saat kaçta?
• 몇 시? (몇 시인지 물어볼 때)	Saat kaç?
• 지금 몇 시예요?	Şu an saat kaç?
• 시계 있어요? (몇 시냐는 질문)	Saatiniz var mı?

- 도착 시간을 알 수 있을까요?
▶ Varış saatini öğrenebilir miyim, acaba?

- 비행기가 제 시간에 도착할까요?
▶ Uçak zamanında varır mı, acaba?

- 비행기는 제 시간에 도착하죠?
▶ Uçak zamanında varacak, değil mi?

- 직항입니까?
▶ Bu uçak direkt sefer mi?

- 이 항공편은 중간 경유지를 거쳐서 갑니다.
▶ Bu uçak aktarmalı gidiyor.

- 이 항공편은 중간 경유지 없이 바로 갑니다.
▶ Bu uçak aktarmasız gidiyor.

- 도착까지 경유하지 않죠?
▶ Varıncaya kadar duraklamıyor, değil mi?

- 경유 시간이 긴가요?
▶ Aktarma süresi uzun mu?

- 이 비행기가 어디를 경유합니까?
▶ Bu uçak nerede aktarma yapacak?

- 파리에서 경유합니다.
▶ Paris'te aktarma yapacak.

- 경유 시간은 얼마나 됩니까?
▶ Aktarma yapma süresi ne kadar?

- 두바이에서 두 시간 경유합니다.
▶ Dubai'de 2 saat aktarma yapacak.

- 공항에 몇 시에 도착해야 합니까?
▶ Saat kaçta havaalanında olmalıyım?

- 비행기 내로 얼마나 짐을 들고 갈 수 있습니까?
▶ Uçağın içine ne kadar eşya götürebilirim, acaba?

- 제가 짐을 얼마나 보낼 수 있죠?
▶ Ben ne kadar eşyayı kargo kısmıyla gönderebilirim?

- 최대 얼마나 짐이 허용됩니까?
▶ En fazla ne kadar eşyaya izin veriliyor, acaba?

- 비행기를 갈아 타야 합니까?
▶ Başka uçağa aktarma yapmalı mıyım?

- 비행기를 두바이에서 한 번 갈아 타셔야 합니다.
▶ Dubai'de başka uçağa bir kez aktarma olacak.

- 식사는 제공되나요?
▶ Yemek veriliyor mu?

- 비행기에서 간식을 제공합니다.
▶ Uçakta atıştırmalıklar veriyoruz.

- 식사가 있습니까?
▶ Yemek var mı?

- 이 비행기는 먹을 것을 제공하지 않습니다.
▶ Bu uçakta yiyecek bir şeyler vermiyorlar.

- 특별 식사를 주문할 수 있습니까?
▶ Özel yemek siparişi verebiliyor muyum, acaba?

탑승 수속 할 때

- 목적지가 어디십니까?
▶ Gitmek istediğiniz yer neresi?

- 짐을 붙이시겠습니까?
▶ Kargo kısmına eşya gönderecek misiniz?

- 고객님의 이름은 탑승자 명단에 있지 않습니다.
▶ Adınız yolcu listesinde yer almıyor.

- 대기자 명단에 올릴 수 있습니다.
▶ Yedek yolcu listesine yazabilirim.

- 테이프로 고객님의 짐을 붙여 놓으세요.
▶ Bant ile eşyalarınızı bantlayınız.

- 기내 반입 짐은 개인당 10킬로를 넘을 수 없습니다.
▶ Uçağın içine götüreceğiniz eşya kişi başı 10 kg'ı geçemez.

- 안타깝게도 무게 초과입니다.
▶ Maalesef, yükünüz fazla ağır.

- 10킬로 무게 초과입니다.
▶ 10 kg'ı geçti.

- 고객님의 짐은 붙이셔야 합니다.
▶ Eşyanızı kargo kısmına göndermeniz gerekiyor.

- 나머지 짐들은 기내로 갖고 타실 수 있습니다.
▶ Kalan eşyalarınızı uçağa yanınıza alabilirsiniz.

- 기내로 반입하는 짐에는 액체나 날카로운 금속 종류가 금지입니다.
▶ Uçağın içine alınan eşyalardan sıvı ya da keskin metal türde olanlar yasaktır.

- 총 10킬로 초과 금액을 내셔야 합니다.
▶ Toplam 10 kg fazla yükünüz için ödeme yapmanız gerekiyor.

- 공부하는 학생인데 좀 봐 주시면 안 되나요?
▶ Öğrenciyim de biraz müsamaha gösteremez misiniz?

- 그러면 총 5킬로 초과 금액만 내 주십시오.
▶ Öyleyse toplam 5 kg fazla yükünüz için ödeme yapabilirsiniz.

- 짐에 라벨을 붙이셔야 합니다.
▶ Eşyalarınıza etiket takmanız gerekiyor.

- 짐 라벨에는 주소와 연락처를 적어 놓으시면 좋습니다.
▶ Eşyanızın etiketine adres ve iletişim bilgilerinizi yazarsanız iyi olur.

- 가방들을 저울 위에 올려 놔주십시오.
▶ Valizinizi tartının üzerine koyun, lütfen.

- 체크인 하시고, 대기 장소에서 기다리세요.
▶ Check-in yaptırdıktan sonra bekleme salonunda bekleyebilirsiniz.

- 물품 검색 대 쪽에서 수속을 밟으세요.
▶ Arama noktasından geçin, lütfen.

- 탑승권과 여권을 보여주십시오.
▶ Biniş kartını ve pasaportunuzu gösterin, lütfen.

- 보딩패스(탑승권)를 좀 볼까요?
▶ Biniş kartınıza bakabilir miyim?

- 핸드폰, 열쇠, 노트북, 동전 등 모든 메탈 종류를 올려놓으세요.
▶ Cep telefonu, anahtar, dizüstü bilgisayar, bozuk para gibi metal parçalarını koyun, lütfen.

- 검색 대를 통과해 주세요.
▶ Güvenlik kapısından geçin, lütfen.

탑승할 때

- 빨리 비행기에 타자.
▶ Hemen uçağa binelim.

- 우선 아이와 동승하시는 승객들이 먼저 탑승하시길 바랍니다.
▶ Çocuklu yolcularımızın önce binmelerini rica ederiz.

- 우선 특별한 도움을 필요로 하는 승객들이 먼저 탑승해 주세요.
▶ Özel yardım gereksinimi olan yolcuların önden binmesini rica ederiz.

- 이제 탑승 수속을 시작합니다.
▶ Artık biniş işlemlerine başlıyoruz.

- 이스탄불 행 102편 탑승을 하고 있습니다.
▶ İstanbul'a giden 102 nolu uçuş için biniş işlemleri başlamıştır.

- 탑승권과 여권을 제시해 주십시오.
▶ Biniş kartı ve pasaportunuzu gösteriniz lütfen.

- 두 개의 가방만 기내 탑승이 허용됩니다.
▶ Sadece iki çanta ile uçağa binişe izin verilmektedir.

- 이 짐을 검색(체크)하셔야 합니다.
▶ Bu eşyaları kontrolden geçirmelisiniz.

- 다른 짐을 검색(체크)하셔야 합니다.
▶ Diğer eşyaları kontrolden geçirmelisiniz.

비행기 시간 변경 및 연착 안내할 때

- 이번 비행기는 연착되었습니다.
▶ Bu uçakta gecikme olmuştur.

- 이번 비행기는 악천후로 인해 연착되었습니다.
▶ Bu uçuşta kötü hava şartları nedeniyle gecikme olmuştur.

- 이 항공편은 연착되어 출발합니다.
▶ Bu uçuşta gecikmeli olarak hareket edecektir.

- 모든 다른 환승 편은 모든 상황이 정상입니다.
▶ Diğer bütün aktarmalı uçuşların durumu normal.

- 이 비행기는 비행이 취소되었습니다.
▶ Bu uçağın uçuşu iptal edildi.

- 이 항공편은 A12 게이트로 환승 편이 연결되었습니다.
▶ Bu uçuşun A12 kapısından aktarmalı uçuş ile bağlantısı sağlandı.

좌석을 찾고 앉을 때

- 이 좌석번호는 어디쯤 됩니까?
▶ Bu koltuk numarası neresi oluyor?

- 따라 오십시오.
▶ Beni takip ediniz.

- 이쪽입니다.
▶ Burasıdır.

- 제 좌석을 제게 알려 주세요.
▶ Koltuğumu bana gösterir misiniz lütfen.

- 죄송하지만 좌석을 바꿀 수 있을까요?
▶ Affedersiniz, koltuğumu değiştirebilir miyim?

- 손님은 26A 좌석입니다.
▶ Koltuğunuz 26A.

- 짐을 좀 위로 올려도 되나요?
▶ Çantamı yukarıya koyabilir miyim, acaba?

- 손님의 재킷을 여기에 걸어 놓으실 수 있습니다.
▶ Ceketinizi buraya asabilirsiniz.

- 손님의 머리 위쪽의 짐칸에 넣을 실 수 있습니다.
▶ Başınızın üstündeki eşya kabinine koyabilirsiniz.

- 무거운 가방은 발 아래쪽에 놓으실 수 있습니다.
▶ Ağır çantalarınızı ayağınızın alt tarafına koyabilirsiniz.

- 이것은 호출 버튼입니다. 필요하실 때 눌러주십시오.
▶ Bu çağrı düğmesidir. Gerektiğinde kullanın, lütfen.

- 안전벨트를 매어 주시기 바랍니다.
▶ Emniyet kemerinizi bağlayın, lütfen.

- 이것이 의자 각도 조절 버튼입니다.
▶ Bu koltuğun ayar düğmesidir.

- 화장실은 비행기의 중간과 뒤편에 있습니다.
▶ Tuvaletler uçağın orta ve arka tarafında bulunmaktadır.

- 비상 출구는 비행기의 날개 쪽 위의 양 옆으로 있습니다.
▶ Acil çıkışlar uçağın kanatlarının üst iki yanında bulunmaktadır.

- 승무원이 안전 수칙을 설명할 때 경청하여 주십시오.
▶ Uçuş görevlileri güvenlik kurallarını açıklarken iyi dinleyin, lütfen.

- 안전벨트를 매려면 양끝을 연결하십시오.
▶ Emniyet kemerini takmak için iki ucu birbirine bağlayınız, lütfen.

- 안전벨트를 풀기 원하신다면, 덮개를 위쪽으로 당기세요.
▶ Emniyet kemerini çıkarmak istediğinizde, kapaklarını yukarı doğru çekiniz

- 고객님과 가장 가까이 출구가 위치해 있습니다.
▶ En yakın çıkış olduğunuz yerdedir.

- 신호가 꺼질 때까지 안전벨트를 착용한 채로 계십시오.
▶ Uyarı ışığı sönünceye kadar emniyet kemerinizi çözmeyin, lütfen.

기내 방송을 할 때

- 저희 대한항공을 이용해주심에 감사를 드립니다.
▶ Kore Hava Yollarını kullandığınız için teşekkür ederiz.

- 모든 짐은 좌석 밑 또는 머리 위쪽의 짐칸에 넣어 주십시오.
▶ Tüm eşyalarınızı koltuk altına ya da üstündeki eşya kabinine koyunuz.

- 비행기가 곧 이륙할 것입니다.
▶ Uçak kalkmak üzeredir.

- 비행기가 이륙하고 있습니다. 안전벨트를 착용해 주십시오.
▶ Şimdi uçak kalkıyor. Emniyet kemerinizi bağlayın, lütfen.

- 저희는 현재 만 이천 킬로미터 상공을 비행하고 있습니다.
▶ Şu anda 12,000 metre yükseklikte uçmaktayız.

- 우리의 비행시간은 약 11시간이 될 것입니다.
▶ Uçuşumuz yaklaşık 11 saat sürecektir.

- 우리는 시속 1,200 킬로미터로 비행하고 있습니다.
▶ Saatte 1,200km hızla gitmekteyiz.

- 필요한 것이 있다면 호출 버튼을 눌러주십시오.
▶ Gerektiğinde çağrı düğmesine basın, lütfen.

- 저희는 곧 착륙 예정입니다.
▶ İniş yapmak üzereyiz.

- 다시 한 번 안전벨트가 잘 채워져 있는지 확인하여 주십시오.
▶ Bir kez daha emniyet kemerinizin iyi bağlı olup olmadığını kontrol edin, lütfen.

- 뉘어진 좌석을 원위치로 해 주십시오.
▶ Koltuğunuzu dik konuma getirin, lütfen.

- 비행기가 완전히 멈출 때까지 자리에서 일어나지 마십시오.
▶ Uçak tamamen duruncaya kadar yerinizden kalkmayın, lütfen.

- 긴급 상황 시에는 고객님의 좌석 아래에 구명조끼가 있습니다.
▶ Acil durumlar için koltuğunuzun altında can yeleği bulunmaktadır.

- 물위에 불시착 시에는 좌석의 방석이 튜브처럼 사용될 것입니다.
▶ Su üstüne acil iniş anında koltuk minderinizi can simidi olarak kullanabilirsiniz.

- 긴급 상황에서 산소마스크가 천장에서 떨어질 것입니다.
▶ Acil durumda oksijen maskesi tavandan düşecektir.

- 현재 이 비행기는 대기 불안정으로 조금 흔들리고 있습니다.
▶ Şu anda uçağımız olumsuz hava şartları nedeniyle biraz sallanmaktadır.

기내 서비스를 받을 때

- 비행하는 동안 총 3번의 저녁식사가 제공될 것입니다.
▶ Uçuşumuz boyunca toplam üç kere akşam yemeği verilecektir.

- 곧 식사가 제공될 것입니다.
▶ Biraz sonra yemek servisine başlanacaktır.

- 저는 멀미가 납니다.
▶ Midem bulanmaya başladı.

- 멀미[두통, 지사제] 약이 있습니까?
▶ Bulantı [Baş ağrısıı, İshal] için ilaçlar var mı, acaba?

- 물 한잔 주세요.
▶ Bir bardak su verir misiniz, lütfen?

- 한국과 터키의 시차는 어떻습니까?
▶ Kore ve Türkiye arasındaki saat farkı kaç?

- 한국과 터키 사이에는 얼마나 시간 차이가 나죠?
▶ Kore ve Türkiye arasında kaç saat fark var?

- 지금 이스탄불의 시간은 어떻게 됩니까?
▶ Şimdi İstanbul'da saat kaç, acaba?

- 터키 잡지나 신문이 있습니까?
▶ Türk dergisi ya da gazetesi var mı, acaba?

- 종이와 펜 좀 빌릴 수 있나요?
▶ Kâğıt ve kalem alabilir miyim, acaba?

- 이제 안전벨트를 풀어도 되나요?
▶ Artık emniyet kemerimi çözebilir miyim, acaba?

- 비행기에 아이들을 위한 장난감이 있나요?
▶ Uçakta çocuklar için oyuncak bulunur mu, acaba?

- 식사가 나오면 깨워주세요.
▶ Yemek servisi gelince uyandırın, lütfen.

기내식을 먹을 때

- 기내에서는 식사가 제공됩니까?
▶ Uçakta yemek veriliyor mu?

- 이제부터 점심 식사를 제공해 드리겠습니다.
▶ Şimdi öğle yemeğinizi sunacağız.

- 앞 테이블을 내려 주십시오.
▶ Önünüzdeki servis masasını açın, lütfen.

- 무슨 음료를 드시겠습니까?
▶ Ne içersiniz?

- 식사와 무슨 음료를 선호하십니까?
▶ Yemekle birlikte hangi içeceği tercih ediyorsunuz?

- 음료수들 중에서는 무엇이 있나요?
▶ İçeceklerden neler var, acaba?

- 위스키, 와인, 맥주, 주스 또는 음료수가 있습니다.
▶ Viski, şarap, bira ve meyve suları var.

- 커피와 차 중에 어떤 것을 드시겠습니까?
▶ Kahve mi, çay mı, ne içersiniz?

- 견과류는 어떠세요?
▶ Kuruyemiş alır mısınız?

- 후식으로는 무엇을 드시겠어요?
▶ Tatlı olarak ne alırsınız?

- 어떤 종류의 후식이 있죠?
▶ Hangi tür tatlılar var, acaba?

- 뭐가 있죠?
▶ Neler var?

- 무슨 종류가 있죠?
▶ Çeşit olarak neler var?

- 닭고기요? 소고기요? 무엇을 원하시나요?
▶ Tavuk eti mi? Dana eti mi? Ne istersiniz?

비행기 내에서 대화할 때

- 터키 지중해에 있는 안탈랴로 여행 가보셨어요?
▶ Türkiye'nin Akdeniz bölgesinde bulunan Antalya'yı ziyaret etmiş miydiniz?

- 비행기에서 편히 잠을 주무셨나요?
▶ Uçakta rahat uyuyabildiniz mi, acaba?

- 여행은 편하셨나요?
▶ Yolculuğunuz rahat geçtiniz mi, acaba?

- 비행기로 여행하는 것에 익숙해지셨어요?
▶ Uçakla seyahat etmeye alıştınız mı?

- 복도 쪽 자리가 제게 딱 맞는 것 같습니다.
▶ Koridor tarafındaki koltuk tam bana uygun sanırım.

- 저와 자리를 좀 바꿔 주실 수 있습니까?
▶ Yerlerimizi değiştirmemiz mümkün mü, acaba?

- 우리는 편안한 비행을 했습니다.
▶ Uçuşumuz rahat geçti.

기내 면세품을 구입할 때

- 기내에서 면세 제품을 파나요?
▶ Uçakta vergisiz ürün var mı, acaba?

- 면세 위스키를 조금 구매하고 싶습니다.
▶ Bir kaç şişe vergisiz viski almak istiyorum.

- 저는 무엇을 살지 약간 고민하고 있습니다.
▶ Ne alacağım konusunda biraz düşünüyorum.

- 저는 무엇을 살지 아직 결정을 못했습니다.
▶ Ne alacağıma henüz daha karar vermedim.

입국카드를 작성할 때

- 이 양식 기재하는 것 좀 도와주실래요? (1)
▶ Bu formu doldurmamda bana yardım eder misiniz, lütfen?

- 이 양식 기재하는 것 좀 도와주실래요? (2)
▶ Bu formu doldurmamda bana yardımcı olur musunuz, lütfen?

- 여기에다가는 무엇을 적어야 하는 거죠?
▶ Buraya ne yazmalıyım, acaba?

통과·환승할 때

- 안내데스크가 어디에 있습니까?
▶ Pardon, danışma nerede, acaba?

- 여기 안내데스크가 있나요?
▶ Pardon, danışma var mı, acaba?

- 공중전화는 어디에 있죠?
▶ Telefon kulübesi nerede, acaba?

- 화장실이 어디에 있습니까?
▶ Tuvalet nerede, acaba?

- 복도 끝의 왼쪽[오른쪽]에 있어요.
▶ Bu koridorun sonunda sol [sağ] tarafta.

- 저는 아다나로 가는 트랜짓(통과) 여행객입니다.
▶ Adana'ya giden aktarmalı yolcuyum.

- 저는 안탈랴로 가는 편으로 갈아타려고 합니다.
▶ Antalya'ya giden uçak için aktarma yapmak istiyorum.

- 터키 항공의 TK201편을 타려고 합니다.
▶ Türk Hava Yolları'nın TK201 nolu uçağına binmek istiyorum.

- 예약은 서울에서 확인했습니다.
▶ Rezervasyonumu Seul'den kontrol ettim.

- 수하물 보관소는 어디입니까?
▶ Bagajların muhafaza edildiği yer neresi, acaba?

- 탑승 수속을 하는 곳은 어디입니까?
▶ Biniş işlemlerinin yapıldığı yer neresi, acaba?

- 보드룸 행 환승은 어디로 가야 하죠?
▶ Bodrum aktarması için nereye gitmeliyim, acaba?

- 이 비행기는 안카라로 가는 직항인가요?
▶ Bu uçak Ankara'ya direkt mi gidiyor, acaba?

- TK407편의 환승은 어디서 하죠?
▶ TK407 nolu uçuşun aktarması nereden yapılıyor, acaba?

- 저는 인천에서 싱가폴을 경유하여 이스탄불로 갑니다.
▶ İnchon'dan İstanbul'a Singapur aktarmalı gidiyorum.

- 이스탄불로 가는 연결[환승]편은 언제 이륙합니까?
▶ İstanbul'a giden bağlantılı [aktarmalı] uçuş ne zaman kalkıyor, acaba?

- 악천후로 인해 이스탄불 가는 연결 편 비행기를 놓쳤습니다.
▶ Kötü hava şartları nedeniyle İstanbul'a giden bağlantılı uçuşu kaçırdım.

- 모든 환승 승객들은 지금 대기 장소로 가 주십시오.
▶ Tüm aktarmalı yolcuların şimdi bekleme salonuna geçmeleri rica olunur.

- 환승 승객들은 입국 절차를 밟으시면 안 됩니다.
▶ Aktarmalı yolcuların giriş işlemlerini yapmamalarını rica ederiz

▷ 공항에서 필요한 단어들

한국어	Türkçe
2인용 방(트윈룸)	2 kişilik oda
3인용 방(트리플룸)	3 kişilik oda
승객실	Kabin
계산대	Kasa
고도	İrtifa
공항 이용료	Havaalanı kullanım ücreti
공항	Havaalanı
국내선	İç hatlar
국적	Milliyet
국제선	Dış hatlar
금연	Sigara içmek yasak
기내 가방	Kabin bagajı
나침반	Pusula
대합실	Bekleme salonu
도착	Varış
도착지	Varış noktası
들고 타는 짐	El bagajı
등록	Kayıt
리셉션	Resepsiyon
면세	Vergisiz
면세점	Vergisiz ürün satılan dükkanlar
무료	Bedava
방문객	Ziyaretçi

• 버스	Otobüs
• 비용	Masraf
• 비자	Vize
• 비행기	Uçak
• 비행기 멀미	Uçak tutması
• 서비스 비용	Hizmet bedeli
• 선물	Hediyelik
• 숙박시설	Konaklama tesisleri
• 승객	Yolcu
• 승무원	Kabin ekibi, Mürettebat
• 여행	Yolculuk
• 여행자보험	Yolculuk sigortası
• 영수증	Makbuz
• 오픈티켓	Dönüş tarihi için açık bırakılan bilet
• 왕복표	Gidiş dönüş bileti
• 외국인	Yabancı
• 요금	Tarife
• 운임	Ulaşım ücreti
• 유효기간	Geçerlilik süresi
• 이륙	Kalkış
• 일인당	Kişi başı
• 정기항공편	Düzenli uçuş
• 지불	Ödeme
• 짐 보관소	Bagaj emanetçisi
• 짐표(확인용)	Bagaj etiketi
• 철도	Demiryolu
• 첵 아웃(Check Out)	Çıkış işlemleri
• 첵 인(Check İn)	Giriş işlemleri
• 탑승 장소	Biniş yeri
• 특별기편	Özel uçak
• 표예약	Bilet rezervasyonu
• 항공사	Havayolu firması
• 항공회사	Havayolu şirketi
• 항의	Şikayet

- 해외 　　　　　　　Denizaşırı
- 핸드케리어 　　　　El bağajı
- 현지 　　　　　　　Yerel
- 화물기 　　　　　　Kargo
- 환율 　　　　　　　Kur oranı
- 할인 　　　　　　　İndirim

02 공항

입국심사를 받을 때

- 전 관광객입니다.
▶ Ben turistim.

- 전 관광으로 왔습니다.
▶ Gezmek için geldim.

- 전 비즈니스로 왔습니다.
▶ İş için geldim.

- 저는 5일 머물 예정입니다.
▶ 5 gün kalacağım.

- 전 힐톤 호텔에 머물 예정입니다.
▶ Hilton otelinde kalacağım.

- 전 이 나라에 두 번째[세 번째] 방문입니다.
▶ Benim bu ülkeye ikinci [üçüncü] gelişim.

- 어느 나라 사람이세요?
▶ Nerelisiniz?

- 국적이 어떻게 되세요?
▶ Uyruğunuz neresi, acaba?

- 터키에 오신 동기는 무엇입니까?
▶ Türkiye'ye gelme sebebiniz nedir?

- 한국에는 어떻게 오셨죠?
▶ Kore'ye neden geldiniz?

- 저는 여기에서 관광객으로 일주일 머물 예정입니다.
▶ Burada turist olarak 1 hafta kalacağım.

- 어떤 종류의 여행을 계획하시나요?
▶ Ne tür bir seyahat planlıyorsunuz?

- 얼마나 체류하실 것입니까?
▶ Ne kadar kalacaksınız?

- 여기에서 얼마나 머물 예정이세요?
▶ Burada ne kadar zaman kalacaksınız?

- 저는 한 달 동안 여기에서 체류할 예정입니다.
▶ 1 ay boyunca burada kalmayı düşünüyorum.

- 저는 안카라 대학에서 한국어를 가르치기 위해 초청된 교수입니다.
▶ Ankara Üniversitesinde misafir profesör olarak Korece öğreteceğim.

- 당신의 여행 목적이 무엇입니까?
▶ Seyahat amacınız nedir?

- 저는 사업차 여기에 왔습니다.
▶ İş için buradayım.

- 저는 환승(=트랜짓) 승객입니다.
▶ Ben aktarmalı (=transit) yolcuyum.

- 저는 단지 여기를 거쳐 다른 곳으로 갈 예정입니다.
▶ Ben sadece buradan geçip başka bir yere gitmeyi planlıyorum.

- 저는 학생 비자를 가지고 여기에 머물고 있습니다.
▶ Ben öğrenci vizesi ile burada kalıyorum.

- 당신의 여권을 볼 수 있을까요?
▶ Pasaportunuza bakabilir miyim, acaba?

- 죄송합니다, 당신의 여권 기한이 끝났습니다.
▶ Üzgünüm, pasaportunuzun süresi geçmiş.

- 어떤 경우라도, 당신의 여권에 있는 비자가 유효해야 합니다.
▶ Ne olursa olsun, pasaportunuzda vize olmalıdır.

Ⅸ. 여행을 위한 표현

- 당신과 동행하는 사람이 있습니까?
▶ Sizinle birlikte gelen var mı, acaba?

- 당신이 여행하고자 하는 다른 나라가 있습니까?
▶ Seyahat etmek istediğiniz başka ülke var mı, acaba?

- 저희는 환승을 위해 당신에게 48시간의 체류를 허가합니다.
▶ Aktarmanız için size 48 saat kalma izni veriyoruz.

짐을 찾을 때

- 짐을 어디서 찾아야 하나요?
▶ Eşyalarımı nereden alabilirim, acaba?

- 대한민국에서 온 제 짐들은 어디에서 찾나요?
▶ Kore'den gelen bagajlarımı nereden alabilirim, acaba?

- 짐 나르는 카트는 돈을 지불해야 합니까?
▶ El arabası için para ödemem gerekiyor mu?

- 제 짐들 중 하나를 찾지 못하겠습니다.
▶ Valizlerimden birini bulamıyorum.

- 제 짐들 중 하나가 없어졌습니다.
▶ Korkarım, valizlerimden biri kayboldu.

- 제 가방 중에 한 개가 없어진 것 같습니다.
▶ Korkarım, çantalarımdan bir tanesi kaybolmuş.

- 제 짐이 어디에 있는지 확인해 줄 수 있습니까?
▶ Şu an valizlerimin nerede olduğunu kontrol eder misiniz?

- 제 가방 중에 하나만 찾았어요.
▶ Çantalarımdan yalnızca birini bulabildim.

- 아마도 제 가방은 다른 곳으로 간 곳 같습니다.
▶ Sanırım benim çantam başka bir yere gitti.

- 제 생각에는 제 짐이 제 비행기로 온 것 같지 않습니다.
▶ Bence benim bagajım benim olduğum uçağa gelmedi.

• 짐들 속에서 제 것은 안 보이네요.
▶ Valizlerin arasında benimkini bulamıyorum.

• 제 짐이 도착하려면 얼마나 기다려야 하나요?
▶ Bagajımın bana ulaşması için ne kadar beklemeliyim?

• 제 짐이 다음 비행기로 도착할까요?
▶ Bagajım diğer uçağa yetişir mi?

• 여기 제 수하물 표가 있습니다.
▶ Burada benim bagaj etiketim var.

• 저는 OZ 101편으로 도착했습니다.
▶ Ben OZ 101 numaralı uçakla geldim.

• 깨지기 쉽습니다. 조심해주세요.
▶ Kırılabilir, dikkat edin.

• 저는 이틀 동안 짐을 여기에 맡기고 싶습니다.
▶ Ben iki günlüğüne eşyalarımı buraya bırakmak istiyorum.

• 제 짐이 손상되었습니다. 어디에 항의를 해야 하죠?
▶ Benim bagajım zarar görmüş. Nereye şikâyet etmeliyim.

세관을 통과할 때

• 신고할 것이 없습니다.
▶ Bildireceğim bir şey yok.

• 이 신고서를 채워 넣으세요.
▶ Bu formu doldurun, lütfen.

• 신고서를 신중히 작성하세요.
▶ Bu formu dikkatlice doldurun, lütfen.

• 세관신고 카드 여기에 있습니다.
▶ Gümrük beyanname kartı buradadir.

• 신고하실 것이 있으신가요?
▶ Bildireceğiniz bir şey var mı, acaba?

- 추가하실 것이 있으신가요?
▶ Ekleyeceğiniz başka bir şey var mı, acaba?

- 금지된 무엇을 가지고 계신가요?
▶ Sizde yasak olan bir şey var mı, acaba?

- 당신이 소지한 외국 돈을 신고하세요.
▶ Üzerinizde yabancı para varsa bildirin, lütfen.

- 당신이 소지한 현금을 모두 신고하세요.
▶ Üzerinizde nakit para bulunuyorsa bildirin, lütfen.

- 개인 소지품에 대한 세금은 지불할 필요 없습니다.
▶ Şahsi eşyalarınızın vergisini ödemek zorunda değilsiniz.

- 이것들은 모두 개인 소지품입니다.
▶ Bunların hepsi şahsi eşyamdır.

- 이것은 제 친구를 위한 선물입니다.
▶ Bu arkadaşım için aldığım hediyedir.

- 이것은 한국에 가져갈 기념품입니다.
▶ Bu Kore'ye götüreceğim hediyedir.

- 라크 한 병을 가지고 있습니다.
▶ Bende bir şişe rakı var.

- 이 짐들을 수하물 보관소에 맡겨 주세요.
▶ Bu bagajları emanet yerine bırakın.

- 수하물 보관증을 받을 수 있죠?
▶ Bagaj emanet makbuzu alabilir miyim?

- 이 디지털 카메라[노트북]는 제가 사용하는 것입니다.
▶ Bu dijital kamerayı [dizüstü bilgisayarı] ben kullanıyorum.

- 이 가방 속에 반입금지품이 있나요?
▶ Bu bagaj içinde ülkemizde yasak olan bir ürün var mı?

- 액체는 기내로 반입이 되지 않습니다.
▶ Uçak içine sıvı ürün sokmak yasaktır.

- 대한민국으로 얼마만큼의 향수를 들여올 수 있습니까?
▶ Güney Kore'ye bir kişi için en fazla kaç tane parfüme izin veriliyor?

- 구입 영수증을 볼 수 있을까요?
▶ Makbuzunuza bakabilir miyim, acaba?

- 여기 영수증이 있습니다.
▶ Makbuzum burada.

- 이제 세관 수속이 끝났습니다.
▶ Artık buradaki gümrük işlemleri bitti.

- 고객님의 예방 접종 확인서는 어디에 있죠?
▶ Aşı sertifikanız nerede, acaba?

- 이 귀중품들 때문에 많은 세금을 지불하셔야 합니다.
▶ Bu değerli ürünler yüzünden çok vergi ödemek zorundasınız.

공항 안내소에서

- 관광 안내소는 어디에 있습니까?
▶ Turizm ofisi nerede, acaba?

- 탑승 게이트 번호를 알 수 있을까요?
▶ Kapı numarasını öğrenebilir miyim, acaba?

- 탑승 게이트 번호가 어떻게 되죠?
▶ Kapı numarası kaç, acaba?

- 47번 게이트는 어디입니까?
▶ Kırk yedi(47) nolu kapı nerede, acaba?

- 탑승 수속은 어디서 합니까?
▶ Uçağa biniş kontrolü nerede yapılıyor, acaba?

- 터키 항공 카운터는 어디입니까?
▶ Türk Hava Yollarının masası nerede, acaba?

- 아시아나 항공 카운터는 저 모퉁이에 있어요.
▶ Asiana Hava Yollarının masası şu köşededir.

- 환전소가 어디죠?
▶ Döviz bürosu nerede, acaba?

- 어디서 환전을 할 수 있습니까?
▶ Nerede döviz bozdurabilirim, acaba?

- 여기 출구가 어디죠?
▶ Çıkış nerede, acaba?

마중 나올 때

- 짐 서비스를 좀 불러 주실래요?
▶ Bagaj servisini çağırabilir misiniz, lütfen?

- 어디에서 짐 서비스를 찾을 수 있죠?
▶ Nerede bagaj servisi bulabilirim, acaba?

- 이 짐을 택시정류장[공항리무진]까지 운반해 주세요.
▶ Bu eşyayı taksi durağına [Havaşa] kadar götürün, lütfen.

- 인천에서 온 KAL 211편이 도착했습니까?
▶ İncheon'dan hareket eden KAL 211 numaralı uçak indi mi, acaba?

숙박

숙박 할 곳을 찾을 때

- 여기서 호텔 예약이 가능합니까?
▶ Buradan otel rezervasyonu yapmak mümkün mü, acaba?

- 저렴한 호텔 하나만 소개해 주세요.
▶ Bana ucuz bir otel tavsiye eder misiniz, lütfen?

- 시내에 유스호스텔[팬션]이 있나요?
▶ Bu şehirde gençlik pansiyonları [pansiyon] var mı, acaba?

숙소를 예약할 때

- 객실 비용은 얼마입니까?
▶ Bir gecelik oda fiyatı ne kadar?

- 며칠을 계실 것입니까?
▶ Kaç gün kalacaksınız?

- 몇 분이시죠?
▶ Kaç kişisiniz?

- 싱글 룸을 원하십니까? 더블 룸을 원하십니까?
▶ Tek kişilik oda mı? Yoksa iki kişilik oda mı istiyorsunuz?

- 싱글 룸을 원합니다.
▶ Tek kişilik oda istiyorum.

- 2인 실을 원합니다.
▶ İki kişilik oda istiyorum.

Ⅸ. 여행을 위한 표현

- 세금과 봉사료가 포함된 요금인가요?
▶ Vergi ve hizmet bedeli de dahil mi, acaba?

- 아침식사도 포함되어 있습니까?
▶ Kahvaltı da dahil mi, acaba?

- 예약금이 필요합니까?
▶ Depozito gerekir mi, acaba?

체크인할 때

- 예약하셨습니까?
▶ Rezervasyonunuz var mıydı, acaba?

- 예약했습니다.
▶ Rezervasyonum var.

- 어떤 분의 이름으로 예약이 있으시죠?
▶ Kimin adıyla yaptınız, acaba?

- 예약은 서울에서 했고요 여기 확인증이 있습니다.
▶ Rezervasyonum Seul'den yapıldı ve makbuzum burada.

- 신분증 좀 주실래요?
▶ Kimliğinize bakabilir miyim, acaba?

- 개인 신상을 이 카드에 좀 채워주시겠어요?
▶ Bu forumu doldurun, lütfen

- 여기에 서명을 해 주십시오.
▶ İmzanız, lütfen.

- 오늘밤부터 3일간 머물겠습니다.
▶ Bu geceden itibaren üç gün kalacağım.

- 오늘밤 여기에서 머물 수 있습니까?
▶ Bu gece burada kalabilir miyim, acaba?

- 빈 방이 있습니까?
▶ Boş odanız var mı, acaba?

- 객실 비용은 얼마입니까?
▶ Oda fiyatı ne kadar, acaba?

- 하루에 200유로입니다.
▶ Günlük 200 Euro'dur.

- 요금은 아침식사 포함입니까?
▶ Oda fiyatına kahvaltı dahil mi, acaba?

- 아침식사는 요금에 포함되어 있습니다.
▶ Evet, kahvaltı var.

- 요금에 포함되어 있지 않습니다.
▶ Hayır, kahvaltı fiyatına dahil değil.

- 아침식사는 요금에서 제외입니다.
▶ Kahvaltı ücrete dahil değildir.

- 좀 더 싼 방은 없습니까?
▶ Daha ucuz bir oda var mı, acaba?

- 샤워 실이 있는 방을 원합니다.
▶ Banyosu olan bir oda istiyorum.

- 지금 곧 방에 들어갈 수 있습니까?
▶ Şimdi odaya girebilir miyim, acaba?

- 방을 지금 사용할 수 있습니까?
▶ Odayı şimdi kullanmam mümkün mü, acaba?

- 언제 방을 비워야 되죠?
▶ Odayı ne zaman boşaltacağım, acaba?

- 하루 더 묵고 싶습니다.
▶ Bir gün daha kalmak istiyorum.

- 하루를 앞당겨서 떠나고 싶습니다.
▶ Bir gün önce ayrılmak istiyorum.

- 정오까지 체크아웃입니다.
▶ Saat 12'de çıkmanız gerekiyor.

체크인에 문제가 있을 때

• 저희 빈방이 없습니다.
▶ Şu anda boş odamız yok.

• 이 부근에 머물 만한 다른 호텔이 있나요?
▶ Yakınlarda kalabileceğim başka bir otel var mı, acaba?

• 여권 좀 보아야 하겠습니다.
▶ Pasaportunuza bakmam lazım.

• 신분증을 좀 제시해 주세요.
▶ Kimliğiniz, lütfen.

방을 확인할 때

• 승강기를 타시고, 나가실 때 오른쪽으로 돌아가세요.
▶ Asansöre binin, inince sağa dönün.

• 몇 층이죠?
▶ Kaçıncı kat?

• 저희 방이 트윈[트리플] 침대 맞죠?
▶ Odamız iki [üç] yataklı, değil mi?

• 방이 정원을 향한 쪽인가요?
▶ Odam bahçe tarafına mı bakıyor, acaba?

• 가능하면, 승강기에서 가까운 쪽 방을 부탁합니다.
▶ Mümkünse, asansöre yakın bir oda, lütfen!

룸서비스를 이용할 때

• 내일 아침 7시에 깨워주시겠어요?
▶ Yarın sabah saat 7'de beni uyandırır mısınız, lütfen?

• 방에서 아침식사를 하고 싶습니다.
▶ Odamda kahvaltı yapmak istiyorum.

- 따뜻한 마실 물 좀 가져다주세요.
▶ Bir bardak sıcak su, lütfen!

- 얼음과 물을 좀 가져다주세요.
▶ Bana biraz buz ve su getirir misiniz, lütfen!

- 얼음과 물을 좀 받을 수 있을까요?
▶ Biraz buz ve su alabilir miyim, acaba?

> ▷ 같은 의미의 대화라도 언제나 겸손하게 하는 것이 좋다.
>
> 같은 말이라도 " ~를/을 갖다 달라"고 하는 것보다는 "제가 ~를/을 좀 받을 수 있을까요?"라고 말하는 것이 터키어 회화에서는 일반적이다.
>
> - 이것 좀 주시겠어요?   Bunu verir misiniz, lütfen?
> - 이것 좀 제가 가져도 되나요? Bunu alabilir miyim, acaba?
> - 그것 좀 보여주실래요?   Onu bana gösterir misiniz, lütfen?
> - 그것 좀 봐도 되나요?   Ona bakabilir miyim, acaba?
> - 이해하셨습니까?   Anladınız mı?
> - 제가 제대로 설명했습니까? Anlatabildim mi, acaba?

- 이 옷을 세탁 좀 해 주실 수 있으신가요?
▶ Bu elbiseyi temizlemeniz mümkün mü, acaba?

- 이 옷을 드라이클리닝에 맡겨주시겠어요?
▶ Bu elbiseyi kuru temizleyiciye götürmeniz mümkün mü, acaba?

숙박소 시설물을 이용할 때

- 식당은 어디에 있습니까?
▶ Restoran nerede, acaba?

- 호텔 안에 바[게임 룸]는 없나요?
▶ Otel içinde bar [oyun odası] var mı, acaba?

- 식당은 몇 시부터입니까?
▶ Lokanta saat kaçta açılıyor, acaba?

- 비상구는 어디에 있습니까?
▶ Acil çıkış kapısı nerede, acaba?

- 여기 영어[한국말, 터키어]할 수 있는 사람 있나요?
▶ Burada İngilizce [Korece, Türkçe] bilen var mı?

- 여기 미용실[사우나, 세탁소]이 있나요?
▶ Burada kuaför [sauna, çamaşırhane] var mı?

- 상점은 지하에 있으며, 승강기 왼쪽입니다.
▶ Dükkân, asansörden inince bodrumda sol taraftadır.

- 아침식사는 오전 7시부터 9시 반까지 됩니다.
▶ Kahvaltı sabah saat 7'den 9'a kadardır.

▷ 한국인에게 혼동되는 자음 발음들

터키어 발음들 가운데 우리 한국 사람들에게 정말 어려운 자음 발음들은 대체로 F, J, R, V, Z 등 5개 정도다. 우리의 언어적 능력이 없어서가 절대 아니라 한글 발음 가운데 없기 때문에 터키에서 태어나 터키어를 배운 사람이 아니고는 아무리 노력해도 발음이 거의 불가능한 것이다. 비법은 없지만 계속 연습한다면 얼추 비슷하게 접근할 수도 있으니 절망은 금물! 물론 외국인으로서 발음이 조금 틀려도 귀엽게 봐주면서 잘도 이해해 주는 터키 사람들에게 늘 감사하지만 그래도 발음 때문에 해프닝은 늘 발생하기 마련이다.

1) B – V 의 구별: 한글에는 오직 'ㅂ' 발음만 있다.

   Bursa   불사 (지명)
   Van   완 (지명)

2) C – J – Z 의 구별: 한글에는 오직 'ㅈ' 발음만 있다.

   Cengiz   젠기쓰 (사람이름)
   Japonya   좌폰야 (일본)
   Zonguldak   쏜굴닥 (터키 지명)

3) F – P 의 구별: 한글에는 오직 'ㅍ' 발음만 있다.

   Fil   휠 (코끼리)
   Pil   필 (건전지)

실질적으로 필자도 건전지(pil)를 사려고 문방구에 가서 코끼리(fil)를 달라고 하는 바람에 한바탕 웃음바다가 된 적이 있다.

4) L – R 의 구별: 한글에는 오직 'ㄹ' 발음만 있다.

| Lale | 랄레 (튤립꽃) |
| Rize | ㄹ리쎄 (터키 지명) |

특별히 R은 우리가 알고 있는 L과 혼동해서 발음하지만 원래는 우스꽝스러워도 혀를 거의 굴려서 발음해야 이 발음이 나올까 말까…

외출할 때 및 카운터에서

- 이 짐을 맡아 주실 수 있습니까?
▶ Bu bagajı emanet edebileceğim bir yer var mı?

- 맡긴 짐을 찾고 싶습니다.
▶ Emanet ettiğim bagajı almak istiyorum.

- 제게 메모 온 것이 있나요?
▶ Bana gelen mesaj var mı?

- 제게 온 팩스 없나요?
▶ Bana gelen faks var mı?

- 귀중품을 맡아 주실 수 있나요?
▶ Eşyalarımı emanet alır mısınız?

- 이 호텔 카드 한 장 주세요.
▶ Bu otelin bir kartını verebilir misin?

- 여기서 가장 가까운 지하철역이 어딥니까?
▶ Buraya en yakın metro istasyonu nerede?

- 어디서 시외버스 표를 구입할 수 있습니까?
▶ Şehirlerarası otobüs biletini nereden alabilirim?

숙박 이용에 문제가 있을 때

• 방을 바꿨으면 합니다.
▶ Odamı değiştirmenizi rica ediyorum.

• 뜨거운 물이 안 나옵니다.
▶ Sıcak su akmıyor.

• 화장실 물이 안 나옵니다.
▶ Tuvalette sular akmıyor.

• 자물쇠가 고장입니다.
▶ Kilit bozuk.

• 룸서비스 좀 불러주세요.
▶ Oda servisini çağırın, lütfen.

• 이 방은 너무 시끄럽습니다.
▶ Bu oda çok gürültülü.

• 비누[수건]이 없습니다.
▶ Sabun [Havlu] yok

• 변기가 막혔습니다.
▶ Tuvalet tıkanmış.

• 화장실 물이 내려가지 않습니다.
▶ Tuvalette sular akmıyor.

• 화장실의 물이 막혔습니다.
▶ Tuvalet suyu tıkanmış.

• 화장실의 물이 내려지지 않습니다.
▶ Tuvalette su akmıyor.

• 온수가 나오지 않습니다.
▶ Sıcak su gelmiyor.

• 욕조의 물마개가 닫히지 않습니다.
▶ Küvetin tıpası tam kapatmıyor.

- 텔레비전이 켜지지 않습니다.
▶ Televizyon çalışmıyor.

- 인터넷이 안 됩니다.
▶ İnternet çalışmıyor.

- 에어컨이 안 됩니다.
▶ Klima çalışmıyor.

- 전화가 안 됩니다.
▶ Telefon çalışmıyor.

- 열쇠를 방 안에 두고 나왔습니다.
▶ Anahtarı odada bırakıp çıktım.

- 주문한 아침식사가 아직도 도착하지 않았습니다.
▶ Sipariş verdiğim kahvaltı hala gelmedi.

체크아웃을 준비할 때

- 체크아웃 시간은 몇 시입니까?
▶ Çıkış saatim kaçta?

- 내일 오전 9시에 떠나겠습니다.
▶ Yarın sabah saat 9'da ayrılacagım.

- 지금 방을 비우겠습니다.
▶ Şimdi odamı boşaltacağım.

- 짐을 가지고 내려 갈 룸서비스를 좀 부탁합니다.
▶ Bagajı alıp aşağı indirecek bell boy rica ediyorum.

- 택시 좀 불러 주세요.
▶ Taksi çağırabilir misin?

체크아웃을 할 때

• 지금 체크아웃 하겠습니다.
▶ Şimdi çıkış yapacağım.

• 공항까지 택시로 얼마나 걸립니까?
▶ Havalimanına taksiyle ne kadar sürer?

• 택시를 좀 불러 주세요.
▶ Taksi çağırın lütfen.

• 맡겨둔 귀중품을 다시 찾고 싶습니다.
▶ Emanet ettiğim eşyamı geri almak istiyorum.

• 이 짐을 5시까지만 좀 보관해 주세요.
▶ Bagajımı saat 5'e kadar emanet edebilir miyim?

숙박비를 계산할 때

• 계산서 부탁합니다.
▶ Hesap lütfen.

• 여행자 수표를 받습니까?
▶ Seyahat çeki alıyor musunuz?

• 잘 지냈습니다.
▶ Çok rahat ettim.

• 호텔 서비스가 아주 좋았습니다.
▶ Otel servisi çok güzeldi.

• 이 호텔 참 마음에 들었습니다.
▶ Bu hoteli çok sevdim.

04 길안내

길을 물을 때

- 실례하지만, 여기가 어디입니까?
▶ Affedersiniz, burası neresi?

- 길 좀 알려줄 수 있습니까?
▶ Bana yol gösterebilir misiniz?

- 미안합니다만, 중앙 광장으로 가는 길을 가르쳐 주세요.
▶ Özür dilerim. Merkez meydana giden yolu tarif eder misiniz?

- 여기에 약도를 그려주시겠습니까?
▶ Buranın krokisini çizebilir misiniz?

- 이 지도에서 제가 있는 곳을 알려주시겠습니까?
▶ Bu haritada benim bulunduğum yeri söyleyebilir misiniz?

- 유스호스텔은 여기서 머나요?
▶ Pansiyon buradan uzak mı?

- 가는 도중에 있는 이정표들을 말씀해 주세요.
▶ Oraya giden yoldaki işaretleri söyleyebilir misiniz?

- 곧장 가야 하나요?
▶ Düz mü gitmeliyim?

▷ 방향을 말하는 단어들

• 10Km 거리	10 Km mesafe
• 5분 거리	5 dakika mesafe
• 걸어서	Yürü-y-erek

- 곧장 　　　　　　　　　Düz
- 미니버스로 　　　　　　Dolmuş-la
- 버스로 　　　　　　　　Otobüs-le
- 오른쪽으로 　　　　　　Sağ-a
- 왼쪽으로 　　　　　　　Sol-a
- 지하철로 　　　　　　　Metro-y-la
- 택시로 　　　　　　　　Taksi-y-le

장소를 물을 때

- 이 거리의 이름이 뭐죠?
▶ Bu caddenin adı nedir?

- 저 건물은 뭐죠?
▶ Şu bina nedir?

- 이 근처에 우체국이 있나요?
▶ Yakın bir yerde postane var mı?

- 이 근처에 공중 화장실이 있나요?
▶ Yakın bir yerde umumi tuvalet var mı?

- 이곳에서 얼마나 먼가요?
▶ Buradan ne kadar uzak?

- 화장실은 어디죠?
▶ Tuvalet nerede?

- 데데만 호텔은 여기서 먼가요?
▶ Dedeman oteli buradan uzak mı?

시간과 거리를 물을 때

- 전철역에 도착하는데 얼마나 걸립니까?
▶ Metro istasyonuna varmamız ne kadar sürer?

- 저것은 무슨 건물이죠?
▶ Şu bina ne binasıdır?

- 똑바로 가면 됩니까?
▶ Dümdüz mü gitmeliyim?

길을 가리켜줄 때

- 그곳은 탁심 거리에 있는 것으로 압니다.
▶ Oranın Taksim meydanında olduğunu biliyorum.

- 곧장 가세요.
▶ Düz gidin, lütfen.

- 좌[우] 회전 하세요.
▶ Sola [Sağa] gidin, lütfen.

- 걸어서 저쪽에 갈 수 있습니다.
▶ Oraya yürüyerek gidebilirsin

- 걸어서 10분 걸립니다.
▶ Yürüyerek 10 dakika sürer.

- 버스로 갈 수 있습니다.
▶ Otobüsle gidebilirsiniz.

- 우체국[은행] 옆에 있습니다.
▶ Postanenin [Bankanın] yanındadır.

자신도 길을 모를 때

- 죄송합니다. 저도 잘 모릅니다.
▶ Üzgünüm. Ben de iyi bilmiyorum.

- 죄송합니다. 저도 초행 길이라서요.
▶ Affedersiniz. Ben de buranın yabancısıyım.

- 저기 경찰관에게 한번 물어보세요.
▶ Şu polise sorun.

길을 잃었을 때

- 길을 잃었습니다.
▶ Yolumu kaybettim.

- 여기는 어디입니까?
▶ Burası neresi?

- 동[서, 남, 북] 쪽은 어느 쪽입니까?
▶ Doğu [Batı, Güney, Kuzey] hangi taraf?

- 이 거리를 뭐라고 부르죠?
▶ Bu caddenin adı ne?

- 현재 위치를 가르쳐 주세요.
▶ Buranın adını söyleyebilir misiniz?

- 여기에 약도를 그려 주십시오.
▶ Buranın krokisini çizebilir misin?

- 관광 안내소는 어디에 있습니까?
▶ Turizm ofisi nerede?

05 관광

관광안내소에서

- 이 도시의 지도를 얻을 수 있을까요?
▶ Bu şehrin haritasını nereden temin edebilirim?

- 시내관광을 위한 책자를 얻고 싶습니다.
▶ Şehir turu için broşür almak istiyorum.

- 무료 시내 지도는 없습니까?
▶ Ücretsiz şehir haritası var mı?

- 저는 돌마바흐체 박물관에 가보고 싶습니다.
▶ Dolmabahçe müzesine gitmek istiyorum.

- 시내로 들어가는 버스[택시]는 있습니까?
▶ Şehre giden otobüs(taksi) var mı?

- 버스[택시] 정류장은 어디에 있습니까?
▶ Otobüs [Taksi] durağı nerede?

- 여기서 렌터카 예약이 가능합니까?
▶ Burada kiralık arabalar için rezervasyon yapmak mümkün mü?

- 시내의 한 호텔을 예약해 주세요.
▶ Şehirde bir otel rezervasyonu yapabilir misiniz?

- 우리는 영어 가이드를 원합니다.
▶ İngilizce rehber istiyoruz.

- 가이드 비용이 하루에 얼마입니까?
▶ Rehberin ücreti bir gün için kaç lira?

- 제게 인기 있는 관광지를 알려주실 수 있습니까?
▶ Bana popüler turizm yerlerini söyler misin?

- 트로이를 하루 안에 갔다 올 수 있습니까?
▶ Bir günde Truva'ya gidip gelebilir miyim?

- 갑바도기아에 갈 수 있는 가장 좋은 방법을 알려줄 수 있나요?
▶ Kapadokya'ya giden en iyi yolu söyler misin?

투어를 이용할 때

- 투어 버스가 있습니까?
▶ Tur otobüsü var mı?

- 일일 관광이 있습니까?
▶ Günlük gezi turu var mı?

- 연극이나 축제를 볼 수 있는 코스가 있습니까?
▶ Tiyatroya ya da festivale gitme fırsatı var mı?

- 쇼나 연극을 관람하는 관광코스는 없나요?
▶ Gösteri ya da tiyatro için tur programı var mı?

- 입장료가 관광코스에 포함되어 있나요?
▶ Giriş ücreti tur programına dahil mi?

입장권을 살 때

- 표는 어디서 구입하죠?
▶ Nereden bilet satın alabilirim, acaba?

- 공연 시작[종료]는 몇 시죠?
▶ Tiyatronun başlangıç [bitiş] saati kaç?

- 언제까지 공연이 계속되죠?
▶ Gösteri ne zamana kadar devam edecek?

- 좌석을 예약하고 싶습니다.
▶ Koltuk rezervasyonu yapmak istiyorum.

- 입장료는 얼마입니까?
▶ Giriş ücreti ne kadar?

- 학생증이 있으면 할인이 됩니까?
▶ Öğrenci indirimi var mı?

- 입장료는 포함인가요?
▶ Giriş ücreti dahil mi acaba?

관광지에서

- 입장료는 얼마입니까?
▶ Giriş ücreti ne kadar?

- 일요일에 궁을 방문하는 것은 무료입니까?
▶ Pazar günü sarayı ziyaret etmek bedava mı?

- 역사박물관 개관 시간은 어떻게 되죠?
▶ Tarih müzesinin açılış saati kaçtır?

- 이 지방의 민속 음악[춤]이 뭐죠?
▶ Bu yörenin halk [dans] müziği ne?

- 이 지역은 상업지역이다.
▶ Burası ticari bölgedir.

- 와! 거리에 사람들이 엄청 많다.
▶ Vay be! Sokaktaki kalabalık korkunç derecede fazla.

- 저것은 무슨 박물관[건물]입니까?
▶ Şu hangi müzedir [binadır]?

- 카페테리아에 사람 많은 것 보입니까?
▶ Kafeteryadaki insan kalabalığını görüyor musun?

- 저기, 길들이 너무 좁다[넓다].
▶ Oradaki yollar çok dar [geniş].

▷ 길이, 면적, 크기를 나타내는 형용사들

- 높은 – 낮은
  Yüksek – Alçak
- 많은 – 적은
  Çok – Az
- 큰 – 작은
  Büyük – Küçük
- 넓은 – 좁은
  Geniş – Dar
- 긴 – 짧은
  Uzun – Kısa
- 무거운 – 가벼운
  Ağır – Hafif

- 여기서 사진을 찍을 수 있습니까?
▶ Burada resim çekebilir miyim?

관람할 때

- 지금 뭐가 인기 있습니까?
▶ Şimdi popüler olan ne?

- 요즘 인기 있는 프로그램은 뭐죠?
▶ Bugünlerdeki popüler program nedir?

- 민속춤을 보고 싶어요.
▶ Bir halk dansı görmek istiyorum.

- 전통 춤은 어디서 볼 수 있습니까?
▶ Geleneksel danslarını nerede seyredebilirim, acaba?

- 누가 출연하고 있습니까?
▶ Programda kimler var?

- 제 좌석으로 안내해 주세요.
▶ Benim koltuğumu gösterebilir misiniz?

- 개막[종막]은 몇 시입니까?
▶ Açılış [Kapanış] saati kaç?

- 당신이[그들이] 지금 뭘 하고 있습니까?
▶ Şimdi ne yapıyorsun [yapıyorlar]?

- 지금은 무엇을 공연하고 있습니까?
▶ Şimdi ne gösteriliyor?

- 여기 기념품 상점이 있습니까?
▶ Burada hediyelik eşya dükkânları var mı?

기념 촬영할 때

- 여기서 사진을 찍어도 됩니까?
▶ Burada resim çekmem mümkün mü?

- 사진 좀 찍어 주시겠어요?
▶ Bizim resmimizi çekebilir misiniz?

> ▷ 이전 과에서도 언급했듯이 몇몇 아랍어 명사들에 모음으로 시작하는 어미가 붙게 되면 명사의 끝 모음이 항상 생략되어 표기된다. 물론 반대로 명사의 뜻을 사전에서 찾아볼 때에는 탈락된 어미를 다시 가져와서 온전한 명사형으로 검색해야 하는 것도 잊지 말아야 할 것이다.
>
> | | | | | | | |
> |---|---|---|---|---|---|---|
> | • 생각 | Fikir | + | im | = | Fikr-im | 내 생각 |
> | • 아들 | Oğul | + | um | = | Oğl-um | 내 아들 |
> | • 그림 | Resim | + | imiz | = | Resm-imiz | 우리의 그림 |
> | • 도시 | Şehir | + | iniz | = | Şehr-iniz | 당신의 도시 |
> | • 시간 | Vakit | + | in | = | Vakt-in | 네 시간 |

- 미안합니다만, 셔터 좀 눌러 주시죠?
▶ Affedersiniz, deklanşöre basabilir misiniz?

- 미안합니다만, 셔터 좀 눌러 주시죠?
▶ Affedersiniz, düğmeye basabilir misiniz, lütfen?

> ▷ 버튼 좀 눌러 주시겠어요?
> Düğme basar mısınız, lütfen?
>
> 원래 'Düğme'는 옷의 '단추'라는 뜻이지만 일상생활에서는 이 외에도 '버튼'이라는 뜻으로 위 문장처럼 널리 사용된다. (예, 카메라셔터, 시내버스하차버튼, 승강기버튼 등등)

- 저와 함께 사진을 찍어 주시겠습니까?
▶ Seninle bir resim çekilebilir miyiz?

- 플래시를 사용해도 됩니까?
▶ Flaşı kullanabilir miyim, acaba?

- 당신 사진을 찍어도 됩니까?
▶ Sizin resminizi çekmem mümkün mü, acaba?

- 사진을 보내 드리겠습니다.
▶ Size bu resmi göndereceğim.

- 집 주소를 여기에 써 주세요.
▶ Ev adresinizi buraya yazabilir misiniz, lütfen?

- 이 메일을 여기에 써주세요.
▶ Kendi e-postanızı buraya yazabilir misiniz, lütfen?

카메라 상점에서

- 35mm 칼라 필름을 주세요.
▶ 35mm renkli film istiyorum.

- 디지털 카메라 5G(기가) 메모리 카드 좀 주세요.
▶ Dijital kamera için 5G hafıza kartı(GB) lütfen.

- 셔터가 제대로 움직이지 않습니다.
▶ Deklanşör düzgün çalışmıyor.

- 이것을 점검해 주시겠어요?
▶ Bunu kontrol edebilir misin?

- 이 카메라에 맞는 건전지 2개 주세요.
▶ Bu kameraya uygun iki pil verin, lütfen.

06 쇼핑

쇼핑센터를 찾을 때

- 이 도시의 상가가 어디에 있죠?
▶ Bu şehirdeki alışveriş mekânları nerede, acaba?

- 백화점이 이 근처에 있습니까?
▶ Yakında alışveriş merkezi var mı?

- 면세품 상점은 있습니까?
▶ Gümrüksüz satış yapan bir mağaza var mı?

- 이 지역은 상업지구이다.
▶ Burası ticaret merkezi mi?

- 여기가 이 도시에서 가장 좋은 상점들이 있다.
▶ Kentin en iyi mağazaları buradadır.

매장을 찾을 때

- 이 동네의 꽃집은 어디입니까?
▶ Bu mahallede çiçekçi nerede?

- 그것을 어디서 살 수 있습니까?
▶ Onu nereden satın alabilirim?

- ……. 파는 곳은 어디입니까?
▶ …… satan yer neresi?

가게로 가고자 할 때

- 여기에서 가까운 빵집은 어디에 있습니까?
▶ Burada en yakın ekmek satan yer nerede?

- 속옷 매장은 어디에 있습니까?
▶ İç çamaşır mağazası nerede?

가게에 들어설 때

- 무엇을 도와드릴까요?
▶ Size nasıl yardımcı olabilirim?

- 도움이 필요하십니까?
▶ Yardıma ihtiyacınız var mı?

- 쇼핑을 하고 싶습니다.
▶ Alışveriş yapmak istiyorum.

- 무엇을 원하십니까?
▶ Ne istiyorsunuz?

- 무엇을 찾고 있으신가요?
▶ Ne arıyorsunuz?

- 영업시간은 몇 시부터 몇 시까지입니까?
▶ Çalışma saati kaçtan kaça kadar?

물건을 찾을 때

- 안내를 받고 계십니까?
▶ Rehber istiyor musunuz?

- 이 동네 특산물은 무엇입니까?
▶ Bu kasabanın özellikleri nelerdir?

- 가죽 가방을 사고 싶어요.
▶ Bir deri çanta almak istiyorum.

▷ 터키에서 살 만한 기념품들
  Hediyelik eşyalar

• 가방	Çanta
• 꿀	Bal
• 넥타이	Kravat
• 단 과자들	Tatlılar
• 동 제품	Bakır ürünleri
• 레몬스킨	Limon kolonyası
• 면화	Pamuk
• 모자	Şapka
• 비단	İpek
• 스카프	Atkılar
• 양모	Yün
• 열쇠고리	Anahtarlık
• 엽서	Kartpostal
• 와인	Şarap
• 은 제품	Gümüş ürünleri
• 전통술	Geleneksel içki
• 지갑	Cüzdan
• 차	Çay
• 초콜릿	Çikolata
• 카펫	Halı
• 터키석	Turkuaz
• 터키젤리	Lokum
• 티셔츠	Tişört
• 향수	Parfüm

• 그저 구경만 하는 것뿐입니다.
▶ Sadece bakıyorum.

• 저 시계 좀 보여주시겠습니까?
▶ Şu saati gösterir misin?

• 죄송합니다. 다 팔렸습니다.
▶ Üzgünüm. Hepsi satıldı.

- 제 것을 주문해 주실 수 있나요?
▶ Ben sipariş verebilir miyim?

- 시간이 얼마나 걸릴까요?
▶ Ne zaman alabilirim?

물건을 보여 달라고 할 때

- 지갑을 보여 주세요.
▶ Cüzdanı görebilir miyim?

- 이것과 같은 것이 있습니까?
▶ Bunun aynısı var mı?

- 다른 것을 보여주십시오.
▶ Başka görebilir miyim?

- 그 브로치 좀 보여주세요.
▶ Bana o tokayı gösterir misiniz?

색상을 고를 때

- 어떤 색을 원하십니까?
▶ Hangi renk istiyorsun?

- 이 색은 마음에 안 듭니다.
▶ Bu rengi beğenmedim.

- 같은 것으로 다른 색깔은 없습니까?
▶ Aynı modelin başka renkte olanı var mı?

- 저희는 원하시는 색을 가지고 있지 않습니다.
▶ Bizim istediğimiz renk sizde yok.

- 이 색이 잘 어울리십니다.
▶ Bu renk size çok yakışıyor.

▷ 색(Renkler)과 관련된 여러 표현들

A: 강조

- 빨간
  Kırmızı
  새빨간
  Kıp-kırmızı
- 노란
  Sarı
  샛노란
  Sap-sarı
- 초록
  Yeşil
  샛초록
  Yem-yeşil
- 파란
  Mavi
  새파란
  Mas-mavi
- 보라
  Mor
  새보라
  Mos-mor
- 까만
  Siyah
  새까만
  Sim-siyah
- 어두운
  Kara
  매우 어두운
  Kap-kara
- 흰
  Beyaz
  새하얀
  Bem-beyaz

B: 접두어 '옅은(Açık)'과 '짙은(Koyu)'과 함께 표현들

- 빨강
  Kırmızı
  옅은 빨강
  Açık kırmızı
  짙은 빨간
  Koyu kırmızı
- 주황
  Turuncu
  옅은 주황
  Açık turuncu
  짙은 주황
  Koyu turuncu
- 초록
  Yeşil
  옅은 초록
  Açık yeşil
  짙은 초록
  Koyu yeşil
- 파랑
  Mavi
  옅은 파랑
  Açık mavi
  짙은 파랑
  Koyu mavi
- 보라
  Mor
  연 보라
  Açık mor
  진보라
  Koyu mor
- 커피
  Kahve
  옅은 커피
  Açık kahve
  진한 커피
  Koyu kahve
- 홍차
  Çay
  연한 홍차
  Açık çay
  진한 홍차
  Koyu çay

C: 은유적인 표현들
- 가전제품   Beyaz eşyalar
- 붉은색 육류   Kırmızı et
  (건강에 해로운 육류)
- 백색 육류   Beyaz et
  (건강에 이로운 육류)
- 화려한 나날들   Pembe hayatlar
- 어려운 나날들   Kara günler
- 나쁜 소식들   Kara haber
- 좋은(화려한) 꿈   Renkli rüyalar

사이즈를 고를 때

- 사이즈가 어떻게 되나요?
▶ Kaç numara giyiyorsun?

- 신발 사이즈가 어떻게 되죠?
▶ Ayakkabınızın numarası kaç?

- 이 치수로 하나 골라 주세요.
▶ Bu numaralardan birini seçebilirsiniz.

- 더 큰[작은] 것을 있습니까?
▶ Daha büyük [küçük] var mı?

- 더 작은 것은 없나요?
▶ Daha küçük yok mu?

- 죄송합니다, 저희에게 원하시는 치수가 없습니다.
▶ Üzgünüm, istediğiniz numara bizde yok.

- 입어 봐도 되나요?
▶ Bunu deneyebilir miyim?

- (신발을) 신어 봐도 되나요?
▶ (Ayakkabı) Deneyebilir miyim?

- (구두) 굽이 너무 높습니다.
▶ (Ayakkabı) Topuğu çok yüksek.

- 이 신발은 잘 맞지 않습니다.
▶ Bu ayakkabı ayağıma tam uymuyor.

- 너무 꽉 끼입니다.
▶ Çok sıkı.

- 너무[조금] 헐렁합니다.
▶ Çok [biraz] gevşek.

- 폭이 너무 좁[넓]습니다.
▶ Eni çok dar [geniş].

▷ 신발(Ayakkabı) 종류

• 구두	Deri ayakkabı
• 부츠	Çizme
• 샌들	Sandalet
• 슬리퍼	Terlik
• 운동화	Spor ayakkabı
• 장화	Bot
• 조깅화	Yürüyüş ayakkabısı
• 테니스화	Tenis ayakkabısı

디자인을 고를 때

- 최신 유행하는 것입니다.
▶ Şimdiki moda bu.

- 이 유형이 좋습니다.
▶ Bu şekil iyi.

- 너무 요란[칙칙]합니다.
▶ Çok gösterişli.[gösterişsiz].

- 이 디자인이 수수하고 멋집니다.
▶ Bu tasarım şık ve güzel.

- 저는 이 줄무늬 블라우스가 좋습니다.
▶ Ben çizgili bluz seviyorum.

- 저는 체크무늬 와이셔츠를 좋아하지 않습니다.
▶ Ben ekose gömlek sevmiyorum.

- 이 넥타이와 와이셔츠가 잘 어울립니다.
▶ Bu kravatla gömlek birbirine çok uydu.

품질을 물을 때

- 품질이 매우 좋습니다.
▶ Onun kalitesi çok iyi.

물건 값을 물을 때

- 좀 더 싼 것이 있습니까?
▶ Biraz daha ucuz olanı var mı?

- 할인되지 않습니까?
▶ İndirim olmaz mı?

- 비싼 것을 원하지 않습니다.
▶ Pahalı olanı istemiyorum.

- 정찰제입니다.
▶ Sabit fiyat.

물건 값을 흥정할 때

- 제게는 너무 비쌉니다.
▶ Bana göre çok pahalı.

- 싸게 할 수 없습니까?
▶ Ucuza satamaz mısın?

- 얼마 정도를 예상하십니까?
▶ Ne kadar istiyorsunuz?

- 할인 좀 해주세요.
▶ Biraz indirim lütfen!

- 이 카드[쿠폰]로 10% 정도 할인 받을 수 있나요.
▶ Bu kart [kupon] %10 kadar indirim yapar mısın?

- 만약 10달러라면 제가 사겠습니다.
▶ Eğer 10 dolar olursa alırım.

- 가장 싸게 부르는 가격은 얼마입니까?
▶ En ucuz fiyat nedir?

- 할인을 해준다면, 모두 사겠습니다.
▶ İndirim yaparsan hepsini alırım.

▷ 저녁 떨이 Akşam pazarı

대형슈퍼들이 계속 들어서고 있는 요즘 시대에서 터키 거의 전역에 걸쳐 여전히 7일 장이 인기를 끄는 이유는 직판이라 좀 더 저렴하기 때문일 것이다. 이러한 장들은 아침 9시 정도부터 시작해서 저녁 6시 정도가 되면 거의 끝이 나는데 여전히 팔리지 않은 물건들을 처분하기 위해서 거의 반 값으로 팔기 시작하는 대대적인 할인 시간을 가리켜 'Akşam pazarı'라고 부른다. 이 말이 어느새 관용어가 되어 물건 값을 깎기 원하는 사람들이 "좀 깎아 주세요."라고 말할 때에도 함께 사용되고 있다.

- 좀 깎아 주실래요?　　　　İndirim yapar mısınız?
- 좀 깎아 주세요.　　　　　İndirim istiyorum.
- 할인 있나요?　　　　　　İskonto var mı?
- 저녁떨이 좀 없나요?　　　Akşam pazarı yok mu?

물건 값을 계산할 때

- 이것을 사겠습니다.
▶ Bunu alacağım.

- 전부 얼마입니까?
▶ Hepsi ne kadar?

- 계산이 틀리지 않나요?
▶ Hesabınız yanlış değil mi?

- 거스름돈이 잘못되었습니다.
▶ Yanlış para üstü.

- 다시 한 번 확인해 주세요.
▶ Tekrar bakın, lütfen.

- 현금으로 지불하겠습니다.
▶ Ben nakit ödeyeceğim.

- 신용카드도 받으십니까?
▶ Kredi kartı da kabul ediyor musunuz?

- 신용카드도 가능합니까?
▶ Kredi kartı kabul ediyor musunuz?

- 할부로 가능합니까?
▶ Vadeli ödeme yapıyor musunuz?

- 어느 정도 할부로 해 드릴까요?
▶ Kaç ay vadeli olsun?

- 3개월 할부로 해주세요.
▶ 3 ay vadeli olsun.

- 여행자 수표[신용카드]로 지불해도 됩니까?
▶ Seyahat çeki [Kredi Kart] ile ödemem mümkün mü?

- 유로[달러]로 지불 할 수 있나요?
▶ Avro [Dolar] ile ödemem mümkün mü?

- 돈은 이미 지불했습니다.
▶ Para zaten ödenmiş.

- 영수증 좀 주세요.
▶ Fiş alabilir miyim?

- 이미 돈을 지불했습니다.
▶ Parayı çoktan ödedim.

- AS가 됩니까?
▶ Servis hizmeti var mı?

포장을 부탁할 때

- 포장을 좀 잘해주세요.
▶ İyi paketleyin, lütfen.

- 깨지지 않게 잘 포장해주세요.
▶ Kırılmayacak bir şekilde paketleyin.

- 예쁘게 잘 포장해주세요.
▶ Güzelce paketleyin.

배달과 배송을 부탁할 때

- 이 옷들을 저희 집으로 배송해 줄 수 있죠?
▶ Bu elbiseleri evime kadar gönderir misin?

- 힐튼 호텔로 오후 6시까지 배달해 주세요.
▶ Öğleden sonra saat 6'ya kadar Hilton oteline teslim edin, lütfen.

▷ 시간 관련 단어들

• 오전	Öğleden Önce
• 오후	Öğleden Sonra
• 어제	Dün
• 오늘	Bugün
• 내일	Yarın
• 모레	Öbür gün
• 년	Yıl
• 월	Ay
• 주	Hafta

• 요일	Günler
• 일	Gün
• 시	Saat
• 분	Dakika
• 초	Saniye
• 기원 전	Milat'tan Önce (M.Ö.)
• 기원 후	Milat'tan Sonra (M.S.)

• 내일까지 집으로 배송해 주세요.
▶ Yarına kadar eve teslim edebilir misiniz?

• 선편[항공편]으로 배송 부탁합니다.
▶ Gemiyle [Uçakla] yollamanızı rica ediyorum.

• 이 서류 좀 작성해주시겠습니까?
▶ Bu kâğıdı doldurun.

교환 · 반품 · 환불을 원할 때

• 어제 여기에서 이 물건을 샀는데 고장 났습니다.
▶ Bunu dün buradan aldım. Bozuldu.

• 핸드폰 작동이 안 됩니다.
▶ Cep telefonum çalışmıyor.

• 이것을 교환할 수 있나요?
▶ Bunu değiştirebilir misin?

• 이것을 다른 것으로 바꿀 수 있습니까?
▶ Bunu başkasıyla değiştirebilmeniz mümkün mü?

• 이것은 파손되어 있습니다.
▶ Bu bozuldu.

• 이것은 고장입니다.
▶ Bu arızalı değildir.

- 교환이나 환불 됩니까?
▶ Değişimi ya da iadesi mümkün mü?

- 환불하고 싶습니다.
▶ Para iadesi istiyorum.

면세품을 구입할 때

- 면세점은 있습니까?
▶ Duty free var mı, acaba?

- 어디에 면세점이 있습니까?
▶ Duty free nerede, acaba?

- 어느 제품을 원하십니까?
▶ Hangi ürünü istiyorsunuz?

- 라크 한 병 주세요.
▶ Bir şişe rakı lütfen.

- 탑승권을 보여 주시겠습니까?
▶ Uçak biniş bileti, lütfen.

- 면세 술은 몇 병 살 수 있습니까?
▶ Gümrüksüz olarak kaç şişe içki alabilirim?

- 몇 갑의 면세 담배를 가져갈 수 있습니까?
▶ Gümrüksüz olarak kaç paket sigara alabilirim?

- 담배는 12갑을 가져가실 수 있습니다.
▶ On iki paket sigara alabilirsin.

▷ 주요 면세품들

• 담배	Sigara
• 디지털카메라	Dijital kamera
• 립스틱	Ruj
• 만년필	Dolma kalem

• 목거리	Kolye
• 보석	Takı
• 볼펜	Tükenmez kalem
• 술	Alkol
• 시계	Saat
• 위스키	Viski
• 진주	İnci
• 초콜릿	Çikolata
• 코냑	Konyak
• 콤팩트	Kompak
• 필기류	Kalemler
• 향수	Parfüm

• 이 볼펜들을 보여주세요.
▶ Tükenmez kalemleri görebilir miyim?

• 여기에 써 봐도 됩니까?
▶ Burada yazabilir miyim?

• 매우 잘 써지네요.
▶ Çok güzel yazıyor.

• 한 다스에 얼마입니까?
▶ Bir düzinesi kaç para?

매장의 열고, 닫을 때를 물을 때

• 가게 영업시간은 몇 시부터입니까?
▶ Mağazanız saat kaçta açılıyor?

• 가게는 언제부터 언제까지 문을 엽니까?
▶ Mağazanız saat kaçtan kaça kadar açık?

• 가게는 몇 시에 문을 엽니까?
▶ Mağazanız saat kaçta açılıyor?

- 오전 9시 반에 문을 엽니다.
▶ Sabah saat 9'da açılıyor.

- 몇 시에 문을 닫습니까?
▶ Saat kaçta kapanıyor?

- 몇 시까지 문을 엽니까?
▶ Saat kaça kadar açık?

- 오후 8시에 문을 닫습니다.
▶ Akşam saat 8'de kapatıyoruz.

- 토요일에도 문을 엽니까?
▶ Cumartesi de açık mı?

07 귀국

귀국 편을 예약할 때

- 인천까지 표 두 장이요.
▶ İncheon'a iki bilet, lütfen.

- 창문 쪽[복도 쪽] 좌석을 부탁합니다.
▶ Koltuğum pencere [koridor] tarafı olsun.

- 지금 탑승할 수 있는 인천행 비행기로 예약해 주십시오.
▶ İncheon'a ilk giden uçağa bir rezervasyon, lütfen.

예약을 재확인할 때

- 비행기 예약을 다시 확인하고 싶습니다.
▶ Uçak rezervasyonunu tekrar onaylamak istiyorum.

- 5월 10일에 떠나는 TK 207편입니다.
▶ 10 Mayısta hareket edecek TK 207 numaralı uçak.

항공편을 변경하거나 취소할 때

- 이 비행기는 정시에 이륙합니까?
▶ Bu uçak tam zamanında kalkar mı, acaba?

- 얼마나 지연됩니까?
▶ Ne kadar gecikecek?

- 다른 항공편을 알아봐 주십시오.
▶ Başka şirketlerin uçuşlarına da bakabilir misiniz?

- 예약을 변경하고 싶습니다.
▶ Rezervasyonu değiştirmek istiyorum.

- 이 예약을 취소해 주십시오.
▶ Bu rezervasyonu iptal edin, lütfen.

공항에서

- 이 공항에서 쇼핑을 할 수 있습니까?
▶ Bu havalimanında alışveriş yapabilir miyim?

- 이 공항에서 얼마나 체류하게 됩니까?
▶ Bu havalimanında ne kadar kalıyoruz?

- 몇 시부터 탑승합니까?
▶ Saat kaçta uçağa biniyoruz?

- 몇 번 게이트입니까?
▶ Hangi kapı, acaba?

- 46번 게이트는 어디에 있습니까?
▶ 46. kapı nerede, acaba?

- 이 셔틀버스가 OZ551편 이스탄불 행 비행기로 가나요?
▶ Bu servis, OZ551 nolu uçağa götürüyor mu, acaba?

탑승 수속을 할 때

- 이 양식을 기재하는 방법을 가르쳐 주세요.
▶ Bu formu nasıl dolduracağımı gösterebilir misiniz?

- 이 짐을 바로 붙이고 싶습니다.
▶ Bu bagajı direkt yollamak istiyorum.

- 이 가방은 기내로 제가 들고 갈 예정이에요.
▶ Bu çantayı yanımda taşıyacağım.

- 자기 짐은 자기 자신이 들어야 합니다.
▶ Kendi eşyalarınızı kendiniz taşımak zorundasınız.

• 제 짐은 모두 3개입니다.
▶ Bagajımın hepsi 3 parçadır.

• 제 짐들 중 하나가 없어졌습니다.
▶ Bagajımın bir tanesi kayboldu.

• 제 짐을 기다리고 있는데 전부 도착했나요?
▶ Bavulumu bekliyorum, hepsi geldi mi, acaba?

• 제 짐은 세관에서 조사 예정인가요?
▶ Bagajım gümrük tarafından aranacak mı, acaba?

• 이 짐은 각각 분리해서 보내주세요.
▶ Bu bagajlari ayrı ayrı gönderin, lütfen.

• 저희 비행기는 짐 하나에 30kg를 초과하지 않아야 합니다.
▶ Uçuşlarımızda 1 parçanın ağırlığı 30kg'ı geçmemesi lazım.

• 국내선[국제선]에 초과 짐에 대한 요금과 규정이 어떻게 되나요?
▶ Yurt içi [dışı] uçuşlarda fazla bagaj ücret ve koşulları nasıl acaba?

• 저희는 짐 숫자에 따라 초과 요금을 받고 있습니다.
▶ Parça sayısına göre fazla bagaj ücreti almaktayız.

• 제 짐의 초과 요금이 얼마나 되죠?
▶ Fazla bagaj ücretim ne kadar, acaba?

• 제 짐들은 도착지로 바로 가나요?
▶ Bagajlarım varış yerine direkt gidiyor mu, acaba?

• 짐은 도착하게 될 국가의 세관 법에 따라 끝까지 들고 다녀야 합니다.
▶ Bagajınız, gideceğiniz ülkenin gümrük kuralları uyarınca son noktaya kadar taşımalısınız.

• 짐 안에 반입 금지품 여부를 확인해 주세요.
▶ Bagajınızda taşınması yasak olan tehlikeli maddelerin olup olmadığını kontrol edin, lütfen.

• 이 물건은 저희 비행기에서 허용이 되지 않습니다.
▶ Bu madde uçuşlarımıza kabul edilmeyecektir.

비행기 안에서

- 미안합니다만, 잠깐 지나가겠습니다.
▶ Affedersiniz, geçebilir miyim?

- 물[콜라, 차, 커피] 한 잔 주세요.
▶ Bir bardak su [kola, çay, kahve], lütfen.

- 담요[베게] 하나 주시겠어요?
▶ Bir tane battaniye [yastık], lütfen.

- 의자를 뒤로 젖혀도 되겠습니까?
▶ Koltuğu arkaya indirebilir miyim?

- 한국어[터키어, 영어] 신문이 있습니까?
▶ Korece [Türkçe, İngilizce] gazete var mı?

- 지금 어디 근방을 날고 있는 중입니까?
▶ Şimdi hangi ülke üzerinde uçuyoruz?

- 이 비행기는 언제쯤 도착 예정이죠?
▶ Bu uçak tahmini olarak ne zaman varacak?

- 비행기에서 면세품을 판매합니까?
▶ Uçakta duty free malı satılıyor mu, acaba?

PART

비즈니스를 위한 표현

01 구인과 취직
02 사무실
03 회사 방문
04 회의
05 상담
06 납품과 클레임

01 구인과 취직

구직 서류를 작성할 때

- 이름이 어떻게 되시죠?
▶ İsminiz nedir?

- 주소가 어떻게 되죠?
▶ Adresiniz nedir?

- 전화번호가 어떻게 되죠?
▶ Numaranız nedir?

- 직업이 어떻게 되세요?
▶ Mesleğiniz nedir?

- 무슨 일 하세요?
▶ Ne iş yapıyorsunuz?

- 월급이 어떻게 되세요?
▶ Maaşınız ne kadar?

- 어느 학교 졸업하셨어요?
▶ Hangi okuldan mezun oldunuz?

- 교육 정도가 어떻게 되세요?
▶ Öğrenim durumunuz nedir?

- 성별이 어떻게 되세요?
▶ Cinsiyetiniz nedir?

- 종교가 어떻게 되세요?
▶ Dininiz nedir, acaba?

- 생년월일이 어떻게 되세요?
▶ Doğum tarihiniz nedir, acaba?

- 나이가 어떻게 되세요?
▶ Yaşınız kaç, acaba?

- 몇 살이세요?
▶ Kaç yaşındasınız, acaba?

- 국적이 어떻게 되세요?
▶ Uyruğunuz neresi, acaba?

- 결혼하셨어요?
▶ Evli misiniz?

- 미혼이세요?
▶ Bekâr mısınız?

- 결혼기념일이 어떻게 되세요?
▶ Evlilik yıldönümünüz ne zaman, acaba?

- 출생지가 어떻게 되세요?
▶ Doğum yeriniz neresi, acaba?

일자리를 찾을 때

- 일자리를 찾으세요?
▶ İş mi arıyorsunuz?

- 일자리를 찾습니다.
▶ İş arıyorum.

- 요즘 일자리 구하기가 어떻다고 생각하십니까?
▶ Bugünlerde iş bulmanın zor olduğunu düşünüyor musunuz?

- 아르바이트 일자리 찾기도 쉽지 않아요.
▶ Yarım günlük iş bulmak bile kolay değil.

- 그는 드디어 회사에 일자리를 구했습니다.
▶ O sonunda şirkette iş sahibi oldu.

- 그가 일자리를 얻게 될 가능성은 충분히 있어.
▶ Onun o iş bulma ihtimali yüksek.

- 그는 취직 면접을 준비했어.
▶ O iş görüşmesi için hazırlandı.

- 제게 추천서를(써) 주세요.
▶ Bana bir tavsiye mektubu yazmanı istiyorum.

- 나는 일자리를 잃었어요.
▶ İşimi kaybettim.

- 다른 생각하지 말고 일자리나 잡도록 애쓰세요.
▶ Başka bir şey düşünmeyip işi kapmaya çalışın.

- 취직만 되면 좋겠습니다.
▶ Sadece işe girmek istiyorum.

- 올해는 꼭 취직할 겁니다.
▶ Bu yıl mutlaka işe girerim.

면접에 응할 때

- 귀사에 일자리가 있습니까?
▶ Şirketinizde bir iş var mı?

- 귀사에 지원하고 싶은데요.
▶ Şirketinizde iş başvurusu yapmak istiyorum.

- 우리 회사를 어떻게 아셨습니까?
▶ Şirketimiz hakkında nasıl bilgi sahibi oldunuz?

- 전단지에서 구인광고를 보았습니다.
▶ Ben bir iş ilanı broşürü gördüm.

- 내일 면접보러 오실 수 있습니까?
▶ Yarın mülakata gelebilir misiniz?

- 어떻게 하면 제가 면접을 볼 수 있습니까?
▶ Mülakata nasıl gireceğim?

- 이력서를 보내 주십시오.
▶ Özgeçmişinizi gönderin.

- 당신의 이력서를 보여 주십시오.
▶ Özgeçmişinizi gösterin.

- 터키어[영어] 이력서로 제출할 수 있습니까?
▶ Türkçe [İngilizce] özgeçmişinizi verebilir misiniz?

- 오늘 오셔서 면접을 받을 수있습니까?
▶ Bugün mülakata gelebilir misiniz?

- 어떻게 지원하면 되지요?
▶ Nasıl başvurabilirim?

- 면접 날짜와 시간이 정해졌나요?
▶ Görüşme tarihi ve saati ayarlandı mı, acaba?

- 지금 긴장 되니?
▶ Şu an gergin misin?

- 취직 면접 때문에 아주 초조해.
▶ İş görüşmesi yüzünden çok gerginim.

- 언제쯤 면접 결과를 알 수 있을까요?
▶ Mülakat sonuçları ne zaman belli olur, acaba?

- 저는 이것을 면접으로 알고 있었습니다.
▶ Ben bunu görüşme olarak düşündüm.

- 오늘 면접이 있었어.
▶ Bugün iş görüşmem vardı.

면접할 때

- 어디 대학에서 공부했습니까?
▶ Hangi üniversitede okudunuz?

- 어디 대학을 졸업했습니까?
▶ Hangi üniversiteden mezun oldunuz?

- 당신은 대학 때 전공이 무엇입니까?
▶ Üniversitede hangi bölümden mezun oldunuz?

- 대학 때 성적은 어떻죠?
▶ Üniversitede ortalamanız kaçtı, acaba?

- 최종 학력은 어떻게 되죠?
▶ Öğrenim durumunuz nedir?

- 왜 우리 회사에 지원했나요?
▶ Neden bizim şirketimize başvurdunuz?

- 왜 이 일에 관심이 있으시죠?
▶ Neden bu işle ilgileniyorsunuz?

- 이 일에서 가장 관심이 가는 분야는 뭐죠?
▶ Bu işte en ilgili olduğunuz alan hangisidir?

- 어떤 외국 회사에서 일을 했었나요?
▶ Hangi yabancı şirkette çalıştınız?

- 어떤 자격증들을 가지고 있습니까?
▶ Ne sertifikaları aldınız?

- 어떤 분야에서 잘 할 수 있죠?
▶ Hangi konuda iyisiniz?

- 어떤 경력을 가지고 있습니까?
▶ Hangi konuda iş tecrübeniz var?

- 어떤 전문적 경험을 가지고 있습니까?
▶ Hangi konuda profesyonel alanda tecrübeniz var?

- 이 직종에 경력이 좀 있습니까?
▶ Bu iş alanında kariyer yaptınız mı?

- 당신이 왜 이 일에 적임이라고 생각합니까?
▶ Neden bu işe uygun olduğunuzu düşünüyorsunuz?

- 행정 분야에서 어떤 경력이 있습니까?
▶ Tatbikat alanında tecrübeniz var mı, acaba?

- 아르바이트를 해 봤나요?
▶ Yarı zamanlı iş yapmışlığınız var mı, acaba?

- 현재 어떤 아르바이트를 하고 있습니까?
▶ Şu an hangi yarı zamanlı işi yapıyorsunuz?

- 전에 무슨 직업을 가졌었습니까?
▶ Daha önce hangi meslekteydiniz?

▷ 직업 Meslekler

• 가수	Şarkıcı
• 가정주부	Ev hanımı
• 간호사	Hemşire
• 검사	Savcı
• 경제전문가	Ekomoni uzmanı
• 경찰관	Polis memuru
• 공무원	Memur
• 과학자	Bilim adamı
• 교수	Profesör
• 국회의원	Milletvekili
• 군인	Asker
• 기자	Gazeteci
• 농부	Çiftçi
• 대통령	Cumhurbaşkanı
• 도서관사서	Kütüphaneci
• 동장	Muhtar
• 리포터	Röportajcı
• 만화가	Karikatürist
• 모델	Manken
• 목동	Çoban
• 방송국PD	Televizyon yapımcısı
• 번역가	Çevirmen
• 법조인	Hukukçu
• 변호사	Avukat

• 비행기조종사	Pilot
• 사진작가	Fotoğrafçı
• 선생	Öğretmen
• 설계사	Mimar
• 성우	Dublaj sanatçısı
• 성직자	Din adamı
• 소방관	İtfaiyeci
• 소설가	Romancı
• 수의사	Veteriner
• 시장(군수)	Belediye başkanı
• 아나운서	Spiker
• 약사	Eczacı
• 어부	Balıkçı
• 여행가이드	Tur rehberi
• 역사전문가	Tarihçi
• 영화배우	Film yıldızı
• 예술연예인	Sanatçı
• 외교관	Diplomat
• 요리사	Aşçı
• 운동선수	Sporcu
• 운동코치	Koç
• 운전사	Şoför
• 은행원	Bankacı
• 음악가	Müzisyen
• 의사	Doktor
• 자영업자	Esnaf
• 작가	Yazar
• 장교	Subay
• 전기기술자	Elektrikçi
• 치과의사	Diş hekimi
• 통역사	Tercüman
• 판사	Hakim
• 화가	Ressam
• 회계사	Muhasebeci
• 회사원	Şirket personeli

- 전에 무슨 직책에 있었습니까?
▶ Daha önce hangi kadroda çalıştınız?

- 이전 직장에 대해 좀 설명해 줄 수 있나요?
▶ Önceki şirketinizden bahsedebilir misiniz?

- 왜 이전 직장을 그만 두셨죠?
▶ Neden önceki işinizi bıraktınız?

- 저희 회사의 일원이 되기 원하시나요?
▶ Şirketimizin bir elemanı olmak ister misiniz?

- 어떤 일을 하고 싶나요?
▶ Hangi işleri yapmak istersiniz

- 언제부터 일을 할 수 있습니까?
▶ İşe ne zaman başlayabilirsiniz?

- 당신의 장점은 무엇입니까?
▶ İyi olduğunu düşündüğünüz özelliğiniz nedir, acaba?

- 어떤 일이 자신에게 맞는다고 생각하십니까?
▶ Hangi işler sizin kabiliyetinize uygun acaba?

- 정규직을 원하십니까?
▶ Tam gün işleri mi istersiniz?

- 아니면 아르바이트를 원하십니까?
▶ Yoksa yarı zamanlı işleri mi istersiniz?

- 일주일에 며칠 일할 수 있습니까?
▶ Bir haftada kaç saat çalışabilirsiniz?

- 하루에 몇 시간 일할 수 있습니까?
▶ Günde kaç saat çalışabilirsiniz?

- 얼마의 급여를 원하십니까?
▶ Maaşınız için ne kadar istersiniz?

- 그럼, 근무 조건을 설명 드리겠습니다.
▶ O zaman, çalışma şartlarını anlatayım.

- 나중에 연락 드리겠습니다.
▶ Sizi tekrar ararız.

면접을 받을 때

- 취업 비자가 없는데 일할 수 있습니까?
▶ Çalışma vizesi olmasa da çalışabilir miyim, acaba?

- 일주일에 몇 시간 일합니까?
▶ Bir haftada kaç saat çalışılıyor?

- 일주일에 몇 시간 일해야만 합니까?
▶ Haftada kaç saat çalışmalıyım?

- 야근을 해야만 하나요?
▶ Gece çalışmak zorunda mıyım?

- 잔업을 해야만 하나요?
▶ Mesai dışı çalışmam lazım mı?

- 잔업 수당은 얼마나 되나요?
▶ Mesai dışı için ne kadar alıyorum, acaba?

- 고정 급여가 있죠?
▶ Sabit maaş var, değil mi?

- 월급은 얼마나 됩니까?
▶ Maaş ne kadar, acaba?

- 유급 휴가가 있습니까?
▶ Ücretli izin var mı, acaba?

- 여기 정년은 몇살까지입니까?
▶ Bu şirkette emeklilik yaşı kaç, acaba?

- 귀하의 지원에 깊이 감사드립니다.
▶ Şirketimize başvurduğunuz için teşekkür ederiz.

- 회사를 위해서라면 무엇이든 하겠습니다.
▶ Şirketiniz için her şeyi yapacağım.

- 회사를 위해 최선을 다 하겠습니다.
▶ Şirketiniz için bütün gücümle çalışacağım.

취직을 했을 때

- 저는 1년간 취업 교육을 받았습니다.
▶ Ben 1 yıllık iş eğitimi aldım.

- 그녀는 즉석에서 회사에 취직되었어요.
▶ O bayan iş görüşmesinde hemen o şirkete alındı.

- 그는 연줄로 취직했습니다.
▶ O başka bağlantılarla işe girmiş.

- 저는 비서로 취직했어요.
▶ Sekreter olarak işe girdim.

- 저는 취직하지 못할 수도 있습니다.
▶ Ben işe giremeyebilirim.

- 보험서류를 작성하겠습니다.
▶ Sigorta formunu dolduracağım.

02 사무실

업무를 부탁할 때

- 제 업무를 좀 맡아 주시겠어요?
▶ İşlerimi alabilir misiniz?

- 당신이 해야 할 일이 좀 있어요.
▶ Sizin yapmanız gereken bazı işler var.

- 지금 무슨 일을 하고 계세요?
▶ Şimdi ne iş yapıyorsunuz?

- 오늘은 아주 바빠요.
▶ Bugün gerçekten çok meşgulüm.

- 밀린 일이 많아요.
▶ Biriken iş çok.

- 너무 바빠서 그걸 할 시간이 없어요.
▶ O kadar meşgulüm ki onu yapacak vaktim yok.

- 할 일이 많아요.
▶ Yapmam gereken işlerim çok.

- 왜 그렇게 일이 밀렸습니까?
▶ İşleriniz neden o kadar birikti?

- 그에게 업무를 맡깁시다.
▶ Bu görevi ona bırakalım.

업무를 시작할 때

- 이제 시작합시다.
▶ Artık başlayalım.

- 시작할까요?
▶ Başlayalım mı?

- 어느 것들을 먼저 할까요?
▶ Hangi şeyleri önce yapalım?

- 금방(바로) 할게요.
▶ Hemen yapayım.

- 처음부터 다시 합시다.
▶ En baştan tekrar yapalım.

- 이 일을 어떻게 시작해야 할 지 모르겠어요.
▶ Bu işe nasıl başlamalıyım bilemiyorum.

업무 진행과 확인

- 그건은 어떻게 되고 있나요?
▶ O işler nasıl gidiyor?

- 전부 잘 되어 가나요?
▶ Her şey yolunda mı, acaba?

- 그거 언제 끝날까요?
▶ O ne zaman bitecek, acaba?

- 그건 이미 처리했어요.
▶ Onu çoktan hallettim.

- 거의 처리했어요.
▶ Halletmek üzereyim.

- 아직 반도 안 끝났어요.
▶ Hala yarısı duruyor.

- 일들이 끝날 줄을 모르네요.
▶ İşler bitmek bilmiyor.

- 일이 아직 안 끝났어요.
▶ İşler hala bitmedi.

- 그 일을 어서 끝냅시다.
▶ O işi hemen bitirelim.

- 그 일을 가능한 한 빨리 끝내야만 해요.
▶ O işi bir an önce bitirmem lazım.

- 마감 시간까지 끝내야 해요.
▶ Bitiş zamanına kadar durmayalım.

- 내일까지 이 보고서를 끝내세요.
▶ Yarına kadar bu raporu bitirin.

- 마감 일이 얼마 남지 않았어요.
▶ Bitiş gününe pek bir şey kalmadı.

- 그 일은 당신이 맡으세요.
▶ O işi siz üstlenin.

- 그 일은 제게 맡기고 뒷일은 걱정하지 마세요.
▶ O işi bana bırakın ve gerisini merak etmeyin.

- 염려마세요, 제가 알아서 하겠습니다.
▶ Merak etmeyin, Ben bildiğim gibi yaparım.

- 그 일은 제가 하겠습니다.
▶ O işi ben yaparım.

- 잠깐 점심 먹고 일합시다.
▶ Biraz yedikten sonra çalışalım.

- 한 숨 돌립시다.
▶ Biraz ara verelim.

- 드디어 끝났어요.
▶ Sonunda bitti.

- 마침내 끝냈어요.
▶ Nihayet bitirdim.

- 그 서류 좀 볼까요?
▶ O belgeye bakabilir miyim?

- 이것 좀 설명해 주세요.
▶ Bunu anlatın, lütfen.

- 이것 좀 서명해 주십시오.
▶ Bunu imzalayın.

- 다음 할 일이 뭐죠?
▶ Sonraki iş nedir?

팩스와 복사

- 이 서류를 팩시밀리로 보내줄 수 있습니까?
▶ Bu belgeyi faks ile gönderebilir misiniz?

- 팩스가 깨끗하게 잘 나왔습니까?
▶ Faks temizce çıktı mı?

- 팩스로 받아서 지금 보고 있는 중이에요.
▶ Faks ile aldım ve şu an bakmaktayım.

- 제게 다시 한 번 더 팩스로 보내주세요.
▶ Bana tekrar faks gönderin, lütfen.

- 전화를 팩스로 변경시켜 주세요.
▶ Telefonu faksa çevirin, lütfen.

- 가능한 한 빨리 팩스로 보내 주세요.
▶ Olabildiğince çabuk faks ile gönderin, lütfen.

- 이거 복사 좀 해 주실 수 있나요?
▶ Bunun fotokopisini çekebilir misiniz?

- 복사가 번졌어요.
▶ Fotokopinin baskısı biraz dağıldı.

- 복사가 흐리게 나왔군요.
▶ Fotokopi biraz silik çıkmış.

- 종이가 복사기에 끼었어요.
▶ Kağıt fotokopi makinesinin içinde araya sıkıştı.

- 10부만 복사해 주겠어요?
▶ 10 tane fotokopi çekebilir misiniz?

- 이쪽 면을 30장만 복사해 주세요.
▶ Bu tarafın 30 sayfa fotokopisini çeker misiniz?

컴퓨터

- 이 자료를 컴퓨터에 입력해주세요.
▶ Bu materyalleri bilgisayara geçirin, lütfen.

- 파일 이름을 뭐라고 정했죠?
▶ Dosyanın adını ne koydunuz?

- 데이터가 다 없어졌어요.
▶ Verilerin hepsi kaybolmuş.

- 제 컴퓨터는 고장이 났습니다.
▶ Bilgisayarım arızalandı.

- 저는 컴퓨터를 어떻게 작동시키는지 몰라요.
▶ Bilgisayarı nasıl çalıştıracağımı bilmiyorum.

- 컴퓨터에 대해서 잘 아세요?
▶ Bilgisayar konusunda iyi misiniz?

- 제 컴퓨터가 CIH 바이러스에 감염된 것 같아요.
▶ Sanırım, bilgisayarım içinde CIH virüsü var.

▷ 문장의 시작에 사용하는 접속사들

- 감사하게도,   Şükürler olsun ki,
- 다행이도,   İyi ki,

- 미안하게도,   Korkarım,
- 생각건대,   Sanırım,
- 아마도   Her halde, Galiba, Belki
- 안타깝게도,   Ne yazık ki,
- 추측컨대,   Tahminime göre,
- 확신하건데,   Eminim ki,

인터넷과 이메일

- 인터넷에 접속되어 있어요?
▶ Şimdi internette misiniz?

- 지금 인터넷이 가능한가요?
▶ Şu an internet kullanabilir misiniz?

- 인터넷에 접속하는데 시간이 많이 걸려요.
▶ İnternete bağlanmak zaman alıyor.

- 인터넷에 접속하는 법을 가르쳐 줄래요?
▶ İnternete nasıl bağlanılacağını gösterebilir misiniz?

- 이메일 주소가 어떻게 되세요?
▶ E-posta adresiniz nedir?

- 홈페이지 주소가 있나요?
▶ Web sayfanız var mı?

- 인터넷 검색을 했어요.
▶ İnternet araması yaptım.

- 제가 쓴 이메일을 좀 고쳐주시겠어요?
▶ Yazdığım e-postayı düzeltebilir misiniz?

- 이메일 글씨가 깨졌어요.
▶ E-postadaki harfler gözükmüyor.

- 최근에 보내 주신 이메일에 감사드립니다.
▶ Son günlerde gönderdiğiniz e-posta için teşekkür ederim.

03 회사 방문

방문객을 접수할 때

- 안녕하십니까, 선생님.
▶ Merhaba, efendim.

> ▷ 모르는 사람에 대한 호칭
>
> - 남성 존칭(Mr.)　　　　　Bey efendi
> - 여성 존칭(Mrs.)　　　　　Hanım efendi
>
> - 남성을 부를 때　　　　　(Lee) Bey
> - 여성을 부를 때　　　　　(Lee) Hanım
>
> - 아저씨!　　　　　　　　Amca!
> - 아주머니!　　　　　　　Teyze!
> - 형!　　　　　　　　　　Ağabey!

- 누구신지 물어봐도 될까요?
▶ Kim olduğunuzu sorabilir miyim?

- 어느 회사에서 오셨습니까?
▶ Hangi şirketten geldiniz?

- 무슨 용건이십니까?
▶ Ne işiniz vardı?

- 약속은 하셨습니까?
▶ Randevunuz var mıydı?

- 잠시 기다려 주십시오.
▶ Bir dakika bekleyin, lütfen.

• 앉으시겠어요?
▶ Oturmak ister misiniz?

• 기다려 주셔서 감사합니다.
▶ Beklediğiniz için teşekkür ederim.

> ▷ ~해 주셔서 감사합니다.
>
> • 관심 가져 주셔서 감사합니다.   İlgi-niz için teşekkür ederim.
> • 기다려 주셔서 감사합니다.   Bekle-diğiniz için teşekkür ederim.
> • 도와주셔서 감사합니다.   Yardım-ınız için teşekkür ederim.
> • 방문해 주셔서 감사합니다.   Ziyaret-iniz için teşekkür ederim.
> • 사용해 주셔서 감사합니다.   Kullan-dığınız için teşekkür ederim.
> • 와 주셔서 감사합니다.   Gel-diğiniz için teşekkür ederim.
> • 해 주셔서 감사합니다.   Yap-tığınız için teşekkür ederim.

• 곧 나오실 겁니다.
▶ O hemen gelir.

• 네, 미스터 리, 방문에 대해 연락받았습니다.
▶ Evet, Lee Bey. ziyaretiniz için haberim var.

• 그분 사무실로 안내해 드리겠습니다.
▶ Onun ofisini göstereyim.

• 이쪽으로 오십시오.
▶ Buraya gelin, lütfen.

• 죄송합니다만, 외출 중입니다.
▶ Maalesef, dışarıya çıktı.

• 지금 밖에 계신데요.
▶ Şu an kendisi binanın dışında.

• 10분 정도면 올 것입니다.
▶ 10 dakikaya gelir.

▷ 시간

• 초	Saniye
• 분	Dakika
• 시	Saat
• 일	Gün
• 주	Hafta
• 월	Ay
• 년	Yıl

• 이제 곧 오실 것입니다.
▶ Neredeyse gelmek üzere.

• 조금만 더 기다려 주시겠어요?
▶ Sizi biraz daha bekletebilir miyim?

• 지금 중요한 회의 중입니다.
▶ Şu an önemli bir toplantıda.

• 바쁘시면 내일 다시 오겠습니다.
▶ Meşgul-seniz yarın bir daha geleyim.

▷ 동사의 조건형 (예) 오다: gelmek

터키어에서 동사의 변형은 여기에서 소개하는 조건 형뿐만 아니라 모든 동사들이 단수와 복수 1인칭, 2인칭, 3인칭 총 6개의 변화형으로 구분되어 있으므로 터키어 동사의 규칙적인 변화형을 연습할 때는 이러한 6개의 분류 형태로 나누어서 공부하면 좀 더 수월할 것이다.

1) 내가   온다면,   Gel-sem,
2) 네가   온다면,   Gel-sen,
3) 그가   온다면,   Gel-se,
4) 우리가 온다면,   Gel-sek,
5) 너희가 온다면,   Gel-seniz,
6) 그들이 온다면,   Gel-seler,

거래처를 방문했을 때

- 삼성의 미스터 리입니다.
▶ Samsung'dan Lee'yim.

- 혹시 미스 킴 있습니까?
▶ Kim Hanım burada mı, acaba?

- 5시에 그 사람과 만나기로 약속이 되어 있습니다.
▶ Saat 5'te onunla buluşmak için randevu aldım.

- 수출 부서를 방문하고 싶습니다.
▶ İhracat bölümünü ziyaret etmek istiyorum.

- 수입 부서가 어디에 있습니까?
▶ İthalat bölümü nerede, acaba?

- 책임자를 만날 수 있습니까?
▶ Sorumlu kişi ile görüşebilir miyim?

방문객과 인사를 나눌 때

- 안녕하세요, 알리 씨.
▶ Merhaba, Ali bey.

- 한국에 잘 오셨습니다!
▶ Kore'ye hoş geldiniz!

- 저희 회사에 오신 것을 환영합니다!
▶ Şirketimize hoş geldiniz!

- 명함 하나 주시겠습니까?
▶ Kartvizitinizi alabilir miyim, acaba?

- 당신 이름 좀 발음해 주시겠습니까?
▶ Adınızı telâffuz eder misiniz?

- 이 전화번호로 저에게 연락이 가능합니다.
▶ Bu telefon numarası ile benimle irtibata geçebilirsiniz.

- 이건 직통 번호입니다.
▶ Bu bana direkt ulaşabileceğiniz numaramdır.

회사를 안내할 때

- 저희 회사를 찾아 주셔서 감사합니다.
▶ Şirketimize geldiğiniz için teşekkür ederim.

- 제가 안내해 드릴까요?
▶ Sizi gezdireyim mi?

- 제가 회의실로 모시겠습니다.
▶ Toplantı odasına kadar eşlik edeyim.

- 이쪽으로 오십시오.
▶ Buraya gelin, lütfen.

- 화장실은 승강기 옆에 있습니다.
▶ Tuvalet asansörün yanında.

- 승강기는 계단 옆에 있습니다.
▶ Asansör merdivenin yanında.

- 잠깐 쉴까요?
▶ Bir dakika dinlenelim mi?

▷ ~ 할까요?
-elim mi? / -alım mı?

영어의 "let's ~"에 해당되는 터키어로서 일상생활에서 상당히 많이 사용되는 형태이므로 터키어 동사들을 가지고 계속 연습하는 것이 좋다. 즉, 모든 터키어 동사의 어간에다가 모음에 따라서 '-elim' 혹은 '-alım'을 가져와서 만든다. 아울러 ~할까요?의 형태는 그 뒤에 의문 어미만 가져와서 쉽게 만들 수 있다.

- 가지고 갑시다.   Götür-mek   Götür-elim.
- 가지고 갈까요?   Götür-mek   Götür-elim mi?

• 갑시다.	Git-mek	Gid-elim.
• 갈까요?	Git-mek	Gid-elim mi?
• 두고 봅시다.	Bak-mak	Bak-alım.
• 두고 볼까요?	Bak-mak	Bak-alım mı?
• 식사합시다.	Yemek ye-mek	Yemek ye-y-elim.
• 식사할까요?	Yemek ye-mek	Yemek ye-y-elim mi?
• 합시다.	Yap-mak	Yap-alım.
• 할까요?	Yap-mak	Yap-alım mı?

• 여기가 저희 본사입니다.
▶ Burası şirketimizin ana şubesidir.

04 회의

회의 준비

- 회의는 언제입니까?
▶ Toplantı ne zaman?

- 회의는 언제 열립니까?
▶ Toplantı ne zaman başlıyor?

- 회의는 몇 시에 하나요?
▶ Toplantı saat kaçta?

- 회의는 내일 오전 9시에 있습니다.
▶ Toplantı yarın sabah saat 9'da.

- 회의 시간이 오후 3시에서 2시로 앞당겨졌습니다.
▶ Toplantı zamanı saat 3'den 2'ye alındı.

- 회의가 아침에서 저녁으로 연기되었습니다.
▶ Toplantı sabahtan akşama alındı.

- 회의는 몇 시에 시작할까요?
▶ Toplantı saat kaçta başlıyor?

- 이 일을 마치고 곧 회의가 있습니다.
▶ Bu iş bittikten sonra hemen toplantı var.

```
▷ "~ 하기 전에"  /   "~ 한 후에"
   -meden önce /   -dikten sonra
   -madan önce /   -dıktan sonra
                   -duktan sonra
```

> -dükten sonra
>
> 모든 터키어 동사의 어간에 위의 어미들을 가져와서 만든다.
>
> - 가기 전에 　　　　　Git-meden önce
> - 간 후에 　　　　　　Git-tikten sonra
>
> - 보기 전에 　　　　　Gör-meden önce
> - 보고 난 후에 　　　　Gör-dükten sonra
>
> - 먹기 전에 　　　　　Ye-meden önce
> - 먹은 후에 　　　　　Ye-dikten sonra
>
> - 받기 전에 　　　　　Al-madan önce
> - 받은 후에 　　　　　Al-dıktan sonra

- 회의에 늦지 말아 주십시오.
▶ Toplantıya geç kalmayın, lütfen.

회의 진행

- 여기를 주목해 주시겠습니까?
▶ Buraya bakar mısınız?

- 저를 주목해 주시겠습니까?
▶ Beni dinler misiniz?

> ▷ 혼동하기 쉬운 몇몇 단어들
>
> - 듣다 　　　　　　　Dinle-mek
> - 쉬다 　　　　　　　Dinlen-mek
>
> - 이해하다 　　　　　Anla-mak
> - 설명하다 　　　　　Anlat-mak
>
> - 양말 　　　　　　　Çorap
> - 스프 　　　　　　　Çorba

X. 비즈니스를 위한 표현　475

- 빵　　　　　　　　　　　Ekmek
- 남자　　　　　　　　　　Erkek
- 몇 시?　　　　　　　　　Saat kaç?
- 몇 시간?　　　　　　　　Kaç saat?

- 지금부터 회의를 시작하려합니다.
▶ Şimdi toplantıya başlamak üzereyiz.

- 오늘의 의제로 들어갈까요?
▶ Bugünkü konuya girelim mi?

- 그 계획에 관해 최종 검토를 시작하겠습니다.
▶ O planın son değerlendirmesine başlıyorum.

- 이제 마지막 주제로 들어갈까요?
▶ Artık son konuya girelim mi?

- 이제 본 의제로 들어가겠습니다.
▶ Şimdi ana konuya giriyoruz.

- 다음 주제로 넘어가겠습니다.
▶ Bir sonraki konuya geçiyoruz.

- 그의 설명에 대해 어떻게 생각하십니까?
▶ Onun açıklaması hakkında ne düşünüyorsunuz?

- 이 특정 문제에 대해 질문이 있습니까?
▶ Bu spesifik problem hakkında sorusu olan var mı?

- 그것에 대해 투표를 합시다.
▶ Onun için oylama yapalım.

- 최종 결정은 다수결로 정할 것입니다.
▶ Son kararımızı çoğunluk belirleyecektir.

- 최종 결정은 만장 일치로 정할 예정입니다.
▶ Son kararımız oybirliğiyle belirlenecektir.

- 찬성하시는 분은 손을 들어주십시오.
▶ Onaylayan kişiler ellerini kaldır-sın, lütfen.

▷ 혼동하기 쉬운 3인칭 명령형

터키어에서는 상대방(2인칭)에게 하는 명령법은 매우 간단해서 형태적으로는 모든 동사의 **-mek/-mak** 어미만 빼고 나머지 어간만 사용하면 매우 간단한 명령법이 되어 버린다. 그러나 문제는 3인칭 명령법을 만드는 것이 의외로 한국 사람들에게는 혼란을 줄 수 있다. 즉, 명령은 동일하게 상대방에게 하지만, 그것을 실행하는 주체가 그대로 상대방일 때는 2인칭 명령이고, 실행하는 주체가 다른 사람일 때를 3인칭 명령이 된다. 3인칭 명령법은 동사의 어간에다 **-sin**(3인칭 단수) / **-siniz**(3인칭 복수)를 각각 붙여서 만든다.

- 2인칭 명령: 너, 이리로 와! Buraya gel!
- 3인칭 명령: 알리, 이리로 오라고 해! Ali buraya gel-sin!

- 2인칭 명령: 너, 이거 해! Bunu yap!
- 3인칭 명령: 알리, 이거 하라고 해! Ali bunu yap-sın!

- 2인칭 명령: 너, 이거 먹어라! Bunu ye!
- 3인칭 명령: 알리, 이거 먹으라고 해! Ali bunu ye-sin!

- 2인칭 명령: 너, 나 좀 봐! Bana bak
- 3인칭 명령: 알리, 나 좀 보라고 해! Ali bana bak-sın!

- 2인칭 명령: 너, 이거 가지고 가! Bunu götür!
- 3인칭 명령: 알리, 이거 가지고 가라고 해! Ali bunu götür-sün!

- 오늘은 여기에서 끝냅시다.
▶ Bugünlük bu kadar yeterli.

- 남은 문제는 다음 번 회의에서 계속합시다.
▶ Kalan sorunlara sonraki toplantıda devam edelim.

회의 종료

- 회의가 끝났습니다.
▶ Toplantı bitti.

- 오늘은 여기에서 그만 할까요?
▶ Bugünlük buradan bitirelim mi?

- 회의 결과가 어떻게 됐어요?
▶ Toplantının sonucu ne oldu?

05 상담

바이어를 맞이할 때

- 처음 뵙겠습니다.
▶ Tanıştığımıza memnun oldum.

- 만나서 반갑습니다.
▶ Memnun oldum.

- 다시 만나게 되어 기쁩니다.
▶ Tekrar görüştüğümüz için mutluyum.

- 저희 회사에 와 주셔서 감사합니다.
▶ Şirketimize geldiğiniz için teşekkür ederim.

- 어젯밤 비행기로 파리에 도착했습니다.
▶ Dün gece uçakla Paris'e geldim.

- 비행은 어땠습니까?
▶ Uçuşunuz nasıldı?

- 비행기 멀미는 없으셨나요?
▶ Uçak sizi tuttu mu, acaba?

- 장시간의 비행으로 피곤하시겠습니다.
▶ Uzun yolculuğunuzdan dolayı yorgun olmalısınız.

- 따뜻하게 맞아주셔서 감사합니다.
▶ Sıcak karşılamanız için teşekkür ederim.

- 찾아와 주셔서 감사합니다.
▶ Geldiğiniz için teşekkür ederim.

- 저는 현대 기술부에서 근무하고 있습니다.
▶ Ben Hundai şirketinin bilişim teknolojisi(IT) bölümünde çalışıyorum.

- 명함을 드리겠습니다.
▶ Size kartvizitimi takdim edeyim.

- 고맙습니다. 여기 있습니다.
▶ Teşekkür ederim, buyurun.

- 명함을 주시겠습니까?
▶ Kartvizitinizi alabilir miyim, acaba?

- 네, 여기에 있습니다.
▶ Tabi, buyurun.

회사를 설명할 때

- 그럼 일에 관한 이야기를 할까요?
▶ Artık iş hakkında konuşalım mı?

- 저희 회사는 업무용 소프트웨어를 전문으로 하고있습니다.
▶ Şirketimiz iş yazılımları üzerine kuruldu.

- 저희 회사는 각종 혁신적인 서비스로 알려져 있습니다.
▶ Firmamız çeşitli alanlarda vermiş olduğu inovatif hizmetleriyle bilinmektedir.

제품을 설명할 때

- 이것이 저희 회사의 신제품입니다.
▶ Bu firmamızın yeni ürünüdür.

- 아마 저희 제품을 들어 보셨으리라 생각됩니다.
▶ Bence ürünlerimizden haberdar olmuş olabilirsiniz.

- 이것과 비슷한 제품을 사용해 본 적이 있으십니까?
▶ Buna benzer ürünleri daha önce kullandınız mı, acaba?

- 지난 주에 갓 발매 되었습니다.
▶ Geçen hafta yeni çıktı.

- 이게 제품 카탈로그입니다.
▶ Bu, ürün kataloğudur.

구입을 희망할 때

- 이 제품의 특징에 대해 설명해 드리겠습니다.
▶ Bu ürünün özelliklerinden bahsedeceğim.

- 이것은 혁신적인 제품입니다.
▶ Bu inovatif üründür.

- 이 제품은 상당한 수요가 예상됩니다.
▶ Bu ürüne ilerde büyük talep olacak.

- 현재 많은 주목을 받고 있습니다.
▶ Şu an herkesin ilgisini çekmektedir.

- 다양한 연령층이 사용할 수 있습니다.
▶ Çeşitli yaş grupları kullanabilir.

- 조작은 매우 간단합니다.
▶ Çalıştırmak çok basittir.

- 놀라울 정도로 효율이 높습니다.
▶ Verimi harika denecek derecede yüksek.

- 분명 만족하실 겁니다.
▶ Şüphesiz beğeneceksiniz.

- 본 제품의 A/S도 매우 충실합니다.
▶ Bu ürünün müşteri hizmetleri de çok iyi.

협상할 때

- 가격에 대해서 말씀드리고 싶은데요.
▶ Fiyat hakkında bahsetmek istiyorum.

- 가격에 대해서 어느 정도 생각하십니까?
▶ Fiyat konusunda ne kadar düşünüyorsunuz?

- 귀사의 최저 가격을 제시하십시오.
▶ Şirketinizin en iyi fiyatını söyleyin, lütfen.

- 견적을 내 주십시오.
▶ Alıntınızı istiyorum.

- 단가는 얼마입니까?
▶ Birim fiyatı ne kadar?

- 그 가격으로는 받아들일 수 없습니다.
▶ O fiyatı kabul edemeyiz.

- 할인 좀 부탁합니다.
▶ İndirim yapmanızı istiyorum.

- 지난 번 주문과 같은 조건으로 해주세요.
▶ Önceki siparişlerde olan şartlarla aynı şartları istiyorum.

- 배송료는 어느 쪽 부담입니까?
▶ Kargo kimin tarafından ödenecek?

- 납품은 언제가 되겠습니까?
▶ Ne zaman teslim edilecek?

- 납품은 어느 정도 시간이 걸립니까?
▶ Teslimat ne kadar sürer?

결정을 유보할 때

- 죄송하지만 전 결정할 수 없습니다.
▶ Maalesef, ben kabul edemem.

- 그 문제는 다음 회의로 넘기기로 합시다.
▶ O konuyu sonraki toplantıya bırakacağız.

- 남은 세부사항들은 다음 회의에서 다루기로 합시다.
▶ Kalanları sonraki toplantıda halledelim.

- 확인을 받고 나서 다시 만납시다.
▶ Doğrulandıktan sonra buluşalım.

- 다음 협상에서는 더 진전 되리라고 믿습니다.
▶ Bir sonraki müzakerede daha fazla ilerleme olacağına inanıyorum.

- 좀 더 검토가 필요한 점이 있습니다.
▶ Biraz daha incelememiz gerek.

- 그럼, 그것에 대해 생각해봅시다.
▶ O zaman onun hakkında bir düşünelim.

- 사장님의 지시를 받을 때까지 기다려 주십시오.
▶ Müdürümüzün kararına kadar bekleyin, lütfen.

- 가격을 검토하려면 좀 더 시간이 필요합니다.
▶ Fiyatını gözden geçirmek için biraz daha zamana ihtiyacım var.

조건에 합의할 때

- 좋습니다.
▶ Tamam, anlaşıldı.

- 좋을 것 같군요.
▶ İyi olacak.

- 저희에게는 좋습니다.
▶ Bizim için iyi.

- 저희로서는 문제 없습니다.
▶ Bize göre sorun yok.

- 동의합니다.
▶ Size katılıyorum.

- 우리는 몇가지 조건을 받아 들일 수 있다 생각합니다.
▶ Bir kaç şartı kabul edebileceğimizi düşünüyorum.

- 대충 합의가 되었군요.
▶ Tam olmasa da kabul edildi sayılır.

- 모든 점에서 합의가 되었군요.
▶ Her açıdan kabul edildi.

- 이 계약은 3년간 유효합니다.
▶ Bu kontrat üç yıl geçerli.

- 이 조항에 몇 가지 첨가하고 싶은 게 있는데요.
▶ Bu hükme birkaç şey ilave etmek istiyorum.

- 이 조항은 합의한 내용과 다른 것같습니다.
▶ Bu hüküm kabul ettiğimizden farklı görünüyor.

- 이제 계약에 사인할 수 있을 것 같습니다.
▶ Şimdi kontratı imzalayabiliriz gibi görünüyor.

- 귀사와 합의가 되어서 매우 기쁩니다.
▶ Sizinle anlaşma yapmaktan çok memnunuz.

조건을 거부할 때

- 그것은 동의할 수 없습니다.
▶ O fikre katılamayız.

- 안됐지만 할 수가 없습니다.
▶ Ne yazık ki yapamayız.

- 할 수 없을 것 같습니다.
▶ Yapamayacağım sanırım.

- 유감입니다만, 그것은 불가능합니다.
▶ Maalesef, onu yapamam.

- 현 단계에서는 긍정적인 답을 드릴 수 없습니다.
▶ Bu aşamada, olumlu bir cevap veremem.

- 동의할 수 없는 몇 가지 점이 있습니다.
▶ Kabul edilmeyecek birkaç şey vardır.

- 죄송하지만, 당신의 요구에 응할 수 없습니다.
▶ Özür dilerim, ama sizin isteğinizi kabul edemem.

- 글쎄요, 그것은 어려운 문제입니다.
▶ Bilmem ki, o büyük bir problem.

- 타협점을 찾도록 노력해 봅시다.
▶ Anlaşmaya varmak için gayret edelim.

06 납품과 클레임

납품할 때

- 귀사의 제품에 대해 여쭙고 싶은데요.
▶ Firmanızın ürünleri hakkında soru sormak istiyorum.

- RC-707은 재고가 있습니까?
▶ Stokta RC-707 var mı?

- 금요일까지 10대 납품해줄 수 있습니까?
▶ Cuma gününe kadar 10 tane teslim edebilir misiniz?

- 언제 납품 받을 수 있나요?
▶ Ne zaman teslim alabiliriz?

- 가능하면 빨리 필요한데요.
▶ Mümkünse, en kısa zamanda almak istiyorum.

- 다음 주에는 보내드릴 수 있습니다.
▶ Gelecek hafta içinde inşallah gönderebiliriz.

클레임을 제기할 때

- 클레임이 있는데요.
▶ Şikâyetimiz var.

- 클레임 담당자는 누구입니까?
▶ Şikâyet hattı sorumlusu kim, acaba?

- 귀사의 제품에 문제가 있습니다.
▶ Firmanızın ürünlerinde problem var.

- 책임자와 이야기를 나누고 싶은데요.
▶ Sorumlu kişi ile görüşmek istiyorum.

- 주문한 상품이 아직 도착하지 않았습니다.
▶ Sipariş edilen ürünler henüz gelmedi.

- 우리는 이제까지 그 물품들을 인수하지 못했습니다.
▶ Henüz o ürünleri alamadık.

- 주문한 물건이 도착했는데, 케이스 하나가 부족합니다.
▶ Siparişler geldi ama bir kutu eksik geldi.

- 당장 알아봐 주세요.
▶ Hemen araştırın, lütfen.

- 왜 이런 일이 일어났는지 설명해 주세요.
▶ Neden böyle şeyler olduğunu anlatabilir misiniz?

- 이 일에 대해 우리의 고객들이 불평을 해 오고 있습니다.
▶ Bu konu hakkında müşterimiz çok şikâyet etmektedir.

- 최근에 품질이 급격히 저하되었습니다.
▶ Son zamanlarda ürünlerin kalitesi aniden düştü.

클레임에 대응할 때

- 조사해서 즉시 연락드리겠습니다.
▶ İnceledikten sonra derhal size bildireceğiz.

- 당장 조치하겠습니다.
▶ Hemen halledeceğiz.

- 당장 올바른 물건을 보내 드리겠습니다.
▶ Hemen doğru ürünleri göndereceğiz.

- 그 문제는 저희들이 처리하겠습니다.
▶ O problemi biz halledeceğiz

- 당장 부족 분을 보내 드리겠습니다.
▶ Hemen eksikleri göndereceğiz.

- 곧바로 대체 상품을 보내 드리겠습니다.
▶ Hemen alternatif ürünleri göndereceğiz.

- 저희들의 착오였습니다.
▶ O bizim hatamızdı.

- 그 사고는 제 불찰입니다.
▶ O kaza benden dolayı çıktı.

- 선적이 지연되어 사과드립니다.
▶ Sevkiyat geciktiği için özür dileriz.

- 폐를 끼쳐드려 죄송합니다.
▶ Verdiğimiz rahatsızlıktan dolayı özür dileriz.

- 이제 모든 것을 해결했습니다.
▶ Artık her şeyi çözdük.

- 이것은 귀사의 잘못이지 저희 잘못은 아닙니다.
▶ Bu bizim hatamızdan değil, firmanızın hatasındandır.

- 그것은 귀사의 문제라고 생각합니다.
▶ O firmanızın hatası diye düşünüyoruz.

PART XI

필수 관용어 모음

01 여행에서 필요한 최소한의 터키어
02 터키에 가면 반드시 물어 볼 질문 10가지
03 상황에 따라 감초처럼 사용되는 관용 표현들

01 여행에서 필요한 최소한의 터키어

- "(너무) 감사합니다."
▶ (Çok) Teşek-kür ederim.
▶ (Çok) Teşek-kür-ler.
▶ (Çok) Sağ ol.
▶ (Çok) Mersi.
▶ Nasıl teşekkür edeceğimi bilemiyorum.

> ▷ 감사의 표현은 일상생활에서 가장 많이 사용되는 표현이다.
>
> 1) 'Teşekkür' 자체를 '감사'라는 명사로 간주해서 명사에 복수 어미인 '-ler'를 붙여서 일상에서 간편하게 감사의 표현으로 사용하기도 한다.
>
> 2) "Sağ ol."의 원 뜻은 감사한다는 의미가 아니라 건강 하라는 명령형 표현이다. 하지만 시간이 흐르면서 터키 사람들 사이에서 고맙다는 의미로 사용되기 시작했다. 그러나 원래 건강 하라는 명령형이므로 그 인사말에 대해서 "나도 고마워요"라고 대답할 때, "Ben de sağ ol." 아니라 "Sen de sağ ol."이라고 말해야 올바른 문장이 된다는 것을 꼭 기억해야 한다. 아울러 너무 고마울 때는 앞에다가 너무(매우)라는 단어를 넣어서 말하면 된다.
>
> 3) 'Mersi'는 프랑스어의 감사하다는 표현이지만 터키 일상에서 이미 외래어로 많이 사용되고 있다.
>
> 4) 'Nasıl teşekkür edeceğimi bilemiyorum.'는 "어떻게 감사해야 좋을지 모르겠습니다."라는 뜻으로 너무 너무 고마울 때 한 번씩 쓸 만한 표현이다.

- 네!?
▶ Efendim.

▷ 다양한 대답으로 사용되는 'Efendim.' 에펜딤!

1) 'Efendim.'의 가장 일반적인 뜻은 나보다 나이가 많든 적든 상관없이 누군가가 나를 불렀을 때(학교 같은 곳에서 출석부를 때도 포함) 대답으로 사용된다. "네!", "응!"

2) 상대방의 얘기를 잘 알아듣지 못했을 때, "뭐라고요?" 하고 되물을 때 단어의 끝을 올려서 질문처럼 사용된다.

3) 잘 모르는 누군가를 부를 때에도 사용된다. "여기요!", "저기요!"

4) 울리는 전화벨에 대해 대답할 때에도 사용된다. "여보세요"

• 자, 여기 있습니다!
▶ Buyurun!

▷ 모든 동사를 대신할 수 있는 만능의 Buyurun! 부유룬!

만약 터키에서 동사가 생각나지 않으면 손짓이나 몸 짓과 함께 이 "Buyurun!"으로만 상황을 표현할 수 있다.

"여기에 앉으세요.", "여기 차 한 잔 드세요", "여기 있습니다.", "먼저 들어가세요.", "이리로 오세요. 등등 수많은 동작을 대신해서 "Buyurun!"으로 사용할 수 있다.

• 네, 부탁합니다!
▶ Lütfen!

▷ 영어의 "Please"와 거의 같은 의미를 가진 Lütfen! "륏펜"

영어의 "Yes, please!"를 사용해야 하는 상황에서 동일하게 사용하면 된다. 일반적으로 뭔가를 원하느냐는 질문에 대한 대답으로 가장 많이 사용한다. 단지 한국 사람들에게는 발음이 조금 어려우므로 많이 연습해서 내 것으로 만들어야만 할 것이다.

- "~ 있어요?" 와 "~ 없어요?"
▶ ~ var mı? 와 ~ yok mu?

> ▷ 터키어로 된 사물이나 사람 이름의 여부를 물어볼 때 매우 요긴한 일상 회화이다.
>
> • 알리 있어요?   Ali var mı?
> • 알리 없어요?   Ali yok mu?
>
> • 물 있어요?   Su var mı?
> • 물 없어요?   Su yok mu?

- "~ 원합니다."
▶ ~ istiyorum.

> ▷ 이 문형 또한 모든 명사(명사형)와 함께 사용해서 간단하면서도 요긴하게 일상 생활에서 사용할 수 있다.
>
> • 물은 원합니다.   Su istiyorum.
> • 도움을 원합니다.   Yardım istiyorum.
> • 가기를 원합니다.   Gitmek istiyorum.
> • 머물기를 원합니다.   Kalmak istiyorum.
>
> *여기에서 'Gitmek'과 'Kalmak'은 동사의 원형이 아니라 명사형이다. 왜냐하면 문장 중에 동사 원형이 아무 변화 없이 동사원형 그대로 사용되는 것은 불가능하므로 만약 문장 안에서 -mek/-mak 형태가 그대로 보이면 그것은 더 이상 동사원형이 아니라 동사의 명사형으로 봐야 할 것이다.

- 여기 잠깐 보실래요?
▶ Bakar mısınız?

▷ Bakar mısınız? 바칼 므쓰느쓰?

한국말로 "잠깐만요", "여기 잠깐 좀 보실래요?", 혹은 "나 좀 보실래요?" 등의 뜻을 가진 말로써, 누군가를 부를 때, 불러 세워서 무엇인가를 부탁이나 질문할 때 흔히 사용되는 말이다. 물론 터키어에는 존칭의 표현들이 있으므로 친구나 손아래 사람들에게까지 존댓말을 사용할 필요가 없으므로 그때는 "Bakar mısın?"이라고 할 수 있어야 한다.

• 실례합니다.
▶ Pardon.

▷ 사과에도 등급이 있다.

터키어로 잘못을 사과하는 표현에는 약간의 등급이 보이는데, 그 중에서 'Pardon'은 제일 가볍게 나올 수 있는 말이다. 예를 들면, 복잡한 지하철이나 버스 안에서 남의 발을 밟았다든지, 거리에서 누군가와 부딪혔다든지 혹은 누군가를 불러서 뭔가를 얘기하려고 할 때 사용할 수 있다. 이와 비슷하면서도 약간의 높은 등급의 사과 표현들은 다음과 같지만 사실 큰 차이는 없다.

• 실례합니다.　　　　　　Affedersiniz.
• 죄송합니다.　　　　　　Özür dilerim.

이 외에도 잘못에 대해 용서를 구하는 사과 표현들로서 다음과 같은 관용적인 표현들도 함께 알아 두면 좋을 것이다.

• 저를 용서하세요.　　　　Beni bağışlayın.
• 잘못으로 보지 말아 주세요.　Kusura bakmayın.
• 제 잘못을 용서해 주세요.　Kusurumu bağışlayın.

• 안녕하세요.
▶ Merhaba.

▷ 하루 24시간 내내 몇 번이고 사용해도 괜찮은 인사말 **Merhaba**. 멜하바.

터키 일상생활에서 제일 많이 사용되는 인사말이라 해도 결코 과장된 말이 아닐 것이다. 이 외에도 일상 생활에서 매우 흔하게 사용하는 말들은 아래와 같다. 이에 대한 대답은 "감사합니다." "**Sağ ol**"라고 대답한 뒤에 "그럼 당신은 어때요?" "**Ya siz?**" 정도는 해 주어야 예의일 것이다.

• 어떻게 지내세요?	Nasılsınız?
• 어디 가세요?	Nereye gidiyorsunuz?
• 뭐 하세요?	Ne yapıyorsunuz?
• 별 일 없으세요?	Ne var, ne yok?
• 요즘 좋으시죠?	İyi misiniz?
• 평화를 기원합니다.	Selamün aleyküm.
• 하시는 일은 잘 되죠?	İşleriniz iyi mi?
• 모든 것이 이상 없죠?	Her şey yolunda mı?
• 건강하시죠?	Sağlığınız yerinde mi?

• 예.
▶ Evet.

• 아니오.
▶ Hayır.

• 아니오, 감사합니다.
▶ Yok, sağ ol!

▷ 영어의 "No, thank you."에 해당하는 "Yok, sağ ol!" 욕 싸올!

"고맙지만 괜찮습니다."의 뜻을 가진 영어의 "No, thank you."에 해당하는 터키어 표현이다. 거절도 기분 나쁘지 않게 해야 하니 알고는 있어야 할 표현이다. 여기에서 **Yok** 대신에 **Hayır** 사용할 수도 있다.

• 차 한 잔 드실래요?	Çay içer misiniz?
• 아니요, 감사합니다.	Hayır, sağ ol!

- 됐어요!
▶ Tamam!

> ▷ 영어의 'Okay!'에 해당하는 터키어로 의문어미 'mı'를 사용하면 "됐어요?"가 된다.
>
> - 됐어요?   Tamam mı? 혹은 Oldu mu?
> - 네, 됐어요.   Evet, tamam. 혹은 Evet, oldu.

- 네, 맞아요!
▶ Evet, doğru!

- 네, 옳은 말이에요!
▶ Evet, Haklısınız!

- 얼마에요?
▶ Ne kadar?

> ▷ Ne kadar? 네 카달?
>
> 원래 'Ne kadar?'라는 말은 영어의 "How much?"와 같은 뜻으로 물건의 가격을 물어볼 때에는 "얼마에요?"라고 사용하지만, 길이 등의 치수를 물어볼 때라든지 량(量)이나 정도를 물어볼 때에도 많이 사용되는 의문대명사이다.
>
> - 이 사과 1kg에 얼마에요?   Bu elmanın kilosu ne kadar?
> - 이 가방의 길이가 얼마나 되죠?
>   Bu Çantanın uzunluğu ne kadar?
> - 여기에서 앙카라까지 얼마나 걸려요?
>   Buradan Ankara'ya ne kadar sürer?
> - 얼마나 상심이 되세요?   Ne kadar acı çekiyorsunuz?

- 제가 좀 도와도 될까요?
▶ Yardım ed-ebilir miyim, acaba?

▷ 제가 좀 (동사) (어)도 될까요?
  -ebilir miyim, acaba?
  -abilir

터키어의 모든 동사의 어근에다가 -ebilir 혹은 -abilir 붙이고, 그 뒤에다 'miyim, acaba?'를 그대로 붙이면 영어 회화의 가장 전형적인 질문 형태인 "제가 좀 ~(어)도 될까요?" "May I ~ ?"가 된다. 여기에서 'acaba'는 상대방의 의향과 허락을 구하는 의미에서 "혹시" 정도의 의미를 가지므로 항상 함께 사용하는 것이 좋다.

- 뭐 좀 물어봐도 될까요?   Bir şey sor-abilir miyim, acaba?
- 먹어봐도 될까요?   Yi-y-ebilir miyim, acaba?
- 들어가도 될까요?   Gir-ebilir miyim, acaba?
- 여기 좀 봐도 될까요?   Buna bak-abilir miyim, acaba?
- 도와 드릴까요?   Yardım ed-ebilir miyim, acaba?

- 도와주실 수 있나요?
▶ Yardım ed-ebilir misiniz?

▷ (동사) ㄹ / 을 수 있나요?
  -ebilir misiniz?
  -abilir

이것 역시 영어 회화에서 가장 많이 사용하는 전형적 표현인 "Can you ~?"의 터키어 표현이라고 할 수 있다. 터키어 동사의 어근에 모음조화에 따라 -ebilir 혹은 -abilir를 가져오고 나서 'misiniz?'를 그대로 붙이면 된다.

- 이것 좀 할 수 있나요?   Bunu yap-abilir misiniz?
- 여기 좀 봐 줄 수 있나요?   Buna bak-abilir misiniz?
- 이것 좀 가져갈 수 있나요?   Bunu götür-ebilir misiniz?
- 이리 좀 와 주실 수 있나요?   Buraya gel-ebilir misiniz?
- 이것 좀 줄 수 있나요?   Bunu ver-ebilir misiniz?

- 도와주실래요?
▶ Yardım ed-er misiniz?

> ▷ Yardım ed-er misiniz?
>
> 바로 앞에서 언급했던 'Yardım ed-ebilir misiniz?'과 지금 이 표현은 무엇인가를 부탁하는 입장에서는 매우 대동소이하다. 그러나 굳이 차이가 있다면 상대방의 허락이 필요한 앞 문체와는 달리 이 표현은 좀 더 일반적으로 무엇인가를 부드럽게 권하거나 가볍게 명령하는 의미가 담겨 있다.
>
> - 이것 좀 해 주실래요?   Bunu yap-ar mısınız?
> - 여기 좀 봐 주실래요?   Buna bak-ar mısınız?
> - 이것 좀 가져가실래요?   Bunu götür-ür müsünüz?
> - 이리 좀 와 주실래요?   Buraya gel-ir misiniz?
> - 이것 좀 주실래요?   Bunu ver-ir misiniz?

- 사람 살려!
▶ İmdat!

- 여기 혹시 영어 아는 사람 있나요?
▶ Burada İngilizce bilen var mı, acaba?

> ▷ 동일한 문체에다 각국의 언어를 넣어 얼마든지 사용할 수 있다.
>
> - '터키어' 아는 사람 있나요?   'Türkçe'   bilen var mı, acaba?
> - '한국어' 아는 사람 있나요?   'Korece'   bilen var mı, acaba?
> - '중국어' 아는 사람 있나요?   'Çince'   bilen var mı, acaba?
> - '일본어' 아는 사람 있나요?   'Japonca'   bilen var mı, acaba?
> - '불어' 아는 사람 있나요?   'Fransızca'   bilen var mı, acaba?

- 혹시 이 근처에 약국 있나요?
▶ Buralarda eczane var mı, acaba?

- 혹시 이 근처에 약국이 어디에요?
▶ Buralarda eczane nerededir?

▷ 위 두 문형에서 각각 '장소'들을 넣어서 사용하면 편리하다.

• 경찰서	Karakol
• 기차역	Tren istasyonu
• 동사무소	Muhtar
• 백화점	Mağaza
• 버스 터미널	Otogar
• 병원	Hastane
• 케밥 식당	Kebap lokantası
• 우체국	Postane
• 은행	Banka
• 한국 대사관	Kore Büyükelçiliği
• 호텔	Otel
• 환전소	Döviz

• 저는 '한국인'입니다.
▶ Ben Koreliyim.

• 저는 터키인입니다.	Ben Türk-üm.
• 저는 일본인입니다.	Ben Japon-um.
• 저는 중국인입니다.	Ben Çinli-y-im.
• 저는 영국인입니다.	Ben İngiliz-im.
• 저는 미국인입니다.	Ben Amerikalı-y-ım.

• 저는 '터키어'를 할 줄 모릅니다.
▶ Ben Türkçeyi konuşamıyorum.

• 저는 한국어를 할 줄 모릅니다.	Ben Korece-yi konuşamıyorum.
• 저는 영어를 할 줄 모릅니다.	Ben İngilizce-yi konuşamıyorum.
• 저는 중국어를 할 줄 모릅니다.	Ben Çince-yi konuşamıyorum.
• 저는 일본어를 할 줄 모릅니다.	Ben Japonca-yı konuşamıyorum.

- 무스타파를 아세요?
▶ Mustafa'yı tanıyor musunuz, acaba?

- 한국을 아세요?
▶ Kore'yi biliyor musunuz, acaba?

▷ 두 종류의 '아세요?'

위 두 문장은 동일하게 '아느냐'는 질문이지만 하나는 사람을 물어보는 문장이고, 다른 하나는 사물을 물어보는 문장이다. 즉, 사람일 때는 'tanımak' 동사를 사용하고, 사물일 때는 'bilmek' 동사를 사용하므로 구별해서 사용해야 한다.

- 아이쉐 부인을 아세요?   Ayşe hanımı tanıyor musunuz, acaba?
- 이 주소를 아세요?   Bu adresi biliyor musunuz, acaba?

02 터키에 가면 반드시 물어 볼 질문 10가지

(1)

- 어느 나라 사람이세요?
▶ Nereli-siniz?
▶ Memleket-iniz nere?
▶ Uyruğunuz neresi?

- 저는 한국인이에요.
▶ Ben Koreli-y-im.

- 한국인이세요?
▶ Koreli mi-siniz?

- 네, 한국인이에요.
▶ Evet, Koreli-y-im.
▶ Evet, Güney Koreli-y-im.

- 저는 일본인[중국인]이 아닙니다.
▶ Ben Japon [Çinli] değil-im.

▷ 터키 사람들은 한국 전쟁 때 우리를 도와 싸웠다는 역사적 사실을 잊지 않고 있다. 그래서 한국 사람들이 터키에 가면 공화국 건립 역사 최초로 파병해서 자신들이 도왔던 나라, 피를 나눈 혈맹의 국가로 여전히 기억되며 극진한 손님 대우를 받고 있다. 우리가 유럽 사람들을 잘 구분하지 못하고 그냥 서양인으로 말하듯이 터키 사람들도 우리나라 사람들과 중국인 그리고 일본인 이렇게 세 나라 사람들을 잘 구분하지 못한다. 그러다가 우리가 자신들의 아버지 혹은 할아버지가 참전해서 함께 싸웠던 한국인이라는 것을 알면 갑자기 그들의 얼굴 표정과 태도가 바뀐다. 갑자기 손을 잡아주는 사람도 있고, 자신의 누군가가 한국에 참전했던 참전 용사였음을 알리는 열혈 관심자로 돌변한 모습을 보게 된다. 더군다나

요사이처럼 한류의 바람이 터키 젊은이들을 뜨겁게 달구고 있는 때에 다른 어떤 아시아인들보다 우리나라 사람들은 특별한 대우를 받기도 한다. 그래서 조금 관심이 있는 사람들은 바로 한국 사람이냐고 물어보기도 하고, 한국말도 하나도 못하면서도 K-POP의 유명 노래들을 줄줄 외우기도 한다.

(2)

• 터키를 어떻게 생각하세요?
▶ Türkiye'yi nasıl bul-dunuz?

▷ 일반적으로 터키어의 'bulmak' 동사는 '찾다(find)'의 뜻을 가지고 있다. 그래서 위 질문을 "터키를 어떻게 찾았나요?"로 오해할 수 있으며, 그 답으로 "TV보다 우연히 찾았어요." 혹은 "친구가 소개해 주었어요." 라고 말하기 쉽다. 그러나 이 질문은 터키에 도착한 외국인들에게 현지인들이 가장 많이 물어 보는 질문들 중 하나로, '터키에 대해 어떻게 생각하냐'는 질문이다. 그렇다면 그 답도 당연히 "너무 좋아요." 혹은 "너무 아름다워요." 정도로 답할 수 있어야 한다. 또한 잔소리 같지만 여행을 통해서 돌아다 본 그 나라가 그리 좋은 인상이 아니라도 해도 너무 솔직하게 혹은 쓴 소리 한 번 한답시고 "형편없어요." 혹은 "아직 멀었어요." "괜히 왔어요." 등등의 부정적인 답을 할 필요는 없을 것이다. 그러므로 손님으로 방문한 터키에서 이런 질문을 받았다면 항상 긍정적이고 즐겁게 대답하는 것이 좋을 것이다.

• 너무 좋아요. 혹은 너무 아름다워요.
▶ Çok güzel (buldum).
▶ Çok harika (buldum).
▶ Çok iyi (buldum).

(3)

- 몇 살이에요? (나이가 어떻게 되요?)
▶ Kaç yaşında-sınız?
▶ Yaş-ınız kaç?

- 32살이에요.
▶ 32 yaşında-y-ım.

- 너무 젊어 보이시네요.
▶ Çok genç göster-iyor-sunuz.

- 생년월일이 어떻게 되세요?
▶ Doğum tarihiniz ne?

> ▷ 터키어를 공부하는데 있어서 숫자와 관련된 단어들은 꼭 알아두어야 한다. 위와 같이 나이를 얘기할 때뿐만 아니라 시간, 날짜, 물건 사고 팔 때 그리고 각종 치수를 얘기할 때 등 생활 중에 숫자를 빼고 대화가 안 될 정도이다. 필자가 1988년부터 터키에서 살면서 당시 높은 인플레이션으로 인해서 한 때 1미국 달러가 1,500,000TL를 넘을 때까지 있었다. 그러나 2005년에 있었던 터키의 화폐개혁으로 여섯 개의 '0'을 제거하는 덕분에 지금은 단지 1부터 100까지 정도만 알아두어도 생활에 큰 문제는 없을 것 같다. 아울러 자신에 해당하는 숫자(생년월일, 주소, 전화번호 등)들은 잘 익혀두어서 대화 가운데 얘기할 수 있으면 매우 유용할 것이다.

(4)

- 결혼 하셨어요?
▶ Ev-li mi-siniz?
▶ Bekâr mı-sınız?

- 네, 결혼했어요.
▶ Evet, evli-y-im.

- 아니요, 미혼이에요.
▶ Hayır, bekârım.

(5)

- 자녀가 있으세요?
▶ Çocuğ-unuz var mı?
▶ Kaç çocuğ-unuz var?

- 네, 딸 둘이에요.
▶ Evet, iki kızım var.

- 네, 딸, 아들이 하나씩 있어요.
▶ Evet, bir kız ve bir erkek çocuğ-um var.

- 아 다복하시네요.
▶ Maşallah.

- 신의 축복을 기원합니다.
▶ Allah bağışla-sın.

- 아니요 아직 없어요.
▶ Hayır, daha yok.

- 언제 결혼하실 예정이세요?
▶ Ne zaman evlen-ecek-siniz?

(6)

- 어디에서 .사세요? (댁이 어디세요?)
▶ Nerede otur-uyor-sunuz?
▶ Nerede kal-ıyor-sunuz?
▶ Ev-iniz nerede?

- 이스탄불에서 살아요.
▶ İstanbul'da otur-uyor-um.

- 울루스에서 살아요.
▶ Ulus'ta otur-uyo-ruz.

(7)

- 어디에서 일하세요?
▶ Nerede çalış-ıyor-sunuz?
▶ Hangi şirkette çalış-ıyor-sunuz?

- 저는 삼성에서 일합니다.
▶ Samsung'da çalış-ıyor-um.

- 우리는 현대에서 일합니다.
▶ Hundai şirketinde çalış-ıyor-uz.

- 저는 학생이에요.
▶ Ben öğrenci-y-im.

- 저는 그냥 관광하러 왔습니다.
▶ Ben sadece gezmeye gel-dim.

(8)

- 월급은 얼마나 받으세요?
▶ Maaşınız ne kadar, acaba?

- 대략 월 5천달러 정도 받아요.
▶ Ortalama ayda 5 bin dolar maaş alıyorum.

- 연봉 약 5만달러 받고 있어요.
▶ Yıllık olarak yaklaşık 50 bin dolar maaş almaktayım.

> ▷ 사적인 질문도 친해지면 가능해요.
>
> 매우 사적인 질문임에도 불구하고 조금만 친해지면 영락없이 받게 되는 질문이 월급이 얼마냐는 것이다. 현지 경제 사정이 안 좋아 임금이 상대적으로 낮기 때문에 자동차, 스마트폰, 전자제품 등으로 이미 세계적 명성을 얻은 한국 사람들은 다 잘사는 것으로 오해하기도 한다. 물론 그 덕분에 한국 사람들의 위상도 상대적으로 높아진 것도 사실이다. 그래서 그런지 우리들이 얼마를 받고 살아가는 지가 무척 궁금한가 보다. 그렇다고 처음 만난 사

람들 앞에서 우리도 어렵고, 힘들고, 청년실업 등을 운운하면서 괜히 비관적으로 미주알고주알 다 얘기할 필요는 없으니 터키 사람들보다는 많이 받는다고 얘기해 주는 것도 미덕일 것이다. 어떤 이들은 구체적으로 미국 달러로 얼마나 받느냐고 물어보는 사람들이 있을 것이다. 한편 위에서도 나이를 물어보는 문장이 있지만 남자들에게만 해당되는 문장이다. 왜냐하면 터키인들 사이에는 이런 얘기가 있으니 조심할 것은 조심하면 나쁘지는 않을 것이다.

- 여성에게 나이를 묻지 말고, 남성에게는 월급을 묻지 말라.
  Bayanlara yaşı, erkeklere maaşı sorulmaz.

이 외에도 한국 경제와 관련된 질문도 얼마든지 할 수 있다.

- 한국의 GNP가 얼마나 되나요?
  Kore'de kişi başına düşün milli gelir ne kadar, acaba?

- 요즘 한국 경제가 어때요?
  Bugünlerde Kore ekonomisi nasıl, acaba?

- 요즘 한국 경제가 어떻게 되어가요?
  Bugünlerde Kore ekonomisi nasıl gidiyor?

(9)

- 어느 팀을 응원하세요?
▶ Hangi takımı tutuyorsunuz?

- 저는 '갈라타 사라이' 팀을 응원합니다.
▶ Galatasaray takımını tutuyorum.

- 저는 축구를 좋아하지 않습니다.
▶ Ben pek futbol sevmem.

▷ 축구에 열광하는 터키

터키는 **1988**년에 우리나라가 올림픽을 개최했을 때 매우 많은 종목에 선수들을 보냈으며 지금도 많은 종류의 운동종목이 존재한다. 하지만 터키 국민들에게 있어서 축구의 자리는 매우 각별하다. 거의 전 국민들이 프로축구팀들 중 하나를 응원하며 이 축구 팀으로 인해서 가족 안에서도 부부가 서로 응원하는 팀이 나뉘고, 대통령과 총리가 각각 다른 팀을 응원하며 또 하나의 경쟁이 벌어지기가 십상이다. 유명 팀들의 축구경기가 있는 날이면 영락없이 거리가 마비되고, 이긴 팀의 승리의 함성과 꽹과리 소리, 패배한 팀의 마치 인생이 끝난 것 같은 침통한 분위기가 엿보인다. 만약 주변에 패배한 팀의 팬들이 있다면 가능하면 말을 안 거는 것이 좋으며, '갈라타사라이' 팬들 사이에서 '페넬바흐체'를 응원한다는 얘기를 하지 않아야 지혜로울 것이다. 터키 내에는 무수히 많은 축구팀들 가운데에서도 아래 4개의 전통 팀이 매우 유명하다. 만약 무역을 성사시키고 싶은 한국 사람이 있다면 당장 그 바이어가 응원하는 축구팀을 먼저 파악해서 대화를 이끌어 가면 된다. 한국 사람들도 터키 4대 명문 프로팀들을 꼭 알아두면 친구와 이웃이 늘어날 것이다. 필자는 터키에서 '갈라타사라이' 팬들과 '페넬바흐체' 팬들이 함께 있는 가운데 어떤 팀을 응원 하냐는 질문을 받게 되어 매우 곤란한 상황에 빠진 적이 있었다. 잘못 대답했다가는 한 그룹은 친구가 되겠지만 다른 그룹은 적이 될 것 같은 위기의 상황을 '갈라타바흐체'라는 기발한 대답으로 무사히 넘긴 적이 있었다. 최근 이을룡 씨가 Trabzon spor에서 뛴 적이 있고, 한국에서도 'Trabzon por'의 유명한 감독출신인 Şenol Güneş가 'FC 서울'에서 지휘봉을 잡은 바가 있다.

• 터키 4대 명문 프로팀:
　Galatasaray　：이스탄불의 유럽 쪽 지역 팀
　Fenerbahçe　：이스탄불의 아시아 쪽 지역 팀
　Beşiktaş　　：이스탄불의 유럽 쪽 지역 팀
　Trabzon spor：흑해 트라브존 지역 팀

(10)

• 현대 스타렉스[삼성 갤럭시노트4]가 한국에서 얼마에요?
▶ Hundai Starex'in Kore'deki fiyatı ne kadar, acaba?
▶ Samsung Galaxy Note 4'ün Kore'deki fiyatı ne kadar, acaba?

- 모델에 따라서 가격이 달라요.
▶ Modeline göre fiyat değişir.

- 대략 2만 달러부터 시작해요.
▶ Aşağı yukarı 20 bin dolardan başlıyor.

- 한국에서 새 차를 사는 사람들은 보통 할부로 구입하고 있어요.
▶ Kore'de yeni araba almak isteyenler normalde taksitle alıyor.

- 그냥 단말기만 사면 대략 천 달러 정도해요.
▶ Sadece cihaz için yaklaşık bin dolar civarındadır.

- 보통 24개월 약정으로 구입하고 있어요.
▶ Genelde 24 ay taksitle alıyoruz.

상황에 따라 감초처럼 사용되는 관용 표현들

▷ 터키어 일상 회화에는 한국말과는 달리 거의 모든 상황에 따라 인사말이 정해져 있다는 것이 매우 특징적이다. 그래서 지인이 아파도, 돌아가셔도 또한 힘든 일을 당한 이들에게도, 축하하고 기뻐할 상황에서도 이미 정해져 있는 관용적인 표현으로 대신하는 경우가 매우 많으므로 아래 표현들은 약방에 감초처럼 생활 속에서 매우 유용하게 사용될 것이므로 반드시 알아 두어야 한다.

새 것을 산 사람에게 사용하는 표현들

- 물건을 새로 산 사람에게는 "유용하게 사용하세요."
▶ Güle güle kullan.

- 새 집을 방문했을 때(집들이 등)에는 "잘 사세요."
▶ Güle güle otur.

- 새 옷을 산 사람에게는 "잘 입으세요."
▶ Güle güle giy.

- 용돈을 주거나 혹은 대가를 지불하면서는 "유용하게 잘 쓰세요."
▶ Güle güle harca.

- 일반적으로 하는 일에 대해서 행운을 기원할 때.
▶ Hayırlı uğurlu olsun.
▶ Allah yardımcı olsun.

아픔과 어려움을 당한 사람에게 사용하는 표현들

• 병이 나서 아픈 사람에게
▶ Geçmiş olsun.
▶ Allah şifa versin.

> ▷ Geçmiş olsun.
>
> 이 표현은 일반적으로 아픈 사람에게 빨리 회복하라는 인사말로 많이 사용되지만 진짜 뜻은 원래의 상태로 회복하라는 인사말이다. 그러므로 아픈 사람에게 뿐만 아니라 어려운 시험을 보고 나오는 사람, 군에서 제대한 사람, 형무소에서 출소한 사람, 병원에서 퇴원한 사람 혹은 어렵고 심한 일을 끝마친 사람, 긴 여행에서 돌아온 사람 등에게도 동일하게 사용하는 포괄적인 인사말이다.

• 상을 당한 사람에게
▶ Baş-ınız sağ olsun.

• 어려움을 겪고 있는 사람에게 "신이 인내를 주시기 바랍니다"
▶ Allah sabır versin.

• 어려운 일을 당한 사람에게 "신께서 더 이상 이런 일을 허락하지 않기 바랍니다."
▶ Allah bir daha göstermesin.

• 신께서 당신에게 힘시기 바랍니다.
▶ Allah size güç kuvvet versin.

• 신께서 당신을 도우시기 바랍니다.
▶ Allah yardımcınız olsun.

다양한 상황에서 요긴하게 사용하는 표현들

• 매우 분주하게 일하는 사람에게 "수고하세요."
▶ Kolay gelsin.

- 재채기를 한 사람에게 "오래 살아라."
▶ Çok yaşa.

- 당신도 보세요. (같이 오래 살자는 뜻)
▶ Sen de gör.

> ▷ 'Çok yaşa'와 'Sen de gör.'
>
> 우리나라 사람들 사이에서는 결코 볼 수 없는 진풍경 중 하나가 터키 사람들이 재채기를 할 때 나타난다. 즉, 누군가가 재채기를 하면 그에게 "**Çok yaşa.**"라고 말하지 않는 터키 사람들은 없을 것이다. 물론 그런 멋진 인사를 받은 사람, 즉 재채기를 한 사람도 그런 인사를 한 사람에게 주저 없이 "당신도 보세요."라는 인사를 답으로 건네는 것은 터키의 관습이다. 물론 그냥 감사하다고 답할 수도 있지만 관습은 관습이다.

- 식사하기 전후 혹은 식사 시에는 "맛있게 드세요."
▶ Afiyet olsun.

- 미안하다고 사과하는 사람에게는 "괜찮아요."
▶ Sağlık olsun.
▶ Canın sağ olsun.

> ▷ Canın sağ olsun.
>
> 이 말의 원 뜻은, "당신 마음이 상하지 않기 바랍니다." 즉, 내가 사과를 받는 것 보다 사과를 하는 상대방의 마음이 이 일로 상하지 않기 바란다는 정말 멋진 배려의 말이다. 물론 속마음은 타 들어가도 그렇게 정성껏 사과하는 사람 앞에서 멱살을 잡을 수는 없지 않은가? 그래서 "괜찮습니다." "뭐 중요한 일도 아닌데요."라는 의미를 가지고 사과하는 사람에게 그 답으로 매우 많이 사용되고 있다.

- 어서 오세요. (영어의 Welcome)
▶ Hoş geldiniz.

- '어서 오세요'에 답신으로 하는 인사 "반갑습니다."
▶ Hoş bulduk.

- 어떻게 지내세요?
▶ Ne yapıyorsunuz.

- 무슨 일이 있겠어요? 그저 그래요.
▶ Ne olsun? Şöyle böyle.

> ▷ Ne yapıyorsunuz?와 Nereye gidiyorsunuz?
>
> 의미적으로 보면, 무엇을 하느냐는 질문이고, 어디에 가느냐는 질문이지만 정말 궁금하고 관심이 있어서 물어보기 보다는 한국말에서처럼 그냥 인사말로 물어볼 때도 있음을 알고 있어야 한다. 그러므로 정말 무엇을 하고 있고, 어디에 가고 있다고 답을 할 수도 있지만 상황에 맞게 그냥 "고마워!"로 답할 수도 있음을 알아 두어야 한다.
>
> - 고마워요.   Sağ ol.
>   Teşekkür ederim.

종교적인 인사 표현들

- 이슬람의 라마잔 금식 기간에 "금식 중이세요?"
▶ Niyetli misiniz?

- 금식 중인 사람에게 "신이 당신의 금식에 응답하시기를 바랍니다."
▶ Allah kabul et-sin.

> ▷ 재미있는 터키어 동사의 3인칭 명령형과 종교적인 표현의 조합
>
> 이전 장에서도 동사의 3친칭 명령형에 대해 간단히 언급한 바가 있었다. 터키어 동사의 3인칭 명령은 내 앞에 있는 사람에게 명령을 하지만 그 명령을 수행하는 주체가 다른 사람일 때를 말한다. 예를 들면, 내가 영희에게 얘기(명령)하면서, "철수 이리 좀 오라고 해."의 형태를 말한다. 이뿐만 아니라 종교적인 표현으로 신(Allah)을 거론하는 수많은 터키어 생활 회화 안에서

바로 신(Allah)이 나와 상대방이 아닌 3인칭이 되어 일종의 신에 대한 기원의 표현으로 매우 많이 사용되므로 반드시 이해하고 넘어가야 한다. 심지어는 욕하고 투덜거릴 때조차 신(Allah)이 결부된 표현들이 많으므로 사용하지는 않아도 알아 두어야 나에게 욕하는 사람에게 인상이라도 한 번 쓸 수 있을 것 아닐까?

- 화가 나서 욕할 때:
  신의 저주나 받아라!　　　　　Allah kahret-sin.
  신이 저주하지 않기를 바래!　　Allah kahret-me-sin.
  신의 벌이나 받아라!　　　　　Allah belanı ver-sin.
  신이 벌이나 주라고 해!　　　　Allah cezanı ver-sin.

- 이슬람 식 기도나 예배(Namaz)를 드리러 가거나 드리고 나온 사람에게: "신이 당신의 기도나 예배에 응답하시기 바랍니다."
▶ Allah kabul et-sin.

- 길에서 구걸을 하는 사람에게 "신께서 주시기 바랍니다." (일종의 거절)
▶ Allah ver-sin.

- 근황을 물어보는 사람에게 "(신의 인도함으로) 감사합니다."라고 얘기할 때.
▶ Allah'a şükürler ol-sun.
▶ Allah razı olsun.

▷ 종교적인 표현들이 일상 속으로 깊이 들어와 있는 터키어 회화

보통 우리가 배운 터키어에서는 어떠냐는 인사말에 "Ben iyiyim."이라고 대답하지만 종교심이 강한 터키 사람들은 이러한 대답 대신 신께 감사 드린다고 대답하는 것이 일반적이다. 아무튼 이슬람을 믿는 사람(무슬림)들이 전체 인구의 90%가 넘는 터키에서 이러한 종교적인 표현들은 생활 중에 무수히 발견된다. 물론 이런 종교적인 표현을 사용했다 해서 전부 다 신앙심이 깊은 사람으로 판단해서는 안 되며 그냥 생활 회화로 굳어져 버렸다고 보면 될 것이다.

- 어떻게 지내세요?　　　Nasılsınız?
- (신께) 감사드립니다.　　Allah'a şükürler olsun. / Hamdolsun.

- 어떻게 지내세요?　　　Nasılsınız?
- (신께) 감사 드립니다.　　Allah razı olsun.

- 신이 당신을 축복하시기를 바랍니다.
▶ Allah sizi bereketle-sin.

- 자녀에 대해 서로 묻고 대답할 때, "신이 축복하시기 바랍니다."
▶ Allah bağışlasın.

- 남의 가게나 집을 방문하면서 들어갈 때 하는 인사 "평화를 기원합니다."
▶ Selâmün aleyküm.

- 위의 'Selâmün aleyküm.'과 세트로 사용하는 인사로 "그 평화가 당신에게도 임하기를 바랍니다."
▶ Aleyküm selâm.

- 신이 허락하시면 가능할 것입니다.
▶ İnşallah.

▷ İnşallah 인샬라

이 말 역시 매우 종교적인 표현이다. 왜냐하면 무엇을 얘기해도 그 대답은 İnşallah가 될 때가 많기 때문이다. 예를 들면, "내일 12시에 만나요.", "내일 일찍 일어나도록 하세요.", "제가 꿔 드린 돈 이번 달까지는 꼭 갚아주세요.", "열심히 공부했으니 이번 시험에서는 꼭 합격할거지?" 등등의 질문에 대해서 대답은 한결같이 "İnşallah."이다. 신(Allah)이 허락해야 이 모든 일이 가능하다는 대답이다. 여담으로 터키 친구들에게 'İnşallah'의 실현 가능성은 대략 몇 % 정도냐고 물어 본 적이 있었는데 어떤 친구는 반 정도밖에 안 된다고 얘기했고, 또 어떤 친구는 거의 실현 가능성이 없을 때에도 'İnşallah'를 사용한다고 했다.

- 신의 축복입니다.
▶ Maşallah.

> ▷ Maşallah 마샬라
>
> 필자가 터키에 처음 갔을 때 길거리에서 가장 많이 본 단어가 바로 이 'Maşallah'라는 단어였다. 상가들의 간판에도, 거리에 지나다니는 수많은 버스나 승용차의 뒤쪽 유리에 수없이 새겨져 있는 단어가 바로 Maşallah였다. 그 의미는 현재 하고 있는 모든 사업들이 신(Allah)의 인도하심과 축복을 받아서 번창하고 싶다는 기원의 감탄사이다. 즉, "신의 축복으로 훌륭합니다!"라는 뜻이다. 예를 들면, "제 자녀가 10명입니다.", "내가 이번에 로또에 당첨되었습니다.", "내 나이가 올해로 90살입니다." 등의 기쁨과 경사적인 호사에 대한 대답으로, "너무 너무 훌륭하십니다.", "대단하십니다."라는 의미로 이 'Maşallah'를 연발하곤 한다. 그러나 한편으로는 상대방에게 비아냥거릴 때에도 반어적인 표현으로 이 'Maşallah'를 사용하기도 한다. 예를 들면, 필자가 복잡하고 좁은 이스탄불에서 들어가서는 안 되는 일방 통행 길로 앞 차를 따라 들어간 적이 있었다. 이때 상대방에서 오는 차들이 들어와서는 안 되는 길에 차를 몰고 들어와 있는 필자를 보더니 "Maşallah"를 연발하는 것이 아닌가? 여기서의 의미는 당연히 "일방통행 길에도 들어와 있고, 솜씨 좋네! 외국인이 좋은 것 하나 배웠네!"의 의미를 가지고 있다.

- 감사합니다.
▶ Eyvallah.

- 정말입니다.
▶ Vallahi.

수고한 사람에게 "너무 수고하셨습니다. 감사합니다."의 동일한 의미를 가지고 있는 감사 표현들

- 음식을 차린 사람에게
▶ Elinize sağlık.

- 수고해서 무엇인가를 끝낸 사람에게
▶ Elinize sağlık.

- 강의를 했거나 발표를 마친 사람에게
▶ Ağzınıza sağlık.

- 멀리서 방문한 사람에게
▶ Ayağınıza sağlık.

- 너무 수고하셨습니다.
▶ Çok zahmet ettiniz.

- 수고 좀 부탁합니다.
▶ Size bir zahmet.

위로와 격려의 표현들

- 가족을 잃은 분들에게 "아픔으로 건강을 잃으시면 안 됩니다."
▶ Başınız sağ olsun!
▶ Allah sabır versin.

- 무엇인가를 학수고대하는 일이 이루어 진 사람에게 "축하드립니다."
▶ Gözünüz aydın.

- 새 일을 시작하는 사람에게
▶ Başarılar.
▶ Bol şanslar.
▶ Yolunuz açık olsun.
▶ Hayırlı olsun.

- 너무 걱정하지 마세요. ("괜찮아요"의 뜻)
▶ Sağlık olsun!

- 너무 심려하지 마세요. ("괜찮아요"의 뜻)
▶ Canın sağ olsun!

각 절기, 명절 축하 인사들

- 새해 복 많이 받으세요.
▶ Yeni yılınız kutlu olsun.
▶ Mutlu yıllar.

- 명절을 축하 드립니다.
▶ Bayramınız kutlu olsun.

- 생일 축하합니다.
▶ Doğum gününüz kutlu olsun.
▶ Yaş gününüzü tebrik ediyorum.

- 공화국 건국기념일을 축하 드려요.
▶ Cumhuriyet Bayramınız kutlu olsun.

- 메리 크리스마스.
▶ Mutlu Noeller.
▶ İyi Noeller.

- 성탄절을 축하 드려요.
▶ Noel Bayramınız kutlu olsun.

- 축하합니다. (일반 축하인사)
▶ Tebrikler.

여행을 떠나는 사람에게

- 순탄한 여행이 되시기를 바랍니다.
▶ Yolunuz açık olsun.

- 좋은 여행이 되시기 바래요.
▶ İyi yolculuklar.

- 몸 조심하세요.
▶ Kendinize iyi bakın.

- 여행에서 돌아 온 사람에게
▶ Geçmiş olsun.

안부를 전할 때 하는 인사들

• 안부 전해주세요.
▶ Selam söyleyin.
▶ Selamımı iletin, lütfen.
▶ Selam söyler misiniz.

• 안부 전해 달라는 인사에 대해 "저도 그쪽에 동일하게 안부 전해주세요."
▶ Bilmukabele.

▷ 고급스러운 표현 Bilmukabele 빌무카벨레

영어의 'same to you'와 비슷한 의미를 가진 이 표현은 위의 상황처럼 꼭 안부를 전할 때뿐만 아니라 상대방이 얘기한 것에 대해 나도 동일한 표현을 사용하려 할 때 길게 다시 사용하지 않고 간단하게 '저도 동일하게 그 표현을 사용하겠습니다.' 정도의 의미를 가진 매우 고풍스러운 표현이다. 외국인으로서 대화중에 이 정도의 표현을 사용할 수 있다면 당신의 터키어 실력에 깜짝 놀랄 것이 분명하다.

• 안부 전해 달라는 인사에 대해서 "알겠습니다."
▶ Baş üstüne.

▷ 부탁이나 요청에 대해 최고의 정중한 대답 Baş üstüne. 바쉬 유스튜네.

이 말은 상대방이 지시한 혹은 부탁한 말(요청)에 대해 '내가 그것을 머리 위에 놓고 가겠다.'는 표현이다. 머리는 가장 중요하다는 뜻이므로 상대방의 부탁(요청)을 최우선순위로 여기며 반드시 실현시키겠다는 의지와 존중의 대답이다. 일반적으로 식당이나 호텔 같은 곳에 가면 종업원들로부터 매우 많이 듣는 대답이기도 하다. 예를 들면 아래 표현들에 대한 대답으로 전부 동일하게 "Baş üstüne."를 사용한다.

• 물 한 잔 마실 수 있을까요?
Bir bardak su alabilir miyim?

- 계산서 좀 부탁합니다.
  Hesap, lütfen.
- 이 짐 좀 날라주실래요?
  Bu eşyamı götürür müsünüz?

늘 세트로 함께 사용하는 표현들

- 어서 오세요 → 반갑습니다. (환영 인사)
▶ Hoş geldiniz. → Hoş bulduk.

▷ 환영의 인사인 "Hoş geldiniz."라고 말하지도 않았는데, 먼저 "Hoş bulduk."을 말하지는 않는다.

- 안녕히 계세요 → 안녕히 가세요.
▶ Allah'a ısmarladık. → Güle güle.
▶ Hoşça kalın. → Güle güle.

▷ 여기에서도 혹시 먼저 말하면 빨리 가라는 것으로 오해할 수도 있기 때문에 잘 가라는 인사로 "Güle güle."를 먼저 말하지는 않는다.

- 별일 없어요? → 네, 좋아요.
▶ Ne var, ne yok? → İyilik, sağlık.

- 만나서 반갑습니다. → 저도 반갑습니다.
▶ Tanıştığımıza memnun oldum. → Ben de memnun oldum.

- 또 만나요. → 네, 다시 만나요.
▶ Görüşmek üzere. → Yine görüşürüz.

- 오래 사세요. → 당신도 보세요. (주로 재채기하는 상황에서)
▶ Çok yaşa. → Sen de gör.
▶ Çok yaşa. → Hep beraber. (다 함께 오래 살아요)

- 신의 평화를 기원합니다. (손님 측에서) → 그 평화가 당신에게도. (주인 측에서)
▶ Selamün aleyküm! → ve Aleyküm selam!

'Canım'으로 시작하는 재미있는 표현들

▷ Can 잔

터키어로 'Can'이라는 뜻은 '마음'이라는 뜻으로서 'Can-ım'은 '내 마음'이라는 뜻이 된다. 한국말에 "배고파서 뭐 좀 먹고 싶어." "어디 좀 돌아다니고 싶어." "너무 피곤해서 자고 싶어" "죽고 싶어." 등과 같은 표현의 터키어가 바로 이 'Canım'과 'istiyor.'를 가지고 만드는 문장이다. 물론 "~하고 싶지 않다."는 부정의 표현은 'istiyor'의 부정 표현인 'istemiyor'로 하면 된다. 여기에서 한 가지 중요한 것은, 그 모든 것들을 하고 싶은 것은 1인칭인 '나'일지라도 문법적으로 '내 마음'이 그렇게 원하는 것이므로 3인칭 문장으로 이루어져야 함을 결코 잊지 말아야 한다. 노파심에서 영어 단어와 같은 형태이다 보니 무의식적으로 자꾸 "캔"으로 읽는 사람들이 있는데 "잔"이라고 읽어야 한다.

- 뭐 좀 먹고 싶어요.
▶ Canım bir şey yemek istiyor. (3인칭 올바른 문장)
▶ Canım bir şey yemek istiyor-um. (1인칭 틀린 문장)

- 아무 것도 먹고 싶지 않아요.
▶ Canım hiç bir şey yemek iste-m-iyor.

- 돌아다니고 싶어요.
▶ Canım dolaşmak istiyor.

- 돌아다니고 싶지 않아요.
▶ Canım dolaşmak iste-m-iyor.

- (피곤해서) 자고 싶어요.
▶ Canım uyumak istiyor.

- (피곤해도) 자고 싶지 않아요.
▶ Canım uyumak iste-m-iyor.

- 죽고 싶어요.
▶ Canım ölmek istiyor.

- 죽고 싶지 않아요.
▶ Canım ölmek iste-m-iyor.

- 거기 가고 싶어요.
▶ Canım oraya gitmek istiyor.

- 거기 가고 싶지 않아요.
▶ Canım oraya gitmek iste-m-iyor.

- 지루해요.
▶ Canım sıkılıyor.

- 너 지루하니?
▶ Canın sıkılıyor mu?

- 괜찮아 걱정하지 마.
▶ Canın sağ olsun.

대상에 따른 수많은 애칭과 존칭 표현들

- 사랑하는 사람끼리(부부, 애인, 가족 포함)
▶ Canım.
▶ Aşkım.
▶ Sevgilim.
▶ Tatlım.
▶ Şekerim.
▶ Ciğerim.

- 여보! (남편이 아내에게)
▶ Karı-cığım.

- 여보! (아내가 남편에게)
▶ Koca-cığım.

- 어머니! → 엄마!
▶ Anne! → Anne-ciğim!

- 아버지! → 아빠!
▶ Baba! → Baba-cığım!

- 알리! → (사랑하는)알리!
▶ Ali! → Ali-ciğim!

- 존경하는 (사람이름 혹은 직책)!
▶ Sayın ~ !

- 존경하는 신사 숙녀 여러분!
▶ Bayanlar ve baylar!

- 존경하는 선생님!
▶ Saygıdeğer hocam!

- 사랑하는 (사람이름 혹은 직책)!
▶ Sevgili ~ !

- 사랑하는 시청자 여러분!
▶ Sevgili seyirciler!

- 사랑하는 관람자 여러분!
▶ Sevgili izleyiciler!

- 사랑하는 애청자 여러분!
▶ Sevgili dinleyiciler!

- 사랑하는 독자 여러분!
▶ Sevgili okuyucular!

- 사랑하는 시청자 (사람이름 혹은 직책)!
▶ Sevgili ~ !

시간 관련 표현들

• 시간 좀 있어요?
▶ Vaktiniz var mı?

• 지금 몇 시에요?
▶ Saat kaç?
▶ Saatiniz var mı?

▷ Saat-iniz var mı?

우리나라 사람들도 지금 몇 시인지 시간을 물어볼 때 그냥 편하게 "시계 있니?"라고 물어보는 것처럼 터키어에서도 동일한 표현이 가능하다. 그러므로 진짜로 시계가 있는지 없는지가 궁금해서 물어보는 것인지 아니면 시간이 궁금해서 "지금 몇 시니?"라고 물어보는 것인지를 상황에 맞게 잘 구별할 수 있어야 한다.

- 너 시계 있니? → 응, 있어.
  Saatiniz var mı? → Evet, var.

- 너 시계 있니? → 아니, 없어.
  Saatiniz var mı? → Hayır, yok.

- 너 시계 있니? → 지금 3시 30분이야.
  Saatiniz var mı? → Şu an saat 3:30.

• 오늘 무슨 요일이죠?
▶ Bugün günlerden ne?

• 오늘 며칠이죠?
▶ Bugün ayın kaçı?

• 오늘 몇 월 며칠이죠?
▶ Bugünün tarih ne?

'Baş' (머리)와 관련된 관용 표현들

- 저는 그에게 대항했습니다.
▶ Ona başkaldırdım.

- 어찌할 수 없어 후회할 짓 하지마.
▶ Başını taştan taşa vuracak işe başlama.

- 저는 늘 죽음을 각오하고 일에 개입합니다.
▶ Ben her zaman başımı koltuğumun altına alıyorum.

'Ağız' (입)와 관련된 관용 표현들

- 욕설을 중단하세요.
▶ Ağzınızı toplayın.

- 나도 모르게 입에서 새어 나와버렸어요.
▶ Ağzımdan kaçırdım.

- 저는 입이 무거운 사람이에요.
▶ Ağzım var, dilim yok.

'Göz' (눈)와 관련된 관용 표현들

- 눈을 휘둥그래하게하는 저 경치를 보세요.
▶ Göz kamaştır-an şu manzaralara bakın.

- 제발, 그를 잘 돌봐 주세요.
▶ Ne olur, ona göz kulak olun.

- 눈 감아 주셔서 감사합니다.
▶ Bana göz yumduğun için teşekkür ederim.

- 정신 똑 바로 차리세요.
▶ Gözünüzü dört açın.

- 정신 차리고 잘 봐라.
▶ Gözünü aç.

- 드디어 그의 눈에 들어갔습니다.
▶ Nihayet onun gözüne girdim.

- 항상 비가 올 것을 염두에 두세요.
▶ Her zaman yağmur yağabileceğini göz önünde tutun.

- 그는 천을 눈대중으로 재서 주었다.
▶ Kumaşı göz kararı ölçüp verdi.

- 눈에는 눈, 이에는 이.
▶ Göze göz, dişe diş.

- 그는 큰 키로 인해 바로 눈에 들어왔어요.
▶ O uzun boyuyla hemen göze çarptı.

- 어찌된 영문인지 우리는 그를 놓쳐버렸다.
▶ Nasıl oldu da gözden kaçırdık onu.

- 쭉 한번 둘러 볼게요.
▶ Şöyle bir göz atmak istiyorum.

- 그거 제가 빨리 할게요.
▶ Onu göz açıp kapayıncaya kadar yaparım.

'El' (손)과 관련된 관용 표현들

- 저는 밤새 몰래 계획을 세웠습니다.
▶ Gece boyunca el altından planlar kurdum.

- 그 일에 개입할 예정인가요?
▶ O işe el atacak mısınız?

- 그 일을 포기할 것인가요?
▶ O işten el çekecek misiniz?

- 작은 일들이 남아 있어요.
▶ El kadar az işlerim kaldı.

- 그 친구는 친절합니다.
▶ O arkadaşın eli açık.

- 저는 그 일에 개입했습니다.
▶ O işe el koydum.

- 그를 신고해서 잡게 했습니다.
▶ Onu ele verdim.

- 저는 지금 아무것도 못하는 상황입니다.
▶ Şu an eli kolu bağlıyım.

- 그는 빠르게 내게 왔습니다.
▶ Elini çabuk tutarak bana geldi.

'Burun' (코)과 관련된 관용 표현들

- 그는 자만심으로 가득 차 있습니다.
▶ Onun burnu havada.

- 쓸데없는 일에 개입하지 마세요.
▶ Burnunu sokmayın.

- 그는 어제 술을 많이 마셨습니다.
▶ Dün burnunun ucunu görmüyordu.

'Diş' (이)와 관련된 관용 표현들

- 그는 갑자기 화를 냈습니다.
▶ Birdenbire diş gıcırdatmaya başladı.

- 지푸라기라도 잡는 심정으로 애써 보겠습니다.
▶ Dişimi tırnağıma takacağım.

'Kol' (팔)과 관련된 관용 표현들

- 그는 저를 돕고 있습니다.
▶ O bana kol kanat olmaktadır.

- 그는 빈 손으로 왔습니다.
▶ Kollarını sallaya sallaya geldi.

'Kulak' (귀)과 관련된 관용 표현들

- 저는 그의 얘기를 몰래 엿들었습니다.
▶ Onun konuşmasına kulak kabarttım.

- 우연히 귀동냥으로 들었습니다.
▶ Tesadüfen kulak misafiri oldum.

- 확실하지 않은 정보로 우리의 마음을 뛰게 했다.
▶ Kulaktan dolma bilgiler ile yüreğimizi hoplattı.

'Ayak' (발)과 관련된 관용 표현들

- 나는 혼자서 터키에 갔어요.
▶ Tek başıma Türkiye'ye ayak bastım.

- 나는 겸손하게 다가갔습니다.
▶ Ayağına kadar geldim.

- 분수를 알고 행동해라.
▶ Ayağını yorganına göre uzat.

기타 상황에 따른 주요 표현들

- "아냐, 그렇지 않아!", "아니야!"
▶ Yok, canım.

▷ Yok, canım! 욕 자님!

위 호칭 부분에서 언급되고 있듯이 'canım'은 내가 아끼는 사람에 대해 '내 마음'이라고 부르는 애칭으로 사용된다. 이 사실을 배운 한국 사람들은 수많은 대화 가운데 "Yok, canım."을 연발하는 터키인들의 표현에 대해 어떻게 모든 사람들에게 조차 'canım'이라고 부를 수 있단 말인가 하고 좀 거부감을 갖기도 한다. 그러나 'canım'이 사랑하는 이들을 부를 때 애칭으로도 여전히 사용하지만 한편으로는 관용적으로 굳어지기도 했으므로 여기에서의 "Yok, canım."을 "아니야, 내 사랑하는 이여!"가 아니라 그냥 단순히 그렇지 않다는 관용어 표현으로 마음 놓고 자유롭게 사용하기 바란다.

- 남의 집(가게, 업체)을 방문하거나 나올 때 하는 인사로 "안녕하세요." 혹은 "수고하십니다."
▶ Hayırlı işler!
▶ İyi günler!
▶ Kolay gelsin!
▶ Selamün aleyküm!

- 식사비를 내거나 혹은 물건을 사 준 사람에게 "신께서 지갑에 축복을"이라는 감사 인사.
▶ Kesenize bereket.

- 영문을 몰라 상황을 물어볼 때 "무슨 일이에요?"
▶ Ne oldu?
▶ Neler oluyor?

- 목욕이나 이발을 하고 나오는 사람에게 "건강하세요"
▶ Sıhhatler olsun.

- 수고 하십니다! (보통 가게나 사무실에 들어가거나 나올 때 사용)
▶ Hayırlı işler!

- 고향이나 가족으로부터 멀리 떠나 있는 사람에게 "빠른 만남을 기원합니다."
▶ Allah sizleri kavuştursun.

- 매우 분주하게 일하는 사람에게 "수고하세요."
▶ Kolay gelsin.

- 감사하다고 어쩔 줄 몰라 하는 상대방에게 "제게 오히려 영광이죠."
▶ O şeref bana ait.

- 무엇인가를 학수고대하는 사람에게 그 일이 성취되었을 때 "축하 드려요."
▶ Gözünüz aydın.

- 새 일을 시작하는 사람에게 "성공을 기원합니다."
▶ Başarılar diliyorum.

- 상대방에게 허락을 요청할 때 "내게 좀 허락해 주실래요?"
▶ Müsaade eder misiniz?

- 허락이라뇨? 당연 하죠.
▶ Müsaade sizin.

- 모든 자동차들.
▶ Araba maraba.

> ▷ Araba maraba. 아라바 마라바
>
> 모든 종류의 사물을 언급할 때 터키어에서는 그 사물을 가리키는 단어가 1) 모음으로 시작하면 그 앞에 'M' 문자를 덧붙여서 2)자음으로 시작하면 단어의 첫 번째 자음 대신에 'M'을 대체해서 뒤에 한번 더 언급하는 것으로 표현한다.
>
> - 모든 나무들　　　　　Ağaç mağaç
> - 모든 문들　　　　　　Kapı mapı
> - 모든 연필들　　　　　Kalem malem
> - 모든 전화들　　　　　Telefon melefon
> - 모든 책들　　　　　　Kitap mitap

- "누구에게 물어봐야 하죠?"
▶ Kim kime dum duma?

> ▷ 모든 사람들이 각자 다른 얘기를 해서 도대체 누구의 말이 진실인지 도저히 알 길이 없을 때 한탄하는 식으로, "누구에게 물어봐야 하죠?" 또 하나의 뜻으로, 모두들 자기의 일에 바빠서 어느 누구도 관심을 보이지 않는 상황에서도 사용된다.

• 이 물건은 지금 시장에서 없어서 못 팝니다.
▶ Bu ürün ise şu an pazarda yok satıyor.

• 공연이 매진 사례입니다.
▶ Gösteri kapalı gişe oynuyor.

• 아무리 말해도 안 먹힐 거에요.
▶ Onlar yemezler.

• 저녁 떨이.
▶ Akşam pazarı.

• 내기 할까요?
▶ İddiaya girelim mi?
▶ Bahse girelim mi?

• 누가 할 차례죠?
▶ Sıra kimde?

• 제 차례에요.
▶ Sıra bende.

• 무슨 그런 말씀을 하세요.
▶ Estağfurullah.

• 나는 자격이 없어요. (겸손의 표현)
▶ Ben layık değilim.

• 저는 자격이 있어요.
▶ Ben buna layığım.

• 당신은 자격이 없어요.
▶ Siz buna layık değilsiniz.

부록

1. 기본 문법
2. 관용적 표현들
   (1) 축하 인사들
   (2) 기원의 인사들
   (3) 각종 상황 별 인사말들
   (4) 많이 사용하는 관용어들
   (5) 대화에 필요한 접속사들
   (6) 터키에서 반드시 받게 될 질문과 대답
   (7) 색이 나타내는 은유적인 표현들
   (8) 자주 사용되는 터키어 욕설
   (9) 모음과 결함시 마지막 모음이 타락되는 단어들
   (10) 마지막 모음이 탈락되는 단어들
3. 속담, 격언
4. 용례별 단어

 기본 문법

(1) 터키어 알파벳 Alfabe (모음 8 + 자음 21 = 29개)

대문자	소문자	발음기호	한글대조	단 어 들	
Aa	a	a	아	Ankara	anne
Bb	be	be	베	Bursa	baba
C	c	ce	제	Cengiz	Cuma
Ç	ç	çe	체	çene	Çarşamba
D	d	de	데	Diyarbakır	demir
E	e	e	에	Edirne	erken
F	f	fe	ㅎ페	futbol	foto
G	g	ge	게	garson	gemi
Ğ	ğ	yumuşak ge	유무샥 게	yağmur	oğul
H	h	he	헤	hemen	harika
I	ı	ı	으	ırmak	ışık
İ	i	i	이	İstanbul	İzmir
J	j	je	줴	Japon	jandarma
K	k	ke	케	Kore	Kastamonu
L	l	le	레	lale	limon
M	m	me	메	Manisa	merhaba
N	n	ne	네	Nevşehir	nasıl
O	o	o	오	ordu	orman
Ö	ö	ö	외	ördek	Ömer
P	p	pe	페	papatya	pamuk
R	r	re	ㄹ레	rengi	rüya
S	s	se	세	sevgi	sevinç
Ş	ş	şe	쉐	şemsiye	şans

T	t	te	테	Türkiye	Temmuz
U	u	u	우	Urfa	uzak
Ü	ü	ü	위	Ürdün	ülke
V	v	ve	ㅂ웨	vapur	Van
Y	y	ye	예	yağmur	yirmi
Z	z	ze	ㅅ제	Zonguldak	zeytin

▷ 한국 사람들이 발음에 주의해야 할 문자들

b - v : baba - Van
c - j - z : Cengiz - Japon - Zonguldak
f - p : fakat - park
l - r : limon - Rize

(2) 터키어 단어 형성에 있어서 음절 형성의 6가지 원칙

1) 모음 단독　　　　　　　　o
2) 모음+자음　　　　　　　　at　　　el
3) 자음+모음　　　　　　　　bu　　　de
4) 모음+자음+자음　　　　　　alt　　　üst
5) 자음+모음+자음　　　　　　bez　　　dil
6) 자음+모음+자음+자음　　　kurt　　Türk

(3) 문자로 터키어 스펠링 말하기

▷ **KODLAMAK** 코드라막

전화 통화 같은 상황에서 '김종일'이라는 필자의 이름을 말로 전달해야 할 때 못 알아 듣는 사람에게 '김치'에 '김', '종달새'에 '종', '일본'에 '일'이라고 말하곤 한다. 현재 터키의 일상 생활에서도 동일한 상황이 발생한다. 즉, 올바른 단어의 전달을 위해 일상 생활에서 가장 많이 거론되고 전혀 혼동이 없을 만한 단어들을 사용해서 터키어 문자(spell)를 정확히 전달하고 있는데 이를

'KODLAMAK'이라 한다. 터키어를 처음 배우는 분들은 이를 위해 자기에게 맞는 단어를 하나씩 외워서 즉각 이 단어가 나올 수 있도록 연습해 두면 매우 편리할 것이다. 아래 단어들은 터키인들이 가장 많이 사용하는 단어들을 하나씩 적어 놓은 것이므로 이를 외워서 최소한 자신의 영문 이름 정도는 아래 방식으로 연습해 놓는 것이 좋을 것이다. 물론 아래 단어가 아니더라도 자기에게 맞는 단어를 사용해도 전혀 관계는 없지만 일반적이고도 대중적이어야 혼동이 없으므로 주로 유명 지명이나 고유명사 혹은 유명 이름 등을 사용하는 것이 좋다.

- **A**   **A**dana
- **B**   **B**ursa
- **C**   **C**engiz
- **Ç**   **Ç**ankaya
- **D**   **D**iyarbakır
- **E**   **E**dirne
- **F**   **F**ransa
- **G**   **G**iresun
- **Ğ**   **Yumuşak ge ***
- **H**   **H**indistan
- **I**   **I**rak
- **İ**   **İ**stanbul
- **J**   **J**aponya
- **K**   **K**ore
- **L**   **L**ondra
- **M**   **M**anisa
- **N**   **N**evşehir
- **O**   **O**rdu
- **Ö**   **Ö**lü Deniz
- **P**   **P**apatya
- **R**   **R**ize
- **S**   **S**amsun
- **Ş**   **Ş**apka

- **T** Türkiye
- **U** Urfa
- **Ü** Ürdün
- **V** Van
- **Y** Yağmur
- **Z** Zonguldak

▷ Yumuşak ge

터키어 단어 가운데 'Ğ'로 시작하는 단어가 없기 때문에 Kodlamak으로 전달할 때는 그냥 "Yumuşak ge"(유무샥 게)라고 말한다.

▷ '**J-o-n-g-i-l K-i-m**'이라는 필자의 이름을 가지고 '**Kodlamak**'으로 말해 보면 다음과 같다.

Japonya, **O**rdu, **N**evşehir, **G**iresun, **İ**stanbul, **K**ore, **İ**stanbul, **M**anisa.

---

(4) 모음 조화

한국어를 포함해서 '알타이'어 그룹이 가지고 있는 문법적 특징 중 하나인 모음조화는 터키어에서도 접미어를 붙여 문장을 만들어 나갈 때 적용되고 있다. 아래 표 박스는 29개의 터키어 문자 가운데 8개의 모음이 바로 이 모음조화의 원칙에 따라 분류된 것이다. 즉, 평순모음은 평순모음 사이에서, 원순모음은 원순모음 사이에서 그리고 전설모음은 전설모음 사이에서, 후설모음은 후설모음끼리만 접미어들이 만들어지면서 문장이 이루어 진다.

	평 순	원 순
전설	e i	ö ü
후설	a ı	o u

▷ 모음조화 이해를 위한 '**al-mak**' 동사의 연구

터키어의 모든 동사 원형('사전 형'이라고도 하는데 이는 사전에서만 원형의 형태가 존재하기 때문)은 동사 어근(어간)에 '**-mak**' 혹은 '**-mek**' 중 하나를

붙여 만들어 진다. 그렇다면 우리 같은 외국인들에게 어느 것을 붙이냐는 문제가 남는데, 바로 위의 모음 조화 원칙에 따라 결정된다는 것이다. 즉, 어근의 마지막 모음과 조화를 이루는 것이 '-mak'이냐, 아니면 '-mek'이냐를 결정하는 것이다. 예를 들면, 동사원형 'al-mak'에서 어간 'al'에서의 마지막 모음은 어차피 'a'인데 위의 모음조화 원칙에 따라 'a'와 함께 사용할 수 있는 모음은 'a'와 'ı' 밖에 없다. 여기에서 모든 동사는 '-mak' 혹은 '-mek' 둘 중 하나 밖에 없으므로 결국 'al'에는 '-mak'을 붙일 수 밖에 다른 선택이 없는 것이다.

| al-m**a**k | oku-m**a**k | o d-**a** | kapı-c**ı** |
| sen d-**e** | al-d**ı**n**ı**z mı | onun-l**a** | erkek-l**e** |

▷ 모음조화 원칙의 예외적인 단어들

그러나 아래와 같이 모음조화 규칙을 따르지 않은 적지 않은 단어들이 있기 때문에 가능하면 구별해서 알아두어야 할 것이다.

1) 아랍어 같이 외래어에서 온 단어들은 모음조화 규칙을 따르지 않는다.
   kit**a**p   fak**i**r   mah**a**ll**e**   cadd**e**   mekt**u**p
   Ahm**e**t   otomob**i**l   telef**o**n   düny**a**   sandaly**e**

2) 몇몇의 순수 터키어 단어들도 모음조화를 따르지 않는 경우가 있다.
   Ann**e**   hang**i**   elm**a**   kard**e**ş   dah**i**

3) 모든 합성단어들
   Çiçekt**o**zu   doğum**e**vi   güneyb**a**tı   demiry**o**lu

4) 불변의 어미 혹은 접미사들
   -ken   : okurk**e**n
   -ki   : masadak**i**
   -yor   : geliy**o**r
   -leyin : akşaml**e**yin

(5) 자음 조화

터키어에서 무성 자음(**ç, k, p, s, ş, t**)으로 끝나는 단어에 유성 자음 **c-, d-, g-**로 시작하는 접미어가 올 경우 유성 자음의 **c**는 **ç**로, **d**는 **t**로, **g**는 **k**로 각각 바뀌어 표기한다.

1) **-ci** 사람을 나타내는 접미어.

   - 책   kitap + **-cı** : kitap-**çı**   서점 주인
   - 활   ok + **-cu** : ok-**çu**   궁수
   - 우유   süt + **-cü** : süt-**çü**   우유 배달원
   - 티켓   bilet + **-ci** : bilet-**çi**   표 받는 사람
   - 요리   **aş** + **-cı** : **aş-çı**   요리사

2) **-daş** 동종류를 나타내는 접미어.

   - 조국   yurt + **-daş** : yurt-**taş**   동포
   - 직업   mesle**k** + **-daş** : meslek-**taş**   직장 동료

3) **-ce/-ca** 언어를 나타내는 접미어.

   - 아랍   Arap + **ca** : Arap-**ça**   아랍 – 어
   - 러시아 Rus + **ca** : Rus-**ça**   러시아 – 어
   - 튀르크 Türk + **ce** : Türk-**çe**   터키 – 어

4) **-gi / -gı / -gu / -gü** 동사 어근에 붙여 명사를 만드는 접미어.

   - 매달다   as + **gı** : as-**kı**   옷걸이
   - 대조하다   çeli**ş** + **gi** : çeli**ş**-**ki**   모순

5) **-gin / -gın / -gun / -gün** 동사 어근에 붙여 명사 혹은 형용사를 만드는 접미어.

   - 넘치다   a**ş** + **gın** : a**ş**-**kın**   넘치는
   - 떨어지다   dü**ş** + **gün** : dü**ş**-**kün**   집착하는

6) **-gan** 명사나 형용사를 만드는 접미어.

   - 잊다   unut + **-gan** : unut-**kan**   자주 잊어버리는 사람
   - 머리   ba**ş** + **-gan** : ba**ş**-**kan**   회장, 의장

7) **-da / -de** 명사 뒤에 처격(장소를 나타내는 격) 조사.

   - 비행기 uçak + **-da** : uçak-**ta**   비행기 – 에서
   - 도시   kent + **-de** : kent-**te**   도시 – 에서

8) **-dan / -den** 명사 뒤에 탈격(영어의 'from'같은 격) 조사.

- 비행기   uçak + **-dan** : uçak-**tan**   비행기 – 로부터
- 도시   kent + **-den** : kent-**ten**   도시 – 로부터

9) **-di / -dı / -du / -dü** 동사의 과거 3인칭 어미.

- 가다   git + **-di** : git-**ti**   갔다.
- 떨어지다   düş + **-dü** : düş-**tü**   떨어졌다.
- 하다   yap + **-dı** : yap-**tı**   했다.

10) **-dir / -dır / -dur / -dür** 동사의 사역('하게 하다'의 뜻) 어미.

- 열다   aç + **-dır-mak** : aç-**tır-mak**   열게 하다.
- 만나다   görüş + **-dür-mek** : görüş-**tür-mek**   만나게 하다.
- 뛰다   koş + **-dur-mak** : koş-**tur-mak**   뛰게 하다.
- 선택하다   seç + **-dir-mek** : seç-**tir-mek**   선택하게 하다.

(6) 자음-모음 조화

터키어에서는 명사의 끝 자음이 **-ç, -k, -p, -t** 등의 무성 자음으로 끝나는 단어에 모음으로 시작하는 접미어가 붙으면 **ç**는 **c**로, **k**는 **g**로, **p**는 **b**로, **t**는 **d**로 각각 바꾸어 표기한다. 즉, 접미어가 붙는 과정에서 양 모음 사이에 **-ç, -k, -p, -t** 등의 무성 자음이 오게 되면 그 무성 자음은 유성자음으로 바꾸어 표기해야 한다.

- 책   kita**p** + -ı : kita-**b**-ı   책 – 을
- 나무   ağa**ç** + -ı : ağa-**c**-ı   나무 – 를
- 구름   bulu**t** + -u : bulu-**d**-u   구름 – 을
- 편지   mektu**p** + -u : mektu-**b**-u   편지 – 를
- 대답   ceva**p** + -ı : ceva-**b**-ı   대답 – 을
- 주머니   ce**p** + -i : ce-**b**-i   주머니 – 를
- 날개   kana**t** + -ı : kana-**d**-ı   날개 – 를
- 고충   der**t** + -i : der-**d**-i   고충 – 을
- 약   ila**ç** + -ı : ila-**c**-ı   약 – 을

- 젊은이　　**genç**　+ -i : gen-**c**-i　　　　젊은이 – 를
- 서랍　　　**dolap**　+ -ı : dola-**b**-ı　　　서랍 – 을
- 색깔　　　**renk**　 + -i : ren-**g**-i　　　색깔 – 을

▷ 자음-모음 조화 원칙을 지키지 않는 불변의 단어들

그러나 아래와 같은 경우에는 무성자음이 유성자음으로 바뀌지 않고 그대로 표기된다.

1) 단음절의 순수 터키어 단어들
　　at 말(馬)　　et 고기　　kent 도시　　süt 우유　　kat 층(層)
　　ek 첨부　　kök 뿌리　　çöp 쓰레기　　ip 실　　iç 안(內)
　　suç 죄(罪)　　üç 3　　top 공　　kaç 몇?　　saç 머리카락
　　ilk 첫　　tek 단독

2) 동사에서 -it 어미를 가져다가 명사로 전환된 단어들
　　Anıt(anmak) 기념비　　　　kanıt 증거
　　yakıt(yakmak) 연료　　　　konut(konmak) 숙소
　　yapıt(yapmak) 건축물

3) 외래어 단어들
　　devlet 정부　　adalet 공의　　bereket 축복　　cesaret 용기
　　kuvvet 힘　　fark 차이　　şark 노래　　cemaat 모임
　　edebiyat 문학　　aşk 사랑　　ırk 인종　　maç 경기
　　park 공원　　teyp 카세트태잎

4) 고유 명사들
　　Ahmet'i 아흐멧 – 을
　　Mehmet'e 아흐멧 – 에게

(7) 매개(개입) 자음과 그 종류

터키어에서는 원 단어의 뒤에 접미어가 붙는 과정에서 모음과 모음이 절대로 함께 오지 못하기 때문에 이와 같은 모음 충돌을 방지하기 위해 그 사이에 '매개(개입)' 자음을 넣는다. 그러나 모든 자음을 사용하는 것이 아니라 아래와 같은 자음들만이 '매개(개입)' 자음으로 사용된다.

1) **y**: 터키어 명사에 목적격 어미(-i/-ı/-u/-ü)나 여격 어미(-e/-a)가 올 때.
   - araba-**y**-ı   자동차 – 를
   - Ali'-**y**-e   알리 – 에게
   - Ankara-**y**-a   앙카라 – 로

2) **n**: 모음으로 끝나는 명사에 소유격 어미(-in/-ın/-un/-ün)가 올 때.
   - anne-**n**-in   어머니 – 의
   - baba-**n**-ın   아버지 – 의
   - çanta-**n**-ın   가방 – 의
   - oda-**n**-ın   방 – 의

* 그러나 su(물)와 ne(의문대명사 '무엇?')는 소유격 어미를 붙이는 상황에서도 개입자음으로 'y'를 사용한다.
   - su-**y**-un   물 – 의
   - ne-**y**-in   무엇 – 의

3) **s**: 명사수식 어법 3인칭 단수에서 모음으로 끝나는 단어에 명사수식 어미를 붙일 때.
   - onun anne-**s**i   그의 어머니
   - onun oda-**s**ı   그의 방

4) **ş**: 모음으로 끝나는 숫자에 묶음 어미를 사용할 때.
   - 1   bir   – 하나씩   bir-er
   - 2   iki   – 두 개씩   iki-**ş**-er
   - 3   üç   – 세 개씩   üç-er
   - 4   dört   – 네 개씩   dör**d**-er
   - 5   beş   – 다섯 개씩   beş-er
   - 6   altı   – 여섯 개씩   altı-**ş**-ar
   - 7   yedi   – 일곱 개씩   yedi-**ş**-er
   - 8   sekiz   – 여덟 개씩   sekiz-er
   - 9   dokuz   – 아홉 개씩   dokuz-ar
   - 10   on   – 열 개씩   on-ar

(8) 명사(Ad)

터키어 명사에는 보통명사, 고유명사, 대명사가 있다. 보통명사에는 셀 수 있는 가산명사와 셀 수 없는 불가산명사가 있으며, 고유명사에는 이 세상에 하나밖에 없는 모든 이름(인명, 지명 등)을 말하며 반드시 단어의 첫 문자는 대문자로 표기해야 한다. 아울러 대명사에는 방향을 말하는 지시대명사, 인칭을 나타내는 인칭대명사, 의문문을 만드는 의문대명사 등이 있다.

- 가산 보통 명사: kalem(연필), masa(책상)
- 불 가산 보통 명사: sevgi(사랑), yürek(마음)
- 고유 명사: Seul(서울), Ankara(앙카라), Kemal(사람이름)
- 지시 대명사: bu(이것), şu(저것), o(그것)
- 인칭 대명사: Ben(나), Sen(너), O(그), Biz(우리), Siz(너희/당신), Onlar(그들)
- 의문 대명사: Ne zaman?(언제), Nere?(어디), Kim?(누구), Ne?(무엇), Nasıl?(어떻게) Niçin?(왜), Ne kadar?(얼마나), Kaç?(몇), Hangi?(어느)

1) 명사의 격변화 어미 (괄호 안은 모음조화에 따른 어미 변화 형)

격	해석	격 어미	
주격			
소유격	−의 (of)	**-in**	(-ın, -un, -ün)
목적격	−을/를 (for)	**-i**	(-ı, -u, -ü)
여격	−에게/한테, −로 (to)	**-e**	(-a)
처격	−에서 (in)	**-de**	(-da)
탈격	−로부터/에서 (from)	**-den**	(-dan)

2) 격변화 어미의 활용

- 이스탄불   İstanbul
- 이스탄불 − 의   İstanbul-**un**
- 이스탄불 − 을   İstanbul-**u**
- 이스탄불 − 로   İstanbul-**a**

- 이스탄불 - 에서   İstanbul-**da**
- 이스탄불 - 로부터   İstanbul-**dan**

3) 인칭대명사의 격변화 활용

인칭대명사	소유격	목적격	여격	처격	탈격
Ben	Ben-im	Ben-i	Ban-a	Ben-de	Ben-den
Sen	Sen-in	Sen-i	San-a	Sen-de	Sen-den
O	On-un	On-u	On-a	On-da	On-dan
Biz	Biz-im	Biz-i	Biz-e	Biz-de	Biz-den
Siz	Siz-in	Siz-i	Siz-e	Siz-de	Siz-den
Onlar	Onlar-ın	Onlar-ı	Onlar-a	Onlar-da	Onlar-dan

* 소유격에서 1인칭 단수와 복수에서만 '**-im**' 어미 형태를 사용한다.
* 여격에서 1인칭 단수와 2인칭 단수에서는 '**Bana**'와 '**Sana**'를 사용한다.
* 인칭대명사 3인칭 단수가 다른 격 어미와 결합 시에 관용적으로 '**n**'을 삽입한다.

(9) 동사 (Fiil)

1) 동사의 원형(사전형) 만들기: 동사어근 + **-mek** (∼하다)
             -mak

2) 기본 동사들

 동사라 함은 움직이는 모든 행위를 표현하는 단어로 일반적으로 인간의 육체와의 관계(보다, 먹다, 가다, 오다, 숨쉬다, 잠자다), 인간과 사물과의 관계(글을 쓰다, 만지다, 물건을 잡다), 인간과 인간 사이에서의 관계(사랑하다, 싸우다, 대화하다), 사물과 사물 사이에서의 관계(발생하다, 화재가 나다, 사건이 터지다)로 형성되므로 아래와 같이 터키어의 동사를 아래와 같이 분류해서 이해하면 암기하는데 도움이 될 것이다.

① 눈과 관련되어 나온 동사들
- 고려하다   göz önünde bulun-mak
- 눈을 감다   kapat-mak
- 눈을 뜨다   aç-mak

- 보다 의식적(Look)　　　　bak-mak
　　　　무의식적(See)　　　　gör-mek
　　　　지켜보다(Watch)　　　seyret-mek
- 잠에서 깨다(Wake up)　　　 uyan-mak

② 코와 관련되어 나온 동사들
- 냄새 맡다　　　　　　　　kokmak
- 숨을 내쉬다　　　　　　　nefes vermek
- 숨을 들이마시다　　　　　nefes almak

③ 귀와 관련되어 나온 동사들
- 듣다 무의식적(Hear)　　　duymak
　　　 의식적(Listen)　　　dinlemek

④ 입과 관련되어 나온 동사들
- 기도하다　　　　　　　　dua etmek
- 기침하다　　　　　　　　öksürmek
- 마시다　　　　　　　　　içmek
  - 담배를 피우다　　　　　sigara içmek
  - 약을 먹다　　　　　　　ilaç içmek
  - 물을 마시다　　　　　　su içmek
- 말하다　　　　　　　　　söylemek
  - 대화하다　　　　　　　konuşmak
  - 설명하다　　　　　　　anlatmak
  - 언급하다　　　　　　　demek
- 맛을 보다　　　　　　　　tatmak
- 먹다　　　　　　　　　　yemek
- 물다(물어 뜯다)　　　　　ısırmak
- 부르다　　　　　　　　　çağırmak
- 설득하다　　　　　　　　ikna etmek
- 씹다　　　　　　　　　　çiğnemek

1. 기본 문법

- 알리다 　　　　　　　　　bildirmek
- 읽다 　　　　　　　　　　okumak
- 하품하다 　　　　　　　　esnemek

⑤ 머리와 관련되어 나온 동사들
- 가르치다 　　　　　　　　öğretmek
- 꿈꾸다 　　　　　　　　　ruya görmek
- 배우다 　　　　　　　　　öğrenmek
- 상상하다 　　　　　　　　hayal kurmak
- 생각하다 　　　　　　　　düşünmek
- 알다 　　　　　　　　　　bilmek
- 오해하다 　　　　　　　　yanlış anlamak
- 이해하다 　　　　　　　　anlamak
- 판단하다 　　　　　　　　yargılamak

⑥ 손과 관련되어 나온 동사들
- (글을)쓰다 　　　　　　　yazmak
- (문을)두드리다/훔치다 　　çalmak
- 가져가다(데려고 가다) 　　götürmek
- 가져오다(데리고 오다) 　　getirmek
- 고치다/수리하다 　　　　　tamir etmek
- 구하다/구원하다 　　　　　kurtarmak
- 꺼내다 　　　　　　　　　çıkarmak
- 넣다 　　　　　　　　　　koymak
- 놓다/포기하다 　　　　　　bırakmak
- 압박하다 　　　　　　　　baskı yapmak
- 닫다 　　　　　　　　　　kapatmak
- 던지다 　　　　　　　　　atmak
- 돈을 바꾸다 　　　　　　　para bozdurmak
- 뒤섞다 　　　　　　　　　karıştırmak
- 때리다 　　　　　　　　　dövmek
- 뜯다 　　　　　　　　　　koparmak

• 만지다	dokunmak
• 망가지다	bozulmak
• 먹이다	yedirmek
• 모으다	toplamak
• 밀다	itmek
• 받다	almak
• 발견하다/구하다	bulmak
• 밟다	basmak
• 벗기다	soymak
• 벗다	soyunmak
• 악수하다	el sıkışmak
• 열다	açmak
• 옮기다	taşmak
• 요리하다	pişirmek
• 이사하다	taşınmak
• 잡다	tutmak
• 잡아당기다	çekmek
• 주다	vermek
• 지우다	silmek
• 찢다	yırtmak
• 참다/인내하다	sabır etmek
• 찾다	aramak
• 청소하다	temizlemek
• 치다	vurmak
• 하지 못하게 하다	durdurmak

⑦ 발과 관련되어 나온 동사들

• 가다	gitmek
• 건너다/지나가다	geçmek
• 걸어가다	yürümek
• 기다리다	beklemek
• 내려주다	indirmek

• 내리다	inmek
• 넘어지게 하다	düşürmek
• 넘어지다	düşmek
• 달아나다	kaçmak
• 돌아다니다	gezmek
• 들어가다	girmek
• 뛰다	koşmak
• 서다(stop)	durmak
• 오다	gelmek
• 올라가다/(-에서)나오다	çıkmak
• 움직이다	hareket etmek
• 타다	binmek

⑧ 몸과 관련되어 나온 동사들

• 공부하다	ders çalışmak
• 목욕하다	banyo yapmak
• 샤워하다	düş almak
• 싸우다(fight)	kavga etmek
• 일하다	çalışmak
• 전쟁하다	savaşmak
• 충돌하다/싸우다	çatışmak

⑨ 마음과 관련되어 나온 동사들

• (신유로)고치다	şifa vermek
• 걱정하다	kaygılamak
• 기다리다	beklemek
• 기대하다	ümitlemek, beklemek
• 기뻐하다	sevinmek
• 기절하다	bayılmak
• 마음에 들다	beğenmek
• 미워하다/증오하다	nefret etmek
• 비판/판단하다	yargılamak

• 사랑하다	sevmek
• 소망하다	ümit etmek
• 슬퍼하다	üzülmek, kederlemek
• 울다	ağlamak
• 웃다	gülmek
• 원하다/바라다	istemek
• 좋아지다/회복하다	iyileşmek
• 좋아하다	(-dan) hoşlanmak
• 치료하다	iyileştirmek

⑩ 사물과의 관계에서 나오는 동사들

• (-을) 심다	ekmek
• 내리다 (비, 눈 등)	yağmak
- 눈이 내리다	kar yağmak
- 비가 내리다	yağmur yağmak
- 우박이 내리다	dolu yağmak
• 녹다	ermek
• 도착하다	varmak
• 불다	esmek
- 바람이 불다	rüzgar esmek
• 생기다/발생하다	ortaya çıkmak
• 생기다/발생하다(2)	meydana gelmek
• 이르다/도착하다	erişmek
• 자르다/베다/거두다	biçmek
• 충돌하다	çarpmak
• 키우다/도착하다	yetişmek

⑪ 상호동사:

$\boxed{\text{동사어근}}$ + **-iş**(-ış, -uş, -üş) + **-mek**(-mak)

• 갈등하다	çek-iş-mek
• 논쟁하다	tart-ış-mek

1. 기본 문법 547

- 성관계를 갖다   sev-iş-mek
- 의견을 교환하다/만나다   gör-üş-mek

⑫ 복합 동사

명사 **vermek**

- 대답하다   cevap vermek
- 숨쉬다   nefes vermek
- 약속하다   söz vermek
- 인사하다   selam vermek

명사 **almak**

- 숨을 들이마시다   nefes almak
- 팔다   satın almak

명사 **söylemek**

- 거짓말하다   yalan söylemek
- 찬양하다   ilahi söylemek

명사 + **-le-mek(-la-mak)**

- 신선하게 하다   taze-lemek
- 준비하다   hazır-lamak
- 청소하다   temiz-lemek

명사 **etmek**

- 감사하다   teşekkür etmek
- 기도하다   dua etmek
- 기쁘게 하다   memnun etmek
- 돕다   yardım etmek
- 말하다   söz etmek
- 믿다   iman etmek
- 앞장서다   öncülük etmek
- 전화하다   telefon etmek
- 허락하다   kabul etmek

⑬ 형용 동사들 (형용사/명사 **olmak**)

- 좋은　　iyi
- 예쁜　　güzel
- 근면한　çalışkan
- 반가운　memnun
- 군인　　asker

- 좋다　　　　iyi **olmak**
- 예쁘다　　　güzel olmak
- 근면하다　　çalışkan olmak
- 반갑다　　　memnun olmak
- 군인이 되다　asker olmak

(10) 형용사 (Sıfat)

1) 수 형용사

- 0　　　　sıfır
- 1　　　　bir
- 2　　　　iki
- 3　　　　üç
- 4　　　　dört
- 5　　　　beş
- 6　　　　altı
- 7　　　　yedi
- 8　　　　sekiz
- 9　　　　dokuz
- 10　　　 on
- 11　　　 on bir
- 20　　　 yirmi
- 30　　　 otuz
- 40　　　 kırk
- 50　　　 elli
- 60　　　 altmış
- 70　　　 yetmiş
- 80　　　 seksen
- 90　　　 doksan
- 100　　　yüz
- 1,000　　bin
- 10,000　 on bin

- 100,000 yüz bin
- 1,000,000 bir milyon

▷ 수와 관련된 터키어 표기들
- 생년월일 1989년 8월 12일
  12 **Ağustos** 1989(= 12.08.1989)
  On iki **Ağustos** bin dokuz yüz seksen dokuz
- 전화번호 0532 - 217 - 04 - 84
  Sıfır beş yüz otuz iki - iki yüz on yedi - sıfır dört - seksen dört
- 집주소 Vali Reşit Sokak **12/8**, Çankaya, Ankara, Türkiye
  on iki **taksim** sekiz
- 통장(여권) 번호 No. 12397401(보통 두 자리씩 끊어서 읽음)
  on iki - otuz dokuz - yetmiş dört - sıfır bir
- 분수 1/4 **Dörtte** bir
       23/100 **Yüzde** yirmi üç
       100/1000 **Binde** yüz
- 소수점 3.5 Üç **nokta** beş
         0.05 Sıfır **nokta** sıfır beş 혹은 **yüzde** beş
- 셈(+ - × /) 5 + 5 = 10 Beş **artı** beş **eşittir** on.
              10 - 4 = 6 On **eksi** dört **eşittir** altı.
              3 × 7 = 21 Üç **çarpı** yedi **eşittir** yirmi bir.
              24 / 8 = 3 Yirmi dört **bölü** sekiz **eşittir** üç.
- 기원전 M.Ö. **Milattan** Önce
- 기원후 M.S. **Milattan** Sonra
- 백분율 %75 **Yüzde** yetmiş beş
- 온도 -5℃ **Eksi** beş **derece**
       15℃ On beş **derece**
- 길이 90m Doksan **metre**
       5km Beş **kilo metre**
- 무게 30**kg** Otuz **kilo gram**
- 넓이 120**m²** Yüz yirmi **metre kare**
- 페이지 15쪽 **Sayfa** on beş
         27쪽 5째 줄 Yirmi yedinci **sayfa** beş-**inci sıra**
- 성경(꾸란)장절 23장 1절 Yirmi üçüncü **bölüm** birinci **ayet**

▷ 시간 말하기

• 05:30	**Sıfır** beş buçuk 혹은 sabah beş buçuk
• 오전 10:45	**Öğleden önce** on - kırk beş
• 11시 15분전	Saat **on bir-e** on beş (15) **var**.
• 오후 6:05	**Öğleden sonra** altı - beş
• 6시 5분	Saat altı-**yı** beş geçiyor.
• 정오	**Gündüz** on iki
• 자정	**Gece** on iki
• 한밤중	**Gece** yarısı

▷ 서수 말하기

-ince (-ınca, -unca, -ünce) 어미를 붙이되 모음 충돌이 발생하면 개입 자음을 넣는 것이 아니라 앞 모음을 생략한다.

• 1	Bir	– 첫 번째	Bir-inici
• 2	İki	– 두 번째	İki-nci
• 3	Üç	– 세 번째	Üç-üncü
• 4	Dört	– 네 번째	Dörd-üncü
• 5	Beş	– 다섯 번째	Beş-inci
• 6	Altı	– 여섯 번째	Altı-ncı
• 7	Yedi	– 일곱 번째	Yedi-nci
• 8	Sekiz	– 여덟 번째	Sekiz-inci
• 9	Dokuz	– 아홉 번째	Dokuz-uncu
• 10	On	– 열 번째	On-uncu
• 11	On bir	– 열 한번째	On bir-inci
• 100	Yüz	– 백 번째	Yüz-üncü
• 끝	Son	– 마지막 번째	Son-uncu

2) 일반 형용사

• 긴	uzun	• 짧은	kısa
• 먼	uzak	• 가까운	yakın
• 많은	çok	• 적은	az
• 큰	büyük	• 적은	küçük
• 깊은	derin	• 얕은	alçak

• 좋은 iyi		• 나쁜 kötü	
• 예쁜 güzel		• 미운 çirkin	
• 부지런한 çalışkan		• 게으른 tembel	
• 무거운 ağır		• 가벼운 hafif	
• 뚱뚱한 şişman		• 여윈 zayıf	
• 더운 sıcak		• 추운 soğuk	
• 빠른 hızlı		• 느린 yavaş	
• 열린 açık		• 닫힌 kapalı	
• 비싼 pahalı		• 싼 ucuz	
• 이른 erken		• 늦은 geç	
• 경제의 ekonomik			
• 문화적인 kültürel			
• 역사적인 tarihi			
• 종교적인 dini			

3) 색(**Renk**) 형용사

• 빨간	새빨간	진한 빨간	옅은 빨간
kırmızı	kıp-kırmızı	koyu kırmızı	açık kırmızı
• 노랑	샛노란	진한 노란	옅은 노란
sarı	sap-sarı	koyu sarı	açık sarı
• 초록	진초록	진한 초록	옅은 초록
yeşil	yem-yeşil	koyu yeşil	açık yeşil
• 파랑	새 파란	진한 파랑	옅은 파랑
mavi	mas-mavi	koyu mavi	açık mavi
• 보라	진보라	진한 보라	옅은 보라
mor	mos-mor	koyu mor	açık mor
• 까만	새까만	진한 검정	옅은 검정
siyah	sim-siyah	koyu siyah	açık siyah
• 흰	새하얀	진한 흰색	옅은 흰색
beyaz	bem-beyaz	koyu beyaz	açık beyaz

4) 형용사를 만드는 어미들

- 명사 + **-li** (-lı, -lu, -lü)   (~이 있는)
- 명사 + **-siz** (-sız, -suz, -süz) (~이 없는)

• 설탕	설탕이 있는(단)	설탕이 없는(달지 않은)
şeker	şeker-li	şeker-siz
• 소금	소금이 있는(짠)	소금이 없는(싱거운)
tuz	tuz-lu	tuz-suz
• 물	물 있는	물 없는
su	su-lu	su-suz
• 주머니	주머니가 있는	주머니가 없는
cep	cep-li	cep-siz
• 모자	모자를 쓴	모자를 안 쓴
şapka	şapka-lı	şapka-sız
• 사랑	사랑 넘치는	사랑 없는
sevgi	sevgi-li	sevgi-siz

5) 동사의 어근에 '**-en/-an**'을 사용하는 표현

- 가다 / 가는 자동차
- git-mek / gid-en araba
- 오다 / 오는 사람
- gel-mek / gel-en insan
- 웃다 / 웃는 얼굴
- gül-mek / gül-en yüz
- 뛰다 / 뛰는 말
- koş-mak / koş-an at
- 읽다 / 읽는 기계
- oku-mak / oku-y-an makine
- 사용하다 / 사용하는 책
- kullan-mak / kullan-an kitap

- 글을 쓰다   글을 쓰는 어린이
  yaz-mak   yaz-an çocuk

(11) 부사 (Zarf)

• 가끔	ara sıra
• 곧장	-a(-e) doğru
• 기껏해야	olsa olsa
• 기쁘게	seve seve
• 당장	hemen
• 매우	çok
• 매우 적게	çok az
• 모두 다 함께	hep beraber
• 모두	hepsi
• 보통	normalde
• 아니면	yoksa
• 아직	henüz
• 약간	biraz
• 언제나(항상)	her zaman
• 열심히	gayretli olarak
• 올바로	doğru
• 우선	her şeyden önce
• 유일하게	tek olarak
• 일반적으로	genellikle
• 일찌감치	erkenden
• 자주	sık sık
• 잘	iyi
• 적게	az
• 적당하게	uygun olarak
• 정말로	gerçekten
• 제발	ne olur
• 지금	şimdi

• 친절하게	nazik bir şekilde
• 틀림없이	kesinlikle
• 함께	(ile) beraber
• 항상	her zaman

(12) 불변화사 (Edatlar)

홀로는 뜻이 성립 안되지만 의미를 더해주는 것들로서 크게 보면 부사처럼 볼 수도 있으며 보조사라고도 한다.

• ~을 위해	için
• ~만큼	kadar
• ~에 까지	-e/-a kadar
• ~로 향해서	-e/-a doğru
• ~에 대해서	-e/-a karşı
• ~이래로	-den/-dan beri, -den/-dan itibaren
• ~같이	gibi
• ~에 의하면	-e/-a göre
• ~와 함께	ile
• ~을/를 위해	üzere
• 단지/홀로	yalnız
• 그러나	ancak

▷ 그러므로 크게 보면 부사라고 볼 수 있으나 특별히 불변화사를 접속사나 부사와 비교했을 때 그 차이는 아래와 같이 독립적으로 사용할 수 없으며 다른 단어들과 연결되어 형용사적 혹은 부사적 의미를 가져온다. 그러므로 문장 가운데 불변화사가 없으면 문장의 뜻이 형성되지 않는다.

- Sözlüden **yine** zayıf almış. (부사)
  그는 회화시험에서 또다시 점수를 못 받았다.
- Eve gittim, **fakat** onu bulamadım. (접속사)
  나는 집에 갔다. 하지만 그를 만날 수 없었다.
- Konuşmak **üzere** ayağa kalktı. (불변화사)
  그는 얘기하기 위해서 일어났다.

(13) 접속사 (Bağlacı)

두 단어 혹은 두 문장을 연결하는 역할을 한다.

- 그리고　　　　　　　　　ve, ile
- 그러나　　　　　　　　　ama, fakat
- 혹은　　　　　　　　　　ya da, veya
- 그러므로　　　　　　　　bu yüzden
- 그럼에도 불구하고　　　　buna rağmen
- 그것에 대해서　　　　　　buna karşı
- 다시 말하면(즉)　　　　　yani
- 아니면　　　　　　　　　yoksa
- A와 B 둘 다(긍정)　　　　**hem** A **hem de** B
- A와 B 둘 다(부정)　　　　**ne** A **ne de** B
- A 혹은 B　　　　　　　　**ya** A **ya da** B

(14) 터키어의 인칭 어미와 인칭에 따른 문장 만들기

1) 인칭 대명사

인칭	뜻	인칭대명사
단수 1	나	**Ben**
2	너	**Sen**
3	그	**O**
복수 1	우리	**Biz**
2	너희들	**Siz**
3	그들	**Onlar**

2) 인칭 대명사와 인칭 어미

인칭	뜻	인칭대명사	인칭 어미 (모음조화에 따른 어미의 변화)
단수 1	나	**Ben**	-im. (-ım. -um. -üm.) -**y**im. (-**y**ım. -**y**um. -**y**üm.)
2	너	**Sen**	-sin. (-sın. -sun. -sün.)

3	그	**O**	-dir. (-dır. -dur. -dür.)
복수 1	우리	**Biz**	-iz. (-ız. -uz. -üz.) -**y**iz. (-**y**ız. -**y**uz. -**y**üz.)
2	너희들	**Siz**	-siniz. (-sınız. -sunuz. -sünüz.)
3	그들	**Onlar**	-dirler. (-dırlar. -durlar. -dürler.)

3) 인칭 어미에 따른 현재형 문장 만들기

인칭 어미는 1인칭(나, 우리), 2인칭(너, 너희들), 3인칭(그, 그들) 단수와 복수에 따른 어미로서 명사나 형용사와 결합하여 '~이다. / ~입니다. / ~이에요/ ~ 이야.' 같은 뜻을 가지고 **1)평서 긍정, 2)평서 부정, 3)의문 긍정, 4)의문 부정**의 4가지 형태로 표현한다. 그러므로 각 인칭과 형태를 조합하면 하나의 단어에 나올 수 있는 표현은 아래 표와 같이 총 **24**개가 되며 각각의 표현을 익히기 위해서는 아래의 **표**를 가지고 연습해 두면 매우 편리할 것이다.

- 나는 **한국인**이야.   Ben **Koreli**-y-im.
- 그는 **한국인**이 아니야.   O **Koreli** değil.
- 너는 **한국인**이니?   Sen **Koreli** mi-sin?
- 너는 **한국인**이 아니니?   Sen **Koreli** değil mi-sin?

▷ 총 **24**개로 이루어진 문형 표 상자를 늘 활용하자.

인칭		1) 평서 긍정	2) 평서 부정	3) 의문 긍정	4) 의문 부정
	뜻	~이다.	~아니다.	~이니?	~아니니?
단 1	나 **Ben**				
2	너 **Sen**				
3	그 **O**				
복 1	우리 **Biz**				
2	너희 **Siz**				
3	그들 **Onlar**				

■ 평서 긍정문 (~이다.)

주어(인칭대명사) √ 명사/형용사 + 인칭어미 .

	학생이다.
Ben	öğrenci-**y-im**.
Sen	öğrenci-**sin**.
O	öğrenci-(***dir***).
Biz	öğrenci-**y-iz**.
Siz	öğrenci-**siniz**.
Onlar	öğrenci-(***dir***)-**ler**.

	좋다.
Ben	iyi-**y-im**.
Sen	iyi-**sin**.
O	iyi-(***dir***).
Biz	iyi-**y-iz**.
Siz	iyi-**siniz**.
Onlar	iyi-(***dir***)-**ler**

* 1인칭 단수와 복수 인칭어미를 붙일 때 모음 충돌이 되므로 개입 자음 **-y-**를 사용한다.

■ 평서 부정문: 부정어미 **değil**을 사용하여 만든다.(~ 아니야.)

주어(인칭대명사) √ 명사/형용사 √ **değil** + 인칭어미 .

	학생이	아니야.
Ben	öğrenci	**değil**-im.
Sen	öğrenci	**değil**-sin.
O	öğrenci	**değil**-(*dir*).
Biz	öğrenci	**değil**-iz.
Siz	öğrenci	**değil**-siniz.
Onlar	öğrenci	**değil**-ler.

	좋지	않아.
Ben	iyi	**değil**-im.
Sen	iyi	**değil**-sin.
O	iyi	**değil**-(*dir*).
Biz	iyi	**değil**-iz.
Siz	iyi	**değil**-siniz.
Onlar	iyi	**değil**-(*dir*)ler.

▷ 위에서 3인칭 단수와 복수 인칭어미 -dir 어미는 생략 가능하다, 그러므로 3인칭 단수어미는 문장 중에서 보이지 않고, 3인칭 복수어미는 -dir를 생략한 나머지 어미인 -ler 형태만 문장 가운데 보인다. 또한 부정 어미인 '**değil**'은 불변이므로 터키어의 모음조화 법칙에 구애 받지 않는다. 그러므로 '**değil**' 다음에 오는 인칭어미는 터키어의 모음조화 법칙에 따라 아래처럼 단 한 가지 밖에 없는 것이다. 그래서 그냥 함께 묶어 외워 두는 것이 더 편할 수 있다. 즉, 부정문 형태에서는 항상 아래 한 가지 형태만 사용된다.

- **değil**-im.
- **değil**-sin.
- **değil**-(*dir*).
- **değil**-iz.
- **değil**-siniz.
- **değil**-ler.

■ 의문 긍정문: 의문어미 '**mi? (mı, mu, mü)**'를 가지고 의문문을 만든다. (~이니?)

주어(인칭대명사) √ 명사/형용사 √ mi + 인칭어미 ?

	학생이	이니?
Ben	öğrenci	**mi-y**-im?
Sen	öğrenci	**mi**-sin?
O	öğrenci	**mi**-(*dir*)?
Biz	öğrenci	**mi-y**-iz?

Siz	öğrenci	**mi**-siniz?
Onlar	öğrenci-(*dir*)ler	**mi**?
	괜찮니?	
Ben	iyi	**mi**-**y**-im?
Sen	iyi	**mi**-sin?
O	iyi	**mi**-(*dir*)?
Biz	iyi	**mi**-**y**-iz?
Siz	iyi	**mi**-siniz?
Onlar	iyi-(*dir*)ler	**mi**?

▷ 1인칭 단수와 복수 인칭어미를 붙일 때 모음충돌 현상이 발생하므로 개입 자음 **-y-**를 사용한다.

▷ 의문문에서 3인칭 복수 어미는 다른 것들과는 달리 명사(형용사) 다음에 붙는다.

▷ ne?, kim?, nasıl?, ne zaman?, nerede? 등의 의문 대명사를 사용하는 문장에서는 의문어미 '**mi**'를 사용하지 않고도 의문문이 되므로 중복해서 의문어미를 사용하지 않는다.

■ 의문 부정문: 부정어미(**değil**)와 의문어미(**mi?**)를 사용해서 만든다. (~이 아니니?)

| 주어(인칭대명사) | √ | 명사/형용사 | √ | **değil** | √ | **mi** + 인칭어미 | ? |

	학생이	아니니?	
Ben	öğrenci	**değil**	**mi**-**y**-*im?*
Sen	öğrenci	**değil**	**mi**-*sin?*
O	öğrenci	**değil**	**mi**-(*dir*)?
Biz	öğrenci	**değil**	**mi**-**y**-*iz?*
Siz	öğrenci	**değil**	**mi**-*siniz?*
Onlar	öğrenci	**değil**-ler	**mi**?
	좋지	않니?	
Ben	iyi	**değil**	**mi**-**y**-im?

Sen	iyi	**değil**	**mi**-sin?
O	iyi	**değil**	**mi**-(*dir*)?
Biz	iyi	**değil**	**mi**-y-iz?
Siz	iyi	**değil**	**mi**-siniz?
Onlar	iyi	**değil**-ler	**mi**?

▷ 1인칭 단수와 복수 인칭어미를 붙일 때 모음충돌이 되므로 개입자음 -y-를 사용한다.

▷ 의문문에서 3인칭 복수 어미는 다른 것들과는 달리 명사(형용사) 다음에 붙는다.

▷ 총 **24**개로 이루어진 문장 표현 구성 표 ⓔ **Türk, evli**

인칭		1) 평서 긍정	2) 평서 부정	3) 의문 긍정	4) 의문 부정
	뜻	터키인이다.	터키인이 아니다.	터키인이니?	터키인이 아니니?
단 1	**Ben**	Türk'üm.	Türk **değil**-im.	Türk **mü**-y-üm?	Türk **değil** mi-y-im?
2	**Sen**	Türk'sün.	Türk **değil**-sin.	Türk **mü**-sün?	Türk **değil** mi-sin?
3	**O**	Türk.	Türk **değil**.	Türk **mü**?	Türk **değil** mi?
복 1	**Biz**	Türk'üz.	Türk **değil**-iz.	Türk **mü**-y-üz?	Türk **değil** mi-y-iz?
2	**Siz**	Türk'sünüz.	Türk **değil**-siniz.	Türk **mü**-sünüz?	Türk **değil** mi-siniz?
3	**Onlar**	Türkler.	Türk **değil**-ler.	Türk-ler **mi**?	Türk **değil**-ler mi?

인칭		1) 평서 긍정	2) 평서 부정	3) 의문 긍정	4) 의문 부정
	뜻	기혼이다.	기혼이 아니다.	기혼이니?	기혼이 아니니?
단 1	**Ben**	Evli-y-im.	Evli **değil**-im.	Evli **mi**-y-im?	Türk **değil** mi-y-im?
2	**Sen**	Evli-sin.	Evli **değil**-sin.	Evli **mi**-sin?	Türk **değil** mi-sin?
3	**O**	Evli.	Evli **değil**.	Evli **mi**?	Türk **değil** mi?
복 1	**Biz**	Evli-y-iz.	Evli **değil**-iz.	Evli **mi**-y-iz?	Türk **değil** mi-y-iz?
2	**Siz**	Evli-siniz.	Evli **değil**-siniz.	Evli **mi**-siniz?	Türk **değil** mi-siniz?
3	**Onlar**	Evli-ler.	Evli **değil**-ler.	Evli-ler mi?	Türk **değil**-ler mi?

* 위에서 'değil'은 변하지 않기 때문에 그 다음에 나오는 모음의 형태는 단 하나밖에 없다.

(15) 명사 수식법과 어미 (İsim Tamlamaları)

터키어에서는 우리나라 말과 그 표기법에서 아주 특이하게 다른 부분들이 발견되는데 그 중 하나가 명사수식법과 그 어미이다. 명사수식법은 두 명사가 서로 합쳐져서 하나의 복합 단어로 사용될 때 뒤의 명사 단어 끝에 앞 명사의 인칭에 따라 어미가 붙는 문법적 규칙을 말한다.

또한 이 때 앞 명사는 뒤의 명사를 수식하는 종속관계를 가지게 되어 앞의 명사에는 소유격 어미를 함께 붙여준다. 단, 이 소유격 어미가 보일 때도 있고 생략될 때도 있다. 즉, 첫 명사가 한정적 표현일 때는 소유격 어미를 붙이고, 비한정적 표현일 때는 생략한다. 아무튼 이 명사수식법과 어미의 사용은 터키어를 처음 배우는 외국인들에게 매우 혼동이 되는 것도 사실이지만 반드시 알고 넘어가야 할 부분이다.

1) 인칭에 따른 명사수식 어미

인칭		명사 수식 어미 (괄호 안은 모음조화에 따른 변화)	명사 수식 어미 (모음 충돌 시)
단	1	**-im** (-ım, -um, -üm).	**-m** (-m, -m, -m).
	2	**-in** (-ın, -un, -ün),	**-n** (-n, -n, -n)
	3	**-i** (-ı, -u, -ü),	**-si** (-sı, -su, -sü)
복	1	**-imiz** (-ımız, -umuz, -ümüz),	**-miz** (-mız, -muz, -müz)
	2	**-iniz** (-ınız, -unuz, -ünüz),	**-niz** (-nız, -nuz, -nüz)
	3	**-leri** (-ları)	없음

▷ 위 표에서 모음으로 시작되는 명사에 모음으로 시작되는 명사수식 어미가 오면서 모음충돌이 발생하면 앞의 인칭 어미에서처럼 개입(매개) 자음을 사용하는 것이 아니라 명사수식 어미의 맨 앞 모음이 탈락되어 모음충돌을 스스로 방지한다.

 • 나　　 ＋ 집　 ＝ 나의　　　집
　 Ben　　　ev　　 Ben-im　 ev-**im**

• 너	+	집	=	너의	집
Sen		ev		Sen-in	ev-**in**
• 그	+	집	=	그의	집
O		ev		On-un	ev-**i**
• 우리	+	집	=	우리의	집
Biz		ev		Bez-im	ev-**imiz**
• 너희	+	집	=	너희의	집
Siz		ev		Siz-in	ev-**iniz**
• 그들	+	집	=	그들의	집
Onlar		ev		Onlar-ın	ev-**leri**

▷ 명사 수식 어법에서 앞에서 수식하는 명사가 인칭대명사일 경우에는 인칭대명사 부분 전체가 생략되어 수식되는 뒤의 명사에 명사수식 어미만 붙여 사용되는 경우가 매우 많다.

- 내 집   **Ev-im**
- 네 집   **Ev-in**
- 그의 집   **Ev-i**
- 우리 집   **Ev-imiz**
- 너희 집   **Ev-iniz**
- 그들 집   **Ev-leri**

2) 명사수식 어미와 인칭 어미의 구별

터키어를 배우기 시작하면서 가장 많은 실수가 명사수식 어미와 인칭 어미를 제대로 구별하지 못하고 서로 혼용하는 데서 발생한다. 그러므로 아래 표를 보면서 잘 구별할 수 있어야 한다. 아울러 터키어에서는 접미어(조사)가 붙어서 문장이 만들어 질 때 모음과 모음이 절대로 함께 올 수 없으며(모음충돌 현상) 이때는 모음과 모음 사이에 개입(매개) 자음을 넣어서 모음의 충돌을 막는다고 이미 앞에서 배운 바가 있다. 아래 표와 같이 명사수식 어미가 사용되었을 때 모음 충돌 현상이 생기면 어미의 앞 모음이 생략되지만, 인칭 어미가 사용되는 과정에서 발생하는 모음 충돌에서는 개입 자음 -y-가 사용되므로 서로 구별이 된다. 또한 명사수식 어미는 이제 문장의 시작 부분에서 사용되지만 인칭 어미는 문장이 끝에 사용되므로 인칭 어미 다음에 마침표를 찍는 것으로도 쉽게 구별된다.

	명사 수식 어미 (괄호 안은 모음충돌 시)	인칭 어미 (괄호 안은 모음충돌 시)
단 1	**-im** (-m)	**-im.** (-y-im.)
2	**-in** (-n)	**-sin.**
3	**-i** (-si)	**-dir.**
복 1	**-imiz** (-miz)	**-iz.** (-y-iz.)
2	**-iniz** (-niz)	**-siniz.**
3	**-leri**	**-dirler.**

3) 명사 수식법의 여러 가지 형태
■ 한정적 용법
  • (학)교   + 문   = 학교의 문
                    (여러 문들 중 학교의 문이란 것을 한정할 때)
  okul   + kapı = okul-**un** kapı-**sı**

  • 경제   + 문제 = 경제의 문제 (한정적)
  ekonomi + sorun = ekonomi**nin** soru**nu**

■ 비 한정적 용법
  • (학)교   + 문   = 교문
                    (하나의 단어로 그냥 비 한정으로 통칭되는 표현)
  okul   + kapı = okul kapı-**sı**

  • 경제   + 문제 = 경제 문제 (비 한정적)
  ekonomi + sorun = ekonomi soru**nu**

> ▷ 한정적 용법과 비 한정적 용법의 구별
>
> 한정적 용법과 비 한정적 용법의 가장 뚜렷한 구별점은 소유격 어미가 있느냐 없느냐이다. 즉 한정적 용법에서는 소유격 어미를 사용하며, 비 한정적 용법에서는 소유격 어미가 생략된다.

* 한정적 용법의 단어들 (소유격 어미가 있다)
  - 가방의 지퍼   Çanta   + fermuar = Çanta**nın** fermuar-**ı**
  - 은행의 문   Banka   + kapı   = Banka**nın** kapı-**s-ı**
  - 항아리의 뚜껑 Kavanoz + kapak   = Kavanoz**un** kapağ-**ı**
  - 물의 소리   Su   + ses   = Su**yun** ses-**i**
  - 사과의 주스   Elma   + su   = Elma**nın** su-**y-u**

* 비 한정 용법의 단어들 (소유격 어미가 없다)
  - 핸드백   el   + çanta = el çanta-**s-ı**
  - 사과나무   elma   + ağaç   = elma ağac-**ı**
  - 물 컵   su   + bardak = su bardağ-**ı**
  - 구두   ayak   + kap   = ayakkab-**ı**
  - 은행 문   banka   + kapı   = banka kapı-**s-ı**
  - 물 소리   su   + ses   = su ses-**i**
  - 사과 주스   elma   + su   = elma su-**y-u**
  - 여름 철   yaz mevsim-**i**
  - 겨울 방학   kış tatil-**i**
  - 여객 선   yolcu gemi-**s-i**
  - 배 나무   armut ağac-**ı**

* 다음 단어들은 비슷하지만 명사수식법의 단어 형태들이 아니다.
  - 중 학교   orta   + okul   = orta okul
  - 수 상   baş   + bakan = başbakan

■ 재질(재료)을 설명할 때

아래 단어들처럼 어떤 재질(재료)로 만들어졌는지를 설명할 때는 복합 명사의 형태로 사용되면서도 소유격 어미와 명사수식 어미가 둘 다 생략되어 사용된다.

- 플라스틱 의자   plastik   sandalye
- 면 손수건   pamuk   mendil
- 나무 책상   tahta   masa
- 철교   demir   köprü
- 유리컵   cam   bardak
- 휘발유 창고   benzin   depo

■ 여러 개의 복합 명사 사용에서 명사수식 어미
- **무화과 나무 잎사귀**　　　　incir ağacı-n-**ın** yaprağ-ı
- **녹슬지 않는 강철 찻잔 뚜껑**　paslanmaz çelik çaydanlığ-**ın** kapağ-ı
- **잡지 표지의 사진들**　　　　dergi-n-in kapağı-n-**ın** resim-**leri**
- **영국 영사관의 문**　　　　　İngiliz konsolosluğ-**un** kapı-sı
- **Manisa 교통 경찰서**　　　Manisa Trafik Polis karakol-u
- **여객선의 정박소**　　　　　yolcu gemisi-n-**in** güverte-**si**

* 복합명사 어미의 복수 형태들도 가능하다.
- 오렌지 밭　　　　　　　　Portakal bahçe-**leri**
- 교사들 모임　　　　　　　öğretmenler toplantı-**sı**
- 애들 공책　　　　　　　　çocuklar-**ın** defter-**leri**
- 집들의 문의 벨들　　　　　evlerin kapıların-**ın** zil-**leri**
- 정원 문의 열쇠　　　　　　Bahçe kapısın-**ın** anahtar-ı
- 고속 도로의 나무심기 작업들　Çevre yolun-**un** ağaçlandırma çalışma-**ları**

* 명사수식 어미와 격 어미가 연결된 단어들
- (주격)　　체리 밭　　　　　Kiraz bahçe**leri**
- (목적격)　사과 밭을　　　　Elma bahçeler**ini**
- (여격)　　오렌지 밭**으로**　　Portakal bahçeler**ine**
- (처격)　　채소 동산에서　　Sebze bostanlar**ında**
- (탈격)　　구청 주차장**으로부터**　Belediye parklar**ından**

* 인명과 직함은 길더라도 하나의 단어로 단수 취급한다.
- 무스타파 케말 파샤 거리　　**Mustafa Kemal Paşa** Bulvarı

4) 명사수식 어미와 명사의 격 어미의 복합적 사용

주격	baba-m 내 아버지	göz-ün 네 눈	araba-sı 그의 자동차	ev-miz 우리 집
소유격 (-의)	baba-m-**ın**	göz-ün-**ün**	araba-sı-**n-ın**	ev-miz-**in**

목적격 (-을/를)	baba-m-ı	göz-ün-ü	araba-sı-n-ı	ev-miz-i
여격 (-에게,-로)	baba-m-a	göz-ün-e	araba-sı-n-a	ev-miz-e
처격 (-에서)	baba-m-da	göz-ün-de	araba-sı-n-da	ev-miz-de
탈격 (-로부터)	baba-m-dan	göz-ün-den	araba-sı-n-dan	ev-miz-den

5) 명사수식 어미를 사용한 문장들. (아래 괄호 안 인칭대명사는 생략 가능함)
- 나는 네 형이다.　　　　　　Ben (senin) **ağabey-in**-im.
- 나는 그의 아버지이다.　　　　Ben (onun) **baba-sı**-y-ım.
- 너는 내 영웅이다.　　　　　　Sen (benim) **kahraman-ım**-sın.
- 당신은 그의 어머니입니다.　　Siz (onun) **anne-si**-siniz.
- 그는 네 선생이다.　　　　　　O (senin) **öğretmen-in**-dir.
- 그 사람은 내 가족이다.　　　　O (benim) **aile-m**-dir.
- 네 안에 나 있다.　　　　　　Ben (senin) **iç-in**-de-y-im.
- 내 안에 너 있다.　　　　　　Sen (benim) **iç-im**-de-sin.

6) 인칭 어미와 명사 수식 어미를 사용한 기본 작문 연습

① 나는 한국 사람입니다.
- 평서 긍정문　　　　　　　　Ben Koreli-y-**im**.
- 평서 부정문　　　　　　　　Ben Koreli **değil-im**.
- 의문 긍정문　　　　　　　　Ben Koreli **mi**-y-**im**?
- 의문 부정문　　　　　　　　Ben Koreli **değil mi**-y-**im**?

② 나는 좋아.
- 평서 긍정문　　　　　　　　Ben iyi-y-**im**.
- 평서 부정문　　　　　　　　Ben iyi **değil-im**.
- 의문 긍정문　　　　　　　　Ben iyi **mi**-y-**im**?
- 의문 부정문　　　　　　　　Ben iyi **değil mi**-y-**im**?

③ 나는 알리의 친구 다.
- 평서 긍정문   Ben Ali'nin arkadaşı-y-**ım**.
- 평서 부정문   Ben Ali'nin arkadaşı **değil**-im.
- 의문 긍정문   Ben Ali'nin arkadaşı **mı**-y-**ım**?
- 의문 부정문   Ben Ali'nin arkadaşı **değil** mi-y-**im**?

④ 내 이름은 알리 야.
- 평서 긍정문   Benim adım Ali.
- 평서 부정문   Benim adım Ali **değil**.
- 의문 긍정문   Benim adım Ali **mi**?
- 의문 부정문   Benim adım Ali **değil mi**?

⑤ 나는 네 아버지 이다.
- 평서 긍정문   Ben (senin) baban-**ım**.
- 평서 부정문   Ben (senin) baban **değil**-im.
- 의문 긍정문   Ben (senin) baban **mı**-y-**ım**?
- 의문 부정문   Ben (senin) baban **değil** mi-y-**im**?

⑥ 너는 내 친구 이다.
- 평서 긍정문   Sen (benim) arkadaş-ım-**sın**.
- 평서 부정문   Sen (benim) arkadaş-ım **değil**-**sin**.
- 의문 긍정문   Sen (benim) arkadaş-ım **mı**-**sın**?
- 의문 부정문   Sen (benim) arkadaş-ım **değil** mi-**sin**?

⑦ 그 분은 제 아버지 입니다.
- 평서 긍정문   O (benim) babam.
- 평서 부정문   O (benim) babam **değil**.
- 의문 긍정문   O (benim) babam **mı**?
- 의문 부정문   O (benim) babam **değil mi**?

⑧ 한국 은 내 조국 입니다.
- 평서 긍정문   Kore (benim) vatan-ım.
- 평서 부정문   Kore (benim) vatan-ım **değil**.
- 의문 긍정문   Kore (benim) vatan-ım **mı**?
- 의문 부정문   Kore (benim) vatan-ım **değil mi**?

⑨ 한국의 봄 은 아름답습니다.
- 평서 긍정문   Kore'nin ilk baharı güzel.
- 평서 부정문   Kore'nin ilk baharı güzel **değil**.
- 의문 긍정문   Kore'nin ilk baharı güzel **mi**?
- 의문 부정문   Kore'nin ilk baharı güzel **değil mi**?

⑩ 대한민국 은 아시아에 있습니다.
- 평서 긍정문   Kore Asya'da.
- 평서 부정문   Kore Asya'da **değil**.
- 의문 긍정문   Kore Asya'da **mı**?
- 의문 부정문   Kore Asya'da **değil mi**?

(16) 기본 시제

터키어의 시제에서는 항상 동사가 주인공이다. 터키어의 동사 원형(혹은 사전형)은 항상 -mek 혹은 -mak의 형태를 가지고 있는데, 시제의 변화는 동사의 원형에서 -mek 혹은 -mak을 띄어 내고 남은 부분(어근 혹은 어간이라고 부름)에 각 시제(과거, 현재, 미래) 어미를 모음조화에 맞추어 붙이면서 만들어 나가게 된다. 즉 터키어의 시제는 기본적으로 아래 형식을 갖고 있다.

주어 √ 동사 어간 + 시제 어미 + 인칭 어미 .

-**iyor**   (-ıyor, -uyor, -üyor)   (~하고 있다.)
-**ir**   (-ır, -ur, -ür)   (~한다.)
-**di**   (-dı, -du, -dü)   (~했다.)
-**miş**   (-mış, -muş, -müş)   (~했다.)
-**ecek**   (-acak)   (~할 예정이다.)
-**se**   (-sa)   (~한다면)

1. 기본 문법   569

1) 현재 시제 (Şimdiki Zaman)

현재 진행되고 있는 상황과 가까운 미래를 표현한다.

동사 어간 + **-iyor** + 인칭 어미 .

-ıyor

-uyor

-üyor

예) 오다: **gel-mek**

	평서 긍정 (온다.)	평서 부정 (오지 않는다.)	의문 긍정 (오니?)	의문 부정 (오지 않니?)
1	gel-**iyor**-um.	gel-**m-iyor**-um.	gel-**iyor mu**-y-um?	gel-**m-iyor mu**-y-um?
2	gel-**iyor**-sun.	gel-**m-iyor**-sun.	gel-**iyor mu**-sun?	gel-**m-iyor mu**-sun?
3	gel-**iyor**-(dur).*	gel-**m-iyor**-(dur).	gel-**iyor mu**(dur)?	gel-**m-iyor mu**(dur)?
1	gel-**iyor**-uz.	gel-**m-iyor**-uz.	gel-**iyor mu**-y-uz?	gel-**m-iyor mu**-y-uz?
2	gel-**iyor**-sunuz.	gel-**m-iyor**-sunuz.	gel-**iyor mu**-sunuz?	gel-**m-iyor mu**-sunuz?
3	gel-**iyor**-(dur)lar.	gel-**m-iyor**-(dur)-lar	gel-**iyor**-lar **mı**?	gel-**m-iyor**-lar **mı**?

* 3인칭 단수와 복수 어미 가운데 **-dur** 어미는 생략 가능하다.

2) 초월 시제 (Geniş Zaman)

반복되는 습관, 자연현상, 청유형 등에서 주로 사용되며 아래와 같이 두 종류의 초월 시제 어미 가 있다.

동사 어간 + **-ir** + 인칭 어미 .

-ır

-ur

-ür

동사 어간 + **-er** + 인칭 어미 .*

-ar

(* 주로 단음절 동사일 때 사용함.)

예) 앉다, 살다: otur-mak

	평서 긍정 (앉는다.) (산다.)	평서 부정 (앉지 않는다.) (살지 않는다.)	의문 긍정 (앉니?) (사니?)	의문 부정 (앉지 않니?) (살지 않니?)
1	otur-**ur**-um.	otur-**ma**-m.	otur-**ur mu**-y-um?	otur-**maz mı**-y-ım?
2	otur-**ur**-sun.	otur-**maz**-sın.	otur-**ur mu**-sun?	otur-**maz mı**-sın?
3	otur-**ur**.	otur-**maz**.	otur-**ur mu**?	otur-**maz mı**?
1	otur-**ur**-uz.	otur-**ma**-y-ız.	otur-**ur mu**-y-uz?	otur-**maz mı**-y-ız?
2	otur-**ur**-sunuz.	otur-**maz**-sınız.	otur-**ur mu**-sunuz?	otur-**maz mı**-sınız?
3	otur-**ur**-lar.	otur-**maz**-lar.	otur-**ur-lar** mı?	otur-**maz**-lar **mı**?

3) 과거 시제 (Geçmiş Zaman)

터키어 과거 시제에는 두 종류가 있다. 하나는 자신이 직접 보았거나 경험했던 사실에 대한 과거로 이를 직접 과거라고 부르며, 다른 하나는 자신이 직접 보지 못했거나 경험하지 않은 사실(역사적 사실 포함)에 대한 과거로 이를 간접 과거라고 부른다.

① 직접 과거 시제 (di'li Geçmiş Zaman)

동사 어간 + **-di** + 인칭 어미.

-dı
-du
-dü

예) 남다: kal-mak

	평서 긍정 (남았다.)	평서 부정 (남지 않았다.)	의문 긍정 (남았니?)	의문 부정 (남지 않았니?)
1	kal-**dım**.	kal-**ma-dım**.	kal-**dım mı**?	kal-**ma-dım mı**?
2	kal-**dın**.	kal-**ma-dın**.	kal-**dın mı**?	kal-**ma-dın mı**?
3	kal-**dı**.	kal-**ma-dı**.	kal-**dı mı**?	kal-**ma-dı mı**?
1	kal-**dık**.	kal-**ma-dık**.	kal-**dık mı**?	kal-**ma-dık mı**?
2	kal-**dınız**.	kal-**ma-dınız**.	kal-**dınız mı**?	kal-**ma-dınız mı**?
3	kal-**dılar**.	kal-**ma-dılar**.	kal-**dı-lar mı**?	kal-**ma-dı-lar mı**?

* 직접 과거 시제에서는 시제 어미인 -di와 각 인칭어미를 함께 붙여 외우면 매우 편리하다.

② 간접 과거 시제 (miş'li Geçmiş Zaman)

동사 어간 + **-miş** + 인칭 어미 .
-mış
-muş
-müş

예) 웃다: gül-mek

	평서 긍정 (웃었대)	평서 부정 (웃지 않았대)	의문 긍정 (웃었대?)	의문 부정 (웃지 않았대?)
1	gül-**müş**-üm	gül-**me-miş**-im	gül-**müş** müyüm?	gül-**me-miş m**iyim?
2	gül-müş-sün	gül-me-miş-sin	gül-müş müsün?	gül-me-miş misin?
3	gül-müş	gül-me-miş	gül-müş mü?	gül-me-miş mi?
1	gül-müş-üz	gül-me-miş-iz	gül-müş müyüz?	gül-me-miş miyiz?
2	gül-müş-sünüz	gül-me-miş-siniz	gül-müş müsünüz?	gül-me-miş misiniz?
3	gül-müş-ler	gül-me-miş-ler	gül-müş-**ler** mi?	gül-me-miş-**ler** mi?

4) **미래** 시제 (Gelecek Zaman)

앞으로 될 일에 대한 것을 표현할 때 사용한다.

동사 어간 + **-ecek** + 인칭 어미 .
-acak

예) 하다: yap-mak

	평서 긍정 (웃을 거야)	평서 부정 (웃지 않을 거야)	의문 긍정 (웃을 거니?)	의문 부정 (웃지 않을 거니?)
1	yap-**acağ**-ım.	yap-**ma**-y-**acağ**-ım.	yap-acak mı-y-ım?	yap-ma-**acak mı**-y-ım?
2	yap-acak-sın.	yap-ma-y-acak-sın.	yap-acak mı-sın?	yap-ma-acak mı-sın?
3	yap-acak.	yap-ma-y-acak.	yap-acak mı?	yap-ma-acak mı?
1	yap-acağ-ız.	yap-ma-y-acağ-ız.	yap-acak mı-y-ız?	yap-ma-acak mı-y-ız?
2	yap-acak-sınız.	yap-ma-y-acak-sınız.	yap-acak mı-sınız?	yap-ma-acak mı-sınız?
3	yap-acak-lar.	yap-ma-y-acak-lar.	yap-acak-lar mı?	yap-ma-acak-lar mı?

5) 바램 조건

자신이 하고 싶은 것들이나 바라는 상황에서 많이 사용된다. (시제의 조건 시제와는 구별된다.)

동사 어간 + **-se** + 인칭 어미.

-sa

예) 보다: gör-mek

	평서 긍정 (본다면)	평서 부정 (보지 않는다면)	의문 긍정 (본다면?)	의문 부정 (보지 않는다면?)
1	gör-**sem**	gör-**me**-sem	gör-**sem** mi?	gör-**me**-**sem mi**?
2	gör-sen	gör-me-sen	gör-sen mi?	gör-me-sen mi?
3	gör-se	gör-me-se	gör-se mi?	gör-me-se mi?
1	gör-sek	gör-me-sek	gör-sek mi?	gör-me-sek mi?
2	gör-seniz	gör-me-seniz	gör-seniz mi?	gör-me-seniz mi?
3	gör-se-ler	gör-me-se-ler	gör-se-**ler** mi?	gör-me-se-**ler** mi?

6) 명령

동사의 명령형은 보통 2인칭 즉 상대방에게 하는 것으로 알지만 사실 3인칭 명령도 있음을 염두에 두고 아래 표 박스를 잘 이해해야 한다. 즉, 2인칭에게 하는 명령형은 단수일 때는 그냥 동사의 어간 형태를 가지고 사용하고, 복수일 때는 **-in(-ın, -un, -ün)** 어미를 가져와서 만들지만, 3인칭 명령형은 동사의 어간에 **-sin(-sın, -sun, -sün)** 어미를 가져와서 만든다.

예) 하다: yap-mak

	평서 긍정 (해!)		평서 부정 (하지 마!)		의문 긍정	의문 부정
1	없음.		없음.		없음.	없음.
2	Yap!	해!	Yap-**ma**!	하지마!	없음.	없음.
3	Yap-**sın**!	하라고 해!	Yap-**ma-sın**!	하지 말라고 해!	없음.	없음.
1	없음.		없음.		없음.	없음.
2	Yap-**ın**!	하세요!	Yap-**ma-y-ın**!	하지 마세요!	없음.	없음.
3	Yap-**sınlar**!	하라고들 해!	Yap-**ma-sınlar**!	하지 말라고들 해!	없음.	없음.

7) 예문을 통한 전체 시제 분류 (복합시제 포함)

예) 오다: **gel-mek**

여기서는 하나의 동사를 사용해서 단수 3인칭 평서 긍정문 형태로만 모든 터키어 문장을 분류해 보겠다. 앞에서의 표 상자들처럼 모든 동사들은 하나의 단어에 각각 24개(인칭6개×문형4개)의 형태가 나올 수 있음을 늘 염두에 두면서 문형 연습을 해 두면 좋을 것이다.

① 기본 시제

- 오고 있다. Gel-**iyor**.
- 온다. Gel-**ir**.
- 왔다. Gel-**di**.
- 왔었대. Gel-**miş**.
- 올 예정이다. Gel-**ecek**.
- 오면(바람) Gel-**se**
- 오게 해라.(명령) Gel-**sin**.

② 복합 시제

- 왔었다. Gel-**miş-ti**.
- 오곤 했었다. Gel-**ir-di**. (Gel-ir idi.)
- 오고 있었다. Gel-**iyor-du**. (Gel-iyor idi.)
- 올 것이었다. Gel-**ecek-ti**. (Gel-ecek idi.)
- 올 수 있다. Gel-**ebil-ir**.
- 올 수 있었다. Gel-**ebil-ir-di**. (Gel-ebil-ir idi.)
- 왔었더라면 (Keşke) Gel-**se-y-di**.
- 올 수 있었다면 Gel-**ebil-se-y-di**. (Gel-ebil-se idi.)
- 와야만 한다.(1) Gel-**meli**.
- 와야만 했다. Gel-**meli-y-di**. (Gel-meli idi.)
- 와야만 한다.(2) Gel-**me-si gerek**.
- 와야만 한다.(3) Gel-**mek zorunda**.
- 와야만 했다. Gel-**mek zorunda-y-dı**. (Gel-mek zorunda idi.)

③ 바람, 희망

• 오면(바람)	Gel-**se**
• 왔더라면(바람)	Gel-**se-y-di** (Gel-se idi)
• 올 수 있다면(바람)	Gel-ebil-**se**
• 올 수 있었다면(바람)	Gel-ebil-**se-y-di** (Gel-ebil-se idi)

④ 조건

• 온다면	Gel-ir-**se** (Gel-ir ise)
• 오고 있다면	Gel-iyor-**sa** (Gel-iyor ise)
• 올 것이라면	Gel-ecek-**se** (Gel-ecek ise)
• 올 수 있다면	Gel-ebil-ir-**se** (Gel-ebil-ir ise)
• 올 수 있다면	Gel-ebil-iyor-**sa** (Gel-ebil-iyor ise)

(17) 형용 동사

터키어에서는 동사 같이 보이면서 사실 동사가 아닌 이상한 품사가 하나 있는데 바로 '형용 동사'라고 부르는 것이다. 이 형용 동사는 아래와 같이 형용사 혹은 명사를 가지고 동사처럼 시제 변화에 활용할 수 있기 때문에 널리 사용되는 형태이다.

형용 동사의 기본형은 동사와 같이 **olmak** (되다), **etmek** (이다) 등의 불완전 동사를 붙여서 주로 만들어 지며, 이를 활용해서 시제의 변화를 만들어 나갈 수 있다.

형용사 / 명사 **olmak**

형용사		긍정 형	
İyi	좋은	İyi **olmak**	좋다
Güzel	예쁜	Güzel **olmak**	예쁘다.
Çalışkan	부지런한	Çalışkan **olmak**	부지런하다.
Asker	군인	Asker **olmak**	군인이 되다.
Yardımcı	돕는 자	Yardımcı **olmak**	돕는 자가 되다.

예 **iyi ol-mak** (좋다)

1) 보이는 과거시제 형태 (잘 되었다./좋았다.)

인칭	평서 긍정	평서 부정	의문 긍정	의문 부정
1	iyi ol-**dum**.	iyi ol-**ma**-dım.	iyi ol-dum **mu**?	iyi ol-**ma**-dım **mı**?
2	iyi ol-dun.	iyi ol-ma-dın.	iyi ol-dun mu?	iyi ol-ma-dın mı?
3	iyi ol-du.	iyi ol-ma-dı.	iyi ol-du mu?	iyi ol-ma-dı mı?
1	iyi ol-duk.	iyi ol-ma-dık.	iyi ol-duk mu?	iyi ol-ma-dık mı?
2	iyi ol-dunuz.	iyi ol-ma-dınız.	iyi ol-dunuz mu?	iyi ol-ma-dınız mı?
3	iyi ol-dular.	iyi ol-ma-dılar.	iyi ol-dular mı?	iyi ol-ma-dılar mı?

2) 미래 시제 형태 (군인이 될 거야.)

인칭	평서 긍정	평서 부정	의문 긍정	의문 부정
1	asker ol-**acağ**-ım.	asker ol-**ma**-y-acağ-ım.	asker ol-acak **mı**-yım?	asker ol-**ma**-y-acak **mı**-y-ım?
2	asker ol-acak-sın.	asker ol-ma-y-acak-sın.	asker ol-acak mı-sın?	asker ol-ma-y-acak mı-sın?
3	asker ol-acak.	asker ol-ma-y-acak.	asker ol-acak mı?	asker ol-ma-y-acak mı?
1	asker ol-acağ-ız.	asker ol-ma-y-acağ-ız.	asker ol-acak mı-y-ız?	asker ol-ma-y-acak mı-y-ız?
2	asker ol-acak-sınız.	asker ol-ma-yacak-sınız.	asker ol-acak mı-sınız?	asker ol-ma-y-acak mı-sınız?
3	asker ol-acak-lar.	asker ol-ma-y-acak-lar.	asker ol-acak-lar mı?	asker ol-ma-y-acak-lar mı?

(18) 동사의 분사, 접속사

1) **~가(이)** …은(는)

   동사어근 + -dik + 명사수식어미.

   - **-im**   (-ım, -um, -üm)
   - **-in**   (-ın, -un, -ün)
   - **-i**   (-ı, -u, -ü)
   - **-imiz** (-ımız, -umuz, -ümüz)
   - **-iniz** (-ınız, -unuz, -ünüz)
   - **-leri** (-ları)

   - Oku-duğ-**um** son kitap.
     내가 읽은 마지막 책.

   - Dik-tiğ-**imiz** fidanlar meyve vermeye başlamış.
     우리가 심은 묘목들이 열매를 맺기 시작했다.

2) **~가/이** …을(를)

   동사어근 + -ecek + 명사수식어미.

   - **-im**   (-ım, -um, -üm)
   - **-in**   (-ın, -un, -ün)
   - **-i**   (-ı, -u, -ü)
   - **-imiz** (-ımız, -umuz, -ümüz)
   - **-iniz** (-ınız, -unuz, -ünüz)
   - **-leri** (-ları)

   - Oku-y-acağ-**ım** ilk kitap.
     내가 읽을 첫 책.

   - Yap-acağ-**ımız** işler.
     우리가 할 일들.

3) **-(ㄹ)할 때**

   동사어근 + **-ince**

-ınca
-unca
-ünce

- Ben gid-**ince** hüzünler bırakırım.
  내가 **갈 때** 슬픔들을 떨쳐버릴게.

- Senin bu halini gör-**ünce** lise yıllarımı hatırladım.
  너의 상태를 **보았을 때**, 내 고교시절이 생각났다.

4) –할수록

동사어근 + **-dikçe**
　　　　　　　-dıkça
　　　　　　　-dukça
　　　　　　　-dükçe

- Gül-**dükçe** yüzünde güller açılıyor.
  웃을수록 그의 얼굴에 웃음꽃이 핀다.

- Aklıma gel-**dikçe** utanıyorum.
  생각이 **날수록** 나는 부끄럽다.

5) (～가) –했을 때,

동사어근 + -dık + 명사수식어미 + **de**(-da)
　　　　　　　-im　　(-ım, -um, -üm)
　　　　　　　-in　　 (-ın, -un, -ün)
　　　　　　　-i　　　(-ı, -u, -ü)
　　　　　　　-imiz　(-ımız, -umuz, -ümüz)
　　　　　　　-iniz　 (-ınız, -unuz, -ünüz)
　　　　　　　-leri　 (-ları)

동사어근 + -dık + 명사수식어미 √ **zaman**
　　　　　　　-im　　(-ım, -um, -üm)
　　　　　　　-in　　 (-ın, -un, -ün)
　　　　　　　-i　　　(-ı, -u, -ü)

-imiz (-ımız, -umuz, -ümüz)
-iniz (-ınız, -unuz, -ünüz)
-leri (-ları)

- Sen eve gir-**diğ-i-n-de** o arka kapıdan çıkıyordu.
  Sen eve gir-**diğ-i zaman** o arka kapıdan çıkıyordu.
  네가 집에 들어왔을 때 그는 뒷문으로 도망가고 있었다.

- Seninle konuş-**tuğ-um-da** rahatlıyorum.
  Seninle konuş-**tuğ-um zaman** rahatlıyorum.
  너와 얘기했을 때 나는 편해진다.

6) -기 때문에

|동사어근| + -dık + |명사수식어미| √ **için**
-**im** (-ım, -um, -üm)
-**in** (-ın, -un, -ün)
-**i** (-ı, -u, -ü)
-**imiz** (-ımız, -umuz, -ümüz)
-**iniz** (-ınız, -unuz, -ünüz)
-**leri** (-ları)

|동사어근| + -dık + |명사수식어미| + **den**(-dan)
-**im** (-ım, -um, -üm)
-**in** (-ın, -un, -ün)
-**i** (-ı, -u, -ü)
-**imiz** (-ımız, -umuz, -ümüz)
-**iniz** (-ınız, -unuz, -ünüz)
-**leri** (-ları)

- Bir halı al-dığ-**ım için** vergi ödemeliyim.
  Bir halı al-dığ-**ım-dan** vergi ödemeliyim.
  나는 카펫을 하나 **샀기 때문에** 세금을 내야만 한다.

7) -(하)는 동안 줄곧

| 동사어근 | + -dık + | 명사수식어미 | √ **müddetçe**
                      -im   (-ım, -um, -üm)
                      -in   (-ın, -un, -ün)
                      -i   (-ı, -u, -ü)
                      -imiz (-ımız, -umuz, -ümüz)
                      -iniz (-ınız, -unuz, -ünüz)
                      -leri (-ları)

- O çalış-**tığ-ı müddetçe** şarki söyler.
  그는 일하는 동안 줄곧 노래를 부른다.

8) -했지만, -한 상태로

| 동사어근 | + -dık + | 명사수식어미 | √ **halde**
                      -im   (-ım, -um, -üm)
                      -in   (-ın, -un, -ün)
                      -i   (-ı, -u, -ü)
                      -imiz (-ımız, -umuz, -ümüz)
                      -iniz (-ınız, -unuz, -ünüz)
                      -leri (-ları)

- Bağır-dığ-**ım halde** kimse yardıma gelmedi.
  내가 소리쳐 불렀지만 아무도 도움을 주지 않았다.

- Bacağı alçıda olduğ-**u halde** eve döndü.
  그는 다리에 깁스를 한 상태로 집에 돌아왔다.

9) -하는 만큼

| 동사어근 | + -dık + | 명사수식어미 | √ **kadar**
                      -im   (-ım, -um, -üm)
                      -in   (-ın, -un, -ün)
                      -i   (-ı, -u, -ü)
                      -imiz (-ımız, -umuz, -ümüz)

     -iniz (-ınız, -unuz, -ünüz)
     -leri (-ları)

- İstediğ-**iniz kadar** kalınız.
  원하시는 **만큼** 머무세요.

- Senin uyuduğ-**un kadar** ben uyuyamam.
  네가 **잔 만큼** 나는 잘 수 없어.

10) -하는 대신에

동사어근	+ -**ecek** +	명사수식어미	+ -**e**
	-acak		-a

     -im (-ım, -um, -üm)
     -in (-ın, -un, -ün)
     -i (-ı, -u, -ü)
     -imiz (-ımız, -umuz, -ümüz)
     -iniz (-ınız, -unuz, -ünüz)
     -leri (-ları)

동사어근	+ -**ecek** √ **yerde**
	-acak

- İzmir'e yürü-y-**eceğ-i-m-e** otobüse bineceğim.
  İzmir'e yürü-y-**ecek yerde** otobüse bineceğim.
  이즈밀로 걸어가는 **대신에** 나는 버스 탈 것이다.

11) -(하)는 것으로

동사어근	+ -**mek** + -**le**
	-mak + -la

- Günümü hep yazı yaz-**makla** geçirdim.
  나는 내 시간을 늘 글 쓰는 **것으로** 보냈다.

12) -(하)기 보다는

| 동사어근 | + **-mek-ten-se**
　　　　　　-mak-tan-sa

- Ankara'ya git-**mek-ten-se** İstanbul'a gittim.
  난 안카라로 가기 **보다는** 이스탄불로 갔다.

13) -(하)지 않고

| 동사어근 | + **-mek-sizin**
　　　　　　-mak-sızın

| 동사어근 | + **-me-den**
　　　　　　-ma-dan

- Otobüse bin-**mek-sizin** İstanbul'a gittim.
  Otobüse bin-**me-den** İstanbul'a gittim.
  난 버스를 타지 **않고** 이스탄불로 갔다.

14) -하기 전에

| 동사어근 | + **-me-den** önce
　　　　　　-ma-dan önce

- Araba kullan-**madan önce** ehliyet alıyorum.
  난 자동차를 몰기 **전에** 면허증을 챙긴다.

- Öğretmen gel-**meden önce** ders başlamıyor.
  선생님께서 오시기 **전에는** 수업 시작 안 한다.

15) -한 후에

| 동사어근 | + **-dikten sonra**
　　　　　　-dıktan sonra
　　　　　　-duktan sonra
　　　　　　-dükten sonra

- Ehliyet al-**dık-tan sonra** araba kullanıyorum.
  난 면허증을 챙긴 **후에** 자동차를 몹니다.

- Beni uyandır-**dık-tan sonra** gidiniz.
  나를 깨운 **후에** 가세요.

16) -전에 (명사와 함께)

   명사형 + -**meden önce**
          -madan önce

- Onlar sinema-**dan önce** alışverişe gidiyorlar.
  그들은 극장 **전에** 쇼핑하러 갑니다.

- Hakan ve zeynep alışveriş-**ten önce** sinemaya gidiyorlar.
  하칸과 제이넵은 쇼핑 **전에** 극장에 갑니다.

17) -후에 (명사와 함께)

   명사형 + -**den sonra**
          -dan sonra

- Onlar sinema-**dan sonra** alışverişe gidiyorlar.
  그들은 극장 **후에** 쇼핑하러 갑니다.

- Hakan ve zeynep alışveriş-**ten sonra** sinemaya gidiyorlar.
  하칸과 제이넵은 쇼핑 **후에** 극장에 갑니다.

18) -할 때

   동사시제 변화형 + -**ken**

- Sen **ağla-r-ken** ben nasıl gülerim. (초월시제와 함께)
  네가 울 **때** 내가 어떻게 웃겠니?

- Tam **anlaş-acak-ken** adam, satmaktan vazgeçti. (미래시제와 함께)
  최종 합의가 **될 때** 남자는 파는 것을 포기했다.

19) -자 마자

동사어근 + -r √ 동사어간 + -mez (초월시제 사용)
　　　　　　　　　　　　　　-maz

- Onu gör-**ür** gör-**mez** tanıdım.
  난 그를 **보자 마자** 알아보았다.

- Ben otur-**ur** otur-**maz** telefon çaldı.
  내가 **앉자 마자** 전화가 울렸다.

20) -(한) 지

동사어근 + -**eli**
　　　　　-alı

- Biz görüş-me-y-**eli** epey oldu.
  우리가 못 본 지 꽤 되었다.

- O adamı tanı-y-**alı** birkaç yıl oldu.
  그 남자를 만난 지 수년 되었다.

21) -하면서 (동시상황)

동사어근 + -**erek**
　　　　　-arak

동사어근 + -**e** √ 동사어근 + -**e**
　　　　　-a　　　　　　　　-a

- Önündekileri it-**erek** ilerlemeye çalışıyordu.
  Önündekileri it-**e** it-**e** ilerlemeye çalışıyordu.
  앞에 있는 사람들을 **밀면서** 앞으로 나가려고 노력하고 있었다.

- İnsanoğlu dünyaya ağla-**y-arak** gelir, ağlat-**arak** gider.
  İnsanoğlu dünyaya ağla-**y-a** ağla-**y-a** gelir, ağlat-**a** ağlat-**a** gider.
  사람은 이 세상에 울**면서** 와서, 울리**면서** 간다.

22) -(하)고

   동사어근 + **-ip** (-ıp, -up, -üp)

   • Sandallara bin-**ip** gittiler.
   그들은 나룻배를 타고 갔다.

   • Dişimi sık-**ıp** dayandım.
   난 이빨을 깨물고 참았다.

23) -(할) 때

   동사어근 + **-(y)-ince**
   　　　　　-(y)-ınca
   　　　　　-(y)-unca
   　　　　　-(y)-ünce

   • Otobüs gel-**ince** kalkarım.
   버스가 올 **때** 나는 떠날게요.

24) -(할) 때까지

   동사어근 + **-(y)-ince-ye　kadar**
   　　　　　-(y)-ınca-ya　kadar
   　　　　　-(y)-unca-ya　kadar
   　　　　　-(y)-ünce-ye　kadar

   동사어근 + **-(y)-ince-ye　dek**
   　　　　　-(y)-ınca-ya　　dek
   　　　　　-(y)-unca-ya　　dek
   　　　　　-(y)-ünce-ye　　dek

   • Otobüs gel-**ince-y-e kadar** gidemedik.
   Otobüs gel-**ince-y-e dek** gidemedik.
   버스가 올 **때까지** 우리는 갈 수 없었다.

   • Senden bir yanıt al-**ınca-y-a kadar** beklerim.
   Senden bir yanıt al-**ınca-y-a dek** beklerim.
   난 너한테 대답을 받을 **때까지** 기다리겠다.

② 관용적 표현들

(1) 축하 인사들: "축하합니다!"

- 생일 축하   Doğum gününüz **kutlu olsun**!
- 입주 축하   Yeni eviniz **kutlu olsun**!
- 신년 축하(1)   Yeni yılınız **kutlu olsun**!
- 신년 축하(2)   İyi yıl-**lar**!
- 성탄 축하(1)   İsa'nın Doğuş Bayramınız **kutlu olsun**!
- 성탄 축하(2)   İyi Noel-**ler**!
- 명절 축하   Bayramınız **kutlu olsun**!
- 국경일 축하   Cumhuriyet Bayramınız **kutlu olsun**!
- 진급 축하   Terfiniz **kutlu olsun**!
- 합격 축하   Başarınız **kutlu olsun**!

(2) 기원의 인사들: "잘 ~(하)기 바랍니다!"

- 잘 가세요!   Güle güle git!
- 잘 사세요! (집들이 時)   Güle güle otur!
- 잘 사용하세요! (새 물건을 샀을 때) Güle güle kullan!
- 잘 소모하세요! (돈을 주면서)   Güle güle harca!
- 잘 입으세요! (새 옷을 입었을 때)   Güle güle giy!

※ 좋은 ~(이/가) 되기 바랍니다!

▷ 주로 잘 되거나 잘 하라는 기원의 인사말로서 우리 말 표현이 조금 어색할 수 있으나 문형에 맞추어 적다 보니 편의상 이렇게 기술한 것이고 사실 같은 뜻의 다양한 표현으로 실제 생활에서 사용되고 있음을 짐작할 수 있다. **İyi** 명사 + **-ler(-lar)!** 의 공통된 형태를 가진다.

• 좋은 꿈 꾸세요!(잠자리에 들 때)	İyi **rüya**-lar!
• 좋은 날이 되기 바랍니다.	İyi **gün**-ler!
• 좋은 밤이 되기 바랍니다.	İyi **gece**-ler!
• 좋은 쇼핑이 되기 바랍니다.	İyi **alışveriş**-ler!
• 좋은 수업이 되기 바랍니다.	İyi **ders**-ler!
• 좋은 아침이 되기 바랍니다.	İyi **sabah**-lar!
• 좋은 여행이 되기 바랍니다.	İyi **yolculuk**-lar!
• 좋은 일이 되기 바랍니다.	İyi **iş**-ler!
• 좋은 잠이 되세요!(=잘 자요!)	İyi **uyku**-lar!
• 좋은 저녁이 되기 바랍니다.	İyi **akşam**-lar!
• 좋은 휴가가 되기 바랍니다.	İyi **tatil**-ler!

(3) 각종 상황 별 인사말들

• 가족들과 떨어져 있는 이에게	Allah kavuştursun!
• 군대에 가는 이에게	İyi tezkereler!
• 병을 앓고 있는 이에게	Geçmiş olsun!
• 부고를 당한 이에게	Başınız sağ olsun!

> ▷ 조문사(弔問事) 예문
>
> • 이번에 당한 재난에 대해 귀 국의 국민들에게 하나님의 가호를 기원합니다.
>   Büyük faciadan dolayı vatandaşlarınıza Allah-tan rahmet diliyorum.
>
> • 가까운 지인과 모든 사회에도 삼가 조의를 표합니다.
>   Hem yakınlarınıza hem de tüm toplumunuza da baş-sağlığı ve sabır diliyorum.
>
> • 고인(故人)이 되신 할아버님! Rahmetli dedem.
> • 고(故) 이승만 대통령! Rahmetli Lee SM.

• 사고를 당한 이에게	Geçmiş olsun!
• 수고한 이들에게	
- 강의나 설명을 해 준 이에게	Ağzınıza sağlık!

– 수고의 손길을 아끼지 않은 이에게	Elinize sağlık!
– 먼 길을 와 준 이에게	Ayaklarınıza sağlık!
• 시험을 치른 이에게	Geçmiş olsun!
• 제대를 하는 이에게	Geçmiş olsun!
• 학수고대한 일이 이뤄졌을 때	Gözünüz aydın!
• 형을 치르고 나온 이에게	Geçmiş olsun!
• 비용을 치른 사람에게	Kesenize bereket.
• 감사의 다양한 표현들	Allah razı olsun!
	Mersi!
	Nasıl teşekkür edeceğimi bilemiyorum.
	Sağ ol!
	Sağ olsun! (다른 이에게 감사할 때)
	Sana/Size minnettarım.
	Teşekkür ederim.
	Teşekkürler!
• 열심히 수고하고 있는 이에게	Kolay gelsin!
• 재채기를 한 이에게	
– 오래 살아라!	Çok yaşa!
– 너도 봐라!	Sen de gör! (답 인사)
• 몸 조심해라!	Kendine mukayyet ol!
	Kendine iyi bak!
	Kendine göz kulak ol!
• 저도 같은 말로 (인사)전합니다!	Bilmukabele!

▷ 영어의 'Same to you!'와 같은 표현으로 상대방이 안부를 전해 달라거나 다양한 인사말을 했을 때 그 말을 받은 사람은 같은 말은 또 다시 반복하지 않고도 이 표현으로 동일하게 "저도 그렇게 전해주세요!" 혹은 "저도 같은 뜻을 전합니다."라는 식으로 표현할 때 쓰인다. 하지만 현대에 와서 이 표현은 잘 사용하지 않는 고풍스러운 표현이지만 사용하는 사람의 격이 한 단계 올라갈 듯한 말이므로 한번쯤은 사용해 볼만 하다.

(4) 많이 사용되는 관용어들(ABC순)

- Acemi şans   초보자 행운(일이 서툰 자에게 닥친 행운)

> ▷ 예를 들면 생전 처음으로 도박을 하게 된 사람이 돈을 땄을 때, 혹은 일에 서툰 자가 오히려 뜻하지 않게 일이 잘 풀리게 되었을 때 사용하는 말이다.

- A'dan Z'ye kadar.   처음부터 끝까지 (모조리)
- Akşam pazarı   저녁떨이.
- Allah allah!   어쩌면 그럴 수가! 쯧쯧쯧.
  - = Hayret bir şey!   (어처구니가 없는 일에 대해)
  - = Olamaz!
  - = Olacak iş değil!
- Allahtan siz varsınız.   그래도 당신이 있어서 천만다행이에요.
- Altıncı his.   육감(六感)
- Altını çizerek söylüyorum.   강조해서 말하는데요.
- Alt üstü etti.   일이 다 망쳐버렸어.
- Aramızda kalsın!   비밀 지켜줘!
- Aşk olsun.   아이구, 뭐 그런 말을 다하니.
- Ayıp ediyorsunuz.   지금 실례를 하시는 거에요.

> ▷ 정말 실례를 범했을 때 사용하기 보다는, 내가 대접하기로 식사를 했는데 막상 계산할 때 상대방이 지불하려는 상황, 또는 큰 돈만 되돌려 주면 되는 것을 꼼꼼하게 잔돈까지 정확하게 다 계산해서 되돌려 주려는 상대방에 대해서 주로 사용되는 재미있는 표현이다.

- Bahse girelim mi?   우리 내기 할까요?
- Bana göre hava hoş.   난 상관없으니까 너나 걱정해.
- Benim söylemek istediğim şey.   내가 얘기하고 싶은 것은.
- Bin bir gece   천일(1001) 야화.
- Bir bakayım!   한 번 좀 봅시다!
                                      (=Bakabilir miyim?)

▷ '보다'라는 뜻을 가진 터키어 'Bakmak'의 표현들
- 두고 보자!   Bakalım!
- 말해 보자!   Söyle bakayım!
- 어디 나도 한 번 보자!   Bakayım!,
- 여기 좀 보실래요?   Bakar mısınız?
- 잠시만!, 잠깐만!   Dur bakayım!
- 한 번 좀 봅시다!   Bir bakayım! (= Bakabilir miyim?)
- 너 나 좀 봐봐!   Bana bak!

▷ 우리 말로 '보다'라는 말은 영어와 비슷하게 터키어에서도 세 가지 정도로 분류된다.
- 눈으로 보다. (see)   Görmek
- (의지를 가지고) 둘러보다. (look, care)   Bakmak
- 청취, 시청하다. 지켜보다. (watch)   Seyretmek, İzlemek

- Bu benim tarzım.   이거 내 스타일이다.
- Canın sağ olsun.   괜찮아.

▷ 여기에 '괜찮다'는 말은 상대방을 깊이 배려하는 터키어 표현으로 일상에서 매우 널리 사용된다. 즉, 이 표현은 내가 손해 본 것보다도 상대방의 마음이 더 중요하니까 상대방의 마음이 상하지 않기를 바란다는 뜻으로 사용되는 꽤 매력적인 말이다. 모르는 사람이나 윗사람에게 존대말로 하려면 "Canınız sağ olsun."이라고 말해야 한다.

- Çantada keklik.   누워서 떡 먹기.
- Gıcık olma!   심술 굳게 굴지마!
- Dünyanın dört bir yanında   세계 도처에서
- Eksik olmayın.   고마워요.
- Elimde olmayan nedenlerden dolayı.   불가피하게.
- Emin misin?   너 확실해? (Are you sure?)
- Ender   드문 (= Nadir)
- Estağfurullah!   천만 예요.

> ▷ 이 표현은 상대방이 자신을 겸손하게 낮추는 표현을 쓰는 사람들 앞에서 사용할 만한 가장 적당한 대답이다. 예를 들면, "내가 할 수 있는 일이 뭐가 있겠어요?", "이제는 나이가 들어서요……" 등등으로 말하는 상대방에 대해 바로 이 표현을 사용해서 "뭐 그런 겸손의 말씀을 하세요!" 라는 식으로 사용된다.

- Farkında mısın? 알고 있니?
- Farkındayım. 알고 있어.
- Farkında değilim. 모르고 있어.
- Göz kamaştıran 눈을 휘둥그래 하게 만드는.
- Gözyaşları sel oldu. 눈물 바다가 되었다.
- Gözlerime inanamıyorum. 믿을 수가 없어(뜻밖의 사실을 보고).
- Göz kararıyla. 눈대중으로.
- Hayırlısı 새옹지마.
- Havadan sudan konuşmak. 별 주제 없이 이런 저런 얘기하다.
- Helal olsun. 너무 잘했어, 제법이네!
- Hem suçlu hem de güçlü. 적반하장(賊反荷杖).
- Hiçe sayarak 아무것도 아닌 것으로 여기면서
- İçgüdü. 본능
- Kapalı gişe oynadı. 매진 사례.
- Karadeniz'de gemi mi battı? 깊은 생각에 사로잡힌 사람에게 하는 인사말.
- Kendi kendime. 나 자신에게.
- Kendi kendimize. 우리 자신에게.
- Kendi kendine. 너 자신에게.
- Kendine gel! 이성을 찾아라!
- Kulaklarıma inanamıyorum. 믿을 수가 없어(뜻밖의 사실을 듣고).
- Laf olsun diye. 그냥 한 번 말해 본 거야.
- Men edildi. 취소되다.
- Meraktan ölüyorum. 걱정스러워 죽겠다.
- Mezbahaya döndü. 피바다가 되었다.

- Müsaade eder misiniz? 허락해 주시겠습니까?

> 터키에서는 모임 장소에서 먼저 일어나야 할 때, "제가 먼저 일어나도 될까요?"의 뉴앙스를 가지고 사용한다. 또는 정류장이 일정치 않은 택시(Taksi)나 돌무쉬(Dolmuş) 혹은 미니뷰스(Minibüs) 같은 교통 수단에서 내릴 때에도 "좀 세워주실 수 있으신가요?"라는 뉴앙스를 가지고 많이 사용되는 표현이다.

- Müsait bir yerde, lütfen. 적당한 곳에 좀 세워주세요.

> 터키에서 시내 버스(Belediye otobüsü)를 탔을 경우에는 곳곳에 하차 벨이 있어서 그것을 누르면 해결되지만 택시(Taksi)나 돌무쉬(Dolmuş) 혹은 미니뷰스(Minibüs) 같은 대중 교통 수단에서 하차 시에는 벨이 없으므로 할 수 없이 내 목소리로 소리를 내서 내린다는 의사를 표시해야 한다. 이때 가장 많이 사용하는 표현이 바로 "적당한 곳에 세워주세요."라는 위의 말이다.

- Ne bileyim! 난 몰라, 어떻게 알겠어!
- Ne diyorsam yalan olur. 잘 모르겠어. 뭐라고 말할 수가 없어.
- Ne olsun! 무슨 일이 있겠어, 매일 똑 같지 뭐!
- Niyetli misiniz? 금식 중이세요? (라마잔 기간 동안)

> 원래 터키어에서 Niyet 이라는 뜻은 '의도' '의지'의 뜻이지만 특별히 터키에서의 금식 절기인 라마잔(Ramazan) 기간 동안에 이 표현은 지금 (의지를 가지고) 금식 중이냐는 질문이 된다. 보통 그렇다고 대답하게 되면 (Evet, niyetliyim.) 질문을 한 사람은 "하나님께서 당신의 금식을 들어주시기 바란다."(Allah kabul etsin.)는 인사말로 화답을 하는 것이 보통이다.

- Rahmetli oldu. 돌아가셨어요.

▷ '죽다'의 뜻을 가진 터키어 표현들

• Hayatını kaybetmek	목숨을 잃다.
• Hayatı sona ermek	삶을 마감하다.
• Hayatını yitirmek	삶을 마치다.
• Onu kayıp ettik	그를 잃어버렸다.
• Ölmek	죽다.
• Rahmetli olmak	고인이 되다.
• Toprağa girmek	흙으로 돌아가다.
• Vefat etmek	돌아가시다.
• Yaşamını yitirmek	삶을 마치다.

- Rezil oldum. 부끄럽다.
- Sabah siftahı 아침 첫 개시 판매.
- Sağduyu. 상식.
- Sana ne? 네가 무슨 상관인데? 관심 꺼!
  - Seni ilgilendirmez. 너한테 상관없는 일이야.
  - Size ne? 당신이 무슨 상관이에요?
- Sayenizde. 선생님 덕분에.
  - Sayende. 너 덕분에.
  - Sayesinde. 그 분(것) 덕분에.
- Sayın Bayanlar ve Baylar. 존경하는 신사 숙녀 여러분.
- Sen var mısın, yok musun? 너 이 일을 할 거야 말 거야?
- Seni(sizi) sormalı. 나는 그렇다 치고 너(당신)는 어때?

▷ '잘 지내냐'고 묻는 말에 대해 그 대답으로 일상에서 꽤나 많이 사용되는 말로, 내가 잘 지내는 것은 물어볼 필요 없고 사실은 네가 잘 지내는 지 어떤지를 물어보아야 한다는 뜻을 가지고 있다. "Beni bırak asıl sen nasılsın?".

- Suistimal etmek. 악용하다.
- Suç üstü yakalanmak 사건 현장에서 체포되다.
- Süt dökmüş kedi gibi 꿀 먹은 벙어리같이

- Tatlı rekabet. 선의의 경쟁.
- Telif hakkı. 저작권(Copyright)
- Temkinli 조심하는, 경계하는.
- Tuzu biberi olarak 설상가상(雪上加霜)으로
- Tüyler ürperten olay. 소름 끼치는 사건.
  - Tüyler ürperten hikâye. 소름 끼치는 이야기.
  - Tüyler ürperten iddia. 소름 끼치는 주장.
- Vay vay vay, kimleri görüyorum! 와, 이게 누구야!
- Var mısın, yok musun? 할 거야, 말 거야?
- Yaşasın! 파이팅~!
- Yerimde olsaydın. 네가 나라면.
- Yerinde olsaydım. 내가 너라면.
- Yok satıyor. 없어서 못 판다.
- Yok yok! 없는 것 없이 다 있다.
- Ziyade olsun. (보통) 식사 대접한 손길에 대한 감사.
- Zihniyet 사고방식, 멘탈리티.

(5) 대화에 필요한 접속사들

- Aksi halde 그렇지 않으면.
- Aksi takdirde 그렇지 않으면.
- Aşağı yukarı 대략.
- Ayrıca 게다가.
- Bana göre 내 생각으로는
  = Bana kalırsa
  = Bence
  = Kanaatimce
- Belki 아마도.
  = Galiba
- Bildiğiniz gibi 아시는 바와 같이.
- Gerçekten, hakikaten 정말로, 진실로.
- Hâlbuki 반면.

- Hâşâ   말해서는 안 되겠지만.

▷ 터키어에는 종교적으로 말하면 안 되는 말을 시작할 때나 혹은 절대적으로 허용되지 않는 상황이나 행동에 대해 굳이 언급하기 시작할 때 앞에다 감탄사인 "Hâşâ!"라고 먼저 말하면서 시작하는 경향이 많다. 좀 어려운 말이지만 터키에서 종종 대화 가운데 들려오는 말이니 알아둘 필요는 있다.

- Hele   최소한.
- Her halde   틀림없이.
- Hodri meydan!   자신 있으면 한번 붙어보자!
- İlla   막무가내로, 우겨서라도.
- İlle de   틀림없이.
- İster istemez   본의 아니게.
- Maalesef   안타깝게도.
- Madem   정 그렇게 ~한다면.
- Malum   알려진 바와 같이.
- Muhtemelen   아마도
- Ne olursa olsun   아무튼, 어쨌든.
- Ne olur ne olmaz   만약을 대비해서.
- Ne var ki   그러나.
- Ne yazık ki   안타깝게도
- Oldukça   꽤.
  = Az denmeyecek kadar
  = Bayağı
  = Epey
  = Hayli
  = Yetecek kadar
- Oysa   그렇다면.
- Olsa olsa   기껏해야.
- Özellikle   특별히.
- Rastgele   그냥 무작위로, 우연히.
- Sanki   마치.

• Tam aksine	완전히 반대로.
• Üstelik	더군다나.
• Valla	정말로.
• Yani	즉, 다시 말하면.
• Yemez!	안 먹힐 거야! (속어)
• Zira	그렇기 때문에.
• Zıt anlamında	반대의 의미에서.
• Zikretmek	(논문작성 시) 인용하다. 주석을 달다.

(6) 터키에서 반드시 받게 될 질문과 대답

1. Nerelisiniz?
어느 나라 사람이세요?
• Ben Koreliyim.
저는 한국인이에요.

2. Türkiye'yi nasıl buldunuz?
터키를 어떻게 생각하세요?
• Çok sevdim.
너무 마음에 들어요.

3. Yaşınız kaç?
나이가 어떻게 되요?
• Kırk beş(45) yaşındayım.
45세 입니다.

4. Nerede oturuyorsunuz?
어디에서 사세요?
• Etiler'de oturuyorum.
저는 에티렐에서 살아요.

5. Ne iş yapıyorsunuz?
무슨 일하세요?

- Ben bir şirkette çalışıyorum.
  저는 한 회사에서 일합니다.

6. Dininiz ne?
  종교가 어떻게 되세요?
- Ben bir Hıristiyan'ım.
  저는 기독교인이에요.

7. Evli misiniz?
  결혼하셨나요?
- Evet, Ben evliyim.
  네, 결혼했어요.
- Hayır, Ben bakarım.
  아니, 저는 미혼이에요.

8. Çocuğunuz var mı?
  자녀가 있으세요?
- Bir kız ve bir erkek çocuğum var.
  딸 하나, 아들 하나 있어요.
- Allah bağışlasın.
  하나님께서 축복하시기 바랍니다.

9. Maaşınız ne kadar acaba?
  월급이 얼마나 되세요?
- Kadına yaşı, erkeğe maaşı sorulmaz.
  여자에게 나이를, 남자에게 월급을 묻지 마세요. ^^

(7) 색이 나타내는 은유적인 단어들

- Beyaz eşyalar   가전제품
- Beyaz etler   하얀 고기들 (건강에 좋은)
- Beyaz perde   은막 (영화)

- Kara günler 어두운 날들
- Kırmızı etler 붉은 고기들 (건강에 안 좋은)
- Pembe hayat 달콤한 인생
- Renkli rüyalar 멋진 꿈들

(8) 자주 사용되는 터키어 욕설(사용은 안 해도 알아둬야^^)

- Allah kahretmesin. 신이 저주하지 말라고 해!
- Allah kahretsin. 신이 저주나 하라고 해!
- Defol. 꺼져!
- Dinsiz! 신도 없는 것! (혐오스러운 욕)
- Eşek oğlu eşek! '개 새끼' 정도의 심한 욕.
- Fahişe! 매춘부!
- Hayvan herif! 동물 같은 놈!
- Herif. 우리 말로 '놈!' 정도의 말.
- Kitapsız! 신도 모르는 것! (혐오스러운 욕)
- Lanet olsun! 빌어 먹을!

(9) 모음어미와 결합 시 마지막 모음이 탈락되는 단어들

- Ağız 입 예) Ağız+ı= Ağzı (입을)
- Asıl 원래
- Avuç 손바닥
- Beyin 뇌
- Boyun 목
- Burun 코
- Çevir 번역
- Emir 명령
- Fikir 생각
- Göğüs 가슴
- İsim 이름
- İzin 허가
- Keşif 발견

- Kısım　　　　　　　　　부분
- Lütuf　　　　　　　　　자비
- Metin　　　　　　　　　글
- Nabız　　　　　　　　　맥박
- Nehir　　　　　　　　　강
- Oğul　　　　　　　　　아들
- Ömür　　　　　　　　　생애
- Omuz　　　　　　　　　어깨
- Resim　　　　　　　　　그림
- Sabır　　　　　　　　　인내
- Şehir　　　　　　　　　도시
- Şekil　　　　　　　　　형태
- Tavır　　　　　　　　　태도
- Vakıf　　　　　　　　　재단
- Vakit　　　　　　　　　시간
- Zihin　　　　　　　　　기억
- Zülüm　　　　　　　　　고난

* 단 형태가 다른 것들과 매우 비슷하지만 tarih (역사)는 맨 뒤의 모음이 탈락되지 않는다.

03 일상에서 많이 사용하는 속담·격언

(1) 속담과 격언

- **Aç ayı oynamaz.**
 배고픈 곰은 재주를 안 넘는다.
 (금강산 구경도 식후경)

- **Ateş olmayan yerden duman çıkmaz.**
 불이 없는 곳에서는 연기가 안 핀다.
 (아니 땐 굴뚝에 연기 나랴?)

- **Ayağını yorgana göre uzat.**
 누울 자리를 보고 발을 뻗으라.
 (분수에 맞게 행동해라)

- **Bakarsan bağ olur, bakmasan dağ olur.**
 노력한다면 밭이 되고, 노력하지 않으면 산이 된다.
 (콩 심은 데 콩 나고, 팥 심은 데 팥 난다.)

- **Bedava sirke baldan daha tatlıdır.**
 공짜 식초는 꿀보다 달다.
 (모든 사람은 공짜를 좋아하는 법)

- **Bir taşla iki kuş.**
 하나의 돌로 두 개의 새.
 (일석 이조)

- Cami ne kadar büyük olsa da imam bildiğini okur.
사원이 아무리 커도 사제는 아는 것만 읽는다.
(여론이 어느 쪽이든 그 결정권을 가진 사람 마음에 달렸다.)

- Çabuk parlayan çabuk söner.
빨리 빛나는 것들은 그만큼 빨리 꺼지는 법.
(대기만성)

- Çalışmak ibadetin yarısıdır.
행동하는 것이 예배의 반이다.
(실천이 중요하다.)

- Çürük tahta çivi tutmaz.
썩은 판자는 못이 안 박힌다.
(이미 늦어서 돌이킬 수 없는 지경에 와 버림)

- Damlaya damlaya göl olur.
물방울들로 물방울들로 호수가 된다.
(티끌 모아 태산)

- Dost kara günde belli olur.
친구란 어려운 날에 드러난다.
(진정한 친구란 어려울 때 드러나는 법)

- Emeksiz yemek olmaz.
노력 없으면 먹는 것도 안 된다.
(대가 없이 얻어지는 것은 없다)

- Fakirlik ayıp değil tembellik ayıp.
가난이 창피한 것이 아니라 게으른 것이 창피한 것이다.
(게으름은 언제나 삶의 적이다)

- Gel demek kolay git demek güçtür.
  오라고 말하는 것은 쉽지만 가라고 말하는 것은 어렵다.
  (만사에 심사 숙고해야 후회하지 않는다)

- Gerçek dost acı söyler.
  진정한 친구는 고언을 한다.
  (진짜 친구는 쓴 소리하는 친구다)

- Hatasız kul yoktur.
  실수 없는 사람은 없다.
  (원숭이도 나무에서 떨어지는 법)

- İyilik eden iyilik bulur.
  선을 행하면 그 선을 찾게 된다.
  (착한 일을 하면 결국 복을 받는다)

- Kadına yaşı erkeğe maaşı sorulmaz.
  여자에게 나이를, 남자에게 월급을 묻지 마세요.
  (실례가 되는 질문은 가려서 하기)

- Kelin ilaç olsa kendi başına sürer.
  대머리 약이 있다면 자신부터 바르는 법이다.
  (동일한 처지에 있는 사람에게는 도움을 받을 수 없음을 이르는 말)

- Kim kime dumduma
  누구에게 말해야 좋을 지 모를 때,
  (모든 사람이 각자 자기 아는 바를 얘기해서 혼란스러울 때)

- Kefenin cebi yoktur.
  수의에는 주머니가 없다.
  (공수래공수거)

- Kendi kendine gelin güvey olmak.
  자기 스스로 신부도 하고 신랑도 된다.
  (아직 아무것도 이루어지지 않은 상태에서 급하게 서두르는 사람에게 하는 말)

- Köprüyü geçene kadar ayıya 'dayı' diyeceksin.
  다리 건널 때까지는 곰에게라도 아저씨라고 말해줘라.
  (사람들은 상황을 피하기 위해 무슨 일이든 한다)

- Mal, adama hem dost hem düşmandır.
  재물은 사람들에게 친구이기도 하고 원수이기도 하다.
  (재물은 신중하게 다루어야 한다)

- Ne ekersen onu biçersin.
  무엇을 심든지 그것을 거두게 될 것이다.
  (사람은 심는 대로 거두는 법)

- Ne kadar çabuk olursa o kadar iyi.
  빠르면 빠를수록 좋다.
  (The sooner the better)

- Ne kadar çok olursa o kadar iyi.
  다다익선(多多益善).
  (The more the better.)

- Ölmüş eşek kurttan korkmaz.
  죽은 나귀는 늑대를 두려워하지 않는다.
  (벼랑 끝에 온 상황, 더 이상 두려워할 일이 없다).

- Öfke baldan tatlıdır.
  분노는 꿀보다 달다.
  (가끔 화를 내는 것도 스트레스를 위해서 나쁘지 않다.)

- Rahat ararsan mezarda.
  편한 것을 찾는다면 묘지에서나.
  (사람은 각자의 애환이 있는 법)

- Sabır acıdır meyvesi tatlıdır.
  인내는 쓰지만 그 열매는 달다.
  (고진감래 苦盡甘來)

- Sözde değil, özde.
  말이 아니라, 실제로.
  (언행일치의 삶이 중요)

- Yarası olan gocunur.
  마음에 상처가 있는 사람이 화 내는 법이다.
  (도둑이 제 발 저리는 법)

- Yer yarılsaydı da yerin dibine girseydim
  땅이 꺼지고 땅의 바닥으로 들어갈 수만 있다면.
  ('쥐구멍이라도 있으면 들어가고 싶다'는 표현)

- Yoğurt üfleyerek yemek.
  요구르트를 불면서 먹기.
  (이미 식어버린 Yoğurt를 또다시 불면서 먹을 필요가 없는데도 불면서 먹는다는 뜻으로 1) '돌다리도 두드리며 건너다'의 뜻으로 만사 확인의 꼼꼼한 성격을 표현할 때, 2)필요 없는 데까지 지나치게 깐깐하게 구는 사람에게 사용한다.)

- Yol sormakla bulunur.
  길은 물어봐서 찾는 것이다.
  (모르는 것이 잘못이 아니라 배우지 않으려는 것이 나쁜 것)

- Zaman sana uymazsa sen zamana uy.
  시간이 네게 맞지 않으면 네가 시간에 맞춰라.
  (안되면 되게 하라)

- Zevkler ve renkler tartışılmaz.
  여흥과 색깔은 논쟁 대상이 아니다.
  (각자의 취향에 존중, 틀린 것이 아니라 다른 것임)

(2) 알아 두면 좋을 명언들

- Beni görmek demek mutlaka yüzümü görmek demek değildir. Benim fikirlerimi, benim duygularımı anlıyorsanız ve hissediyorsanız bu yeterlidir. (Atatürk)
  나를 본다는 것은 절대적으로 내 얼굴을 본다는 것이 아닙니다. 내 생각과 감정을 이해하고, 느낀다면 그것으로 충분한 것입니다. (아타튀르크)

- Ne Mutlu Türküm Diyene. (Atatürk)
  내가 터키인이라고 말하는 사람은 얼마나 행복한 사람인가! (아타튀르크)

- Sevgi sabırlıdır, sevgi şefkatlidir. Sevgi kıskanmaz, övünmez, böbürlenmez. (İncil)
  사랑은 오래 참고, 사랑은 온유하며, 투기하는 자가 되지 아니하며, 사랑은 자랑하지 아니하며, 교만하지 않습니다. (성경)

- Sevgi kaba davranmaz, kendi çıkarını aramaz, kolay kolay öfkelenmez, kötülüğün hesabını tutmaz.(İncil)
  사랑은 무례히 행하지 아니하며, 자기의 유익을 구치 아니하며, 성내지 아니하며, 악한 것을 생각하지 않습니다. (성경)

- Sevgi haksızlığa sevinmez, gerçek olanla sevinir. (İncil)
  사랑은 불의를 기뻐하지 아니하며, 진리와 함께 기뻐합니다. (성경)

- Sevgi her şeye katlanır, her şeye inanır, her şeyi umut eder, her şeye dayanır. (İncil)
사랑은 모든 것을 참으며, 모든 것을 믿으며, 모든 것을 바라며, 모든 것을 견딥니다. (성경)

(3) 수수께끼 Bilmeceler

- Açarsam dünya olur yakarsam kül olur. (Harita)
열면 세상이 되고, 태우면 재가 되는 것. (지도)

- Ancak kırıldığı zaman işe yarayan şey nedir? (Yumurta)
깨어졌을 때 소용이 있는 것은? (달걀)

- Ay varken uçar, Gün varken kaçar. (Yarasa)
달이 있을 때 날고, 해가 있을 때 달아나는 것. (박쥐)

- Ayakları su içer, üstünden gelen geçer.(Köprü)
다리는 물을 마시고, 위로는 오는 이들이 지나가는 것. (다리)

- Ben iki hasretlinin arasında dururum. Onları konuştururum. (Telefon)
나는 두 애타는 사람들 사이에 서서 그들을 얘기하게 합니다. (전화)

- Bize ait olduğu halde başkalarının kullandığı şey nedir? (İsim)
우리에게 속해 있음에도 불구하고 다른 이들이 사용하는 것은? (이름)

- Çalmak fiilinin gelecek zamanı nedir? (Hapise girmek)
'도망하다' 동사의 미래 시제는? (형무소에 들어가는 것)

- Denizler gerçekte mavi boya olsaydı ne olurdu? (Mavi boya sudan ucuz olurdu)
바다가 정말로 푸른 물감이었다면? (푸른 물감이 물보다 저렴했을 것)

- Dışı var içi yok, dayak yer suçu yok. (Top)
  밖은 있지만 안은 없고, 늘 얻어맞지만 죄는 없는 것. (공)

- Dişim var, ağzım yok. (Tarak)
  이는 있지만, 입은 없는 것. (빗)

- En karanlık ilçemiz hangisidir? (Bodrum)
  터키에서 가장 어두운 도시는? ('지하/Bodrum'라는 뜻을 가진 도시)

- En temiz böcek hangisidir? (Hamam böceği)
  가장 깨끗한 벌레는? (하맘(목욕탕)이라는 이름을 가진 벌레/바퀴벌레의 일종)

- Hem denizde hem karada, evini taşır sırtında. (Kaplumbağa)
  바다와 육지에서 등에 자기 집을 나르는 것은? (거북이)

- İçini boşaltınca büyüyen şey nedir? (Çukur)
  안을 팔수록 커지는 것은? (구멍)

- İki bacaklı keskin bıçaklı? (Makas)
  두 다리와 날카로운 날을 가진 것은? (가위)

- Kaplumbağanın en çok nefret ettiği şey nedir? (Sırtının kaşınması)
  거북이가 가장 혐오하는 것은? (자기 등이 가려운 것)

- Şehirden şehre koşarım, köyden köye giderim fakat hiç hareket etmem. (Yol)
  도시에서 도시로 뛰고, 마을에서 마을로 다니지만 움직이지는 않는 것. (길)

- Uzaktan baktım hiç yok yakından baktım pek çok. (Karınca)
  멀리서 보면 전혀 없고, 가까이서 보면 매우 많은 것. (개미)

(4) 길거리 경고 안내문

- Burada sigara içilmez.
  여기는 금연입니다.

- Duvarlara yazı ve resim ve benzeri karalama yapmayın.
  벽에다 글, 그림 그리고 비슷한 낙서를 하지 마세요.

- Kapıyı açmak için ok yönüne çekiniz.
  문을 열기 위해 화살표 방향으로 당기시오.

- Kendi eviniz gibi temiz tutun.
  자기 집처럼 청결하게 유지해 주세요.

- Yerlere izmarit atmayınız.
  바닥에 꽁초를 버리지 마시오.

04 용례 별 단어

(1) 신체 부위 관련 단어들

• 가렵다.	Kaşınmak
• 가슴	Göğüs
• 간	Akciğer
• 간지럼 태우다.	Gıdıklamak
• 걱정하다.	Üzülmek
• 귀	Kulak
• 근육	Kas
• 기재기 펴다.	Gerinmek
• 기절하다.	Bayılmak
• 기침하다.	Öksürmek
• 꼬집다.	Cimcik atmak
• 놀라다.	Şaşırmak
• 뇌	Beyin
• 눈	Göz
• 눈썹	Kaş
• 다리	Bacak
• 단백질	Protein
• 대변	Dışkı
• 대장	Büyük bağırsak
• 등	Sırt
• 딸꾹질	Hıçkırık
• 딸꾹질하다.	Hıçkırmak
• 땀 흘리다	Ter dökmek
• 머리	Baş

• 머리를 감다.	Baş yıkamak
• 머리카락	Saç
• 목	Boyun
• 목구멍	Boğaz
• 몸이 근질거리다.	Kaşınmak
• 몽유병 증세를 보이다.	Uykuda gezmek
• 발	Ayak
• 발가락	Ayak parmağı
• 발목	Ayak bileği
• 발바닥	Ayak tabanı
• 발톱	Ayak tırnağı
• 방귀를 뀌다.	Osurmak
• 배	Karın
• 배꼽	Göbek
• 보조개	Gamze
• 볼	Yanak
• 비위를 건드리다.	Kaşındırmak
• 빗질하다.	Taramak
• 뼈	Kemik
• 산소	Oksijen
• 생식기(남성)	Erkek cinsel organı
• 생식기(여성)	Kadın cinsel organı
• 세포	Hücre
• 소름이 끼치다.	Ürpermek
• 소변	İdrar
• 소장	Küçük bağırsak
• 손	El
• 손가락	Parmak
• 손등	El sırtı
• 손바닥	Avuç
• 손톱	Tırnak
• 스트레치 하다.	Gerinmek

• 신경 세포	Sinir hücresi
• 신경	Sinir
• 신장(콩팥)	Böbrek
• 신체	Vücut
• 쓸개	Safra kesesi
• 어깨	Omuz
• 얼굴	Yüz
• 엄지	Baş parmak
• 엉덩이	Kalça
• 여드름	Sivilce
• 옆구리	Böğür
• 울다	Ağlamak
• 웃다	Gülmek
• 위	Mide
• 윙크하다.	Göz kırpmak
• 이마	Alın
• 이빨	Diş
• 이산화탄소	Karbondioksit
• 이성을 잃다.	Kendinden geçmek
• 일어나다	Uyanmak
• 입	Ağız
• 입술	Dudak
• 자다	Uyumak
• 잠꼬대하다.	Uykuda konuşmak
• 잠이 오다.	Uykusu gelmek
• 재채기하다.	Hapşırmak, Fışkırmak
• 점	Ben
• 쥐가 나다.	Kramp girmek
• 지방산	Yağ asidi
• 창자	Bağırsak
• 침 뱉다.	Tükürmek
• 칼날을 갈다.	Bileylemek

• 탄수화물	Karbonhidrat
• 턱	Çene
• 털	Kıl
• 팔	Kol
• 팔꿈치	Dirsek
• 폐	Kalp
• 피	Kan
• 피부	Cilt
• 핏줄	Kan damarı
• 하품하다.	Esnemek
• 항문	Anüs
• 허리	Bel

(2) 병(病), 의료 관련 단어들

• CT	Bilgisayarlı Tomografi
• DNA	DNA
• MRI	Manyetik Rezonans Görüntüleme
• CT 촬영	Bilgisayarlı Tomografi
• X-레이	Röntgen
• 간병인	Hasta bakıcı
• 간암	Karaciğer kanseri
• 간호사	Hemşire
• 감기	Nezle
• 갑상선	Gırtlak
• 갑상선 검사	Tiroit bezi
• 갑상선 암	Gırtlak kanseri
• 검진	Muayene
• 격리	Karantina
• 결핵	Verem, Tüberküloz
• 고통(산통)	Sancı
• 고혈압	Yüksek tansiyon
• 고환 암	Testis kanseri

- 골수 암   İlik kanseri, Omurilik kanseri
- 구강외과   Ağız Diş ve Çene Cerrahisi
- 궤양   Ülser
- 근육 관련 병   Kas hastalığı
- 근육통   Kas ağrısı
- 내과   Dahiliye, İç Hastalıkları
- 내시경   Endoskopi
- 뇌 경색   Beyin enfarktüsü
- 뇌 수술   Beyin ameliyatı
- 뇌신경학과   Beyin ve Sinir Cerrahisi
- 뇌진탕   Beyin travması
- 뇌출혈   Beyin kanaması
- 다이어트   Rejim
- 당뇨(병)   Şeker (hastalığı)
- 당직 간호사   Nöbetçi hemşire
- 당직 약국   Nöbetçi eczane
- 당직 의사   Nöbetçi doktor
- 대장 암   Bağırsak kanseri
- 독감   Grip
- 독감예방 주사   Grip aşısı
- 두통   Baş ağrısı
- 링거(혈청) 주사   Serum
- 마취   Uyuşturma
- 맥박   Nabız
- 목구멍(인후)   Gırtlak
- 몸살   Vücut kırgınlığı
- 물리치료   Fizyoterapi
- 미생물학과   Mikrobiyoloji
- 방사선과   Radyasyon
- 백혈병   Lösemi hastalığı
- 백혈병 환자   Lösemi hastası
- 병든   Müteveffa

• 병리학의	Marazi
• 병원	Hastane
• 보건소	Sağlık ocağı
• 보철학과	Protez
• 비뇨기과	Üroloji
• 뼈 접골	Kırıkçılık
• 산부인과	Kadın Hastalıkları ve Doğum
• 산부인과	Kadın doğum bölümü
• 산파	Ebe
• 생물 물리학	Biyofizik
• 생물학과	Biyoloji
• 성형외과	Estetik cerrahi
• 소변 검사	İdrar tahlili
• 소아 비뇨기과	Çocuk ürolojisi
• 소아 외과	Çocuk cerrahisi
• 소아과	Çocuk Sağlığı ve Hastalıkları
• 소화기내과	İç Hastalıkları Bölümü
• 수술	Ameliyat
• 수의과	Veteriner
• 수혈	Kan nakli
• 시신 씻는 곳	Gasil hane
• 신경 정신과	Nöropsikiyatri
• 신경학과	Nöroloji
• 신장병과	Nefroloji
• 심리학과	Psikoloji
• 심장마비	Kalp krizi, Kalp sıkışması
• 심장병	Kalp hastalığı
• 심장병과	Kardiyoloji
• 심장혈관	Kalp damar cerrahisi
• 심폐 소생술	Suni teneffüs
• 안과	Göz hastalıkları
• 안과 의사	Göz doktoru

• 알러지 및 흉부과	Alerji ve Göğüs hastalıkları
• 암	Kanser
• 앰브런스	Ambulans
• 약국	Eczane
• 약물치료(항암)	Kemoterapi
• 영안실	Morg
• 예방 주사	Aşı
• 예방치과의학	Koruyucu Diş Hekimliği
• 외과	Hariciye
• 원자력과	Nükleer Tıp
• 위 암	Mide kanseri
• 위	Mide
• 위궤양	Mide ülseri
• 위통	Mide ağrısı
• 유방 암	Meme kanseri, Göğüs kanseri
• 유전	İrsiyet
• 응급 진료	Acil Tıp
• 응급실	Acil servis
• 의사	Doktor
• 이비인후과	Kulak, Burun, Boğaz hastalıkları
• 인공 호흡	Suni teneffüs
• 인후통	Gırtlak ağrısı
• 일반외과	Genel cerrahi
• 임플란트	İmplantoloji
• 저혈압	Alçak tansiyon
• 전립선 암	Prostat kanseri
• 정신과	Psikiyatri, Ruh sağlığı ve hastalıkları
• 정형 외과	Ortopedi
• 조산원	Doğumevi
• 종양학	Onkolojisi
• 주사	Enjeksiyon, iğne
• 중환자실	Yoğun bakım servisi

• 진단	Teşhis
• 진단서	Reçete
• 진료소	Poliklinik
• 초음파 촬영	Ultrason görüntüleme
• 초음파	Ultrason
• 췌장암	Pankreas kanseri
• 치과	Diş hekimliği
• 치과 의사	Diş hekimi
• 치내 치료	Endodonti
• 치료	Tedavi
• 치통	Diş ağrısı
• 탈장	Kaşık fıtığı
• 팔꿈치 관절	Dirsek eklemi
• 편두통	Migren
• 폐 암	Akciğer kanseri
• 피 검사	Kan tahlili
• 피부과	Deri ve zührevi hastalıklar
• 해부학	Anatomi
• 허리디스크	Bel fıtığı
• 혈압	Tansiyon
• 혈액 암(백혈병)	Kan kanseri
• 혈액형	Kan grubu
• 호흡 정지	Solunum durması
• 혼수상태	Koma
• 흉부 X-ray	Göğüs röntgeni
• 흉부 외과	Göğüs cerrahisi
• 흉부학과	Göğüs hastalıkları bölümü

(3) 법(法), 재판 관련 단어들

• 간수	Gardiyan
• 간통	Zina

- 감금   Gözaltı
- 검사 조사   Savcılık incelemesi
- 검사   Savcı
- 경찰   Polis
- 경찰서   Karakol
- 고등법원   Üst mahkeme
- 고소   Şikayet
- 고소인   Şikayetçi
- 공갈협박   Tehdit
- 공판   Duruşma
- 교도소   Hapishane
- 권리   Hak
- 궐석 재판   Gıyabi karar
- 뇌물   Rüşvet
- 대법원   Yargıtay, Yüce divan
- 목격자   Şahit
- 무기 징역   Ömür boyu hapis cezası
- 무죄   Masum
- 민사 법   Medeni hukuk
- 민사 재판   Hukuki dava
- 배상 소송   Tazminat davası
- 배상   Tazminat
- 배심원   Jüri
- 범행재현   Tatbikat
- 법   Hukuk
- 법관 의복   Cübbe
- 변호사   Avukat
- 사형   Ölüm cezası, İdam cezası
- 살인   Adam öldürmek
- 살인   Cinayet
- 석방   Tahliye
- 소송   Dava

• 용의자	zanlı
• 원고	Davacı
• 이스탄불 법조계	İstanbul Barosu
• 재판 결과	Mahkeme kararı
• 재판	Mahkeme
• 절도	Hırsızlık
• 정의	Adalet
• 죄	Suç
• 죄인	Suçlu
• 증거	Delil
• 증인	Tanık
• 지문	Parmak izi
• 청원서	Dilekçe
• 체포 명령	Tutuklama kararı
• 체포	Tutuklama
• 최고행정재판소	Danıştay
• 판결, 재판	Yargı
• 판사	Hakim
• 폭력	Şiddet kullanmak
• 피고	Sanık
• 항소 재판	Temyiz mahkemesi
• 항소	Temyiz
• 헌법	Anayasa
• 헌법재판소	Anayasa Mahkemesi
• 헌법재판소장	Anayasa Mahkemesi başkanı
• 형무소	Hapis
• 형벌	Ceza
• 형법	Ceza hukuku
• 형사 재판	Ceza mahkemesi
• 횡령	Yolsuzluk

(4) 정치, 시사, 경제 관련 단어들

• EU	Avrupa Birliği
• GDP	Gayri Safi Yurtiçi Hasıla
• GNP	Gayri Safi Milli Hasıla
• L/C	Akreditif
• UN	Birleşmiş Milletler
• 가능한	Muhtemel
• 간섭, 개입	Müdahale
• 개인	Birey
• 개정, 개혁	Reform
• 객관적	Nesnel
• 거부권	Veto
• 거시(의)	Makro
• 경고	Tedbir
• 경영	Yönetim
• 경쟁	Rekabet
• 경제	Ekonomi
• 경험	Tecrübe
• 계획안, 법안	Tasarı
• 고정	Sabit
• 고용	İstihdam
• 고용율	İstihdam oranı
• 공지, 성명	Bildiri
• 공직	Kamu sektörü
• 관료주의	Bürokrasi
• 관세, 통관세	Gümrük
• 교섭, 절충	Müzakere
• 교섭당사자	Muhatap
• 구성, 조직,	Teşkil
• 구실, 핑계	Bahane
• 구체적인	Somut

• 국민투표	Referandum
• 국토, 땅	Toprak
• 규범, 척도	Kriter
• 금 시세	Altın değeri
• 금지	Men, yasak
• 기간, 기한	Vade
• 기념일	Yıldönümü
• 기대	Beklenti
• 기준	Norm
• 기초, 기본	Esas
• 긴장	Gerginlik
• 긴장감	Gerginlik
• 남녀평등	Cinsiyet eşitliği
• 내심, 친근	İçtenlik
• 내용	Kapsam
• 내용이 있는	Kapsamlı
• 넉넉함, 부유	Gönenç
• 논문	Tez
• 놀람	Hayret
• 높은, 숭고한	Yüce
• 다수, 대다수	Çoğunluk
• 단골손님	Müdavim
• 대답	Yanıt
• 대차대조표	Bilanço
• 대표	Temsil
• 대표자	Temsilci
• 독재정치	Diktatörlük
• 뜻, 의미	Mana
• 리더십	Önderlik
• 만성의, 고질의	Müzmin
• 만족, 안심	Tatmin
• 망명	Sığınma

• 매력적인	Cazip
• 면적	Yüzölçümü
• 모양, 모습	Suret
• 무례, 안하무인	Küstahlık
• 무역 거래	Ticari ilişkiler
• 무역	Ticaret
• 문명	Medeniyet, Uygarlık
• 문명의,	Medeni
• 문제(점)	Mesele
• 문제, 주제	Husus
• 민족의, 인종의	Etnik
• 박람회	Fuar
• 반대의, 대립적	Muhalif
• 반대하는	Aleyh
• 반응	Tepki
• 방법	Yöntem
• 배경	Bağlam
• 배반	İhanet
• 번영, 발전	Kalkınma
• 변혁, 혁신	İnkılap, Devrim
• 보상	Ödün
• 보호와 검사	Gözetim ve denetim
• 복수	İntikam
• 복지	Refah
• 부가가치세	KDV
• 부가의, 추가의	Munzam
• 부족, 결핍	Eksiklik
• 분리, 분열	Ayrım
• 분리주의	Ayrımcılık
• 불안정성	İstikrarsızlık
• 비 도덕적 태도	Ahlaksızlık
• 비극, 참사	Facia

• 비율	Oran
• 비평, 평론	Eleştir
• 사회, 공동체	Topluluk
• 사회, 단체	Toplum
• 생산	Üretim
• 선언, 공포	Deklarasyon
• 선택	Alternatif
• 성장, 증대	Büyüme
• 성질, 성품	Nitelik
• 세금	Vergi
• 세속적	Laik
• 세속주의	Laiklik
• 소득	Gelir
• 소비	Tüketim
• 소수, 소수민족	Azınlık
• 수수료	Masraf
• 수요, 필요	İhtiyaç
• 수입(輸入)	İthal
• 수준, 정도	Düzey
• 수출	İhracat
• 순직, 순교, 전사	Şehit
• 신청, 지원	Müracaat
• 싸움, 투쟁	Mücadele
• 안내장, 전단	Genelge
• 안정	İstikrar
• 압력, 압박	Baskı
• 야당	Muhalefet partisi
• 양식, 형식	Üslup
• 양심	Vicdan
• 어음	Senet
• 언론, 출판	Basın
• 여당, 집권당	İktidar partisi

- 여럿의   Birtakım
- 여론   Kamuoyu
- 연락, 통신   İletişim
- 연맹   Federasyon
- 연합의   Federal
- 영향을 미치는   Etken
- 예견, 전망   Basiret
- 예술, 기술   Sanat
- 외교관   Diplomat
- 외국 자본   Yabancı sermayesi
- 요청, 요구   Talep
- 운송, 배송   Nakliyat
- 원, 근본   Real
- 원리, 원칙   Prensip
- 원리주의자   Kökten dinci
- 원시적, 야생의   Yoz
- 원칙, 원리   İlke
- 위기   Kriz
- 위원회, 위원단   Komisyon
- 은행   Banka
- 의견   Kanı
- 의식   Bilinç
- 의욕적인, 열망하는   Hevesli
- 의정서, 협정서   Protokol
- 의제, 의사일정   Gündem
- 이동, 변이, 변천, 추이   İntikal
- 이득, 이윤   Menfaat
- 이스탄불 법조계   İstanbul Barosu
- 이자   Faiz
- 인식   Bilinç, Algı
- 인프라   Altyapısı
- 자본   Sermaye

• 잠재력	Potansiyeli
• 장려금	Teşvik
• 장애, 방해	Sakınca
• 재난	Felaket
• 재정	Parasal kaynaklar
• 전략상의, 전술적	Stratejik
• 전세계적, 보편적	Evrensel
• 전통주의자	Gelenekçi
• 정권	Rejim
• 정도, 지위	Seviye
• 정보	İstihbarat
• 정책	Politika
• 정치 불균형	Siyasi dengesizlik
• 정치, 정책	Siyaset
• 제품	Ürün
• 조건	Koşul
• 조약, 계약	Antlaşma
• 조직, 기구	Tesis
• 존엄, 위엄, 위풍	Onur
• 존재, 형성	Oluş
• 주권, 통치권	Egemenlik
• 주식	Menkul kıymetler
• 주식회사	AŞ. (Anonim Şirketi)
• 주장하다	İddia etmek
• 중동	Orta Doğu
• 중성의	Nötr
• 중요, 중대	Önem
• 증거	Kanıt
• 증권	Menkul kıymetler
• 증권시장	Borsa
• 지능, 지성	Zihin
• 지분	Hisse

- 지역 전문가   Saha uzmanı
- 지표   Zemin
- 질서, 규칙   Düzen
- 질서와 일치   Düzen ve uyum
- 차원   Boyut
- 착수, 시작   Atılım
- 찬성하다   Benimsemek
- 참변   Dehşet
- 참전용사   Gazi
- 참전용사협회   Muharip Gaziler Derneği
- 창설, 수립,   Kuruluş
- 첨가, 첨부   Ek
- 총액   Tutar
- 출판   Yayın
- 충동적인   Fevri
- 충성   Vefa
- 침략   Saldırı
- 크기, 부피   Hacim
- 타결   Bağdaş
- 태도, 모습   Tavır
- 토대, 근본   Dayanak
- 토론, 협상   Müzakere
- 통과, 추이   Geçiş
- 통합   Entegrasyon
- 투명한   Şeffaf
- 투자가   Yatırımcı
- 특수한, 특별한   Özel
- 패널   Panel
- 편견   Önyargı
- 평균   Ortalama
- 평화, 화평   Barış
- 폭동, 강타   Darbe

- 품질   Kalite
- 필연적, 절대의   Mutlak
- 한정하다, 정의하다   Belirlemek
- 합동   Ortak
- 합동위원회   Ortaklık konseyi
- 항구, 항만   Liman
- 항의 행진   Tepki yürüyüşü
- 항의, 항변   Protesto
- 해결   Çözüm
- 향후   İleriye dönük
- 현대   Çağdaş
- 협력, 합작   İşbirliği
- 협의, 절충   Müzakere
- 협정서   Protocol
- 혼수상태   Koma
- 확률   İhtimal
- 확률, 가망   Olasılık
- 환경   Ortam
- 환율   Döviz kuru
- 환전소   Kambiyo
- 활동   Faaliyet
- 회원, 위원   Üye
- 회원자격, 멤버십   Üyelik
- 희생, 헌신   Fedakar, Özveri
- 힘, 동력   Dinamik

(5) 주요 약자 및 약어들

- AÜ   Ankara Üniversitesi   앙카라 대학교.
- AB   Avrupa Birliği   유럽연합
- ABD   Amerika Birleşik Devletleri   미국
- AKP   Adalet ve Kalınma Partisi   현 터키 집권당

• Ank.	Ankara		앙카라.
• AŞ	Anonim Şirketi		주식회사
• ATO	Ankara Ticaret Odası		앙카라 상공회의소
• BM	Birleşmiş Milletler		국제연합(UN)
• CHP	Cumhuriyet Halk Partisi		현 터키의 제 1 야당
• İÜ	İstanbul Üniversitesi		이스탄불 대학교.
• IMF	Uluslararası Para Fonu		국제통화기금
• İMKB	İstanbul Menkul Kıymetler Borsası		이스탄불 증권가
• İST.	İstanbul		이스탄불
• İTO	İstanbul Ticaret Odası		이스탄불 상공회의소
• İTÜ	İstanbul Teknik Üniversitesi		이스탄불공과대학교
• İÜ	İstanbul Üniversitesi		이스탄불대학교
• KKTC	Kuzey Kıbrıs Türk Cumhuriyeti		북사이프러스 공화국
• KOBİ	Küçük ve Orta Boy işletmeler		중소기업청
• MB	Merkez Bankası		터키 중앙은행
• MEB	Milli Eğitim Bakanlığı		터키 교육부
• MHP	Milliyetçi Hareket Partisi		현 터키 제 2 야당
• MİT	Milli İstihbarat Teşkilatı		터키 국정원
• ODTÜ	Orta Doğu Teknik Üniversitesi		중동공과대학교.
• OPEC	Petrol İhraç Eden Ülkeler Teşkilatı		석유수출국기구
• PTT	Post Telgraf ve Telefon		터키 우체국
• SSK	Sosyal Sigortalar Kurumu		터키 국민연금
• TBMM	Türkiye Büyük Millet Meclisi		터키 국회
• T.C.	Türkiye Cumhuriyeti		터키공화국
• TBB	Türkiye Barolar Birliği		터키 변호사협의회
• TEB	TÜRK Ekonomi Bankası		터키경제은행
• THY	Türk Hava Yolları		터키항공
• TL	Türk Lirası		터키 화폐 단위
• TRT	Türkiye Radyo Televizyon		터키국영방송국
• TSK	Türk Silahlı Kuvvetleri		터키군
• YÖK	Yüksek Öğrenim Kuruluşu		터키고등교육청

(6) 일상에서 쓸만한 주요 단어들

• 가능성, 확률	İhtimal
• 가랑비	Çişe
• 가부	Bağdaş
• 가치관	Değerlendirme sistemi
• 간발의 차이	Kıl payı
• 간판	Tabela.
• 감각	Duyarlık
• 감독	Yönetim
• 감정적	Empati gösteren
• 개혁	Devrim
• 객관적	Tarafsız, nesnel
• 거부	Ret
• 걱정	Endişe
• 건설	İnşa
• 검소한	Tutumlu
• 격려	Teşvik, Karantina
• 견해	Kanaat
• 겸손	Alçakgönüllülük
• 경고	Uyarı
• 경쟁	Refakat
• 경향	Eğilim
• 경험	Tecrübe, Deneyim
• 고아	Yetim
• 고아원	Yetimhane
• 고풍의	Arkaik
• 공정, 공평	Hakkaniyet
• 공포	Panik
• 관대한	Cömert
• 관점, 일	Husus
• 관찰	Gözlem

- 광대한 — Muazzam
- 광신 — Yobazlık
- 광신도 — Yobaz
- 광적인, 열심인 — Gayretkeş
- 교량 역할 — Köprü rolü, Koridor rolü
- 교제, 친근함 — Samimiyet
- 구두쇠 — Cimri
- 구타 — Dayak
- 국적 — Uyruk
- 그리움 — Özlem
- 기구 — Tesis
- 기록 — Muhtıra, Zabıt
- 기초 — Esas
- 기획 — Tasarım,
- 긴장 — Gerginlik
- 논문 — Tez
- 늙은 사람(속어) — Moruk
- 능력 — Kabiliyet
- 단가 — Birim fiyat
- 단골 — Müdavim
- 단기(短期) — Kısa vade
- 대담한 — Pervasız
- 덕행 — Erdemlilik
- 도덕 — Ahlak
- 도전하다. — Meydan okumak
- 돈 — Para
- 동물의 수컷 — Erkek
- 동물의 암컷 — Diş
- 따지기 좋아하는 — Tartışmaya açık, Eleştirici
- 뜻 — Mana
- 만성의 — Müzmin
- 멘토 — Akıl hocası

• 멘토링	Mentorluk
• 멤버	Üye
• 멤버십	Üyelik
• 면제	Muafiyet
• 명예	Onur
• 모두 각자	Birbirinden ayrı
• 모양, 모습	Suret
• 무 감각	Duyarsızlık
• 무 감정	Duygusuzluk
• 무례	Küstahlık
• 무죄	Masumiyet
• 문단	Satırbaşı
• 문맥	Bağlam
• 문명	Medeniyet
• 문제, 사안	Mesele
• 문화적	Kültürel
• 미포함	Hariç
• 반 시계 방향	Saat aksi yönü dönüşü
• 반대, 적	Karşıt
• 반대하는	Aleyh
• 방향	İstikamet
• 배경	Bağlam
• 배려	Saygınlık
• 번호판	Plaka
• 보석	Mücevher
• 복수	İntikam
• 복수심	İntikam duygusu
• 부가의, 추가의	Munzam
• 부모	Ebeveyn
• 부상자	Yaralı
• 부재	Yokluk
• 분리	Ayrım

• 비도덕적	Ahlaksızlık
• 비밀번호	Şifre
• 빈도	Sıklık
• 사고	Kaza
• 사망자	Ölü
• 생존자	Canlı
• 서류	Doküman
• 서약 식	Yemin töreni
• 선물	Armağan
• 선언	Deklarasyon
• 선호	Tercih
• 설계	Çizim
• 설득	İkna
• 성공	Başarı
• 성향, 자격	Nitelik
• 세관	Gümrük
• 소란	Kargaşa
• 소속감	Aidiyet duygusu
• 수화(手話)	İşaret dili
• 쉼 없이	Aralıksız
• 스피커	Hoparlör
• 슬픈	Hazin
• 승리	Galibiyet
• 승인	Onay
• 시계 방향	Saat yönünde dönüş
• 시장	Pazar, piyasa
• 식욕	İştah
• 신분	Kimlik
• 신청, 지원	Müracaat
• 실망	Hayal kırıklığı
• 악수	Tokalaşma
• 안내장	Sirküler

• 암호	Parola
• 액체가 센 흔적	Sızıntı
• 약점	Zayıflık, Zayıf taraf
• 양보	Taviz
• 양식	Üslup
• 양심	Vicdan
• 어려운 처지에 있는	Mağdur
• 업그레이드	Güncelleme
• 여자친구(속어)	Manita
• 역사적	Tarihi
• 영향을 끼침	Pekiştirmek
• 예견	Basiret
• 예민	Hassaslık
• 외딴, 텅 빈	Issız
• 요구	Talep
• 요소	Unsur
• 용이함	Kolaylaştırma
• 운율, 시스템	Manzume
• 원리, 원칙	Prensip
• 월식	Ay tutulması
• 의도적인	Niyetli
• 의지	İrade
• 이원화	İkilik
• 인간의 성격	Karakter, kişilik
• 인내	Sabır, Katlanma
• 인정	Doğrulama
• 일과	Mesai
• 일식	Güneş tutulması
• 일행	Kafile
• 자기 중심	Kendi merkezlilik
• 자동차 번호판	Araba plakası
• 작별	Elveda

• 잔해, 폐허	Enkaz
• 잡지	Bülten
• 장기(長期)	Uzun vade
• 장례	Cenaze
• 장례식장	Cenaze salonu
• 장례의식	Cenaze töreni
• 재료	Malzeme
• 재해	Afet
• 재해, 사고	Facia
• 전단	Genelge
• 점검	Denetleme
• 정도	Düzey
• 정의	Adil
• 정직	Dürüstlük
• 조직, 구조	Bünye
• 죄 없는	Masum
• 주관적	Öznel
• 주의, 조심	İtina
• 지나친 반응	Aşırı duyarlılık, Tepki
• 지반, 기초	Taban
• 지침서(매뉴얼)	Kılavuz
• 지킴	Tabi tutmak
• 지표, 바닥	Zemin
• 직업	Meslek
• 진동	Sarsıntı
• 참변	Dehşet
• 참여	Katılım
• 참을성이 있는	Sabırlı, Hoşgörülü
• 철학자	Filozof
• 첫 단계	Birinci etap
• 체류허가서	İkamet tezkeresi
• 초고속	Jet hızı

• 촉진	Rahatlatma
• 최고의	Mükemmel
• 출입 금지	Giriş yasağı
• 충동적인	Fevri
• 충성	Vefa
• 치수	Boyut
• 칭찬	İltifat
• 캠프	Karargah
• 컴퓨터	Bilgisayar
• 타락	Günahkârlık
• 타향살이	Gurbet
• 태도	Tutum, tavır
• 택배	Kargo
• 테이프 커팅	Kurdele kesmek
• 특성	Özellik
• 패배	Mağlup
• 편견	Önyargı
• 편리	Basitleştirme
• 평가	Değerlendirme
• 폐허	Harabe
• 포함	Dahil
• 표준, 규범	Kriter
• 표현적으로	Yüzeysel
• 품성	Karakter
• 할당, 몫	Kontenjan
• 할복자살	Harakiri
• 합동위원회	Ortaklık Konseyi
• 항거, 견딤	Dayanma
• 항구	Liman
• 항의 행진	Tepki yürüyüşü
• 핸드폰	Cep telefonu
• 행정	İdare

• 향수, 그리움	Hasret
• 헌신	Adanmışlık
• 협력	İşbirliği
• 화한	Çelenk
• 확인	Teyit, Tasdik
• 회람	Genelge
• 회원	Üye
• 횡재	Köşeyi dönmek
• 후면, 잔등	Peş
• 힌트	Püf noktası

(7) 생필품, 공산품 관련 단어들

• Y-셔츠	Gömlek
• 가구	Mobilya, eşya
• 가위	Makas
• 거울	Ayna
• 공책	Defter
• 구두/신발	Ayakkabı
• 그릇	Çömlek
• 꽃병	Vazo
• 난로	Ocak, Soba
• 냉장고	Buzdolabı
• 넥타이	Kravat
• 다리미	Ütü
• 단추	Düğme
• 달력	Takvim
• 담요	Minder
• 돗자리	Kilim
• 라디오	Radyo
• 랜턴	Elektrikli feneri
• 망치	Çekiç

• 면도기	Tıraş makinesi
• 모자	Şapka
• 못	Vida
• 바늘	İğne
• 바지	Pantolon
• 반바지	Şort
• 반지	Yüzük
• 벨트	Kemer
• 벽시계	Duvar saati
• 병따개	Şişe açacak
• 봉투	Zarf
• 비누	Sabun
• 비옷	Yağmurluk
• 빗	Tarak
• 선글라스	Güneş gözlüğü
• 선풍기	Vantilatör
• 세탁기	Çamaşır makinesi
• 소파	Koltuk
• 속옷	İç çamaşırı
• 손목시계	Kol saati
• 손수건	Mendil
• 솜	Pamuk
• 수건	Havlu
• 수영복	Mayo
• 스카프	Eşarp
• 슬리퍼	Terlik
• 신문	Gazete
• 실	İp
• 안경	Gözlük
• 약(藥)	İlaç
• 양말	Çorap
• 양탄자	Halı

- 에어컨   Klima
- 열쇠   Anahtar
- 온수기   Şofben
- 옷   Elbise
- 우산   Şemsiye
- 우표   Pul
- 유리   Cam
- 유리창   Pencere
- 이불   Battaniye
- 자물쇠   Kilit
- 자전거   Bisiklet
- 잠옷   Gecelik
- 잡지   Dergi
- 장갑   Eldiven
- 장화   Şoson
- 재떨이   Sigara tablası
- 재킷   Ceket
- 전구   Ampul
- 전기청소기   Elektrikli süpürgesi
- 전등   Lamba
- 전자계산기   Elektrikli hesap makinesi
- 접시안테나   Çanak
- 접착 테이프   Bant
- 조끼   Yelek
- 종이   Kağıt
- 지도   Harita
- 책   Kitap
- 천   Kumaş
- 치마   Etek
- 칫솔   Diş fırçası
- 카세트테이프   Kaset
- 코트   Palto

• 텔레비전	Televizyon
• 팬츠	Külot
• 펜치	Pense
• 편지지	Mektup kağıdı
• 호치키스	Zımba

(8) 부엌, 주방 관련 단어들

• 가위	Makas
• 대접	Tepsi
• 세수대야 종류	Leğen
• 수저	Kaşık
• 잔	Fincan
• 절구	Dibek
• 접시	Tabak
• 젓가락	Çubuk
• 채	Elek, Kalbur
• 칼	Bıçak
• 컵	Bardak
• 튜브가스	Tüp gaz
• 포크	Çatal
• 포트	Pot
• 프라이팬	Tencere
• 프로판풍로	Fırın

(9) 양념들

• 간장	Soya sos
• 계자	Hardal
• 기름	Yağ
• 꿀	Bal
• 버터	Peynir

- 설탕　　　　　　　　　Şeker
- 소금　　　　　　　　　Tuz
- 식초　　　　　　　　　Sirke
- 양념　　　　　　　　　Baharat
- 올리브기름　　　　　　Zeytin yağı
- 잼　　　　　　　　　　Reçel
- 참기름　　　　　　　　Susam yağı
- 치즈　　　　　　　　　Peynir
- 후추　　　　　　　　　Kara biber

(10) 과일, 채소 관련 단어들

- 과일　　　　　　　　　Meyve
- 가지　　　　　　　　　Patlıcan
- 감귤　　　　　　　　　Mandalina
- 감자　　　　　　　　　Patates
- 고구마　　　　　　　　Tatlı patates
- 고추　　　　　　　　　Biber
- 고추 가루　　　　　　　Biber tozu
- 녹두　　　　　　　　　Mercimek
- 딸기　　　　　　　　　Çilek
- 대파　　　　　　　　　Yeşil soğan
- 레몬　　　　　　　　　Limon
- 마늘　　　　　　　　　Sarımsak
- 무　　　　　　　　　　Japon turpu
- 바나나　　　　　　　　Muz
- 밤　　　　　　　　　　Kestane
- 배　　　　　　　　　　Armut
- 배추　　　　　　　　　Çin lâhanası
- 버섯　　　　　　　　　Mantar
- 복숭아　　　　　　　　Şeftali
- 사과　　　　　　　　　Elma

• 석류	Nar
• 수박	Karpuz
• 시금치	Ispanak
• 앵두	Vişne
• 양파	Soğan, Kuru soğan
• 오렌지	Portakal
• 오이	Salatalık
• 옥수수	Mısır
• 완두콩	Bezelye
• 자두	Erik
• 잣	Çamfıstığı
• 참외	Kavun
• 채리	Kiraz
• 채소	Sebze
• 콩	Fasulye
• 토마토	Domates
• 파인애플	Ananas
• 포도	Üzüm
• 호도	Ceviz
• 후추	Kara biber
• 호박	Kabak
• 홍당무	Havuç

(11) 건과류 관련 단어들

• 건과류	Kuruyemiş
• 건포도	Kuru üzüm
• 땅콩	Fıstık
• 아몬드	Badem
• 터키 젤리	Lokum
• 피스타치오	Fıstık
• 헤즐넛	Fındık

- 호도   Ceviz

(12) 음료, 주류 관련 단어들

- 과일 주스   Meyve suyu
- 꿀물   Bal suyu
- 라크(술)   Rakı
- 맥주(술)   Bira
- 물   Su
- 미국식 커피   Neskafe
- 백 포도주   Beyaz şarap
- 보드카(술)   Votka
- 보리차   Arpa suyu
- 샴페인(술)   Şampanya
- 소다수   Soda
- 술   İçki
- 아이란   Ayran
- 오렌지 주스   Portakal suyu
- 우유   Süt
- 위스키(술)   Viski
- 적 포도주   Kırmızı şarap
- 진(술)   Cin
- 차(茶)   Çay
- 칵테일   Kokteyl
- 커피   Kahve
- 코냑(술)   Konyak
- 코코아   Kakao
- 콜라   Kola
- 터키식 커피   Türk Kahvesi
- 포도주   Şarap

(13) 장소 관련 단어들

• 1층(현관 층)	Giriş Katı, Zemin Katı
• 거실	Salon
• 건물	Bina
• 경제발전부	Kalkınma Bakanlığı
• 경찰 휴양소	Polis evi
• 경찰서	Karakol
• 계단	Merdiven
• 고등학교	Lise
• 고아원	Yetimhane
• 고용노동부	Çalışma ve Sosyal Güvenlik Bakanlığı
• 공원	Park
• 공장	Fabrika
• 공항	Havalimanı, Havaalanı
• 과일, 채소 점	Manav
• 교원 휴양소	Öğretmen evi
• 교육부	Milli Eğitim Bakanlığı
• 교통부	Ulaştırma, Denizcilik ve Haberleşme Bakanlığı
• 교회	Kilise
• 국방부	Milli Savunma Bakanlığı
• 군대	Ordu
• 궁전	Saray
• 극장(연극)	Tiyatro salonu
• 극장(영화)	Sinema salonu
• 기획재정부	Ekonomi Bakanlığı
• 기획재정부	Maliye Bakanlığı
• 나이트클럽	Gece kulübü
• 농리축산식품부	Gıda, Tarım ve Hayvancılık Bakanlığı
• 다리	Köprü
• 다방	Kahvehane
• 담배가게	Sigaracı

- 대리점   Acenta
- 대사관   Büyük Elçiliği
- 대학교   Üniversite
- 도서관   Kütüphane
- 도서관(국립중앙)   Milli Kütüphane
- 돈 지불 처   Vezne
- 돈 환전소(거리)   Döviz bürosu
- 돈 환전소(은행)   Kambiyo
- 동물원   Hayvanat bahçesi
- 매표소   Bilet gişesi
- 모스크   Cami
- 문화관광부   Kültür ve Turizm Bakanlığı
- 미래창조과학부   Bilim, Sanayi ve Teknoloji Bakanlığı
- 바닥   Taban
- 박람회   Fuar
- 박물관   Müze
- 방송국   TRT
- 백화점   Büyük pazar
- 버스정류장   Otobüs durağı
- 법무부   Adalet Bakanlığı
- 법조인 휴양소   Hakim evi
- 벽   Duvar
- 병원   Hastane
- 보건복지부   Sağlık Bakanlığı
- 부엌   Mutfak
- 빵집   Pastane
- 사무실   Ofis, İdarehane
- 산업단지   Sanayi sitesi
- 산업통상자원부   Enerji ve Tabii Kaynaklar Bakanlığı
- 산업통상자원부   Gümrük ve Ticaret Bakanlığı
- 서재   Kitap odası
- 서점   Kitapevi

- 선착장　　　　　　İskele
- 세관　　　　　　　Gümrük
- 수자원부　　　　　Orman ve Su işleri Bakanlığı
- 술집　　　　　　　Meyhane
- 슈퍼마켓　　　　　Süpermarket
- 승강기　　　　　　Asansör
- 시장　　　　　　　Pazar, Çarşı
- 식당　　　　　　　Yemekhane, Lokanta
- 식료품점　　　　　Bakkal
- 신문사　　　　　　Gazete
- 아파트　　　　　　Apartman
- 안전행정부　　　　İçişleri Bakanlığı
- 약국　　　　　　　Eczane
- 여성가족부　　　　Aile ve Sosyal Politikalar Bakanlığı
- 역　　　　　　　　İstasyon
- 외교부　　　　　　Dışişleri Bakanlığı
- 우체국(우편/전보)　PTT
- 유럽연합부　　　　Avrupa Birliği Bakanlığı
- 유원지, 놀이동산　Luna park
- 유적지　　　　　　Tarihi yerler
- 은행　　　　　　　Banka
- 이발소　　　　　　Berber
- 이슬람 기도처　　　Mescit
- 정육점　　　　　　Kasap
- 조산원　　　　　　Doğum evi
- 조선소　　　　　　Tersane
- 주유소　　　　　　Petrol ofisi
- 주차장　　　　　　Otopark
- 지붕　　　　　　　Çatı
- 지하층　　　　　　Bodrum
- 찻집　　　　　　　Çayhane
- 창고　　　　　　　Depo

• 천장	Tavan
• 체류비자신청 소	Emniyet Müdürlüğü Yabancılar Şubesi
• 체육부	Gençlik ve Spor Bakanlığı
• 총리 청	Başbakanlık
• 카지노	Gazino
• 카지노, 놀음 방	Kumarhane, Gazino
• 카페	Kafe
• 탁아소	Kreş
• 터미널	Terminal
• 터미널(기차)	Tren istasyonu, Tren garı
• 터미널(버스)	Otobüs terminali, Otogar
• 터키탕	Hamam
• 학교	Okul
• 항구	Liman
• 현관문	Giriş Kapısı
• 환경부	Çevre ve Şehircilik Bakanlığı

(14) 공항 및 기내 관련 단어들

• 고도	İrtifa
• 공항	Havalimanı, Havaalanı
• 공항버스	HAVAŞ
• 공항직원	Havalimanı görevlisi
• 국가	Milliyet
• 국내선	İç hatlar
• 국적	Uyruk
• 국제선	Dış hatlar
• 규격	Ebat
• 금연	Sigara içmek yasak
• 금지품목	Yasak ürünleri
• 기내 서비스	Uçak hizmetleri
• 기내 승무원	Kabin Ekibi, mürettebat

• 기내 짐 가방	El bagajı
• 기내	Kabin
• 기내식	Uçuş sırasında verilen yemekler
• 기록	Kayıt
• 기장	Pilot
• 나침반	Pusula
• 담요	Battaniye
• 대한항공	Kore Hava Yolları
• 도착	Varış
• 도착시간	Varış saati
• 도착지	Varış Noktası
• 등록	Kayıt
• 디데이(주어진 시간)	Mühlet
• 로컬(현지)	Yerel
• 리셉션	Resepsiyon
• 리필	Bedava tekrar doldurma
• 마실 것	Meşrubatlar
• 마일이지 포인트	Mil puanlar
• 면세점	Gümrüksüz satış mağazası
• 무게	Ağırlık
• 무료	Bedava, ücretsiz
• 물품	Ürün, eşya
• 물품보관소	Bavul emanetçisi
• 방문객	Ziyaretçi
• 버스	Otobüs
• 베개	Yastık
• 병원	Hastane
• 보안검사	Güvenlik kontrolü
• 복도 쪽 좌석	Koridor tarafındaki koltuk
• 부가가치세	KDV (Katma Değer Vergisi)
• 분실물 보관소	Kayıp eşya bürosu
• 분실물 신고	Kayıp eşya bildirmesi

- 불평 신고   Şikayet bildirmesi
- 비 반환 품   İadesi kabul edilmeyen mal
- 비상 상황   Acil bir durum
- 비상구   Acil çıkış
- 비용   Masraf
- 비자   Vize
- 비행   Uçuş
- 비행기 멀미   Uçak tutması hastalığı
- 비행기   Uçak
- 서비스 비용   Hizmet bedeli
- 선물   Hatıra eşya, hediyelik
- 세관   Gümrük
- 세이프 박스   Kiralık kasa
- 스튜어디스   Hostes
- 승객   Yolcu
- 시민   Vatandaş
- 식당   Lokanta
- 신분증   Kimlik kartı
- 심폐 소생술   Suni teneffüs
- 안내 데스크   Danışma masası
- 안전 벨트   Emniyet kemeri
- 액체   Sıvı
- 약국   Eczane
- 여권   Pasaport
- 여행   Yolculuk, seyahat
- 여행자 보험   Yolculuk Sigortası
- 영수증   Makbuz, Belge
- 왕복 티켓   Gidiş dönüş bileti
- 요금   Tarife
- 운항   Taşıma
- 위험 물질   Tehlikeli madde
- 유효 기간   Geçerlilik süresi

• 의사	Doktor
• 이 티켓	E-bilet (elektronik yolcu bileti)
• 이륙	Uçak kalkışı
• 일 인당	Kişi başı
• 입국 비자	Giriş vizesi
• 입국 수속	Giriş için kayıt yaptırması
• 입국 심사	Giriş kontrolü
• 입국 카드	Giriş kartı
• 좌석 번호	Koltuk numarası
• 중간 경유 비행	Duraklamalı uçuş
• 지불	Ödeme
• 짐	Bagaj
• 짐 개수	Parça sayısı
• 짐 보관소	Emanet bürosu
• 짐 초과 금액	Fazla bagaj ücreti
• 창문 쪽 좌석	Pencere tarafındaki koltuk
• 철도	Demiryolu
• 출국 수속	Çıkış işlemi yaptırma işi
• 출국 심사	Çıkış kontrolü
• 출발	Gidiş
• 탑승권(보딩 패스)	Uçuş kartı
• 터키항공	Türk Hava Yolları
• 트랜짓 승객	Transit yolcu
• 판매	Satış
• 편도 티켓	Tek gidiş bileti
• 할인	İndirim, promosyon
• 항공권	Uçuş bileti
• 항공기 연착	Rötar
• 항공법	Havalimanı kanunu
• 항공사	Havayolu firması
• 해외	Denizaşırı
• 핸드커리어 가방	El bagajı

- 현찰 — Nakit
- 호텔 — Otel
- 화물 — Kargo
- 화장실 — Tuvalet, lavabo
- 환율 — Kur oranı
- 환전소 — Kambiyo, döviz bürosu

(15) 호텔, 숙박 관련 단어들

- 2인실 — İki kişilik
- 2인용 침대방(트윈) — İki yataklı oda
- 3인용 방(트리플) — Üç kişilik oda
- 게임 실 — Oyun odası
- 계단 — Merdiven
- 교환 — Santral
- 국제전화 — Uluslararası telefon
- 드라이클리닝 — Kuru temizleme
- 룸 서비스 — Oda servisi
- 룸 키 — Oda anahtarı
- 리셉션 — Resepsiyon
- 모닝 콜 — Uyandırma
- 모텔 — Motel
- 목욕탕 — Banyo
- 미니 바 — Mini bar
- 베개 — Yastık
- 벨 보이 — Bel boy, oda hizmetçisi
- 볼링장 — Bovling salonu
- 비누 — Sabun
- 빈 방 — Boş oda
- 사우나 — Sauna
- 샤워실 — Duş kabini
- 세탁물 — Çamaşır

• 쇼핑센터	Alışveriş merkezi
• 수건	Havlu
• 수영장	Otelin özel havuzu var mı?
• 수영장	Havuz
• 숙박료	Konaklama ücreti
• 숙소	Konaklama tesisleri
• 슬리퍼	Terlik
• 승강기	Asansör
• 식사 시간	Yemek saatleri
• 신용 카드	Kredi kartı
• 싱글 룸	Tek kişilik bir oda
• 아침 비 포함 가격	Kahvaltı hariç fiyatı
• 아침 포함 가격	Kahvaltı dahil fiyatı
• 에스컬레이터	Yürüyen merdiven
• 에어컨	Klima
• 여권	Pasaport
• 여행 가이드	Tur rehberi
• 여행자 수표	Seyahat çeki
• 예약	Rezervasyon
• 옷걸이	Askı
• 유스호스텔	Genç turistler konukevi
• 인터넷 서비스	İnternet hizmetleri
• 일주일 용	Bir hafta için.
• 전기	Elektrik
• 전화	Telefon
• 지하	Bodrum
• 청소	Temizleme
• 체크 아웃	Ayrılmak, çıkış yapmak
• 체크 인	Giriş yapmak, kayıt yaptırmak
• 침대	Yatak
• 침대보	Yatak çarşafı
• 침대세트	Yatak takımı

• 카지노	Kumarhane
• 커튼	Perde
• 팁	Bahşiş
• 팬션	Pansiyon
• 하루 숙박요금	Günlük kalma ücreti
• 하루 용	Bir gece için.
• 헬스장	Spor salonu
• 현관 층	Zemin kat
• 히터	Kaloriferli

(16) 식당, 음식 관련 단어들

• 간이 영수증	Fiş
• 건배	Şerefe!
• 계산서	Hesap
• 고기 무침 요리	Et sote
• 고기 수프	Et suyu
• 나이프	Bıçak
• 냅킨	Peçete
• 냉동 고기	Soğuk et
• 달걀	Yumurta
• 닭 고기	Piliç eti, Tavuk eti
• 도마토와 달걀 무침	Menemen
• 돼지 고기	Domuz eti
• 마요네스	Mayonez
• 마카로니	Makarna
• 맛있는	Lezzetli
• 메뉴	Menü
• 멸치	Hamsi
• 물	Su
• 바다가재	İstakoz
• 바클라와(후식)	Baklava

• 밥	Pirinç pilav
• 부가가치세	K.D.V. (Katma Değer Vergisi)
• 뷔페	Açık büfe
• 빵	Ekmek
• 새우	Karides
• 생선	Balık
• 세금	Vergi
• 세금계산서	Fatura
• 소시지	Salam, Sosis
• 쇠고기	Dana eti, Sığır eti
• 수프	Çorba
• 숟가락	Kaşık
• 신선한 생선	Taze balık
• 아이란	Ayran
• 양 갈비	Kuzu pirzolası
• 양고기	Koyun eti
• 어린 양고기	Kuzu eti
• 어린이용 음식	Çocuk porsiyonları
• 오늘의 메뉴	Günün menüsü
• 오리 고기	Ördek eti
• 오이지 종류	Turşu
• 옴렛	Omlet
• 요구르트	Yoğurt
• 음료수	Meşrubat
• 이쑤시개	Kürdan
• 잔돈 가지세요	Üstü kalsın
• 잔돈	Paranın üstü
• 접시	Taba
• 조개	Midye
• 종업원	Garson
• 주문	Sipariş
• 주식(主食)	Ana yemek

• 채식주의자	Vejetaryen
• 칠면조 고기	Hindi eti
• 케익	Pasta
• 터키 고기 요리	Kebap
• 터키 동그랑땡 요리	Köfte
• 터키 양 갈비	Kuzu pirzolası
• 터키 케밥과 먹는 빵	Pide, Lavaş
• 특별 식	Spesiyaller
• 팁	Bahşiş
• 포크	Çatal
• 피자	Pizza
• 한 잔의 와인	Bir bardak şarap
• 햄버거	Hamburger
• 현지식사	Yerel (Karakteristik) yemekleri
• 호박 후식	Kabak tatılısı
• 후식, 디저트	Tatlı

(17) 이 미용실 관련 단어들

• 가발	Peruk, takma saç
• 머리 모양을 다듬다	Şekillendirmek
• 머리를 다듬다	Saçı düzeltmek, bakım yapmak
• 빗질하다	Taramak
• 샴프	Şampuan
• 씻다	Yıkamak
• 염색	Boya
• 파마하다	Kıvırcıklaştırmak, Perma yapmak
• 헤어스프레이	Saç spreyi

(18) 인터넷 쇼핑 관련 단어들

• 가정 가전	Ev elektroniği

• 가정 원단	Ev tekstili
• 가정 장식	Ev dekorasyonu
• 금	Altın
• 목욕	Banyo
• 사진	Foto
• 신발	Ayakkabı
• 아기	Bebek
• 액세서리	Aksesuar
• 안경	Gözlük
• 영화	Film
• 의류	Giyim
• 전자	Elektronik
• 전자제품	Beyaz eşya
• 정원	Bahçe
• 취미	Hobi
• 컴퓨터	Bilgisayar
• 캐어	Bakım

(19) 군대 관련 단어들

• 계급	Rütbe
• 공군	Hava Kuvvetleri
• 공군 사령관	Hava Kuvvetleri Komutanı
• 공군 사령부	Hava Kuvvetleri Komutanlığı
• 군 매점(PX)	Askeri kantin
• 군 사령부	Askeri karargah
• 군단, 군대	Ordu
• 군사 연습	Tatbikat
• 군사 작전	Harekât
• 군사 쿠데타	Darbe
• 군인	Asker
• 낙하산	Paraşüt

- 내무반 — Kışla
- 대대 — Tabur
- 대령 — Albay
- 대위 — Yüzbaşı
- 대장 — Orgeneral
- 대포 — Top
- 명령 — Talimat
- 무기 — Silah
- 미사일 — Füze
- 박격포 — Havan topu
- 보병 — Piyade
- 보초 — Nöbet
- 부상 — Yaralı
- 사단 — Tümen
- 사병 — Er
- 상륙작전 — Amfibi harekât
- 상사 — Kademeli Başçavuş
- 소대 — Takım
- 소대장 — Takım komutanı
- 소령 — Binbaşı
- 소위 — Teğmen
- 소장 — Tümgeneral
- 소총 — Tüfek
- 수류탄 — El bombası
- 실종 — Kayıp
- 아타튀르크 기념관 — Anıtkabir
- 여단 — Tugay
- 원사 — Astsubay başçavuş
- 원수(오성 장군) — Mareşal
- 육군 — Kara kuvvetleri
- 육군 사령관 — Kara Kuvvetleri Komutanı
- 육군 사령부 — Kara Kuvvetleri Komutanlığı

• 일등 상사	Astsubay kıdemli üstçavuş
• 일선, 전방	Cephe
• 작전	Hareket
• 잠수함	Denizaltı
• 장교	Subay
• 전사	Şehit
• 전투	Savaş
• 전투기	Savaş uçağı
• 점령	İşgal
• 제대	Taburcu
• 준위	Asteğmen
• 준장	Tuğgeneral
• 중대	Bölük
• 중대장	Bölük komutanı
• 중령	Yarbay
• 중사	Astsubay Başçavuş
• 중위	Üsteğmen
• 중장	Korgeneral
• 중화기	Ağır silâhlar
• 참모총장	Genelkurmay Başkanı
• 총알	Kurşun
• 탄약	Mühimmat
• 터키군	TSK (Türk Silahlı Kuvvetleri)
• 투항	Teslim
• 특수부대	Özel kuvvetler
• 포대	Batarya
• 폭격	Bombardıman
• 폭탄	Bomba
• 폭파	İmha
• 하사	Çavuş
• 한국전쟁	Kore savaşı
• 해군 사령관	Deniz Kuvvetleri Komutanı

• 해군 사령부	Deniz Kuvvetleri Komutanlığı
• 해군	Deniz Kuvvetleri
• 해발고도	Rakım

(20) 종교 관련 단어들

• 가인과 아벨	Kabil ve Habil
• 가톨릭	Katolik
• 간증	Tanıklık
• 감사	Şükür
• 개신교인	Protestan
• 개신교회	Protestan kilisesi
• 거듭남	Yeniden doğma
• 거룩한	Kutsal
• 계시	Esinleme
• 고난	Sıkıntı
• 고백	İtiraf
• 교황	Papa
• 교회	Kilise
• 구세주	Kurtarıcı
• 구원	Kurtuluş
• 구주	Kurtarıcı
• 권능	Kudret
• 그리스도	Mesih
• 금식	Oruç
• 금식 이전의 식사	Sahur (이슬람)
• 금식 이전의 식사시간	Sahur vakti (이슬람)
• 금식 이후 섭식	İftar (이슬람)
• 금식 절	Ramazan Bayramı (이슬람)
• 기도	Dua
• 기도처	Mescit (이슬람)
• 기독교	Hristiyanlık

• 기독교인	Hristiyan
• 기쁨	Sevinç
• 기적	Mucize
• 길	Yol
• 대가	Bedel
• 땅	Yer
• 라마잔 빵	Ramazan pidesi (이슬람)
• 마리아	Meryem
• 마음	Yürek
• 말씀	Kelam
• 모세	Musa
• 목사	Pastör, Vaiz
• 목자	Çoban
• 무함메드	Hz. Muhammed
• 묵상	Derin Düşünme
• 민족	Ulus
• 믿음	İman
• 벌	Ceza
• 복음	Müjde
• 부활	Diriliş
• 사도신경	İnanç bildirgesi
• 사랑	Sevgi
• 사복음서	İncil
• 사원의 첨탑	Minare (이슬람)
• 삼위일체	Üçlü birlik
• 생명	Yaşam, Hayat
• 생수	Hayat suyu
• 서약 의식	Ant içme töreni, Yemin töreni
• 선교	Misyon
• 선지자	Peygamber
• 설교	Vaaz, Kelam Paylaşması
• 설교자	Vaiz

• 섬김	Hizmet
• 성경	Kutsal Kitap, Kitabı Mukaddes
• 성당	Katolik kilisesi
• 성령(聖靈)	Kutsal Ruh
• 성부(聖父)	Kutsal Baba
• 성서(聖書)	Kutsal Kitap
• 성인(聖人)	Aziz
• 성자(聖子)	Kutsal Oğul
• 성찬	Rabbin sofrası
• 성탄절	Noel
• 세례	Vaftiz
• 세상	Dünya
• 소망	Ümit
• 수녀	Rahibe
• 순니	Suni (이슬람 '종파')
• 순종	İtaat
• 쉐케르 바이람	Şeker Bayramı (이슬람)
• 승천	İsa'nın göğe çıkışı
• 시야	Şii (이슬람 '종파')
• 신부	Papaz
• 신자	İmanlı
• 신학 대학	İlahiyat fakültesi
• 심판	Yargılanma
• 심판의 날	Ahiret günü
• 십계	On Emir
• 십자가 보혈	Çarmıhta akan kan
• 십자가	Çarmıh
• 아담과 하와	Adem ve Havva
• 아멘	Amin
• 아브라함	İbrahim
• 알레비	Alevi (이슬람)
• 양	Koyun

• 어린 양	Kuzu
• 에덴 동산	Cennet bahçesi
• 에잔 소리	Ezan sesi (이슬람)
• 영감	İlham
• 영생	Sonsuz yaşam
• 영성	Maneviyat, Ruhaniyet, Dinsellik
• 영접	Kabul
• 영혼	Ruh
• 예루살렘	Kudüs
• 예배	Tapınma
• 예수 그리스도	İsa Mesihi
• 예수	Hz. İsa
• 예수를 따르는 사람	İsevi
• 예언	Peygamberlik
• 용서하다	Bağışlamak
• 유대교	Musevilik
• 유대인	Musevi, Yahudi
• 육체	Beden
• 율법	Şeriat
• 은혜	Lütuf
• 이슬람 사원	Cami (이슬람)
• 이슬람	İslamiyet (이슬람)
• 이슬람교인	Müslüman (이슬람)
• 이슬람식 예배	Namaz (이슬람)
• 이슬람식 예배시간	Namaz vakti (이슬람)
• 이슬람의 금식월	Ramazan (이슬람)
• 이슬람의 금요예배	Cuma namazı (이슬람)
• 인내	Sabır
• 자매	Hemşire
• 자비	İnayet
• 자유	Özgürlük
• 장로	İhtiyar

- 재림   Hz. İsa'nın yeryüzüne tekrar inişi
- 정교인   Ortodoks
- 정교회   Ortodoks kilisesi
- 종교   Din
- 종교개혁   Din Reformu
- 종말   Kıyamet günü
- 종족   Kavim
- 종파   Mezhep
- 죄   Günah
- 죄인   Günahkâr
- 주기도문   Rabbin duası
- 죽음   Ölüm
- 지옥   Cehennem
- 지혜   Hikmet
- 진리   Gerçek
- 집사   Gözetmen
- 찬양   İlahi
- 찬양   Hamdetmek
- 창조   Yaradılış
- 천국   Cennet
- 축복   Bereket
- 축복기도   Bereket duası
- 치유   Şifa
- 콜링   Çağrı
- 타락   Günahkârlık
- 탄생   Doğuş
- 터닝포인트   Dönüm noktası
- 하나님   Tanrı, Allah
- 하나님 존전   Allah'ın huzuru, Tanrı'nın huzuru
- 하나님의 어린양   Tanrı kuzusu
- 하나님이 허락하시면   Allah nasip ederse
- 하늘   Gök

- 합심 기도　　　　　　　　Toplu Dua
- 헌금　　　　　　　　　　Bağış
- 형제　　　　　　　　　　Kardeş
- 홍수　　　　　　　　　　Tufan
- 환상　　　　　　　　　　Vizyon
- 회개　　　　　　　　　　Tövbe
- 희생 절　　　　　　　　　Kurban Bayramı (이슬람)
- 희생 제물　　　　　　　　Kurban
- 희생양　　　　　　　　　Günah keçisi
- 히잡　　　　　　　　　　Türban (이슬람)

■ 주기도문 Rabbin Duası

- Göklerdeki Babamız, Adın kutsal kılınsın.
  아버지의 이름을 거룩하게 하시며,

- Egemenliğin gelsin.
  아버지의 나라가 오게 하시며,

- Gökte olduğu gibi, yeryüzünde de Senin istediğin olsun.
  아버지의 뜻이 하늘에서와 같이 땅에서도 이루어지게 하소서.

- Bugün bize gündelik ekmeğimizi ver.
  오늘 우리에게 일용한 양식을 주시고,

- Bize karşı suç işleyenleri bağışladığımız gibi,
  우리가 우리에게 잘못한 사람을 용서하여 준 것같이,

- Sen de bizim suçlarımızı bağışla.
  우리 죄를 용서하여 주시고,

- Ayartılmamıza izin verme. Bizi kötü olandan kurtar.
  우리를 시험에 빠지지 않게 하시고, 악에서 구하소서,

- Çünkü egemenlik, güç ve yücelik Sonsuzlara dek senindir! Amin.
  나라와 권능과 영광이 영원히 아버지의 것입니다. 아멘.

■ 이슬람의 6가지 믿음의 조건들 İmanın Şartları

1. Allah'a inanmak. 알라를 믿는 것.
2. Meleklere inanmak. 천사들을 믿는 것.
3. Kitaplara inanmak. 성서들을 믿는 것.
4. Peygamberlere inanmak. 예언자들을 믿는 것.
5. Ahiret gününe inanmak. 심판의 날을 믿는 것.
6. Kadere, hayır ve şerrin
   Allah'tan olduğuna inanmak. 운명을 믿는 것.

■ 이슬람의 5가지 조건들 İslam'ın Şartları

1. Şehadet etmek. 고백하기.
2. Namaz kılmak. 예배하기.
3. Zekât vermek. 구제하기.
4. Oruç tutmak. 금식하기.
5. Hacca gitmek. 순례가기.

■ 이슬람의 하루 중 예배 시간

- İmsak 라마단 기간에 금식을 시작하는 시간.
- Güneş (Namazı) 해가 떠오르는 시간.
- Öğle (Namazı) 점심 기도 시간.
- İkindi (Namazı) 점심과 오후 사이의 기도 시간.
- Akşam (Namazı) 해 진후 기도 시간.
- Yatsı (Namazı) 잠자리에 들기 전 마지막 기도 시간.

(21) 증명서 및 확인서들

- 각서 Beyanname
- 개업운영허가증 İşyeri açma ve çalışma ruhsatları

• 거주증명서	İkamet tezkeresi
• 건강보험증	Sağlık sigortası
• 건강증명서	Sağlık raporu
• 도난확인서	Çalıntı tutanağı
• 분실확인서	Kayıp belgesi, Zayi belgesi
• 사고증명서	Kaza raporu
• 사망확인서	Ölüm belgesi
• 사명진단서	Ölüm raporu
• 성적증명서	Not dökümü belgesi
• 양해각서(MOU)	Ortak Niyet Bildirgesi, Mutabakat Muhtırası
• 운전면허증	Ehliyet
• 위임장	Vekâletname
• 유언장(유서)	Vasiyetnam
• 이력서	Özgeçmiş
• 졸업증명서	Mezuniyet belgesi
• 증명서	Belge
• 진단서	Doktor raporu
• 청원서	Dilekçe
• 학교성적표	Okul karnesi
• 학위증명서	Diploma belgesi
• 허가증	İzin belgesi, Ruhsat
• 협약서	Sözleşme belgesi
• 협정서	Antlaşma belgesi
• 확인서	Teyit belgesi

(22) 난민(Refugee) 관련 단어

• 거주 허가증	İkamet tezkeresi
• 검사	Savcı
• 고등법원	Yüsek Mahkeme
• 기각 사유	Red sebebi

• 기각	Red
• 난민 신청	Mülteci başvurusu
• 난민 신청서	Mülteci başvuru formu
• 난민 캠프	Mülteci kampı
• 난민 통역	Mülteci tercümanlığı
• 난민(refugee)	Mülteci
• 난민법	Mülteci Hukuku
• 대법원	Yargıtay
• 망명	İltica
• 법무부	Adalet Bakanlığı
• 법정	Mahkeme
• 변호사	Avukat
• 불법(미등록)외국인	Yasadışı göçmen
• 상고	Temyiz
• 상고심	Temyiz Mahkemesi
• 소장	Şikayetname
• 수락	Kabul
• 신청	Müracaat
• 신청서	Müracaat formu
• 외국인 등록증	Yabancı kartı
• 외국인	Yabancı
• 원고	Davacı, Şikâyetçi
• 유엔(United Nations)	BM, Birleşmiş Milletler
• 유엔난민기구(UNHCR)	BM Mülteciler Yüksek Komiserliği
• 이의	İtiraz
• 이의 신청	İtiraz başvurusu
• 이의 신청서	İtiraz başvuru formu
• 이주민	Göçmen
• 인권	İnsan Hakları
• 인권법	İnsan Hakları Hukuku
• 임시 거주 허가	Geçici vizesi
• 임시 비자	Geçici vizesi

- 재판 　　　　　　　　　　Duruşma, Dava
- 체류 허가(비자) 　　　　　Vize
- 추방(비자율적 출국) 　　 Sınırdışı
- 출입국관리소 　　　　　　Göçmenlik bürosu
- 취업 비자 　　　　　　　　Çalışma vizesi
- 판사 　　　　　　　　　　Hakim
- 피고 　　　　　　　　　　Davalı, Sanık, Zanlı
- 피난(asylum) 　　　　　　İltica
- 피난민 　　　　　　　　　Sığınmacı
- 행정법원 　　　　　　　　İdare Mahkemesi